U0877955

国浩法律文库

行稳致远

企业合规管理法律实务

李世亮　刘小进　著

法律出版社
LAW PRESS · CHINA
北京

图书在版编目(CIP)数据

行稳致远：企业合规管理法律实务／李世亮，刘小进著. -- 北京：法律出版社，2023
ISBN 978-7-5197-7951-1

Ⅰ. ①行… Ⅱ. ①李… ②刘… Ⅲ. ①企业法-研究-中国 Ⅳ. ①D922.291.914

中国国家版本馆 CIP 数据核字(2023)第 089986 号

行稳致远:企业合规管理法律实务
XINGWEN ZHIYUAN:QIYE HEGUI GUANLI FALÜ SHIWU

李世亮 刘小进 著

责任编辑 慕雪丹 章 雯
装帧设计 汪奇峰

出版发行 法律出版社
编辑统筹 法商出版分社
责任校对 赵明霞
责任印制 胡晓雅
经 销 新华书店

开本 710 毫米×1000 毫米 1/16
印张 27 字数 442 千
版本 2023 年 6 月第 1 版
印次 2023 年 6 月第 1 次印刷
印刷 三河市龙大印装有限公司

地址:北京市丰台区莲花池西里 7 号(100073)
网址:www.lawpress.com.cn
投稿邮箱:info@lawpress.com.cn
举报盗版邮箱:jbwq@lawpress.com.cn
版权所有·侵权必究
销售电话:010-83938349
客服电话:010-83938350
咨询电话:010-63939796

书号:ISBN 978-7-5197-7951-1
定价:89.00 元

凡购买本社图书,如有印装错误,我社负责退换。电话:010-83938349

主要作者简介

李世亮

法学硕士，国浩律师事务所执行合伙人、国浩律师（成都）事务所党委书记，一级律师，第十四届全国人大代表、四川省律师协会会长，主要执业领域为国企改革与监管、政府行政法律事务、公司及投资法律事务、土地制度及城镇化建设等，曾获全国优秀律师、四川省优秀律师等荣誉，现任中央依法治国国家队成员、中华全国律师协会理事、四川省律师协会会长等职务。近年来，先后参与编著了《企业投资融资筹划与运作》《中国新型城镇化的法治思维》《私募股权基金筹备、运营与管理》《知识产权权利冲突：理论与案例分析》《民主立法与律师参与》《推进"一带一路"建设的法治思维与法律服务》《新冠肺炎疫情法律问题与依法应对》等著作，并于2020年发表著作《私人财富安全守卫之道》。

刘小进

法律硕士、工商管理博士，国浩律师（成都）事务所管理合伙人、主任，三级律师，具有上市公司独立董事资格，主要执业领域为国企改革与监管、企业合规管理、资本市场、投资与并购等，曾获四川省优秀青年律师、首届国浩于宁优秀青年律师以及2022年、2023年The Legal 500亚太指南获推荐律师和2021年IFL1000最佳年度交易大奖等荣誉，现任成都市法学会常务理事、"成德眉资"金融顾问团法律专家、成都市律师协会教育与未成年人保护专委会主任等职务。近年来，担任四川发展（控股）有限责任公司、成都交子金融控股集团有限公司、成都益民投资集团有限公司、宜宾发展控股集团有限公司等多家大型国有企业法律顾问，主导完成了上百个国有企业改制重组、投资并购、资产交易、债券发行等项目，对各种国资重大、疑难问题具有独到见解，擅长运用多角度思维为国企客户提供综合解决方案。

其他作者简介

杨　威

法学学士；国浩律师（成都）事务所专职律师，国浩律师（成都）事务所国企改革法律研究中心副主任；具有基金从业资格、初级审计师资格；主要执业领域为国资合规与管理、大中型企业常年法律顾问、股权投资与并购、劳动人事等，在国有企业投资并购和国有资产交易方面具有丰富经验，深谙国资监管特殊要求下的风险及其防控，曾发表近20篇国资相关文章。

陈　虹

经济学硕士；国浩律师（成都）事务所合伙人；具有注册会计师资格；主要执业领域为国资合规与管理、企业投融资、公开发行股份及上市、新三板挂牌、债券发行、大中型企业常年法律顾问等，对国有企业投资并购、各类债券发行相关业务具有丰富经验，深受好评。

李　伟

法学硕士；国浩律师（成都）事务所合伙人；具有注册会计师、证券从业资格；主要业务领域为国资合规与管理、资本市场、银行与金融、投资与并购、投资基金与私募股权、公司运营等，擅长国有企业资本市场相关业务，见解独到。

马　涛

法律硕士；国浩律师（成都）事务所合伙人；具有证券从业资格、会计从业资格；主要业务领域为国资合规与管理、资本市场、投资与并购、公司运营等，尤擅长国有企业投资并购、国有上市公司监管、各类债券发行业务。

莫小驰

法学硕士；国浩律师（成都）事务所专职律师；主要执业领域为国资合规与管理、资本市场、投资与并购、私募基金、大中型企业常年法律顾问，擅长国有企业各类债券发行、国有基金业务。

“国浩法律文库”总序

作为我国法治工作队伍的重要组成部分，中国律师已经成为协调推进全面建设社会主义现代化国家、全面深化改革、全面依法治国、全面从严治党的战略布局中一支不可替代、举足轻重的重要力量，并且越来越为党和政府以及社会各界所关注和重视。党的十八届三中全会审议通过的《中共中央关于全面深化改革若干重大问题的决定》特别指出，要“完善律师执业权利保障机制和违法违规执业惩戒制度，加强执业道德建设，发挥律师在依法维护公民和法人合法权益方面的重要作用”；党的十八届四中全会审议通过的《中共中央关于全面推进依法治国若干重大问题的决定》更加明确地指出，要“加强律师队伍思想政治建设，把拥护中国共产党领导、拥护社会主义法治作为律师从业的基本要求，增强广大律师走中国特色社会主义法治道路的自觉性和坚定性”。可以说，对律师行业的发展而言，“这是一个最好的时代”！

在律师业的发展过程中，对律师“专业人士”的角色定位已没有异议，而对于专业人士是应以“学者型”为方向还是以“工匠型”为目标之争却始终存在。其实这应是殊途同归的命题。“学者型”要求才高八斗、出口成章、理论扎实、结合实践，因此注重研讨、注重文章；而“工匠型”也要求一丝不苟、中规中矩、一针见血、心得颇多，所以注重琢磨、注重经验。因此，律师队伍中的“学者们”“工匠们”在日理万机的执业实践中，始终没有放弃研究、忘记总结，不时地成文、著作，并使之成为开拓业务、提高水平的重要手段，而鼓励、引导律师著书立说，一直是律师界的良好传统。

国浩律师事务所作为中国最大的法律服务机构之一，一直专注于服务我国投融资及其相关领域的发展与革新，并坚持在应用法律知识服务于经济社会的同时，不断总结经验，撰写理论与实践相结合的专业文章，并编辑成书。“国浩法律文库”系列丛书就是其成果之一。该丛书因其专业、实用、与时俱进等特点，赢得了各界朋友的较高评价、鼓励和支持。

搭建律师思想碰撞之平台、畅通律师信息传播之渠道、建设律师学问总结之道路、营造律师形象展示之舞台、创建律师文化交流之大厦，这正是我们编辑与出版这一文库的出发点与归宿。

我们真诚地希望“国浩法律文库”能让所有的读者朋友愿意读、读得懂、读后有收获。

中华全国律师协会第六、第七届会长
国浩律师事务所原主席　于　宁

中华全国律师协会监事长
国浩律师事务所首席执行合伙人　吕红兵

序

在本书即将付梓之际，收到邀请为本书作序，我欣然接受，并由衷为两位作者高兴。

首先，这本书的主题是国有企业合规管理法律实务，我以为是紧扣时代主题：

党的二十大报告提出，深化国资国企改革，加快国有经济布局优化和结构调整，推动国有资本和国有企业做强做优做大，提升企业核心竞争力。在我国，国有企业作为国民经济的重要支柱，在稳定经济大盘中发挥着“稳定器”、“压舱石”的作用，故其改革备受关注。2015 年发布的国有企业深化改革纲领性文件《中共中央、国务院关于深化国有企业改革的指导意见》特别提出，推进国有企业依法经营、合规管理。由此，合规成为国有企业改革最新关键词之一，并在近年逐渐成为热点。

合规是什么？普遍的、广义的理解为合乎法律规范。罗伯特·威尔金在《法律职业的精神》一书中曾这样说道：“如果我们念及宇宙秩序——人类因良心对此有所感应或者人类渴望正义而趋向于此，则我们可以说法律是人类与宇宙通往‘天人合一’的捷径。它代表着人类为实现其社会理想所作的最佳努力。”正因为法律的重要作用与意义，合规在发展近 100 年后，作为一种公司治理的理念与方式，也最终成为国有企业深化改革发展的重要方向。

其次，在收到书稿阅读后，本书的内容也深深地吸引了我。据我了解，本书作者所在的国浩成都办长期耕耘于国资法律服务领域，形成了由一批精兵强将组成的国资法律服务队伍，在两位作者的带领下，凭借扎实的专业水平享有盛誉。“如切如磋，如琢如磨”，在多年实践经验积累的基础上，本书作者及时响应法律服务实践的重大需求，敢立潮头，围绕国有企业合规管理打造出这本干货著作，体现了国浩人与时俱进的本色：

“满眼生机转化钧,天工人巧日争新。”社会在不断地发展变化,法律在不断地更新完善,律师也要不断地学习进步。合规管理是新生事物、舶来事物,如何在国有企业落地并取得实效? 这是本书作者试图回答的问题。

蒲松龄有言:“艺痴者技必良。”面对国有企业合规管理这样一个课题,作为国资法律服务的专家,本书作者并没有局限于合规的宏大叙事,而是紧扣国有企业经营管理的各个方面,具体而又务实地探讨国有企业投融资、国有资产交易、借款担保、公司治理、劳动人事等领域的主要合规风险识别、评估、预防和应对,其中对一些重要、热点问题不乏真知灼见。

“士有诤友,则身不离于令名。”律师不仅具有“受人之托,忠人之事”之基本责任,也有维护法律正确实施,维护社会公平和正义的崇高使命。在国有企业违规经营投资责任追究不断加强的背景下,律师受国有企业之托提供法律服务,不仅要努力为国有企业高质量发展保驾护航,也要做国有企业从业人员的“诤友”,及时向其提示合规风险,并协助预防与应对合规风险,这也是作者写作本书的重要目的所在。

最后,“一花独放不是春,百花齐放春满园”,2023 年是国浩成立 25 周年,面世多年并声誉鹊起的“国浩法律文库”已硕果累累,蔚为大观。作为“国浩法律文库”新成员的本书,践行“国浩法律文库”专业、实用、与时俱进的初心使命,相信必将为广大从事与关注国有企业合规管理的朋友带来有益借鉴,并助力国有企业合规管理与法治建设,进而推动国有企业实现高质量发展!

吕红兵
2023 年 5 月 1 日

自　序

时光如梭，写这篇自序恍惚又回到2004年通过司法考试时写回忆录的时候。24岁那个本命年，幸运之神眷顾了我，计算机专业本科背景的我通过半年时间的复习准备，考上了四川大学法律硕士，并在同年以430分全省前五的成绩通过了司法考试，之后我义无反顾地投身到律师行业。从一名律师助理，到执业律师，到合伙人，再到国浩律师（成都）事务所（以下简称国浩成都）的管理合伙人兼主任，迄今已18载。

一

从事法律服务工作18年里，国资法律服务始终是我重要的执业领域，贯穿我律师职业生涯的全过程。正因如此，我有幸见证了中国国有企业的改革与发展，参与并实践了国有企业相关监管政策和体系的出台和变化。时代造就潮流，潮流牵引法律。

我刚参加工作时，国务院国有资产监督管理委员会（以下简称国务院国资委）成立不过两年，那时国有企业改制正热火朝天，“郎顾之争”让“国退民进”到风口浪尖。针对当时国有资产交易不规范、不公正、不透明导致的国有资产流失、逃废银行债务以及侵犯职工权益等问题，国务院国资委先后出台《企业国有产权转让管理暂行办法》（已失效）和《企业国有资产评估管理暂行办法》，确立了国有产权转让应公开挂牌与评估两大原则，并规范和强化了国有企业产权转让的程序和监管。我参与的第一个项目，是代表某地方国资委转让某集团公司100%的股权，进而间接转让该集团公司控股的某上市公司，受让方系世界五百强公司，该项目面临国资、证券、外资三位一体的监管要求与风险，整个交易经历一年零八个月终于完成交割，也让初入职场的我对国有产权交易有了一个比较完整的认识。同一时期，《国务院办公厅转发国资委关于进一步规范国有企业改制工作实施意见的通知》和《企业国有产权无偿划转管理暂行办法》等规定也相继出台，国企改制和国有资产流转的监管规则逐渐完善，2016年出台的

《企业国有资产交易监督管理办法》(以下简称32号令)进一步明确将增资和资产转让行为纳入监管,并与2018年颁布的《上市公司国有股权监督管理办法》共同形成了完备的国有资产管理制度体系。

随后,国有企业的内部管理问题逐步暴露出来,特别是违规借款、担保等问题越发突出,有些地方国企擅自给民企担保,将国企拖入深渊,造成大量国有资产流失,甚至还发生过一些国企利用自身信用获取低息贷款,再将资金借给员工对外放贷"套利"的情况。在这种背景下,各地纷纷出台规范国有企业担保和借款的规定,明确国有企业对外借款担保的条件与审批程序,原则上不得向无产权关系的第三方提供担保和借款。此外,为加强国有企业管理,规范国有企业章程、财务资金、劳动人事、捐赠等方面的规定亦相继出台。

2015年8月24日发布的中共中央、国务院《关于深化国有企业改革的指导意见》吹响了新一轮国有企业深化改革的号角。从此,在"1+N"系列改革政策文件的指导下,国有企业的各项改革陆续推进、如火如荼。近几年,在混改浪潮下,国有企业对外投资并购持续火热,特别是国有企业收购上市公司,各类操作层出不穷。在此期间,我也注意到,在混合所有制改革中,无论是通过合资新设还是投资并购的方式,都面临着国资监管压力和民营股东正常行使权利的矛盾与纠结,混改企业的治理方式成为焦点,具体包括如何适用国资监管制度、董事会和经营层席位的设置、三会权限的划分等问题。如何解决前述焦点问题,也是我在为国有客户提供法律服务中的重点工作,因为混合所有制改革核心就是改公司治理,只有在重大风险可控的前提下通过合理治理安排发挥市场化优势,提高公司治理与运营效率,才能促进实现国有资产保值增值的根本目标。

回顾国资监管的变化与发展,我深切感受到,国资监管历来对国有企业治理与风险防控十分重视,近20年先后提出设总法律顾问、加强内部审计监督、建设内控体系、实施全面风险管理、落实违规经营投资责任追究等要求,国有企业的规范治理与风险管控水平逐渐已成为市场的标杆。

二

新时代下,为贯彻习近平法治思想和全面依法治国、依法治企的要求,并主动妥善应对企业合规风险挑战,2018年11月,国务院国资委《关于印发〈中央企业合规管理指引(试行)〉的通知》,正式拉开了各级国有企业全面开展合规管理的序幕。2022年8月,国务院国资委发布《中央企业合规管理办法》,要求国有企业为法治建设继续努力,进一步建立完善企业合规管理体系,以实现"更上一层楼”的目标，并向世界一流企业水平看齐。

从实践来看，不同于民营企业，国有企业以国有资产保值增值、防止国有资产流失为根本任务，并具有做大做强并争创市场一流的清晰目标，在依法治企原则引领下，国资监管部门对国有企业的合规管理必然是高标准、高要求，所以各国资监管部门发布的合规管理指引提出的是广义的、全面的合规，并在此基础上实施重点合规。与此同时，国有企业不仅面临行为合规性的挑战，还长期面临审计对行为合规性的把控，受到高度重视的违规经营投资责任追究制度也早已常态化，国有企业及其从业人员的合规压力与责任风险越发增大。

对此，我认为，从相关国资政策文件来看，国有企业合规管理是以预防为主，并要求全员合规、全面合规，故合规不仅是企业合规部门和外聘律师的职责，仅口号式的提重视是远远不够的，切实提高国有企业从业人员对合规的认识才是关键。也就是说，国有企业既要按有关指引建立合规管理制度，又要重视各合规要素的细节，其中合规的要素包括国有企业经营管理的各个方面，如投资并购、融资、资产管理、治理、借款担保、采购、劳动人事、财务等。因此，国有企业人员必须了解其所属国有企业、所在岗位或业务环节的合规风险及要求，并具备一定的合规风险识别、评估和应对能力，方能将合规真正落到实处，进而达到国资监管部门的要求。

国资法律服务是国浩成都的传统优势领域，国浩成都长期为国资监管部门和央企、地方各级国企提供法律顾问服务，受到业内外广泛好评。以成都市为例，国浩成都长期为2/3以上的市属国有企业提供日常法律顾问服务，“操千曲而后晓声，观千剑而后识器”，正是在这个过程中，我们深谙国有企业常见法律风险的管理，亦对国有企业合规风险的识别、评估、应对和控制有着独到的见解，有能力为国有企业人员提高合规认识、提供优质的法律服务。

综上所述，在前述大背景下，国有企业法治建设的新战略任务是切实提高合规管理水平，故我认为擅长国资法律服务的国浩成都在这方面理应有所作为，紧跟新时代的大潮，以高度的使命感与责任感，用专业服务为国有企业合规风险管理、国有企业法治建设乃至国有企业高质量发展保驾护航，这是我组织撰写这一本书的根本缘由。正因如此，2022年6月，在我的推动下，国浩成都成立了国企改革法律研究中心，以期加强国有企业合规的专业交流与研究，为提供更为优质的国资法律服务奠定坚实基础。

三

国浩成都作为长期服务国有企业的律所，积极致力于对国有企业各个合规要素和合规的细节研究,我所带领的律师团队多年来更是深耕并擅长这个领域。“博观而约取,厚积而薄发”,本书构思于2021年上半年,创作用时约1年半,但背后是团队更长时间的经验积累,故本书也是体现团队集体智慧的作品,其总体情况如下:

首先,本书在篇章编排上,一是对国有企业合规进行了总体介绍与分析;二是就国有企业常见的各合规要素、主要合规风险进行梳理与分析,既力求全面,又抓准重点,对国有企业经常遇到的一些缺乏明确规定和存在争议的重要合规风险问题进行了分析;三是就国有企业合规工作开展与相关合规法律服务进行了探讨。此外,本书还整理收集了国有企业常用的法律法规和法律文书模板,为其提供参考。因此,本书的主要目标读者是国有企业的朋友,但关注与研究国有企业合规风险管理的朋友也能从本书获得一定的启发。

其次,本书在内容设计上,务求以“干货”为标准,而不单纯求全,各篇章主要遵循识别风险、评估风险并提出风险防控建议的思路,结合实践经验,就国有企业经营投资诸多方面的重点合规法律风险问题进行了较为深入的分析,具有较强的针对性和可操作性,以期对国有企业的合规审查、制作合规风险事项管理指引清单乃至合规风险预防和应对处置具有参考性作用。

最后,在本书的创作上,团队的合伙人、律师、律师助理均参与到本书的创作过程中,尽管大家工作繁忙,但为共同目标仍然坚持投入时间和精力,他们有杨威、郭晓锋、陈虹、李伟、马涛、莫小驰、何志文、陈睿、罗国丽、董洁、张蕾、姜可、龚钰涵、唐小乔、黄可、陈艺、李姚亭、蓝真榕、孙雪媛等,虽然他们中的一些小伙伴已经离开团队另辟天地了,但还是要感谢他们的付出,也感激在一起共事的时光,并祝福他们能有更棒的未来。

此外,我还要感谢国浩律师事务所,是这个平台让我有机会接触这么多优质的国有企业客户和新型业务,感谢我的领路人李世亮律师,十余年来对我的关照、勉励和支持,以及对本书创作与出版的贡献。

新时代新征程,我相信,本书只是一个重要的逗号,而不是句号,在未来的岁月,我与国浩成都将继续专研,并以高质量的法律工作成果服务于国有企业合规与法治建设!

是为序。

刘小进

2023年3月

目　　录

附录
国有企业常用国资法律规定和常用法律文书模板汇编

第一章

国有企业合规管理概论

第一节　国有企业合规的沿革、内涵与价值

一、国有企业合规的沿革

（一）合规的沿革

1. 合规在西方国家的沿革

近年来，合规在公司治理、企业涉刑改革、国资监管以及与之对应的法律服务等多个领域成为社会热点，获得广泛关注，研究者众多，逐渐成为一门“显学”。事实上，合规于我国而言是西方舶来品，肇始于20世纪三四十年代美国银行业与反垄断的合规，其中美国金融行业最早提出了“合规”（Compliance）一词，并将合规作为一项选择性的监管举措广泛应用于美国银行业的风险监管实践。至20世纪70年代，美国出台《反海外贿赂法》（以下简称FCPA），“通过立法禁止企业贿赂，并明确企业预防贿赂犯罪和实施内部会计控制的法定义务，FCPA已经基本上具备了企业合规作为企业内部预防、发现和制止违法犯罪行为内控机制的雏形”。[①] 20世纪90年代出台的《美国联邦量刑指南》明确把是否建立了“有效的合规机制”作为法院对企业定罪量刑的重要考量因素。2000年左右，美国爆发了大规模的企业欺诈丑闻，包括雷曼兄弟在内的多个美国公司，因卷入欺诈案件而宣告破产，随后美国在2002年通过了《萨班斯—奥克斯利法案》，确立了督促公司通过合规进行内部治理的全新的治理方式。

2008年，德国西门子公司因商业贿赂案以10亿欧元与美国、德国有关执法部门达成和解。以此为标志，包括世界银行在内的许多国际组织及西方国家在全球范围内加大了企业合规反腐的力度。之后，英国在2010年通过《反腐败法案》，法国在2016年出台了《萨宾第二法案》，是西方国家为防范腐败和反商业贿赂而提出并推行合规的最新发展。此外，国际标准化组织于2014年发布《合

① 万方：《企业合规刑事化的发展及启示》，载《中国刑事法杂志》2019年第2期。

规管理体系指南》(ISO 19600:2014)后,又于2021年修订发布了《合规管理体系要求及使用指南》(ISO 37301:2021),对于各类组织的合规管理能力建设、政府监管活动、国际贸易交流、沟通合作改善等具有重要的指导意义。

在这个过程中,合规在西方国家尤其在一些跨国公司的应用范围和体系上有了更进一步的发展,涵盖了反腐败、反垄断、反洗钱、反金融欺诈、数据隐私保护、采购等多个领域。从西方国家合规的发展看,其兴起的核心动力来源于外部的政策威慑与政策激励,尤其是刑事合规激励,并由行政规制发展到刑事领域和国际领域,进而扩张成为公司治理机制的一部分,最终逐渐成为一种社会文化。

2. 合规在中国的沿革

一般认为,我国金融领域率先引入合规机制,其标志包括2006年中国银监会以巴塞尔银行监管委员会通过的《合规与银行内部合规部门》为蓝本出台《商业银行合规风险管理指引》,随后2007年、2008年由中国保监会、中国证监会分别发布《保险公司合规管理指引》《证券公司合规管理试行规定》①。由此可见,金融领域由于具有公共性强、监管集中、业务行为更为标准化等特点,成为合规之滥觞,中外皆如此。② 与之相关,2017年中国证监会出台《证券公司和证券投资基金管理公司合规管理办法》③,进一步完善了相关要求。

在2012年美国制裁中兴通讯事件发生后,我国在海外经营的企业合规风险越发受到重视。另外,以打击欺诈和腐败的世界银行制裁体系为例,从2009年开始,世界银行制裁的黑名单上开始出现中国企业,截至2018年10月8日,世界银行禁止参与世界银行项目的黑名单中有91家中国企业。④ 入榜企业中既有国有企业,也有民营企业,其在被制裁期限内禁止承接世界银行资助项目,其中常见的是附解除条件制裁,即3年期满后被制裁的企业如证明已满足解除条件可解除制裁,而其中一个重要的解除条件就是企业建立完善企业合规方案。其中典型案如湖南建工集团被制裁案,湖南建工集团因竞标时提交了虚假业绩文件被发现,世界银行对其作出"附解除条件的取消资格两年"的制裁决定,之后湖南建工集团实施诚信合规体系的努力得到世界银行的认可,收到了

---

① 该规定现已失效。

② 杨力:《中国企业合规的风险点、变化曲线与挑战应对》,载《政法论丛》2017年第2期。

③ 该规定现已失效。

④ 王军民:《大合规时代来临》,载《中国外汇》2018年第20期。

世界银行的解除制裁通知书。

2017 年 5 月 23 日，中央全面深化改革领导小组第三十五次会议指出："规范企业海外经营行为，要围绕体制机制建设，突出问题导向，落实企业责任，严格依法执纪，补足制度短板，加强企业海外经营行为合规制度建设，逐步形成权责明确、放管结合、规范有序、风险控制有力的监管体制机制，更好服务对外开放大局。"在此背景下，国家发展和改革委员会等部门于 2018 年 12 月联合颁布《企业境外经营合规管理指引》。不过，虽然企业海外经营合规风险的"暴雷"是我国企业合规得到重视与推广的"导火索"，但并不代表合规的适用仅限于具有海外经营业务的企业，合规对从事境内业务的企业仍具有重要价值。2017 年 12 月 29 日，中国国家标准化管理委员会发布《合规管理体系指南》(GB/T 35770—2017)，为普遍性的企业合规管理体系工作提供了指引。

值得注意的是，我国近年来开展的刑事合规不起诉试点改革①也已取得不少成果，并将合规对企业的价值以最直观的方式体现了出来。截至 2022 年 6 月，全国检察机关已办理合规案件 2382 件，其中适用第三方监督评估机制案件 1584 件，对整改合规的 606 家企业、1159 人依法作出不起诉决定。② 本次改革肇始于 2020 年 3 月，最高人民检察院在上海浦东、金山，江苏张家港，山东郯城，广东深圳南山、宝安的 6 家基层人民检察院，试点开展"企业犯罪相对不诉适用机制改革"。2021 年 4 月，最高人民检察院下发《关于开展企业合规改革试点工作方案》，正式启动第二期企业合规改革试点工作，试点范围扩大至北京、辽宁、上海、江苏、浙江、福建、山东、湖北、湖南、广东十个省(直辖市)。③

2021 年 6 月，最高人民检察院、司法部、财政部等九部委联合印发《关于建立涉案企业合规第三方监督评估机制的指导意见(试行)》及其实施细则，以进一步推进企业合规改革试点工作，规范第三方监督评估机制工作有序开展。

---

① 按最高人民检察院 2021 年出台的《关于开展企业合规改革试点工作方案》的定义，其是指检察机关对办理的符合条件的涉企刑事案件，在依法作出不批准逮捕、不起诉决定或者根据认罪认罚从宽制度提出轻缓量刑建议等的同时，针对企业涉嫌具体犯罪，结合办案实际，督促涉案企业作出合规承诺并积极整改落实，促进企业合规守法经营，减少和预防企业犯罪，实现司法办案政治效果、法律效果、社会效果的有机统一。

② 徐倩宜：《企业合规改革试点第三年：如何驶向下一站》，载新浪财经网 2022 年 8 月 10 日，https://baijiahao.baidu.com/s? id = 1740737435386648925&wfr = spider&for = pc。

③ 最高人民检察院：《最高检下发工作方案依法有序推进企业合规改革试点纵深发展》，载最高人民检察院官网，https://www.spp.gov.cn/xwfbh/wsfbt/202104/t20210408_515148.shtml#1。

2022年4月，中华全国工商业联合会办公厅、最高人民检察院办公厅、司法部办公厅、财政部办公厅、生态环境部办公厅、国务院国有资产监督管理委员会办公厅等印发《涉案企业合规建设、评估和审查办法（试行）》进一步细化与规范涉案企业合规要求，对涉案企业合规建设经评估符合有效性标准的，人民检察院可以参考评估结论依法作出不批准逮捕、变更强制措施、不起诉的决定，提出从宽处罚的量刑建议，或者向有关主管机关提出从宽处罚、处分的检察意见。

（二）国有企业合规的沿革

2015年出台的新一轮国有企业改革的纲领性文件中共中央、国务院《关于深化国有企业改革的指导意见》（中发〔2015〕22号）明确提出，要完善国有资产监管体制，防止国有资产流失，全面推进依法治企。在此文件指导下，2016年4月，国务院国资委印发《关于在部分中央企业开展合规管理体系建设试点工作的通知》（国资厅发法规〔2016〕23号），其提出在中国石油、中国移动、东方电气集团、招商局集团、中国中铁五家企业进行合规体系建设试点。

之后，在前期试点工作经验基础上，2018年11月，国务院国资委《关于印发〈中央企业合规管理指引（试行）〉的通知》（国资发法规〔2018〕106号），拉开了国有企业全面开展合规管理的序幕。在此之后，各地方陆续出台针对本级所属国有企业的合规管理指引，合规管理体系建设成为国有企业战略性、长期性的工作，当前的国有企业合规管理体系建设可谓如火如荼。

2021年6月，中共中央、国务院转发《中央宣传部、司法部关于开展法治宣传教育的第八个五年规划（2021—2025年）》中明确提出，深化依法治企，推动企业合规建设，防范法律风险，提升企业管理法治化水平。在总结中央企业合规管理实践、借鉴国际大企业先进做法的基础上，2022年8月国务院国资委颁布的《中央企业合规管理办法》，是当前国有企业合规工作的最新指导文件，对加快提升国有企业依法合规经营管理水平，深化改革与高质量发展提供更加有力的支撑保障，具有重要作用。①

---

① 法规局：《国务院国资委政策法规局负责人就〈中央企业合规管理办法〉答记者问》，载国务院国资委官网2022年9月19日，http://www.sasac.gov.cn/n2588030/n16436141/c26039888/content.html。

二、国有企业合规的内涵与价值

（一）企业合规的内涵与价值

1. 合规的基本内涵

企业合规在我国作为一种新兴事物，其内涵及其外延极为丰富，目前我国虽然已出台合规的相关规定与标准，但暂无法律、行政法规层面的统一界定，学界也众说纷纭，对其内涵暂未能形成广泛的共识及教科书式的定义。但是，随着我国企业合规相关实践不断发展，当前合规研究已从之前简单的域外现象、制度与案例引介，深入我国实践问题、制度设计与规范层面，成为一个跨学科、跨行业的前沿热点问题。[①] 总结而言，企业合规的基本含义是使企业及其员工的行为合乎规范，但又不仅如此，需从多个层面与视角对企业合规进行阐释，更有利于理解与把握企业合规的内涵。

首先，从企业合规的内容与范围看，其有广义与狭义之分：(1)广义的合规，是指企业的各项行为应符合刑事、行政和民事法律法规，乃至公司内部管理规定和经营所在地的法律、国际条约的规定，以使企业规避承担责任的风险。同时，“在适用主体方面，合规要求适用于企业的各个业务领域、各个部门、各级子企业与关联企业以及全体员工”，故企业合规不仅是合规管理部门的事情。因此，广义的合规又可被称为“大合规”。[②] (2)狭义的合规可从两个层面理解，一是指企业的经营管理行为应符合行政、刑事法律或其他具有重大后果的规定，以避免企业因违规违法承担行政处罚、刑事犯罪等重大法律责任，包括但不限于罚款罚金、失去市场准入资格、失去重大商业机会或者其他严重后果。二是指企业应在反欺诈、反垄断和反腐败等重点领域符合相关的规范。显然，在广义合规概念下，人人皆可谈合规，事事也需要合规，其边界变得模糊，引发“合规热”的同时，也让人难以认识与把握合规的独立价值。而在狭义合规概念下，合规是一种更具有针对性、专业性的工作，不同企业面临的合规风险并不相同，故在此基础上落实合规工作更为务实，也更具有针对性。

其次，从企业是否主动、是重预防还是重应对来看，企业合规可分为两种模

---

① 李本灿：《我国企业合规研究的阶段性梳理与反思》，载《华东政法大学学报》2021年第4期。

② 潘尤迪、乔骄：《论我国国有企业构建完善法律合规体系的必要性——简评〈中央企业合规管理指引（试行）〉》，载《法制与社会》2019年第32期。

式:(1)日常性合规管理模式,是指企业以预防相关合规风险为主要出发点,建立并运行常态化的合规管理体系。(2)合规整改模式,是指在行政机关或司法机关的执法压力下,或在国际组织采取制裁措施的严重被动情况下,涉案企业以追求减免处罚或者取消制裁为目标,针对企业已暴露的违法、违规或者犯罪行为,采取有针对性的合规整改措施,以获得减轻或免除处罚等激励。① 事实上,前述两种模式早已在实践中出现,体现了在合规激励制度环境下不同企业对合规的认识、功利心的不同,前者企业是主动的,而后者企业是被动的,二者也是合规在西方发端且推行更易的模式。② 但是,两种模式也具有一定的联系,因为一方面涉案后企业建立并运行常态化的合规管理体系会是权力部门提出的整改要求与获取减免激励的条件;另一方面,如在涉案前企业就已建立并运行,往往在适用处罚减免激励政策时更具优势,这就是典型的“胡萝卜加大棒”,即在法律管得宽、罚得狠的基础上给予建立有效合规机制的涉案企业一定的“政策优惠”,这也被认为是美国 1977 年出台的 FCPA 在进入 21 世纪以后才发挥重要作用的关键。③

再次,从企业合规的工作要求看,“一项有效的合规计划,至少包括五项基本要素:一是有一部要求全体员工遵守的商业行为准则;二是有一个独立而有权威的合规团队;三是有一种合规风险的预防机制;四是建立了一套行之有效的合规风险识别机制;五是在违法违规事件发生之后,有一项及时应对的策略”④。也就是说,企业合规是一个完整的体系,它要求企业设置独立的合规管理主体并明确企业各主体的职责分工,通过建立完善合规制度(手册、指引)并加强学习培训,对企业合规风险进行识别、分析与评估,最终实现对合规风险的有效预防与应对。

最后,从合规与内控、风险管理的关系看,合规具有独立的内涵与体系。2019 年 10 月,国务院国资委在《关于加强中央企业内部控制体系建设与监督工作的实施意见》中提出将内控、合规、风险管理体系的整合要求,要以“强内控、防风险、促合规”为目标,以风险管理为导向、内部控制体系为基础、以合规管理

① 陈瑞华:《有效合规管理的两种模式》,载《法制与社会发展》2022 年第 1 期。
② 陈瑞华:《企业合规制度的三个维度——比较法视野下的分析》,载《比较法研究》2019 年第 3 期。
③ 尹云霞、李晓霞:《中国企业合规的动力及实现路径》,载《中国法律评论》2020 年第 3 期。
④ 陈瑞华:《论企业合规的中国化问题》,载《法律科学(西北政法大学学报)》2020 年第 3 期。

监督为重点，将全面风险管理及合规管理的内容融入内部控制体系中。由此可见，合规与内控、风险管理作为国资监管部门在不同时期提出的管理要求，虽在管理对象上具有交叉联系，但在管理目标、管理范围、管理方式等方面并不相同。[①] 因此，为避免职责交叉、管理成本增加，国资监管部门提出有机整合要求，旨在发挥三大体系合力，共同为企业发展助力。

2. 企业合规的价值

从推进企业合规的价值看，其包括但不限于以下六大方面。

（1）从事前预防、事中控制角度看，通过建立并运行企业合规管理体系，有利于企业更系统、更有针对性、更有效地避免承担法律责任与处罚，尤其是降低承担重大的行政和刑事责任风险概率，这是企业合规的核心价值，也是社会对合规的一般认知。

（2）从事后应对角度看，在企业因涉嫌行政违法和刑事犯罪时，建立并运行企业合规管理体系可作为向权力机关争取减轻或免除处罚等激励的重要考量因素，这是企业合规最直接的功利价值，构成企业推进合规的最大动力。

（3）从责任划分角度看，建立并运用合规管理体系有利于划分乃至切割企业与员工、第三方单位的责任，从而有效预防、监控和摆脱相关法律风险。目前来看，该价值暂未在我国法律体系内得到广泛的、明确的规范性支撑，但实践中已现端倪，[②]并将成为未来的趋势。

（4）从公司治理角度看，建立并运行企业合规管理体系有利于更好地实现股东对董事、高级管理人员乃至一般员工的监督与约束，并有利于包括董事、高级管理人员以及其他员工个人降低承担不必要的法律责任风险，进而保障公司的健康可持续发展。

（5）从公司业务发展角度看，建立并运行企业合规管理体系不仅有利于企业不因重大违约或违法犯罪丧失竞标或业务资质资格，更可能成为企业在竞标和承揽业务时的"加分项"。从长远看，其也有利于企业提升核心竞争力，坚定地"走出去"，对标国内乃至世界一流。

---

① 龙玉忠：《国有企业合规管理体系建设探析》，载《国有资产管理》2021 年第 10 期。

② 以"（2017）甘 01 刑终 89 号"即雀巢员工侵犯公民个人信息案为例，雀巢公司员工因侵犯公民个人信息而被判处刑罚，但法院只判罚了雀巢公司员工，并没有认定雀巢公司犯罪。法院认为，雀巢公司手册、员工行为规范等证据证实，雀巢公司禁止员工从事侵犯公民个人信息的违法犯罪行为，员工违反公司管理规定，为提升个人业绩而实施的犯罪为个人行为，并非雀巢公司的单位意志，最终以属于企业合规的管理体系为依据，认定雀巢公司作为单位不构成犯罪，从而将单位责任和个人责任进行有效切割。

(6)从企业社会责任与促进社会治理角度看,一方面,企业推进与落实合规,逐步将合规文化植入企业及其员工,更有利于其履行社会责任,包括履行"强制性的社会责任(安全生产、碳排放限量、股东知情权、产品质量、不发布虚假广告、反垄断等)、引导性的社会责任(产品售后服务细节保障、消除员工歧视、不过度依赖政府专项补贴或政策扶持、利益相关方提出异议后的听证权、非上市公司的更多信息披露等)和纯粹道德性的社会责任(员工法定以外的期权奖励、供应商的产品信息反馈)"[①]。另一方面,企业是社会与市场的一分子,企业合规水平的提高带来的是企业员工就业、劳动权益的可持续保障,与合作伙伴的诚信履约,以及社会上行政违规与犯罪率的进一步降低,最终将提高社会治理水平,推动依法治国,促进社会和谐。[②]

(二)国有企业合规的内涵

从长远看,建设与运行合规管理体系对企业具有多重效用,但企业主动积极进行这一工作不仅会付出一定的成本,而且会在一定程度、一定期限内(严重)影响企业的效率和业务。故对于一般的企业,在涉嫌重大行政违法、刑事犯罪的被动情况下,当然会主动积极"拥抱"合规,并按"合规整改模式"推进,但如不存在前述情形时,要求企业切实按"日常性合规管理模式"推进多会因缺乏直接约束和重大激励而难以推广,这是当前企业合规的客观现状。不过,在国资监管机构的要求下,国有企业由于存在自上而下的监管要求,并已将其纳入考核,故国有企业目前成为全面、大规模推进企业日常合规工作的主力,也就不难理解。

就国有企业合规的内涵而言,根据国务院国资委出台的《中央企业合规管理指引(试行)》的定义,合规是指"中央企业及其员工的经营管理行为符合法律法规、监管规定、行业准则和企业章程、规章制度以及国际条约、规则等要求"。在2022年4月国务院国资委发布的《中央企业合规管理办法(公开征求意见稿)》中,对经营管理行为所需符合的范围明确增加了"党内法规",但在2022年8月正式颁布的《中央企业合规管理办法》又删除了"党内法规"的表述,不过该办法第7条第2款也明确"中央企业应当严格遵守党内法规制度",

---

① 杨力:《中国企业合规的风险点、变化曲线与挑战应对》,载《政法论丛》2017年第2期。

② 朱孝清:《企业合规中的若干疑难问题》,载《法治研究》2021年第5期。

体现了国有企业合规管理的政治特殊性，也符合国有企业管理的实际。同时，《中央企业合规管理办法》第5条明确在全面覆盖的基础上，合规管理工作也应突出对重点领域、关键环节和重要人员的管理。

此外，《中央企业合规管理办法》提出，合规管理是指企业以有效防控合规风险为目的，以提升依法合规经营管理水平为导向，以企业经营管理行为和员工履职行为为对象，开展的包括建立合规制度、完善运行机制、培育合规文化、强化监督问责等有组织、有计划的管理活动。从具体内容看，主要包括五个方面：

"一是明确合规管理相关主体职责。按照法人治理结构，规定了企业党委（党组）、董事会、经理层、首席合规官等主体的合规管理职责，进一步明确了业务及职能部门、合规管理部门和监督部门合规管理'三道防线'职责。二是建立健全合规管理制度体系。要求中央企业结合实际，制定合规管理基本制度、具体制度或专项指南，构建分级分类的合规管理制度体系，强化对制度执行情况的检查。三是全面规范合规管理流程。对合规风险识别评估预警、合规审查、风险应对、问题整改、责任追究等提出明确要求，实现合规风险闭环管理。四是积极培育合规文化。要求中央企业通过法治专题学习、业务培训、加强宣传教育等，多方式、全方位提升全员合规意识，营造合规文化氛围。五是加快推进合规管理信息化建设。推动中央企业运用信息化手段将合规要求嵌入业务流程，利用大数据等技术对重点领域、关键节点开展实时动态监测，实现合规风险即时预警、快速处置。"①

综上，从合规的内涵角度看，国有企业合规系广义的合规，是以预防风险、全面合规为主并兼顾重点合规、合规风险事件应对而开展的体系性管理活动，本书也是在此内涵下探讨国有企业合规。

三、国有企业推进合规的必要性

首先，推进合规不仅有利于国有企业履行促进国有资产保值增值和防止国有资产流失的义务，也有利于国有企业从业人员降低承担违规责任风险。一方面，在违规经营投资责任追究加强的背景下，国有企业以预防合规风险为导向，

---

① 法规局：《国务院国资委政策法规局负责人就〈中央企业合规管理办法〉答记者问》，载国务院国资委官网2022年9月19日，http://www.sasac.gov.cn/n2588030/n16436141/c26039888/content.html。

建立健全与运行合规管理体系，有利于全流程、有重点地管控企业经营投资合规风险，更有利于国有企业的健康可持续发展。另一方面，在建立并有效运行合规管理企业的情况下，国有企业因经营投资行为发生损失时，在认定相关从业人员，尤其是在认定集团对子公司的管控责任、领导人员的领导责任时，可更方便地主张尽职合规免责或从轻处罚。

其次，国有企业具有多重主体属性，其除具有一般市场主体和行业主体属性外，还具有国有主体属性，故国有企业需适用多重规则体系，推进合规有利于其预防与应对更为广泛、复杂的合规风险。当前，包括国资监管在内的各个方面的法律规则体系逐渐健全，国有企业市场参与度越来越高，虽然过往国有企业的法务、内控、全面风险等管理体系均有涉及，但合规管理体系具有高规格、主动性、系统性、全面与重点兼顾等特点，其在预防和应对合规风险方面优势相对明显。此外，在政府大力推行“放管服”，加强了事中事后监管，行政监管手段出现常态化、规范化和联动化的趋势，国有企业违规风险明显增大，且面临一次违法而多处受限的可能，而推进合规管理可以更好地应对该等局面。①

再次，合规是落实最新一轮国有企业深化改革要求，践行全面依法治国要求的应有之义。党的十九大对新时代推进全面依法治国提出了新任务、新要求，国有企业作为国民经济中的“顶梁柱”“压舱石”，应全面推进依法治企，提升合规管理能力，发挥社会示范作用。近年来，国资监管原则发生从“管资产”到“管资本”的转变，国有资产监管机构将部分重大事项的出资人权利授予国家出资企业，将应由企业自主经营决策的事项依法归位于企业，将延伸到子企业的管理事项原则上归位于国家出资企业，同时国家出资企业可按“一企一策”原则对子企业进行差异化授权，国有企业真正具有了重大事项决策与经营管理的权力，故如何完善国有企业治理进而使其权责明确、分工合理且科学高效运行，并监督与保障国有企业重大经营投资行为合规性是当前要务。此外，在国有企业混合所有制改革背景下，推进合规管理也有利于混改企业处理与防范内部治理风险，并更好地适应公平竞争的市场并应对业务经营风险。

最后，从世界范围看，提升企业合规管理能力，也有利于提升企业核心竞争力，为建设国内乃至世界一流企业提供有力支撑保障。如企业合规管理薄弱，

---

① 杨斌：《新形势下国有企业合规管理体系建设研究》，载《江西师范大学学报（哲学社会科学版）》2020 年第 4 期。

将可能造成企业承担重大违规成本，严重影响企业发展，甚至直接从市场“出局”。此外，随着“一带一路”的深入进行和我国改革开放的深化，国有企业贯彻“走出去”战略，[①]不仅在境外直接从事业务，境内企业从事涉外业务也早已屡见不鲜，在各国和国际组织加强合规管理的背景下，全球单边主义、贸易保护主义逐渐抬头，我国企业在海外经营面临的法律风险在问题政治化的加持下，其不确定性和不可控性增加，涉外国有企业合规建设已刻不容缓。[②]

① 根据国务院国有资产监督管理委员会副主任翁杰明在2022年6月的介绍，目前中央企业拥有境外机构和项目超过8000个，资产总额近8万亿元，载中国新闻网2022年6月17日，https://baijiahao.baidu.com/s?id=1735870053736188732&wfr=spider&for=pc。

② 龙玉忠：《国有企业合规管理体系建设探析》，载《国有资产管理》2021年第10期。

第二节　国有企业合规的现状、难点、要素与未来

一、国有企业合规工作的现状

自2018年国务院国资委颁布《中央企业合规管理指引(试行)》以来,国有企业合规工作从试点转为全面推广,其间取得了较大成果,但也存在一些问题:

首先,对合规的重视程度不够。实践中,由于对合规的认识不足,且合规难以产生直接可见的效益,合规未能融入企业文化,造成合规管理工作"说起来重要,干起来次要,忙起来不要"的现象,这在国有企业中不同程度地存在。[①]

其次,合规管理体系建设贪大求全,千篇一律,缺乏有针对性的重点,效果平平。国资监管出台的合规管理政策要求全面覆盖与重点合规兼顾,但实践中却更多是只顾全面覆盖而不管重点合规,企业合规制度原则性规定多,未将法律法规和监管要求内化为制度或指引,导致具有实操性、可参考性和针对性的不多。这主要是因为,企业落实全面覆盖原则可借鉴参考的更多更方便,进而也就更易实行,但不同企业的合规重点不同,需各企业自行花大力气、大成本推进,故难以落地实施。

再次,企业内部的合规人才缺乏,外部合规服务力量有限且并不成熟。实践中,除国家出资企业设有完备的法务或风险管理部门外,许多下属子公司仅配置一名法务甚至就没有配备具备法律专业背景的法务,法律风险管理基本依赖于上级单位指导和外聘法律顾问,再要求这些企业实施合规管理进而升级法律风险管控认识与体系客观上有些强人所难。此外,合规作为近年来才大热的新兴事物,虽然人人都在谈合规,但即使对中介法律服务人员而言,其也是一个较大的认知挑战,需要一个学习与升级的过程,现在真正能理解与熟练运用合

① 龙玉忠:《国有企业合规管理体系建设探析》,载《国有资产管理》2021年第10期。

规工具为企业提供针对性合规服务的力量目前仍然有限且并不成熟，故借力于外部合规服务机构做好合规工作，实际上也困难重重。

最后，与非国有企业类似，在现行制度条件下，国有企业推行合规仍缺乏内在的核心动力。表面上看，国有企业推进建设合规管理体系一般并没有面临重大行政违法、刑事犯罪和国际制裁的压力，看似是国有企业主动推进，但实际上是国资监管机构自上而下的推行，其动力仍主要是外部的压力，而缺乏内在的动力，进而将合规工作简单当作任务完成，在企业考核评价、正向激励方面也未深入落实。这是因为，企业全面深入落实合规是有成本的，而合规价值的实现在我国仍缺乏法律制度的依据与保证，除涉及海外业务外，我国仅在刑事企业合规激励方面改革取得一定进展并推广，行政监管领域对合规激励机制的引入也带有明显的个别、试验性质，除此之外并无明确而系统制度性合规激励安排。即使是适用尽职合规免责政策，也没有如何衔接适用的细则，故合规直接看得见的价值仍处于宏观层面，有待未来建立完善相关制度作为支撑。①

二、做好国有企业合规工作的主要难点

无论出于何种目的，国有企业如欲真正做好国有企业合规工作，将面临如下难点。

（一）对合规的意识与认识同步难

从实践来看，国有企业从业人员对合规工作的意识，即重视程度可以通过自上而下的建制度、定分工、强宣传等方式在短时间内提高。但是，国有企业合规管理指引要求，需将合规管理覆盖各业务领域、各部门、各级子企业和分支机构、全体员工，贯穿决策、执行、监督全流程。据此，国有企业合规是要求全员、全流程做合规，而不仅是合规或法务部门的专业人员做合规，更不仅是外聘中介机构人员做合规，这是一种工作理念与要求的重大升级。

按《中央企业合规管理办法》的要求，国有企业应引导全体员工自觉践行合规理念，遵守合规要求，接受合规培训，对自身行为合规性负责，培育具有企业特色的合规文化。虽然合规部门人员与非合规部门人员就合规的认识范围与深度要求有所不同，但总体来说，国有企业从业人员对合规仅有意识还不够，还

① 陈瑞华：《论企业合规的中国化问题》，载《法律科学（西北政法大学学报）》2020 年第 3 期。

应深化对与其岗位职责相关的合规认识,即知道做什么、怎么做,并有效落到工作实践,进而取得实效,这是比较难的。其原因在于,合规具有专业性与复杂性,国有企业从业人员尤其是非法律专业人员对合规形成深刻认识并非一日之功。因此,需以合理的奖惩制度为支撑,尽快配备相应的合规专业人才,进而由国有企业领导积极协调部署,并借助内外部合规专业人员指导,在实践中通过培训、学习、交流等多种方式逐渐加强合规认识。

(二)全面合规与重点合规兼顾难

一方面,国有企业合“规”的范围广泛,包括法律法规,监管规定,党内法规,行业准则和企业章程、规章制度以及国际条约、规则。同时,国有企业的经营管理又涉及方方面面,包括企业治理决策、投融资、财务、业务、采购、资产管理、劳动人事、安全生产等方面的诸多环节,均面临相应的合规要求与合规风险,如何准确识别、评估和应对?其相应的工作强度与难度不言而喻。

另一方面,国有企业合规工作也要突出重点,包括重点领域、关键环节和重要人员,这也往往是合规风险的高发区,那么具体的国有企业合规重点究竟在哪里?国资监管部门出台的指引仅提供了方向性的要求,并无适用于所有企业的统一细则,这就需要国有企业结合自身实际进行梳理并落实于制度。

综上,国有企业要在全面推进合规管理的基础上,突出重点领域、关键环节和重要人员,切实防范合规风险。因此,合规完全面面俱到是不可能也是没必要的,但国有企业在实践中究竟如何兼顾全面合规与重点合规,把握尺度平衡,的确是挑战,这对合规管理工作的计划与实施都提出了较高要求。

(三)合规体系与其他相关管理体系的协调融合难

在依法治企原则下,过去近20年来,国资监管部门先后出台政策对国有企业提出了设总法律顾问、建设内控体系、进行全面风险管理、落实违规经营投资责任追究、加强内部审计监督等多项工作要求,而每一项下都要求国有企业专门建立完善相应的制度和职责机构,可谓繁复。通览看,这些要求既有关联、交叉,也有各自不同的特点,但其共同的目标都是要预防与处置风险,只是侧重不同。

因此,国有企业推进合规管理如一味继续简单做加法,而不能将合规这一最新管理要求合理有效的嵌入业已庞大的内部管理制度体系,与法务、风险管理、内部控制、内部审计等管理体系协调融合,就可能导致“厚此薄彼”“厚今薄古”,进而形成职责不清、管理成本进一步增加等一系列的问题。比如,合规审查与之前的法律审查之间的关系,以及合规部门与法务、风险管理部门的关系,是相互独立,还是协调融合?或者按企业规模、层级和合规风险大小等实际情况区别设置?这些都是亟待在实践中解决的问题。

(四)合规管理与成本效率的平衡难

国有企业合规主要是日常预防型合规。一方面,虽有国资监管部门自上而下的推行,但“徒法不足以自行”,要让合规管理体系得到切实运行,将会投入较大的成本,中短期内还可能会影响经营管理效率,在没有类似于“合规不起诉”这样直接重大的激励情况下,即使是国有企业也很可能仅将合规管理当作又一个任务来做,而非努力将其根植于企业,形成真正的合规文化。

另一方面,在国有企业深化改革背景下,国资监管部门要求国有企业既要做到全面合规,又要按时保质保量的完成相关任务并达成考核指标,故国有企业推进合规管理如做不到科学合理,并不能与经营管理的效率实现合理平衡,就可能造成国有企业的管理机制走向进一步僵化,最终导致效率与合规反而成为激烈矛盾,功能性与竞争性的国有企业都将面临更大的挑战。

三、推进国有企业合规的关键:把握合规要素的细节

(一)为什么要重视合规要素的细节

针对国有企业合规工作的上述主要难点,本书认为,由于国有企业合规管理是以预防为主,国有企业对投资并购、融资、资产管理、治理、借款担保、采购、劳动人事、财务等合规要素均需兼顾,因而提高国有企业从业人员对前述合规要素细节的认识,明确其所属国有企业的所在岗位或业务环节的合规风险及其要求,并具备一定的合规风险识别、评估和应对能力,就是国有企业合规管理取得实效的关键。

换言之,既然合规管理的目的是防范和管控合规风险,那么防范和管控的前提就是能识别、评估进而应对具体的合规风险。基于国有企业合规工作具有的主动性和重预防的特点,其核心环节就应该是合规审查机制,但要让合规审查机制高效运转,就必须对常见的合规风险进行识别、评估与梳理,并制作合规风险事项管理指引清单。这是因为,如果执行合规管理制度的人不熟悉国有企

业面临的业务风险或不熟悉合规义务,那么科学合理的进行合规审查和拟订合规风险事项管理指引清单都将成为空谈,国有企业费心搭建的复杂合规管理体系最终就会成为一套“花架子”。

综上,国有企业建立合规管理制度只是第一步,要让合规管理真正落地并取得实效,就必须重视各合规要素的细节,进而提高国有企业人员对具体合规风险的认识:国有企业经营投资的各个方面节究竟存在哪些合规风险?哪些是重大合规风险及红线?在不同的岗位与管理流程环节又有哪些合规风险?对于这些风险究竟如何评估与应对?

(二)如何重视合规要素的细节

具体到国有企业的实践,落实到一个个具体的经营投资行为,这些如何做到合规?本书认为,国有企业的合规风险既有共性,也有个性,前者主要见于一般法律法规和各种国资监管政策的要求,后者主要见于企业从事的特定业务或所处的行业相关的规定,二者所涉均可谓之多,亟须研究梳理,但也要有所侧重。

同时,国有企业基于其身份的多重性,会面临各种合规风险,故要结合本企业与同类企业的既往经验教训,根据重要性先后对企业经营投资的各个方面、各个条线分批次进行摸排、识别与梳理,最终实现全覆盖,并持续更新改进。对此,本书认为,这个工作需要国资监管部门、国有企业、研究机构以及服务国有企业的律所从不同角度、发挥各自优势共同推进。其中,本书就是国浩成都作为长期服务国有企业的律所在这方面所进行的探索性研究成果。

四、国有企业合规的未来发展方向

以 2022 年 8 月国务院国资委颁布《中央企业合规管理办法》为标志,国有企业合规进入新阶段,对其未来的发展方向,本书认为合规管理在国有企业的定位将会由企业的一项政治任务向企业的核心战略转变,具体如下:

首先,合规管理的导向将变化,由重建章立制到重实效转变。不同于前一阶段,国有企业推进合规主要是“照瓢画葫芦”,到合规建设的新阶段,国有企业对合规管理将以是否取得实效为导向。

其次,合规的针对性将加强,由全面合规到专项合规、重点合规转变。经过四五年的发展,许多国有企业已基本建立全面覆盖的合规制度,到合规建设的新阶段，其将结合自身经营管理与业务实际情况，在借鉴先进经验和外部合规服务机构的协助下，就重点领域、关键环节和重要人员开展专项合规、重点合规。

再次，合规的管理手段将完善，由纸质化、人工流转向信息化、大数据管理转变。在国有企业数字化转型的大背景下，国有企业推进合规管理必然也将运用现代信息化、大数据管理的最新成果，完善管理手段，强化过程管控，实行动态监测和即时预警，提高管理效率。[①] 同时，在合规管理中加强信息化建设也是2022 年出台的《中央企业合规管理办法》第六章的基本要求。

又次，合规的标尺作用将显现，进一步向多元化功能转变，成为认定与适用违规责任追究和尽职免责政策的重要依据。一方面，自 2016 年国务院办公厅《关于建立国有企业违规经营投资责任追究制度的意见》出台以来，国资监管进入全面追责、终身追责和严厉追责阶段，合规与违规是一个行为的两面，合规管理体系的建设有利于违规行为的认定与责任追究。另一方面，2018 年 5 月中共中央办公厅印发《关于进一步激励广大干部新时代新担当新作为的意见》号召干部担当作为、干事创业，并提出建立容错纠错机制和"三个区分来"[②]，为切实为敢于担当的干部撑腰鼓劲，在此背景下各级国资监管部门纷纷推出尽职合规免责事项清单、经营投资容错免责办法，但究竟何为尽职合规，在具体的岗位、环节和业务中仍缺乏可操作的细则，故在国有企业落实岗位合规职责梳理、业务合规风险指引等工作后，认定尽职合规将更加有据可依。

最后，对合规的重视将升级，由外部监管驱动到内生动力驱动转变。一方面，虽然我国在合规激励立法上尚未有广泛进展，但在全面依法治国的战略下，合规已受到国家的重视与青睐，并在刑事领域进行了实践探索，未来在采购管理、资质资格管理、行政执法等更广阔的领域进行相关立法也是可预见的趋势，这将有利于为国有企业深入推进合规管理提供内生动力。另一方面，合规作为现代公司治理的重要组成部分，其价值在西方尤其是跨国公司已得到充分体现，有志于完善公司治理并提升企业核心竞争力，进而对标国内乃至世界一流

---

① 杨斌：《新形势下国有企业合规管理体系建设研究》，载《江西师范大学学报（哲学社会科学版）》2020 年第 4 期。

② 具体包括把干部在推进改革中因缺乏经验、先行先试出现的失误错误，同明知故犯的违纪违法行为区分开来；把尚无明确限制的探索性试验中的失误错误，同明令禁止后依然我行我素的违纪违法行为区分开来；把为推动发展的无意过失，同为谋取私利的违纪违法行为区分开来。

的国有企业,会更加主动、深入地实施合规管理。

五、小结

推进国有企业合规管理建设,是国资监管部门在国家依法治国、依法治企原则下提出的大战略,既有利于防控企业经营投资法律风险,也有利于国有企业从业人员避免承担责任,进而防范国有资产流失、保障国资保值增值,推动国有企业持续健康发展。对此,各级国资监管部门通过出台指引,已为合规管理体系建设提供了清晰路径,但国有企业合规重视日常预防,即提高国有企业人员对国有企业常见合规风险的认识就尤为重要,本书希望通过对国有企业各合规要素细节的关注与探讨,让国有企业合规工作更接“地气”,落到实处,进而取得更大的效果。

第三节　合规视野下的国资法律法规体系及其适用

《关于国有企业发展混合所有制经济的意见》(国发〔2015〕54号)提出,通过深化国有企业混合所有制改革,推动完善现代企业制度,健全企业法人治理结构,提高国有资本配置和运行效率,实现国有资产保值增值。混合所有制企业[①]实现前述目标的核心前提之一是要在合规与重大风险可控的基础上提高公司治理与运营效率。但是,在实践中会发现,即使进行了混合所有制改革,一些混合所有制企业仍需适用(部分)国资监管规定,[②]而并不能完全按照现代公司治理机制进行经营管理。公司治理与运营体制及其效率并未发生实质改变,引起一些民营股东的质疑甚至抗拒,让许多国有企业人员也十分困惑。

在现行国资监管政策条件下,混合所有制企业在公司治理与运营方面究竟能有哪些变化,关键是要弄清楚混合所有制企业是否适用、如何适用国资监管规定。事实上,经过多年的发展与完善,目前针对国有资产和国有企业的监管规定可谓众多,涉及的层级、事项与形式众多,在如此复杂的国资监管规定体系下,如何既能准确适用国资监管规定实现合规,又能通过混合所有制改革实质提升公司治理与运营效率,依法合规改革,进而促进实现国有资产保值增值的根本目标,是混合所有制改革实务中的重要问题,也是一个很大的难点。

---

① 此处所称混合所有制企业是广义的,即通过不同方式,国有主体与非国有主体共同持股的企业。

② 此处所称适用与不适用国资监管规定,是指标的企业的特定经营投资事项是否需按国资监管规定报请国资监管部门、国家出资企业及其所授权的主体核准、批准、审核和备案,以及是否需要遵循国资监管规定的特殊行为规范。至于其他情况,如国有参股公司的股东按《公司法》、公司章程和相关协议行权,虽然《企业国有资产法》和许多国资监管规定中也有类似提法,但这不是此处所说的在适用国资监管规定。

一、国资监管规定体系及其适用概述

(一)国资监管规定的分类

由于国资监管规定十分丰富,通过不同标准对国资监管规定进行分类,可初观其概况:

首先,从效力层级上看,以法律《企业国有资产法》和行政法规《企业国有资产监督管理暂行条例》为统率,还有部门规章、地方性法规、地方性政府规章,以及无数的规范性文件,共同构成了国资监管规定体系。

其次,从规范的行为内容上看,国资监管规定包括企业改制、公司治理、国有资产交易与无偿划转、财务资金管理、投融资、借款担保、劳动人事以及违规经营投资责任追究等方面的内容。可以看到,除国有企业的主营业务客观上无法统一规范外,国资监管规定对国有企业经营管理的其他重要方面均进行了规范。

最后,从国资监管的管理关系上看,除普遍适用的国资监管规定外,还存在针对国有金融企业、国有文化企业和国有军工企业等特殊主体的国资监管规定。事实上,为解决过去多头管理、实际无人负责的问题,国务院于 2003 年成立国务院国资委,各地方也随后分别设立本级国资委,并根据本级人民政府的授权统一履行出资人职责,并通过一系列的改革使得大部分政府部门不再履行管理国有企业的职责,但目前针对国有金融企业、国有文化企业和国有军工企业等少数特殊主体,其国资监管部门仍可能是各级国资委以外的财政、宣传等部门。

(二)国资监管规定适用的七大特点

1.不同国资监管规定适用的国有企业层级范围不同

国资监管规定适用的层级是仅包括国家直接出资的一级企业,还是包括国家出资企业下属各级子企业?现梳理情况如下:

首先,有些国资监管规定仅适用于国家出资企业。比如,作为国资监管基本法律依据的《企业国有资产法》第 5 条规定,其适用于国家出资企业,即国家出资的国有独资企业、国有独资公司以及国有资本控股公司、国有资本参股公司。也就是说,并不包括国家出资企业下属各级子企业。

其次,有些国资监管规定不分层级,适用于国家出资企业及其下属各级子企业。比如,32 号令第 4 条规定,适用该办法的包括国有及国有控股企业、国有实际控制企业及其下属符合条件的各级子企业。

再次,即使一些国资监管文件的条款规定仅适用于国家出资企业,但实践中国资监管部门出于实质防控国有资产流失风险的考虑,也可能会要求"一竿子插到底",即各级国有子企业均需(参照)适用。

最后,实践中,可能还存在国资监管部门将个别重要的二级或以下子企业直接视为国家出资企业管理,或者将国家出资企业委托给另一个国家出资企业代管即视为二级子企业管理的情况,这两种情况需在适用国资监管规定时特别注意。从《公司法》角度看,前述情况下,登记的股东与实际行权主体分离,虽可认为是股权权利的委托行使,但终究不符合现代公司治理精神,未来应逐步清理。

综上,对于以上现象,为实现政企分开,避免行政干预国有企业经营,推动通过现代公司机制对国有企业进行有效治理,2008 年出台的《企业国有资产法》最终确定的国有企业适用层级并非"一竿子插到底",而是规定国资监管机构负责监管国家出资企业,国家出资企业负责对其所出资企业进行监管,以此层层类推、层层负责。但是,由于国家出资企业下属各级子企业往往也持有大量国有资产,并且是主要的经营投资主体,在目前许多国家出资企业下属各级子企业治理结构还不完善、人员治理能力不足的情况下,如对其重大经营投资事项缺乏统一的管理规范,就会存在较大的自由裁量空间,进而造成国有资产流失风险显著增大。因此,在此之后的国资监管立法实践中,《企业国有资产法》以外的国资监管规定文件很多都会将其适用的国有企业层级范围进行扩张,或者在实践中突破国资监管文件规定的适用层级条款限制,要求各级国有子企业均需(参照)适用。

2. 上级国资监管部门出台的规定不一定适用于本级及下属各级国有企业

国务院国资委出台的国资监管规定一定适用于全国的国有企业吗?要回答这个问题,需要先厘清我国国资监管的法定职责分工。

按《企业国有资产法》《企业国有资产监督管理暂行条例》相关规定:(1)国务院和地方人民政府是代表国家对国家出资企业履行出资人职责的法定主体,各级国资委和其他部门是根据其授权履行出资人职责,故实践中国资监管规定的出文主体既有各级人民政府,也有被授权履行出资人职责的国资委和财政部等部门;(2)各级国资委原则上是各自对本级人民政府负责,并监管本级所属国有企业，上级国资委与下级国资委不是领导关系，而是指导和监督关系。

按照以上立法逻辑，国务院国资委出台的国资监管规定原则上仅适用于中央企业，如《中央企业投资监督管理办法》，而地方各级国资监管部门自行出台的国资监管规定仅适用于本级所属国有企业，如《四川省属国有企业投资监督管理试行办法》。但是，基于上级国资监管机构的指导与监督职能以及其他主客观原因，实践中，也会看到国务院国资委或其与其他部门联合出台的国资监管规定实际适用于全国各级国有企业的现象，常见的包括《企业国有资产评估管理暂行办法》、《企业国有产权无偿划转管理暂行办法》、32 号令、《上市公司国有股权监督管理办法》等。在地方上，其实也有类似的情况，比如《四川省企业国有资产交易监督管理办法》与《四川省属国有企业投资监督管理试行办法》同样是由四川省国资委出台，但适用范围却分别是全省各级国有企业和省属企业。

综上，结合本书作者对国资监管规定立法与实践的观察，国资监管部门出台的国资监管规定适用范围并不当然的包括本级以下的各级国有企业，需根据其适用范围条款具体判断，以实现准确适用。

3. 各层级、各地方的国资监管文件对部分经营投资事项的规定存在不同

除国家层面已出台适用于全国各级国有企业的统一规范（典型如国有资产交易与无偿划转、资产评估）外，诸如资产出租、投融资、借款担保、部分劳动人事、捐赠、财务等方面是由各级国资监管机构出台并规范本级所属国有企业，进而就会出现针对同一经营投资行为，不同层级、不同地方的要求不同的情况。对此，前文已述，基于国资监管分级负责的体制，本级国有企业原则上应优先适用本级国资监管机构出台的规定，如本级国资监管机构未出台专门规定，可结合本级国资监管部门和审计部门的窗口指导意见，参照适用上级或其他地方国资监管部门出台的类似规定，以规避后续的审计问责风险。

4. 国家出资企业制定的针对子企业的内部管理规定实质已成为国资监管体系的一部分

在国企深化改革背景下，各级国资监管部门陆续开展放权授权工作，国家出资企业自主决策和对下属子企业监管的权限也越来越大，国家出资企业作为其下属各级子企业的监管主体责任也越发突出。许多国资监管部门明文要求国家出资企业制定对所属子企业的管理制度，并报国资监管机构备案后实施，这与《企业国有资产法》要求国家出资企业对其所出资企业履行监督管理责任的精神是一致的。

值得注意的是，实践中，国家出资企业制定的针对下属子企业的内部管理规定所适用的经营投资事项范围往往比国资监管规定的更广，下属子企业一般也会参照国家出资企业的内部管理规定自行制定相应的规定，进而将国家出资企业的管理要求内化为本企业的规定，但一些新设的或治理不健全的子企业，也可能直接参照适用国家出资企业的规定，此种情况下，如果是人力资源相关制度，若直接参照用以惩处员工，存在较大法律风险。

此外，国务院办公厅《关于建立国有企业违规经营投资责任追究制度的意见》明确违规的“规”包括“企业内部管理规定”。因此，国家出资企业制定的适用于其所属子企业的内部管理规定实质上已成为国资监管制度体系，不仅具有实践基础，也具有国家制度依据。

5. 国有企业的国有股权比例与结构不同，其适用的国资监管规定范围不同

虽然实践中对国有企业的范围存在较大争议，但 32 号令对国有企业范围的界定可为典范。一般而言，如不考虑同一企业存在不同管理层级国有股东（如央企、省属企业合资）的特殊情况，国有独资企业、国有全资企业、国有控股企业以及国有实际控制企业原则上均适用国资监管规定，而国有参股企业原则上不需要适用。这是因为，国资监管规定本质上不是行政法，[①]其法律责任条款也均未设置行政处罚和行政强制措施，故不具有行政强制力。

但是，其又是如何确保其执行，并将国资监管机构和国家出资企业的意志贯彻至下属各级子企业内？从《企业国有资产法》第 32 条、第 33 条和国务院办公厅《关于进一步完善国有企业法人治理结构的指导意见》（国办发〔2017〕36 号）看：

一方面，其执行的保障其实与大型民营集团并无本质区别，核心仍然是以股权关系为纽带，凭借其作为股东依法享有的参与重大决策和选择管理者等权利进行保障，并层层传导以实现贯彻。但是，如国有股东仅为参股，则其对企业不具备控制力，国有股东的意志不具备强制执行的保障条件，遑论不具有直接股权关系的上级国有单位。

另一方面，若以行政强制力作为保障，就是典型的行政干预，违背了政企分

① 《企业国有资产法》第 6 条规定：“国务院和地方人民政府应当按照政企分开、社会公共管理职能与国有资产出资人职能分开、不干预企业依法自主经营的原则，依法履行出资人职责。”

开和在国有企业建立完善现代公司治理机制的国企改革精神。不过,与大型民营集团有所不同的是,国有企业资产毕竟涉及社会公共利益,其还受到行政审计监督与刑法的特殊保护(如签订、履行合同失职被骗罪,徇私舞弊低价折股、出售国有资产罪和私分国有资产罪等)。

6. 国资监管规定适用包括行政化上报与遵守特殊行为规范两个方面

所谓适用国资监管规定,其实主要包括两个方面:(1)国有企业的特定经营投资事项需按国资监管规定报请国资监管部门、国家出资企业或其所授权的主体核准、批准、审核和备案,这是一种类行政化管理。但是,除国资监管规定或者国资监管主体明确禁止外,前述核准、批准、审核和备案的要求可通过有权主体向下属国有企业授权的方式,实现豁免或减少适用,进而提高治理决策效率;(2)国有企业的特定经营投资事项需遵守国资监管规定的特殊行为规范。该等要求原则上不能豁免适用,但有特殊例外规定的除外。[①] 举例来说,实践中,按32号令第8条、第28条规定,一个三级国有控股企业对外转让股权,一般既需报请国家出资企业批准,原则上也必须在股权转让合同约定交易价款自合同生效之日起5个工作日内一次付清。进一步而言,即使国家出资企业授权该三级国有控股企业可自行决策对外转让股权事项,其仍需遵守前述关于付款方式的特殊行为规范。

7. 国资监管规定与其他法律法规一般不存在优先地位

国有企业作为市场主体,具有多重身份属性,以持有上市公司股份的国有控股建筑设计公司为例,其既需要适用国资监管规定,也需要适用《公司法》《劳动合同法》《民法典》等一般规定,还需要适用《建筑法》《证券法》等特殊规定。除具有明确的特别规定外,与其他法律法规相比,国有监管规定并不是特殊法而具有优先适用的地位。因此,无论是行政化上报,还是对特殊行为规范的遵守,二者一般需要并行适用、衔接适用,典型可见《上市公司国有股权监督管理办法》。

综上,适用国资监管规定虽然逻辑线条相对较为复杂,但仍有前述特点规

① 例如,《四川省企业国有资产交易监督管理办法》第68条规定:"企业资产出租是指企业作为出租方,将自身拥有的非流动性资产(包括土地使用权、房屋建筑物、广告位、设施设备等)出租给自然人、法人或其它组织(以下简称承租方)使用,向承租方收取租金的行为。下列情形除外:(一)从事租赁经营业务的行为;(二)租赁期不超过三个月的短期租赁行为;(三)企业承办的专业市场、商场按市场规则组织的对外招租行为;(四)物业服务企业从事的经营业务的行为;(五)企业住房租赁给本企业职工居住的行为;(六)法律和行政法规另有规定的。"

律可循，混合所有制企业是否适用、如何适用国资监管规定需具体问题具体分析。

二、示例：A 公司适用国资监管规定的具体分析

囿于篇幅，本部分拟通过举例探讨的方式，以混合所有制企业 A 公司为核心，就不同情形下是否适用、如何适用国资监管规定的问题进行探析，见图 1－1。其中，A 公司为有限责任公司，其董事会由三名董事组成，三个股东各提名一名董事，经股东会选举确定。

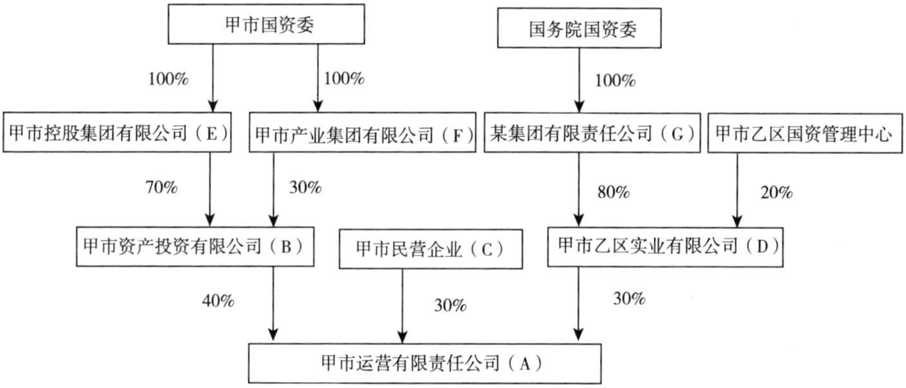

图 1－1　A 公司股权结构

下面，就 A 公司适用国资监管规定的具体问题探讨如下，以期进一步厘清混合所有制企业是否适用、如何适用国资监管规定的问题。

（一）A 公司是否适用国资监管规定

1. 对于不分国有企业级别适用的国资监管规定

一般而言，对于不区分所属级别适用的国资监管规定，原则上是看合计国有股权比例，不区分国有股东的级别是央企还是省属、市属、区属。从 A 公司的股权结构并穿透看，A 公司的股东 B 公司、D 公司属于国有全资企业，二者合计持有 A 公司 70% 股权，故 A 公司属于国有控股公司，应适用国家层面、甲市所在省、甲市出台的适用于各级所属国有企业的统一规范，故 A 公司对外转让股权、增资、资产转让、无偿划转和资产评估等行为需适用相应的国资监管规定。

2. 对于仅适用于本级所属国有企业的国资监管规定

国家各级国资监管机构出台的针对本级所属国有企业的国资监管规定，一

般仅适用于本级国家出资企业或国家出资企业及其合并报表范围内的下属国有企业(包括国有独资、全资、控股和实际控制企业)。A公司的两个国有股东对其持股均未超过50%,对A公司也均未形成实际控制,故不适用国务院国资委、甲市乙区出台的针对各本级国有企业的国资监管规定,如《中央企业投资监督管理办法》、“甲市市属国有企业投融资和借款担保管理办法”,更不适用相关国家出资企业E公司、G公司等制定的内部管理规定。

综上,A公司作为混合所有制企业,其适用国资监管规定的原则可总结如下:

(1)在A公司现有股权结构下,仅需要适用部分国资监管规定,其中,在投融资、借款担保、部分劳动人事、捐赠、财务、采购等方面不需要适用本级国资监管部门出台的相应规定,故原则上可以按《公司法》和公司章程、内部管理制度以市场化方式操作,对其提高治理与运营效率具有较大意义。实践中,具有此类股权结构的混合所有制企业市场化程度也明显更高。

(2)如国有股东B公司对A公司控股或实际控制的,相较于上述第(1)种情况,A公司还需要适用甲市国资监管机构出台的针对本级所属国有企业的国资监管规定,以及国家出资企业E公司出台的针对子公司的内部管理规定。实践中,此类混合所有制企业往往陷入“混改前后一个样”的困境。

近年来,在国有企业深化改革过程中,监管原则发生了从管资产到管资本理念的转变,各级国资监管部门和国家出资企业纷纷出台对各自所属企业的授权、放权清单,如《国务院国资委授权放权清单(2019年版)》,可资参考。因此,这种情况下,一方面,A公司可在不违反禁止性规定的情况下,争取从国家出资企业拿到相关事项的授权以提高决策效率,但仍需遵守国资监管规定对授权事项的特殊行为规范。另一方面,国有股东可在控制A公司董事会的前提下,通过董事会对经营管理层充分授权与目标考核结合的方式,进一步提高公司业务经营效率与活力。

(3)如民营企业C公司对A公司持股比例超过50%的,则A公司属于国有参股公司,原则上不需要适用国资监管规定,B公司、D公司作为国有股东应通过委派的股东代表、董事和高级管理人员按《公司法》和A公司章程、A公司内部管理制度参与经营管理。实践中,该等混合所有制企业的市场化程度最高,治理与运营效率也较高,但随之可能带来的问题是国有股东对混合所有制企业的重大风险控制乏力,投后管理可能失控的问题。

（二）A 公司如何适用国资监管规定

下面，本部分举例说明 A 公司是如何执行国资监管规定的。

1. A 公司增资时如何适用国资监管规定

前文已述，A 公司作为国有控股企业，其增资应适用 32 号令。虽然没有单一国有股东对 A 公司形成控股或控制，但 B 公司、D 公司均为国有全资企业，其有义务与责任通过股东行权的方式确保 A 公司的增资适用并执行 32 号令，也就是说，如增资的议案不符合 32 号令，其应在股东会投票反对。在此基础上，下面就 A 公司增资事宜择要分析如下。

（1）关于 A 公司增资如何履行国资报批程序的问题

按照 32 号令第 35 条规定，国家出资企业决定其子企业的增资行为。增资企业为多家国有股东共同持股的企业，由其中持股比例最大的国有股东负责履行相关批准程序。因此，持股比例最大的 B 公司应负责履行国资程序。一般情况下，A 公司就增资方案事先逐级报国家出资企业 E 公司批准后，A 公司才会召开股东会就增资方案进行表决，此时 B 公司委派的股东代表应在 A 公司股东会就增资方案投赞成票，以贯彻国资监管的意志。

值得注意的是，即使 E 公司已批准该增资方案，由于 B 公司持股所代表的表决权未超过 2/3，如果 B 公司、D 公司合计所代表的表决权也未超过 2/3，并不能确保在 A 公司股东会通过增资方案。之所以会出现这种情况，是由于国资监管规定不具有行政强制性，国资监管的意志只能通过行权（主要包括股东行权、委派的董事和高级管理人员行权）实现的本质所决定的，也就是说，对国有企业的管理不能超越《公司法》和公司章程的规定，而只能寓于其中。

（2）关于 A 公司增资的特定行为规范问题

按照 32 号令规定，除非满足特定条件并经批准，原则上 A 公司增资应在产权交易所公开挂牌进行，并需按规定开展审计、评估、信息披露和征集投资方。值得注意的是，由于国资监管的特定行为规范对民营方一般没有约束力，A 公司经营管理层如由民营股东主导，在股东协议、A 公司章程及其内部管理制度均无明确规定需配合的情况下，其可以没有依据为由拒绝配合审计、评估，B 公司、D 公司将陷入被动。因此，对于国有股东未能绝对控股的混合所有制企业，国资监管规定的适用可能面临一些挑战甚至抗拒，国资的类行政化管理（比如，要求下属子企业将重大诉讼及时逐级报国家出资企业备案）可能行不通，导致实践中不得不作出许多变通做法。

2. A 公司对外出租房产如何适用国资监管规定

与增资不同,对于国有企业出租房产,国家层面并未出台适用于全国各级国有企业的国资监管规定,故应适用地方出台的国资监管规定。假设甲市国资委出台“甲市市属企业资产出租管理办法”规定:(1)下属子企业对外出租房产的方案应报国家出资企业批准,且原则上应公开招租;(2)办法适用范围是甲市市属企业及其合并报表范围内子企业。

一方面,因甲市市属企业 B 公司对 A 公司并未合并报表,故 A 公司不适用前述办法,其可以通过协商方式直接确定承租人。但是,如该次出租涉及金额较大,属于董事会决策事项,就会面临 B 公司、D 公司委派至 A 公司的董事如何投票的问题。对此,其实主要看 B 公司、D 公司对各自委派的董事授权情况,一般是如下两种之一:(1)授权董事按勤勉尽责原则自主投票,事后集中报委派单位备案;(2)要求董事事先报委派单位决策,并按委派单位的指示投票。其中,是否授权董事自主投票,主要考量因素是董事的行权能力和对重大事项的风险防控。

另一方面,A 公司作为国有控股企业,应适用《企业国有资产评估管理暂行办法》,故如其拟将房产租赁给非国有主体,应以评估结果作为租金标准参考依据。不过,按资产评估中谁批准、谁备案的原则,实践中,由于本次租赁不需要履行国资批准手续,该评估结果可能面临没有国有单位愿意对资产评估备案的情况。无论如何,B 公司、D 公司及其委派至 A 公司任职的人员要想在国资监管层面免责,应从严要求租金标准原则上不低于评估结果,而不能支持直接协商定价的租赁方案。

(三)如 A 公司主营房地产业务,应如何适用国资监管规定

国资监管规定虽然众多,但由于国有企业所经营的业务五花八门,国资监管部门一般难以对其作出统一行为规范要求,综观国资监管规定的适用事项范围,主要是业务以外各国有企业具有共性的经营管理事项,除对个别特定业务存在专门国资监管规定外,其对业务的监管更多是从“三重一大”[①],审计以及违规经营投资责任追究等方面开展,这对包括 A 公司在内的国有企业都是一

① “三重一大”,即重大决策、重要人事任免、重大项目安排和大额度资金运作。

样的。

但是，实践中可能面临的问题是，个别国有企业的主营业务正好就是国资监管规定所规范的特定事项，如国有房地产公司、保理公司等。按照32号令要求，企业一定金额以上的生产设备、房产、在建工程以及土地使用权、债权、知识产权等资产对外转让，应在产权交易机构公开进行。如A公司主营业务是房地产，其出售商品房是否适用前述规定呢？32号令对此并未作出明确的例外性规定。

国务院国资委在其官网的互动问答称，国有房地产开发企业如将开发的房屋列入固定资产，需适用32号令。从该答复的精神可以推出，对于具有开发资质的国有房地产开发企业持有的以备出售的商品房即存货，在出卖时不需要适用32号令。这是因为，作为房地产开发企业，销售开发的商品房是其主营业务，不应该也没有必要按32号令执行，而且在大、中城市对商品新房严格管理的政策背景下，也不具备可操作性。实践中，也未见国资监管机构认为国有房地产企业未进场转让商品房属于违规的情况。因此，本书倾向于认为，国有企业因从事主营业务引起的国有资产交易行为不适用32号令。

三、小结

综上，根据以上分析，混合所有制企业是否适用、如何适用国资监管规定对其治理与运营影响重大，可就有关要点总结如下。

1. 在现行国资监管规定的体系下，混合所有制企业并不具有直接豁免适用国资监管规定的特权，是否适用、如何适用需根据其国有股权比例和结构具体问题具体分析。

2. 国资监管规定规范的行为对象主要是主营业务以外的各国有企业具有共性的经营管理事项，如资产交易与无偿划转、财务资金管理、投融资、借款担保、劳动人事等，对混合所有制企业的主营业务一般不存在特殊行为监管规范，可按市场化方式开展，但业务经营毕竟与其他受国资监管的经营管理事项紧密相关，且需遵守“三重一大”制度、违规经营投资责任追究制度、审计监督制度规范，故客观上仍受一定限制。

3. 国有股权比例与结构不同的混合所有制企业所需适用的国资监管规定范围是不同的，因而在前文所述的A公司三种国有股权比例与结构下，其治理与运营效率一般也是不同的。究竟选择何种国有股权比例与结构，需结合对混合所有制企业未来经营管理的规划、业务经营特点与核心利益诉求等综合因素考量，在重大风险可控的前提下，设计合适的国有股权比例与结构，以期提高公司治理与运营效率，实现混合所有制改革的目标。

4. 由于国资监管规定对非国有方一般并无约束力，在国有股东不能绝对控股的混合所有制企业，尤其是经营管理层由非国有股东主导的情况下，国资监管规定的适用面临一些挑战甚至抗拒，国资的类行政化管理可能在实践中行不通。但是，国有股东可以争取通过有关协议、公司章程和内部管理制度将国资监管规定的部分合理要求内化，进而对非国有股东及其委派人员形成法律约束。

5. 即使采取国有不控股模式，也可以通过事先对混合所有制企业的公司治理结构进行合理设计，在提升治理与运营效率的同时对重大风险进行防控，推动混合所有制改革目标的实现。实际上，从长远看，通过现代公司治理机制而非类行政化的管控手段对下属子企业进行管理，既是现代公司制度的应有之义，也是国企治理改革的方向。

第四节 国有企业合规工作的开展与国有企业合规法律服务

一、国有企业合规工作的要求与依据

(一)国有企业合规工作的形式与实质要求

从各级国资监管部门出台的国有企业合规管理指引或办法看,其基于国有企业的共性明确提出了形式的合规工作要求,但基于各国有企业个性的实质合规工作要求则难以明确,有待各国有企业根据实际情况确定,进而保障合规管理工作取得实效。

1. 形式工作要求

无论是2018年的《中央企业合规管理指引(试行)》,还是2022年的《中央企业合规管理办法》,国务院国资委对中央企业合规提出了多项工作要求,并均应执行,这主要是基于中央企业的共性提出的形式工作要求,是合规工作的形式与基础。以《中央企业合规管理办法》为例,中央企业应按规定建立合规组织体系并明确其职责,并建立以基本制度、专项合规指南、合规手册等为主体的分级分类合规管理制度体系,建立完善合规运行机制和评价、追责制度,加强合规文化和信息化建设。

值得注意的是,《中央企业合规管理指引(试行)》曾规定在全面覆盖原则下要求关注合规管理重点,突出重点领域、重点环节和重点人员。但是,经过数年的实践,《中央企业合规管理办法》作出的重大修订更为务实,不再泛泛要求谈合规管理重点,而是将合规管理工作要求细化至制度建设,直接提出合规的形式成果要求,以避免国有企业不知做什么、如何做的问题。其中,按照规定,中央企业应针对合规风险较高的业务领域制定专项合规管理指南,梳理重点岗位合规风险并建立合规风险数据库,而涉外企业要结合实际需要,制定相应的涉外业务合规管理办法。

2. 实质工作要求

按照国资监管部门出台的规定，建立合规组织体系和合规管理制度，并推出各项合规管理成果，对于合规的形式工作要求，国有企业还必须考虑如何让合规管理工作取得真正的成效。由于国有企业具有多样性，其所在行业、业务等均存在较大不同，甚至同一国有企业集团内部不同层级、不同业务板块的子企业之间也有不同，并没有“放之四海而皆准”的实操细则，故单纯的借鉴参考，千篇一律式的就合规建章立制并推出各种指南、指引，只能达到合规的形式工作要求，完成上级交代的“政治任务”，而难以让合规在企业发挥实际作用。

本书认为，一方面，每个国有企业应专门、持续的梳理与思考所面临的合规风险，在认真识别、评估自身特殊的风险、真正的风险、重大的风险的基础上，做好事前预防、事中控制和事后应对，这就是合规管理工作的实质要求，也是国家下大力气推进国有企业合规管理工作的真正目的。另一方面，合规是要助力国有企业健康持续发展，而不是要限制甚至阻碍国有企业发展，如何既推进合规管理体系运行，又不严重影响经营管理效率与业务发展，是做好合规管理工作的另一实质要求。

（二）国有企业开展合规工作的依据

国有企业既是国资监管部门（间接）出资的企业，也是一般的市场法人主体，其开展合规工作的相关依据主要是国家和地方出台的各类有关合规管理的规定，主要包括如下：

1.《中央企业合规管理办法》及各地方出台的国有企业合规管理规定

2.《关于印发〈企业境外经营合规管理指引〉的通知》

3.《中央企业合规管理系列指南》

4.《保险公司合规管理办法》

5.《商业银行合规风险管理指引》

6.《证券公司和证券投资基金管理公司合规管理办法》

7. 最高人民检察院《关于开展企业合规改革试点工作的方案》

8.《涉案企业合规建设、评估和审查办法（试行）》

9.《合规管理体系指南》（GB/T 35770—2017）

10.《合规管理体系要求及使用指南》（ISO 37301：2021）

二、合规法律服务对国有企业合规工作的重要性

如前文已述，在全面依法治企要求下，国有企业应在国资监管部门监督与指导下努力按规定从形式与实质两个层面推进合规管理工作，但从务求有效的目标出发，国有企业推进合规工作还需要优质的合规法律服务进行协助。本书认为，合规法律服务对国有企业合规管理工作的重要性主要如下。

（一）国有企业合规要求专业性，需要专业的法律服务

按照《中央企业合规管理办法》第26条规定："中央企业应当结合实际建立健全合规管理与法务管理、内部控制、风险管理等协同运作机制，加强统筹协调，避免交叉重复，提高管理效能。"这意味着，合规管理区别于之前的法律、内部控制、风险管理，属于前沿领域，具有较强的专业性。当前，除国有企业集团外，许多国有企业不但可能没有专门的法务、风险管理部门，而且可能只有一个法务岗或由综合行政人员兼法务岗，法律专业力量较为薄弱，仍有赖于外部律所法律顾问。同时，国有企业合规是一个涉及民商事法律、行政法律、刑法及刑事诉讼法律以及涉外法律、条约等领域的复杂交叉问题，对专业知识要求较高。目前，律师是国有企业合规研究与实践的重要群体之一，优秀的律所在专业上具有一定的比较优势。因此，要做好合规管理工作，国有企业除进一步加强内部合规专业力量、提升合规认识与合规文化水平外，还需借助外部专业的合规法律服务。

（二）国有企业合规要求实践性，需要经验丰富的法律服务

国有企业合"规"的范围较广，包括法律法规，党内法规，监管规定，行业准则和国际条约、规则、标准以及企业章程、规章制度。对此，一方面，中国特色社会主体法律体系日趋完善，法律法规庞大，合规风险众多，识别与评估难度较大；另一方面，国有企业经营投资实践复杂，仍有不少新兴、疑难或特殊的问题。在这样的背景下，国有企业合规亟须经验丰富的合规法律服务、优秀的律所，由于服务客户尤其是同类国有企业客户众多，对国有企业合规风险的识别、评估和预防、应对其须具有丰富的实践经验，并具备提出创造性的综合解决方案的能力，可匹配国有企业合规工作的实践性需求。

(三)国有企业合规要求差异性,需要个性化定制的法律服务

由于各层级、各类国有企业层级、业务、分工等不同,其面临的合规风险与问题差别极大,并不能简单套用已有指引、指南、清单和他人实践经验,而需要结合自身业务、经营管理的实际与特点,有针对性地进行梳理与分析,最终搭建适合本企业的合规管理体系与指引、指南、清单。当前,法律服务市场已敏锐发现国有企业的前述需求,优秀的律所提供的合规法律服务也将区别于之前常年法律顾问服务,具有主动性、针对性、深入性,对不同国有企业的合规法律服务可以个性化定制,以协助国有企业实现合规管理切实有效的目标。

三、国有企业合规法律服务的类型与方式

从国务院国资委出台的合规管理规定看,虽然是以预防合规风险为主要导向,但也包括合规风险应对、重大合规风险事件处置等要求,由此形成了国有企业经营投资行为的闭环合规管理体系。因此,结合当前相关服务实践、国资监管要求和律师行业出台的相关合规法律服务业务指引,本着落实合规的实质工作要求的原则,国有企业合规法律服务的类型与方式主要如下。

(一)事前预防:合规管理制度建设

除合规基础管理制度体系建设外,国有企业合规法律服务在事前预防方面可提供的服务类型如下。

1. 专项合规管理指南

《中央企业合规管理指引(试行)》提出,合规重点领域包括市场交易、安全环保、产品质量、劳动用工、财务税收、知识产权、商业伙伴等。一些地方出台的指引还作了扩展,比如《成都市属国有企业合规管理指引》在前述基础上列举了十七大重点领域,增加的领域包括公司治理、投资管理、资本运作、建设工程、社会捐赠与赞助等。但是,实际上前述领域并非对每个企业都是重点领域,如全部作为重点领域,就可能将陷入求大求全的怪圈。比如,就建设工程、资本运作而言,很多国有企业都不会涉及,而主营贸易的企业一般也没必要把安全环保作为重点领域。又如,劳动用工虽是国有企业都面临的问题,但一些三级国有企业可能只有几个人,也谈不上以劳动用工为合规重点领域,只有劳动密集型、人力资源或劳务派遣类企业才有必要。因此,上述所谓重点领域,应该是一种

供参考的重点领域清单,由各国有企业应根据自身实际情况选择确定,如从事大数据业务的国有企业,其重点领域就应包括个人信息保护与数据安全。

对此,2022 年发布的《中央企业合规管理办法》就将《中央企业合规管理指引(试行)》列举合规重点领域的条文删除,而是直接要求国有企业针对合规风险较高的业务领域制定专项合规管理指南,强化重点领域合规风险防范,但不再列举具体的重点领域。对此,国务院国资委之前还就企业间相对具有共性的一些领域(如商业秘密保护、反垄断等)组织编写并下发了一系列合规管理指南,但对于个性化较强的其他重点领域,有待国有企业自行编写。

就专项合规管理指南法律服务而言,律所可结合国有企业经营管理与业务开展实际,在与企业共同确定重点领域后,以实现防控重点领域合规风险为目标,有针对性地为企业制定专项合规管理指南,其内容主要包括重点领域的常见合规风险、合规风险识别方法、合规风险管控机制、合规风险防范措施或指引以及相关法律清单。此外,如该等重点领域属于业务板块的,则该等指南还将包括从合规角度完善业务模式的建议。

2. 合规风险库

企业一般是以持续经营为目标,故也就有必要全面系统梳理经营管理活动中存在的常见合规风险,建立合规风险库,对典型性、普遍性和可能产生较严重后果的风险及时发布预警,提出防范指引。

相较于专项合规管理指南法律服务,合规风险库法律服务涉及面会更广,更关注常见的、重大的合规风险,但系统性相对较弱,实际是落实全面合规原则的举措。在合规风险库法律服务中,律所通过审阅资料、访谈、问卷等方式对国有企业进行体检式的调查,与国有企业合规管理部门、业务部门合作,共同对企业曾面临的和可能面临的常见的、重大的合规风险进行梳理,通过预警、指引促防范,并在一定期限内持续跟踪,协助国有企业进行更新修订完善。

(二)事中控制:重大项目合规

通过建立完善一套合规管理体系,并以奖惩机制保障其运行,可不断提高企业合规管理水平。但是,相较于日常经营管理活动,国有企业还会从事投资并购、资本市场融资、股权激励、国有资产交易、项目合作、工程建设等重大项目活动,这类活动一般涉及金额较大、程序复杂、法律关系众多,相应的合规风险也较大,一旦出现问题,不仅对国有企业声誉或资格、许可等造成严重不良后果,还会造成国有资产发生重大流失和相关人员被追责。这种情况下,仅依靠企业合规管理体系的运行保障可能是不够的,就有必要选择专业法律服务做好重大项目合规工作,该类法律服务一般是全流程的,包括项目论证、决策到实施。

(三)事后应对:合规风险事件处置

针对国有企业发生的合规风险事件,国资监管部门出台的合规管理规定提出,相关部门应加强协同配合,采取措施妥善应对,最大限度化解风险、降低损失。因此,当合规预防机制未能有效阻止合规风险事件发生时,国有企业不仅对合规风险事件本身的发生可能要承担责任,而且面临事后补救不当甚至处置违规,造成损失进一步扩大的风险,故需慎重待之。从相关实践经验看,国有企业发生的合规风险事件,很多并没有到仲裁、诉讼解决的阶段,而是通过非诉讼的方式进行解决,在这个过程中,涉及处置方案的论证与谈判,处置方案的制订、决策与实施,情况既复杂,又具有个性,故需要合规法律服务全流程深度介入。

此外,如国有企业涉嫌重大行政违法和刑事犯罪,由于其可能造成的严重后果(除经济处罚、声誉受损外,还包括丧失特定资质许可、业务投标资格或资本市场运作条件,以及企业相关责任人员被追责等),将是国有企业及其人员不能承受之重,此种情况下如何依法合理应对,尤其是如何利用国家关于合规从宽、合规不起诉等政策通过合规整改争取获得宽大处理,会成为国有企业高度关注的问题。在此情形下,合规法律服务恰恰是国有企业寻求专业帮助的最佳选择。

四、未来的展望

综上,合规的形式工作要求与实质工作要求具有紧密相依的关系,缺一不可,国有企业应在满足合规的形式工作要求基础上,努力落实合规的实质工作要求,同时将对合规风险防范的深化成果通过制度、指南、清单等方式进行呈现与应用。在这个过程中,国有企业有必要借助外部合规法律服务,以完善合规基础管理制度体系,建立事前预防、事中控制、事后应对的合规风险机制,并依法合理应对合规风险事件,最终不断提升国有企业依法合规经营管理水平,有力保障国有企业深化改革和高质量持续发展。

第二章

国有企业投资并购主要合规风险防控

第一节　国有企业投资并购前期立项

国企对外投资并购一般包括准备、论证、审批、实施四个阶段，在上述阶段中，尽职调查、交易文件是经常被大家提及和注意的，但投资立项环节却不时为大家所忽略，“走过场”“补程序”也是实践中相对常见的事。诚然，部分项目由于时间紧、任务重，先开展工作再“补程序”是比较务实的做法，但投资立项环节不应该被忽视，且有其重要性。原因在于：

首先，国资监管有要求。目前，一些国资监管文件尤其是国有企业集团的内部投资管理规定明确了国企投资项目应当履行项目立项程序。其次，避免走弯路。实践中，很多国企在开展投资并购时，由于前期立项没有做足相应功课，在尽调过程中发现并购标的存在明显重大风险或与国企需求不符从而导致项目中止、失败，时间和费用都花了，却达不到想要的效果。本书作者在实践中也曾遇到，某国企客户工作人员接到上级通知，拟与一企业进行投资合作，该客户在立项前就咨询了我们，通过公开渠道查询，发现该合作方仅诉讼就有上百起，遂提示客户注意风险，该客户在看到前述外围尽调结果后，提前终止了和该企业的合作，避免了时间和金钱上的损失，取得了较好的效果。

因此，在投资立项之前对投资标的进行外围尽调就显得尤为重要，本部分将主要关注投资并购标的的选择、投资立项之前对投资并购标的开展外围尽调的相关要点。

一、投资立项国资监管关注要点

国企开展投资并购、立项系针对项目向企业内部决策机构或国资监管机构递交的初步意向方案及报告，做好投资立项工作系规范国企投资流程的第一步。

(一)投资立项相关法律法规

为推动国企规范投资管理、严格投资决策程序、规范投资并购运作、维护资本安全,国资监管机构建立了投资监督管理体系,着力引导及规范国企投资并购工作。本部分对国务院国资委、四川省及部分地市的国资监管机构发布的相关监管文件进行了梳理,目前中央及各地方法律规范性文件中规定了国企投资项目应当履行项目立项程序,具体情况见表2-1。

表2-1　国企投资立项相关法律法规

序号	文件名称	文号	内容
1	《关于开展中央企业承担新增中央投资项目实施情况专项监督检查的通知》	国资党委纪检〔2009〕71号	紧紧围绕保持经济平稳较快发展,实现中央企业调整优化上水平的目标,促进中央企业承担的新增中央投资项目规划、立项符合科学发展观的要求和中央规定的投资方向,符合企业的主业和发展战略,坚决防止低水平重复建设和盲目发展高耗能、高污染、产能过剩的项目。 工程项目规划、立项是否符合科学发展观的要求和中央规定的投向
2	《四川省属国有企业投资监督管理试行办法》	川国资委〔2017〕296号	第二十一条　企业新投资项目应当履行项目立项、可行性研究、尽职调查、账务审计和资产评估、审查论证、董事会审议等程序
3	《泸州市市属国有企业资产损失责任追究暂行办法》	泸国资委发〔2010〕207号	第十九条　在投资决策和投资管理中,企业经营管理人员有下列情形之一造成资产损失的,应当追究相关责任人责任: …… (三)越权审批或者擅自立项扩大投资规模和生产经营规模的
4	《广安市国有企业资产损失责任追究试行办法》	广市国资委发〔2011〕第22号	第二十一条　在投资决策和投资管理中,企业经营管理人员有下列情形之一造成国有资产损失的,应当追究相关责任人员责任: …… (三)越权审批或者擅自立项扩大投资规模和生产经营规模的
5	《关于南充市市属国有企业功能界定与分类监管的实施办法(试行)》	南府办发〔2017〕8号	市国资委要从企业战略规划、投资计划、立项评审、工程造价、过程监督、项目评价、绩效考核及责任追究等方面加强对投资项目的监管

从表2－1所述规定可以看出，关于投资立项需要做的工作及准备的资料虽有涉及，但并未有特别明确的规定。

（二）投资立项需要做的工作

实践中，各省属企业、市属企业一般在其投资管理办法中有更为明确的规定，如成都某市属国企投资管理办法中规定，投资项目启动前原则上应进行投资立项，应立项而未经立项审批的，各投资主体不得进行投资决策。根据本书作者为国企提供常年法律顾问及投资并购服务的经验，一般情况下，国企申请投资立项应报送包括但不限于以下文件材料：立项请示文件，可研报告（包括投资必要性分析、项目基本情况、预计投资额、资金来源说明、合资合作方基本情况等）。

二、国企对外投资并购应如何选择标的公司

对外投资并购作为国企整合资源、实现产业结构调整和产业转型的方式，系国企实现外延式发展的重要策略，国企如何在众多投资并购标的中筛选出相对理想的标的企业就是投资立项前的关键一环。

（一）投资标的需不违反禁止性规定

目前，国家、省市层面的法律法规，对投资项目的方向与范围均有相关禁止性、限制性规定，故在选择投资项目时，首要问题是不违反规定，这是投资的前提条件。对有关规定，现梳理如表2－2所示，以供参考。

表2－2 国企投资标的相关法律法规

序号	文件名称	文号	内容
1	《中央企业投资监督管理办法》	国务院国有资产监督管理委员会令第34号	第九条 国资委根据国家有关规定和监管要求，建立发布中央企业投资项目负面清单，设定禁止类和特别监管类投资项目，实行分类监管。列入负面清单禁止类的投资项目，中央企业一律不得投资；列入负面清单特别监管类的投资项目，中央企业应报国资委履行出资人审核把关程序；负面清单之外的投资项目，由中央企业按照企业发展战略和规划自主决策。中央企业投资项目负面清单的内容保持相对稳定，并适时动态调整。 中央企业应当在国资委发布的中央企业投资项目负面清单基础上，结合企业实际，制定本企业更为严格、具体的投资项目负面清单

续表

序号	文件名称	文号	内容
2	《四川省属国有企业投资监督管理试行办法》	川国资委〔2017〕296 号	第十三条　省国资委根据有关规定和监管要求,建立发布省属企业投资项目负面清单,设定禁止类和特别监管类投资项目,实行分类监管。 (一)禁止类的投资项目,企业一律不得投资; (二)特别监管类的投资项目,企业报省国资委履行出资人审核把关程序; (三)负面清单之外的投资项目,企业按照发展战略和规划自主决策; (四)负面清单内容保持相对稳定,并适时动态调整
3	《成都市属国有企业投资监督管理办法》	成府规〔2022〕5 号	第十二条　市国资委依据国有资本布局结构调整方向和企业功能定位,分户确认、动态管理市属企业主业范围及非主业投资比例,作为加强市属企业投资方向管控的依据。市属企业应根据市国资委确认的主业范围及非主业投资比例,合理确定投资领域、目标、规模、结构,作为编制年度投资计划的重要依据。 第十三条　市国资委根据有关规定和监管要求,建立市属企业投资项目负面清单,设定禁止类和特别监管类投资项目,实行分类监管。列入负面清单禁止类的投资项目,市属企业一律不得投资;列入负面清单特别监管类的投资项目,市属企业应报市国资委履行出资人审核把关程序,部分重大的特别监管类投资项目由市国资委报市政府审核把关;负面清单之外的项目,由市属企业按照发展战略规划自主决策。市属企业投资项目负面清单的内容保持相对稳定,并适时动态调整
4	《成都高新区国有企业重大事项监督管理办法》	成高委发〔2019〕5 号	国有企业选择投资项目应当符合下列要求: (一)符合国家、省、市及高新区产业发展政策和产业发展规划要求; (二)充分体现高新区国有经济布局和结构调整方向; (三)符合本企业的公司章程及发展战略规划; (四)有利于突出主业,提高企业经济效益及核心竞争力,非主业投资应符合企业改革、调整方向,不得影响主业发展;原则上非主业投资规模不得超过企业年度投资计划中非政府性项目投资规模(按合并报表口径)的 10%,其中境外投资原则上应全部为主业投资; (五)符合企业投资决策程序和管理制度; (六)投资规模应当与企业实际能力适应; (七)符合相关法律法规规定

（二）如何科学选择标的

科学筛选标的企业可以避免盲目投资并购、避免造成资源浪费，也可避免错过合适的标的企业，现从以下几个维度探讨国企对外投资并购应选择何种标的企业。

1. 行业方面

（1）标的企业所处行业为新兴行业或蓝海领域

标的企业若处于夕阳产业或由于技术、市场等方面因素难以继续发展的行业，那么标的企业没有很好的发展前景。标的企业所在行业市场空间越大，标的企业越可能做大做强，投资这类标的企业更能实现国有资产保值增值的目的，比如，国务院《关于加快培育和发展战略性新兴产业的决定》（国发〔2010〕32 号）中明确的节能环保产业、新一代信息技术产业、生物产业、高端装备制造产业、新能源产业、新材料产业、新能源汽车产业及《新兴行业分类指导目录（2018 版）》中提出的除前述七个行业以外的数字创意产业及相关服务业。又如，《四川省省属国有企业重大投资管理暂行办法》（川府发〔2014〕3 号）第 4 条规定："省属企业应……重点投向我省特色优势产业、战略性新兴产业、基础性产业和现代服务业，全面服务服从全省经济社会发展大局。"

（2）投资标的与企业能产生产业协同效应

国企对外投资并购选择标的企业不仅应考虑财务投资，还应考虑标的企业对当地产业的带动或协同效应，协同效应就是"1 + 1 > 2"的那部分价值。例如，成都兴城投资集团有限公司（以下简称兴城集团）分两次购入中化岩土合计 29.19% 的股份，成为中化岩土控股股东即产生了良好的协同效应。建筑施工是兴城集团的主营业务之一，而此次两笔并购的大背景是"成都市地铁线路建设及四川省的机场建设规划"，同时，中化岩土在岩土工程、轨道交通、机场场道工程和民航工程咨询等业务方面具有技术优势，能够给予兴城集团有力的技术支持。①

2. 法律方面

如在开篇所述，在开展国企对外投资并购前期外围尽调工作中，快速识别

---

① 李坤：《城投公司并购民营上市企业的协同效应分析》，载微信公众号"信贷白话"2019 年 12 月 12 日。

重大法律风险,有利于国企尽早决策,避免造成资源浪费。对此,可以充分利用国家企业信用信息公示系统、信用中国、巨潮网和企查查、天眼查、启信宝等网站和其他公开渠道查询了解标的企业的基本信息、股东信息、股权关系网、信用记录、企业年报、股权出质、抵押、诉讼及行政处罚情况等,必要时,可要求标的企业初步提供一些重要文件和材料,以对拟投资的企业风险进行初步判断。下面本部分从股权,股东会、董事会、监事会(以下简称三会)的运作及重大法律风险三个方面论述在筛选拟投资的标的企业时应关注的重点内容。

(1)标的企业的股权结构

在对标的企业进行选择时需要关注以下内容:标的企业是否有控股股东、实际控制人;标的企业的股权是否存在质押、司法冻结等情形;标的企业第一大股东及第二大股东是否存在比例相当而可能难以决定公司事务的情形。如标的企业为上市公司,还可了解标的企业前10大股东持股情况;前10大股东的股权质押情况、限售情况;前10大股东关联关系、员工股权激励计划、业绩承诺补偿等实施情况。

(2)股东会、董事会、监事会运作情况

标的企业的实际控制权主要体现在持股比例、股东大会的股份比例及表决权比例、董事会和监事会代表投票权的席位。三会的运作情况可以衡量标的企业治理是否规范,对标的企业进行选择时如果可以拿到对方公司章程等文件,需重点关注如下方面:三会的设置是否符合《公司法》《上市公司章程指引》《上市公司治理准则》等相关规定;三会是否制定了相应的议事规则;标的企业三会是否按照公司章程、三会议事规则召开及履行相应的程序;是否存在关联董事、股东未回避表决的情形;董事会、监事会席位设置情况;是否存在董事占据席位却不能参与实际经营或不能对标的企业施加影响的情形;股东是否拥有一票否决权;是否按规定选举了职工代表监事;董事及监事的改选程序等。

(3)重大法律风险

标的企业的合规情况会直接影响标的企业的后续发展及资本运作,在选择标的企业时可以利用外围尽调情况,重点关注下述方面:股权是否混乱;标的企业及实际控制人、董事、监事、高级管理人员是否存在被列为失信执行人或存在重大诉讼、执行、仲裁及行政处罚情况。

此外,根据本书作者为国企提供投资、并购上市公司法律服务的经验,标的企业商誉减值是比较重要的法律风险问题。例如,在外围尽职调查某上市公司披露的最近1年及一期财务报告及该上市公司关于深交所对2019年年报问询函的回复公告过程中，发现因该上市公司2017年完成对子公司的并购，2018年、2019年该子公司均未完成业绩承诺，2019年年报对收购子公司形成的大概2亿元商誉计提减值准备约3000万元，从而导致该上市公司扣除非经常性损益后归属母公司净利润为负。此外，2019年1月，ST冠福、人福医药、高升控股、ST中南、天润数娱均发布公告称2018年度亏损，对旗下亏损子公司计提商誉减值准备。可见，商誉减值系国企投资、收购上市公司的重大风险，应予重点关注。

3. 财务方面

在外围尽调阶段，主要通过在公开渠道查询标的企业的财务报告或要求标的企业提供财务报表的方式了解与分析标的企业的财务情况。此外，如是拟收购上市公司，还需关注其市值规模，市值规模直接关系取得上市公司控制权的成本。本书梳理了近年来四川省内国企“入主”上市公司的市值规模、收购成本及现阶段发展情况，30亿—75亿元市值规模的上市公司是四川国资并购时最多的选择。此外，资产质量、债务情况及偿债压力、盈利水平及未来盈利预期、经营性现金流及市盈率也是重要考量因素。

三、国企对外投资并购如何开展外围尽职调查

（一）为什么要开展外围尽职调查

如前文所述，国企投资应进行投资立项，立项之后组织中介机构进场进行现场尽职调查，立项直接决定了该投资项目能否进入下一实质性步骤。因此，立项之前的准备工作就显得尤为重要，若能在立项之前形成外围尽职调查报告，则能为国企领导决策提供参考。尽职调查的根本原因在于国企投资方与标的企业信息不对称，外围尽职调查即在未进场尽调之前采用一切办法减少双方之间的信息不对称，有利于国企选择合适的标的企业，顺利开展投资事宜，降低风险、节省资源、提高效率。

（二）如何开展外围尽职调查

1. 初步确定投资标的、金额及交易结构

在开展外围尽职调查之前，应先初步确定标的企业。在确定投资标的企业时，可与交易对手沟通并达成初步意向，尽量确认转让方持股比例、本次拟转让

比例、剩余持股比例、前几名股东与新大股东持股比例间隔,尤其关注交易标的股份的质押借款金额、质押期限、质押解除的前置性条件。然后,结合交易各方的需求,初步估算交易成本,设计资金交割安排、股份交割安排、表决权委托安排等并购方案要素。

2. 了解标的企业所属行业情况

为把控标的企业的业务风险,国企应了解拟投资标的企业所属行业的概况、竞争情况、类别及特点、监管体制及监管政策趋势、产品链、基本原则、融资情况与资本市场表现,具体方式包括如下:

(1)咨询标的企业所属行业的行业协会或查询行业相关网站,可以快速了解行业相关政策法规、行业研究、行业内的深度报告及行业动态等。

(2)通过证券公司研报及查询“万得”“同花顺”等网站提供的行业分析报告,对行业基本情况和生产经营特点有一个总体把握。

(3)研读A股市场、新三板市场同类企业的招股说明书、公开转让说明书、最新的年报或半年报等,尤其应获得此类企业上市或挂牌时发审委或股转系统要求券商、律所、会所答复的反馈意见,以及上述单位完成答复后的反馈意见回复。

3. 了解标的企业情况

(1)通过标的企业的官方网站、官方微信公众号、官方微博、淘宝官方旗舰店等了解公司的基本信息、企业文化、组织架构、历史沿革、资质、所获荣誉、产品介绍等信息。

(2)通过国家信用信息公示系统、信用中国、企查查、天眼查、启信宝等网站查询与了解企业的基本信息、股东信息、股权关系网、信用记录、企业年报、股权出质、抵押、诉讼及行政处罚情况等。

(3)通过百度、Bing、Google等搜索引擎,以公司名称或公司简称为关键字,搜索公司相关新闻了解公司的口碑,若搜索到较多负面新闻,应重点关注。

(4)若标的企业为上市公司、新三板公司或发行过债券的公司,可通过查询上市公司招股说明书,年报、半年报、季报,定增、发债公告、债权评级报告,投资者关系活动记录表,上证E互动、深证互动易,直接打电话给董事会秘书等方式查询标的企业信息。

4. 了解标的企业董事、监事、高级管理人员情况

(1)通过标的企业官网、官方微信公众号、官方微博查询标的企业董事、监事、高级管理人员的学历及过往经历等，初步核查其合规履职能力。

（2）通过百度等搜索引擎，以标的企业及其创始人、董事长、法定代表人、董事、监事、高级管理人员姓名为关键字进行搜索，了解标的企业及前述人员的口碑、关联关系、关联交易等。

5. 了解标的企业的业务情况

通过与标的企业所属行业的上游、下游行业进行沟通，了解标的企业的业务经营模式、授信及赊销情况等。通过该方法，可以使投资人明确后续访谈、进场尽职调查阶段的核查重点。

6. 协调标的企业提供基础资料

如双方合作意向较强，国企可争取协调拟投资的标的企业或标的企业股东，可要求在立项前提供基础资料，包括但不限于营业执照、公司章程、审计报告或财务报表等相关资料。

综上，通过前述方法仅能核查标的企业部分信息，标的企业提供的基础资料，不仅有助于投资人印证外围尽职调查过程中核查的结果，亦能帮助投资人从内部了解标的企业。

实务提示

国企改革大背景下，国有企业投资并购是国有企业扩展规模、提高效率和开展多元化经营策略的重要途径之一，国企开展对外投资并购工作时应注重投资前的立项工作，科学筛选标的企业，在时间允许的情况下，在立项环节开展对标的企业的外围尽职调查，利用外围尽职调查结果，为立项做支撑（证明是科学立项且做了相应拟投项目的背景调查），不仅能做好初步的风险防控，也能节省资源、提高效率。

第二节 国有企业投资并购法律尽职调查

尽职调查是了解标的企业价值和降低信息不对称风险的重要手段。企业在对外投资并购之前通常会进行尽职调查，但实践中部分国企在进行投资并购时，由于可能是上级安排的工作，有“招商引资”“某领导打招呼”等背景或者重视不够，有时仅把尽职调查作为项目决策过程中流程性的例行公事，但这一基础的工作对整个对外投资并购项目的风险防范可谓起到至关重要的作用，再怎么强调其重要性都不为过。

根据总结和梳理，近年来，大部分的国企投资并购失败案例，其原因就涉及尽职调查的疏忽和大意，未能及时发现重大法律风险问题，导致投资并购出现重大损失。国有企业作为国民经济的重要支撑，担负着保障国有资产、防止国有资产流失的重要责任，在进行对外投资并购时，更应该注重尽职调查的必要性，避免因为对标的企业了解不足而导致的投资失败。

一般而言，投资尽调包括法律、财务和业务三个方面，本部分分析的重点是法律尽职调查，并分析国有企业在对外投资并购时进行尽职调查的必要性。从范围上，本部分将就国有企业与合资方合资新设公司、股权并购、资产收购三种常见投资方式，结合相关案例，对国有企业对外投资并购的尽职调查要点作出分析与建议。

一、国有企业尽职调查的必要性

（一）国有企业尽职调查的相关规定

与民营企业不同，国有企业由于具有防范国有资产流失并促进国有资本保值增值的特殊任务，受到国资部门严格监管，并出台了国有企业对外投资并购的操作规范，其中对国有企业对外投资并购进行尽职调查的必要性和尽职调查的关注要点亦有强调。本部分对目前中央以及地方有关政府部门对国有企业对外投资时进行尽职调查的相关法规进行了整理，主要情况见表2－3。

表2－3　国企投资尽职调查相关法律法规

序号	文件名称	文号	内容
1	国务院办公厅《关于建立国有企业违规经营投资责任追究制度的意见》	国办发〔2016〕63号	第二条　责任追究范围……（六）投资并购方面。投资并购未按规定开展尽职调查，或尽职调查未进行风险分析等，存在重大疏漏；财务审计、资产评估或估值违反相关规定，或投资并购过程中授意、指使中介机构或有关单位出具虚假报告
2	《中央企业投资监督管理办法》	国务院国有资产监督管理委员会令第34号	第十五条　对于新投资项目，应当深入进行技术、市场、财务和法律等方面的可行性研究与论证，其中股权投资项目应开展必要的尽职调查，并按要求履行资产评估或估值程序
3	《中央企业境外投资监督管理办法》	国务院国有资产监督管理委员会令第35号	第十三条　对于境外新投资项目，应当充分借助国内外中介机构的专业服务，深入进行技术、市场、财务和法律等方面的可行性研究与论证，提高境外投资决策质量，其中股权类投资项目应开展必要的尽职调查，并按要求履行资产评估或估值程序
4	《四川省属国有企业投资监督管理试行办法》	川国资委〔2017〕296号	第二十一条　企业新投资项目应当履行项目立项、可行性研究、尽职调查、账务审计和资产评估、审查论证、董事会审议等程序。项目决策前应进行技术、市场、财务、法律和风险等方面的可行性研究与论证，必要时选聘具有相应资质、专业经验和良好信誉的法律、财务、评估等中介机构进行论证。 （一）企业拟实施股权投资项目的，应开展必要的尽职调查、财务审计和资产评估。企业开展并购项目的，以资产评估值为参考确定股权并购价格，有特殊目的的，可考虑资源优势、协同效应、发展前景、市盈率等因素适当溢价，同时应就期间损益、职工安置、或有债务处理等事项作出明确安排。 （二）企业投资项目引入非国有资本，原则上应通过相关产权交易机构或新闻媒体、互联网等渠道公开征集意向合作方。在综合考虑投资主体资质、商业信誉、经营情况、管理能力、资产规模、社会评价等因素的基础上择优选取合作方，并与合作方通过章程或协议（合同），就法人治理结构、同业竞争、关联交易、风险管控、后续投资的资金（经营）安排等做出明确约定

续表

序号	文件名称	文号	内容
5	《成都市属国有企业投资监督管理办法》	成府规〔2022〕5号	第十八条　列入市属企业投资项目负面清单的特别监管类投资项目，市属企业在履行完内部决策程序后、实施前应向市国资委报送以下资料（投资收购上市公司控制权按相关规定执行）： （一）开展项目投资的报告； （二）市属企业有关决策文件； （三）投资项目可研报告（尽职调查）等相关文件； （四）投资项目风险评估及应对措施； （五）其他必要的材料

通过表2－3所述国资法规的整理，可以看到，国有企业在对外进行投资并购之时，应该按规定进行尽职调查，识别投资并购中的风险事项，避免国有资产的流失，如国有企业未按规定进行必要的尽职调查或尽职调查未进行风险分析，将根据资产损失程度、问题性质等，对相关责任人采取处理措施。

（二）未按规定尽职调查的追责案例

国有企业在进行对外投资并购时，应当审慎考虑、防范风险，否则，可能会导致投资失败，造成国有资产流失、责任人被追究责任的后果。

比如，在“（2015）聊东刑初字第398号”一案中，刘某在担任聊城市东昌府区公有资产运营公司法定代表人期间，在未对范某所在的山东省创新创业投资有限公司（以下简称创新公司）的资产运营状况、股东情况进行细致考察的情况下，草率与创新公司签订《增资入股协议书》和《补充协议》，承诺东昌府区公有资产运营公司入股创新公司2000万元（经查，创新公司吸收东昌府区公有资产运营公司增资扩股的事实系由范某虚构，未经股东会审议通过）。刘某于2012年1月16日从东昌府区公有资产运营公司账户将2000万元汇入创新公司账户，当日范某将2000万元转出，用于偿还其名下多家公司及个人所欠债务，截至判决发布之日该款尚未追回。法院经审理认为，被告人刘某作为国有单位直接负责的主管人员，在签订、履行合同过程中，因严重不负责任被骗，致使国家利益遭受特别重大损失，其行为已构成签订、履行合同失职被骗罪，判处有期徒刑3年。

从该案件可以看到，国有企业在进行对外投资时若没有进行尽职调查，充分了解标的企业的情况，容易造成信息不对称，进而引发国有资产流失的风险，企业负责人不仅面临承担民事赔偿责任的风险，还面临承担刑事责任的风险。

二、对合资方的法律尽职调查

国有企业出于市场化的管理机制、特定资源或渠道等方面的考虑，除了直接收购标的公司股权以外，还可能会选择与合资方合资新设企业的方式进行对外投资。根据《公司法》的规定，企业法人对公司出资成为公司股东的前提是具有民事权利能力，即该作为合作方的企业法人必须依法存续，不存在被撤销、解散、宣告破产或其他终止企业法人的情况。不过，合资方是否具有出资能力、经营管理能力以及良好的资信能力才是判断是否与之合作的重要依据。因此，一些地方国资监管部门明确要求在投资前应对合资方进行尽职调查。

（一）合资方基本情况

结合实践经验，在对合资方进行尽职调查的过程中，应当关注合资方的公司章程、股东间协议等，审查合资方内部对于对外投资是否有特殊要求。同时，应当了解合资方主要股东的意见，避免合资新设公司时可能出现的障碍。

同时，在尽职调查中，还需要重点关注合资方的历史沿革，尤其是股东间是否存在纠纷，合资企业的业务合规情况、或有债务以及合资方的行政处罚以及未决诉讼等情况。

此外，根据相关实务经验，企业在对外投资的过程中容易产生同业竞争的问题。因此，在对合资方尽职调查的过程中，还应当重点调查合资方的对外投资情况，关注在合资公司设立后，作为股东的合资方，其控制的企业是否会与新设公司存在同业竞争的情况。

（二）合资方出资能力

国有企业在合资新设公司的过程中，应当重点关注合资方公司的出资能力，以保证合资方出资来源的真实性、合法性。对于合资方出资能力的考察，在尽职调查过程中，可关注合资方的资产负债表、利润表和现金流量表，审查合资方的盈利情况、银行余额，审查合资方是否在近期面临大额短期（或有）债务压力，资信状况是否良好。

若合资方不具备相应的出资能力或出资能力较弱,在合资新设公司的过程中,若需要双方实缴注册资本,则合资方可能需要通过借款等方式募集资金,这种情况下,一方面增加了合资公司设立的时间成本;另一方面,借款等方式存在相应风险,容易给合资公司的设立带来不稳定因素,最终影响合资公司正常经营发展。因此,合资方的出资能力是国有企业在对合资方尽职调查时需要重点考量的因素。

(三)是否具有协同效应

国有企业选择与合资方新设合资公司,往往是看中合资方在某一领域的重点优势或其行业潜力,因此,在对合资方进行尽职调查的过程中,还应重视合资方的行业优势和产业效应。例如,充分了解合资方在企业管理、市场开拓和技术创新等领域的核心竞争力和市场开拓能力;关注合资方是否具有产业链或价值链关联,能与合资公司形成协同效应;考察合资方是否契合新设企业发展需要,能在资源、技术、管理、市场等方面帮助合资公司突破发展"瓶颈"、形成发展机遇。此外,还应当兼顾其他因素,如企业文化理念是否相近,是否认同企业发展战略等。

其中,对于合资方行业实力的了解,不但有利于帮助国有企业更加充分地了解合作伙伴,对于合资公司日后的经营能力和发展潜力预测也起到十分重要的作用。

三、股权投资中的法律尽职调查

国有企业在对外股权投资前的法律尽职调查范围包括标的企业的基本情况、历史沿革、股权结构、对外投资情况、资产情况、债权债务、税收及财政补贴、财务情况、劳动人事情况以及诉讼、仲裁、行政处罚等情况。根据相关项目经验,现对国有企业在进行股权投资时尽职调查中的常规要点和容易忽略的要点分别进行分析和介绍。

(一)常规风险要点

1. 标的股权

股权瑕疵风险是股权收购的核心风险,既面临存在代持、权属争议的可能,也面临存在质押、司法冻结以及法律规定的其他转让限制等问题。此外,如出资属于非货币出资，则还存在出资不实的风险。以上问题对投资方案和投资风险防控均具有重要影响，故须事先通过查询工商档案记录，出资凭证，查阅内部文件以及访谈公司其他股东、董事和高级管理人员等手段对拟收购股权情况予以核实，并将解决标的股权瑕疵作为股权收购的前提条件。

2. 主体资格及历史沿革

标的企业设立或存续期间，如存在违法违规行为，可能导致其主体资格方面存在障碍。例如，标的企业设立的程序、资格、条件、方式等不符合当时法律、法规和规范性文件的规定，或者其存续期间的部分变更行为未及时经监管部门审批或备案。因此，在股权收购前，须通过核查公开信息，企业内部证照、资料等对标的企业主体资格进行核查与确认，并评估其对标的企业和本次收购的影响，提出解决方案。

3. 业务开展情况及资质

一方面，需关注标的企业业务模式的合规性，其是否具备开展业务的资质许可；另一方面，需关注标的企业的经营资质许可的有效性以及是否具备继续维持资质的条件。标的企业所属行业一般面临相应特殊监管，如存在严重违规，则其资质许可就会被撤销或被责令暂停经营，故需在尽职调查过程中重点关注标的企业是否存在应被撤销资质许可或责令暂停经营的风险。

4. 公司治理结构

通过关注标的企业现行治理结构，可了解其运行准绳并观察其治理规范程度，为后续设计投资方案，尤其是投后治理结构打下基础。因此，在尽职调查过程中，要关注标的企业出资人协议、公司章程以及相关议事规则是否符合相关法律法规，并抽查其重大事项的决策程序是否符合其内部治理规则，为收购后对标的企业治理结构进行完善做好准备。

5. 公司资产状况

需关注标的企业所拥有或使用的所有土地的使用权资料；与房地产有关的文件；重要设施和其他动产；属于标的企业所有但不由其占有或使用的资产以及前述资产权属是否清晰，是否存在抵押、质押情况等。

6. 主要业务以及业务合同

不同的业务在法律关系、监管要求和风险方面是不同的，故需要分类核查其开展是否存在重大合规性的问题。对于重大业务合同，需关注其履行与违约风险，对标的企业是否存在重大或有风险。此外，如标的企业开展的业务系面对广大消费者如商品房销售，作为国有企业投资者，为规避后续声誉风险，核查其是否存在较大涉众、维稳风险也是关键。

7. 劳动人事情况

需关注标的企业员工的名单及基本情况，用工方式是否合规，尤其是劳务外包、劳务派遣的合规性；标的企业职工的劳动合同或集体劳动合同；职工的奖金、社会保险、住房、医疗、教育等福利规定，是否存在不合规或过高的情况；与其董事、高级管理人员、技术骨干及业务骨干是否就竞业限制及保密事项签订书面协议以及是否存在劳动纠纷等。

8. 关联方及关联交易

违规关联交易历来是损害股东权益的重灾区，如投前未能发现，可能导致投后相关违规行为变本加厉，引发更大的风险。对此，需重点关注标的企业控股股东、实际控制人的经营状况，尤其是否存在同业竞争以及上下游产业情况，是否会因其关联关系或关联协议安排影响标的企业的正常经营，造成连锁风险。因此，需关注其大额关联交易的行为是否符合《公司法》《民法典》以及监管部门的规定，以及核查其实际履行情况是否合规。在此基础上，需判断该等关联交易是否对标的企业构成重大风险，以及能否在收购过程中适时解决，以此作为收购决策的依据。

9. 重大债权债务

需关注的包括标的企业重大应收账款情况，是否经过诉讼时效，相关合同等基本证据是否充足；标的企业未了结的对外担保、银行贷款合同等，尤其是短期负债；标的企业的或有负债，包括是否存在重大违约事件，而导致债务须在未到期时提前偿还，或导致对标的企业业务有重大影响的协议终止，或导致标的企业面临重大赔偿的违约、侵权纠纷等。

10. 诉讼及仲裁、行政处罚

需要关注标的企业现在是否存在正在进行或面临威胁的诉讼、仲裁、索赔或行政处罚、行政程序，以及正在进行的纠纷（包括已经了结的重大纠纷）和可能面临的纠纷等，是否会对标的企业的资质许可、业务开展造成重大不利影响，是否属于重大或有负债。在进行核查后，方能在收购方案和收购协议中采取有针对性的风险防控措施。

（二）特殊风险要点

1. 商誉减值

如拟投资上市公司，则需关注商誉减值问题。实践中，一些上市公司盲目进行对外投资并购，容易受到商誉减值的影响，导致投后出现净利润亏损。比如，在美康生物发布的2019年年报及2020年一季报中指出，2019年公司实现营收31.33亿元；归属于上市公司股东的扣非净利润为－5.87亿元，这是美康生物自2015年上市以来，首次出现净利润亏损。其中，在美康生物公布的计提商誉减值损失的依据中，多次提到“被收购方未实现承诺的业绩”。美康生物曾于2016年以溢价率265.86%收购杭州倚天生物技术有限公司，但根据美康生物公布的“2019年度商誉减值测试报告”，杭州倚天生物技术有限公司因受到行业变化、核心团队变化等的影响，计提商誉减值6.75亿元。

根据《上市公司重大资产重组管理办法》第35条第1款的规定：“……上市公司应当在重大资产重组实施完毕后3年内的年度报告中单独披露相关资产的实际盈利数与利润预测数的差异情况，并由会计师事务所对此出具专项审核意见；交易对方应当与上市公司就相关资产实际盈利数不足利润预测数的情况签订明确可行的补偿协议。”在上市公司对外投资的过程中，商誉减值通常被重点关注，而商誉减值往往是因为并购的标的公司不能实现预测利润。因此，在对拟收购的上市公司进行尽职调查时，需关注其之前并购的标的企业，并了解其经营情况和业绩承诺完成情况，与其他中介机构合作判断是否存在重大商誉减值风险。

2. 或有债务及潜在债务

在国有企业对外进行股权投资时，标的企业的或有负债对于交易价格、交易结构以及交易条款有重要影响，故在尽职调查过程中，标的企业的或有债务需要被重点关注。在股权收购中，常见的或有负债包括企业对外应付账款利息、合同违约赔偿损失、知识产权侵权赔偿、潜在的劳动争议与索赔、可能的税务及行政处罚、企业提供的对外担保以及未决诉讼与未决仲裁。

对此，在尽职调查过程中，为了尽可能地发现或有债务，需要各方专业中介机构共同协作调查企业的财务报表、重大合同及其履行情况、企业征信、公开报道、涉案情况等多个方面，例如，调查企业实控人的银行流水、核查企业重大合同的执行情况、企业人事管理等，综合考量企业可能存在的或有债务问题。一方面,对已发现的或有负债问题,可根据实际情况和可行性,要求在投资之前解决,短期内解决确不可行的,应要求交易对手兜底承诺或将解决作为付款的前提条件;另一方面,需要通过交易条款设计就未发现的或有风险要求交易对手承诺兜底承担责任。

3. 同业竞争

国有企业在进行对外投资并购的过程中,需要关注标的企业的实际控制人、控股股东以及拟留用的董事、高级管理人员和其他核心人员是否存在与标的公司具有同业竞争的情况。如收购的标的企业系上市公司,国有企业还需自查所属集团体系内是否存在与上市公司存在同业竞争的情况,否则,可能因为违反法律法规、承诺函而受到行政处罚、通报批评、公开谴责、责令改正、监管谈话或者被出具警示函。如经调查发现存在同业竞争问题,需在投资方案与投资协议中进行妥善解决,否则,可能影响收购的成败。

比如,华东医药(000963. sz)于2019年5月24日与深交所创业板上市公司佐力药业控股股东俞某及股东德清县乌灵股权投资合伙企业(有限合伙)签署了《股份转让意向书》,华东医药拟以协议转让方式合计受让佐力药业股份总数为1.13亿股,占佐力药业总股份比例为18.60%,转让金额总计将不高于人民币10.6亿元。该事项的履行将可能导致佐力药业控制权发生变更。然而,华东医药在发布本次溢价收购公告的5个月后,于10月20日晚间,发布公告宣布该意向收购终止。终止收购公告显示,鉴于华东医药目前的百令系列产品和佐力药业控股子公司的百令片产品在收购完成后构成同业竞争,在国内《反垄断法》及《上市公司收购管理办法》等法律法规的限制性规定前提下,股权收购后两家上市公司在业务规划及产品整合方面仍存在较大不确定性。各方经多次商谈短期内无法达成一致的解决方案,各方无意继续《股份转让意向书》的履行,无法签署正式股份转让协议。华东医药本次收购终止,导致其重点发展中药慢病方向产品的计划受阻。

四、资产收购中的尽职调查

除了股权投资之外,国有企业有时会根据投资需求及具体项目情况选择直接收购资产,从法律尽职调查的角度来看,资产收购尽职调查中需要重点关注资产的权属情况以及资产所涉及的业务情况,以下从两个要点进行分别分析。

（一）资产权属

在资产收购的尽职调查中，首先需要关注的就是资产权属是否清晰，并采取适当的方式进行确认，否则，可能造成严重的损失后果。比如，河北某公司拟与北京某房地产开发公司合作开发住宅小区项目，合作之前河北某公司也曾聘请律所对该房地产开发公司及其土地进行尽职调查。然而，随着项目的推进，河北某公司才发现该房地产开发公司声称其所拥有的某地块，实际并未支付出让款，律所仅依据已经失效的市纪委批复，便认定该公司拥有该地产开发项目，并未对项目用地的土地使用权情况进行核查。最终，该律所因在提供法律服务时存在重大过错，被判赔 800 万元。[①]

因此，国有企业在进行对外资产投资时，更应注意资产的权属调查的方式方法，除了查阅标的公司提供的纸质资料、证明外，还应当前往不动产登记中心、自然资源等相关政府部门进行核查。此外，在收购专利、著作权、商标等知识产权时，除了审阅知识产权凭证、在相应官方系统查询知识产权权属、质押等情况外，还应当关注其创作开发方式（自研、委托、合作开发、职务发明），了解是否存在权属纠纷，以避免并购后因权属纠纷导致损失。

（二）资产所涉业务

国有企业进行资产收购，除不动产收购外，往往是要通过收购资产进而承接标的企业与资产相关的业务，但部分业务诸如进出口、医疗器械生产等需要专门的业务资质许可才能够开展。因此，在进行尽职调查的过程中，一方面，需要充分了解在标的企业与资产相关的业务生产、经营环节中所需的各类资质、批准，并了解法律法规对于相关资质的授予条件，以明确国有企业在完成资产收购后能否顺利承接资产相关的原有业务。另一方面，国有企业需关注该等业务的主要客户对业绩等方面的常规要求，自查是否满足，或者满足该等条件是否存在障碍或成本过高。否则，可能导致国有企业在收购后只能拥有资产，却无法依托资产继续开展业务经营的后果。

此外，企业在进行资产收购后，往往还需要继承出让方原有尚未履行完毕

---

① 律蜻蜓：《律师尽职调查失职，被判赔偿 800 万》，载搜狐网 2016 年 9 月 1 日，https://www.sohu.com/a/113131979_386767。

的业务合同,故在尽职调查的过程中,应当重点关注原有业务合同的条款约定,是否限制合同相对方转让合同项下的权利义务,以及资产持有方是否存在违约行为,避免不能承接相关业务合同和概括承担了资产持有方的违约责任。其中,对于经招投标程序签署的业务合同,由于依法不能概括转让,故需注意合同中是否允许资产持有方采用分包方式完成合同约定的义务,或能否协调招标人另行书面同意资产持有方进行分包。

实务提示

国有企业在对外投资并购时,不仅应按照国资相关规定对投资标的开展尽职调查,更应该充分发挥尽职调查的作用,重视尽职调查的结果运用。也就是说,国有企业要借助专业中介机构力量,通过尽职调查发现、评估投资标的的问题与风险,并在投资方案和投资协议对相关问题、风险采取合理防控措施,才能最大限度地避免盲目对外投资并购带来的国有资产流失后果。

第三节　国有企业投资并购交易方案设计

交易方案设计是国企投资并购非常核心的环节，属于投资并购的“顶层设计”，交易能否成功，交易方案的设计至关重要。打造一份既符合双方诉求又能最大限度防范风险、促成交易的方案，往往是国企投资部门和中介机构需要“抠破脑袋”的事。

股权投资并购交易方案的设计要点在于满足交易双方的需要，而相较于民企，国企在设计交易方案时，需要考虑更多层面的问题。比如，国有权益保护条款是否到位、是否具有可操作性、交易价格是否存在过分高于评估价格的情况、交易价款的支付节点是否设计合理、退出机制（如对赌条款）的安排是否具备且有可操作性（如对方实控人参与对赌，其是否具有履约能力）、防范风险的其他条款是否“显而易见”、是否可能因交易方案设计不完善导致被审计问责等。因此在交易方案设计过程中，往往会非常耗时费力，其痛点表现为既需要囊括上述要点，同时还要考虑交易对手方（如部分强势的民企）可能无法接受相应条款时如何谈判、变通。在此情形下，如何做到既完成交易，又防范风险，就是一件十分“考验手艺”的活了。

从实践看，交易方案设计的关键要素主要包括股权比例、价款及支付节奏、公司治理结构安排、退出机制（如对赌安排）等，本部分将结合国资监管规定和相关项目经验，对交易方案前述要点的设计及法律风险防范进行探讨。

一、国资监管对交易方案设计关注的要点

在交易方案设计时，国资监管关心什么？这一问题很重要但并不好回答，因为国资监管针对交易方案的设计并未有专门的规定，但 2016 年 8 月，国务院办公厅发布的《关于建立国有企业违规经营投资责任追究制度的意见》明确提出对包括国企对外投资并购在内的十大方面的违规情形进行严厉追责、终身追责，其中在投资并购方面规定，对投资合同、协议及标的企业公司章程中国有权

益保护条款缺失,造成国有资产损失以及其他严重不良后果的,应当追究责任。而投资协议是交易方案内容的具体落实,因此在交易方案中设计国有权益保护条款、防止国有资产流失是满足国资监管要求的应有之义。

结合实践经验和前述投资并购相关的国资监管文件,国资监管对国企对外投资并购交易方案的核心关注点在于:(1)交易方案不存在违反法律法规规定的情形;(2)在促成交易的同时,交易方案中国有权益保护条款充分、有效,保障国有资产保值增值,防止国有资产流失。国有权益保护充分有效的条款主要包括四大方面。

(一)股权比例

在投资并购过程中,投多少钱?占股多少?这是一个基本但却十分重要的问题,因为按照法律规定,持股比例的多少决定了相关权益的占比。针对财务性投资、战略性投资、收购控制权的并购交易到底应该占股多少,不同情形下持股比例的考量标准是什么?上述问题都是本部分力图回答的问题。

(二)交易价款及支付

交易价格及支付方式的确定是投资并购工作的重中之重,如何确定交易价格,能否用估值报告代替评估报告?价格能否高于评估值?何时支付?支付比例如何安排?是否要留部分尾款作为风险责任担保?上述问题都是实践中需要认真考量的重点问题,稍不留神,便会导致交易风险未防控,更有甚者导致国有资产流失,相关责任人被追责。

(三)公司治理安排

公司治理架构安排是投资的关键事宜,是能否有效实现投后管理的前提。公司治理安排主要涉及三会权限设计、董监高人员安排等,在控股和参股的不同情形下,国有企业关注的要点存在显著差异,如何约定?哪些大事要放在股东会?哪些放在董事会?哪些一定要争取到,哪些可以适当"让一让"?其需要做到心里有数。

(四)退出机制

"投资要先想如何退出"是投资界的黄金法则,国有企业在投资时更要充分考虑退出路径和可行性，这是风险防范、维护国有资产权益“显而易见”的要点。对赌条款目前被国企广泛运用，但是否真实起到作用？对赌条款最后是否都能执行？有些项目无法设计对赌条款怎么办？这都是实践中经常遇到且亟待解决的问题。

二、交易方案设计要点及风险防范

如开篇所述，交易方案一般需包括的关键要素为：股权比例、价款及支付节奏、公司治理结构安排、退出机制（如对赌安排）等。而对于收购控制权和参股投资，其方案设计的要点也有较大不同，下面就其关键要点及风险防范措施阐述如下。

（一）如何确定股权比例

开展投资并购，首先要想清楚的是本次投资并购的目的，是财务投资、战略性投资还是并购，通常而言财务投资、战略性投资均是参股，在参股的情形下，持股比例究竟应该达到多少合适？是5%、34%还是49%？在并购的情形下，是收购51%、还是67%或者是100%呢？国企决策人员在确定投资占股比例时，需要有相应的决策依据，要避免被认为“拍脑袋”，而法律上占股比例不同享有的权利亦有较大差别，其可以为决策提供支撑，下面将分别阐述。

1. 财务或战略性参股投资

目前，国有企业在对外投资时，越来越多地考虑财务投资和战略性投资，前者是为了分享被投企业发展或上市的红利，推动国有资金的保值增值，后者多是为了“政府招商引资”，或者企业战略性发展和转型的需要。在此情形下，一般没有获取目标企业控制权的需求，而只需要参股。参股应该占比多少？是5%还是34%抑或49%？本书认为需要具体问题具体分析，但一般可从以下四个维度考虑。

（1）被投企业的估值及融资需求，被投企业“太贵”，单个投资人可能持股比例不会太高，而被投企业释放的股权比例有可能比较低，将直接导致投资持股比例较低。

（2）风险偏好，一般而言，持股达到34%享有《公司法》规定的法定重大事项的一票否决权，在法人治理结构上，一般可推荐至少1名董事。低于34%高于5%，只能通过章程约定享有部分事项的一票否决权，很难有董事推荐权。低于5%,则很难拿到重大事项的一票否决权,一般仅享有知情权等股东权利。相关权利如表2-4所示。

表2-4　不同持股比例的权利

持股比例	可享有或争取的权利	主要内容
34%	法定一票否决权	有权否决修改公司章程、增加或者减少注册资本的决议,以及公司合并、分立、解散或者变更公司形式等决议
5%—34%	争取约定的一票否决权	公司对外担保、借款、大额资产处置、收购等事项
低于5%	争取董事会观察员席位	观察员可列席董事会,最大限度享有知情权

(3)标的公司的风险情况,通过尽职调查一般可发现标的公司现存的法律及财务瑕疵等风险,在决定持股比例时,一般会考虑标的公司风险大小。

(4)标的公司的成熟度,一般而言,标的公司如处在初创期,经营风险较大,投资持股比例不宜较高;在成熟期或者拟上市阶段,标的公司一般经营状况较为稳定,抗风险能力强,可考虑适当多投或追加投资。

2. 并购

在收购控制权的并购过程中,也存在收购51%、67%、100%等不同比例股权的考虑,即相对控股、绝对控股还是全资持有,考量因素主要包括被投企业的估值、企业发展规划以及对标的企业控制权的诉求强弱程度。不同持股比例的要点如表2-5所示:

表2-5　不同持股比例的要点

持股比例	控股程度	要点
51%	相对控股	可要求股东会决议事项除法定2/3通过外,其余事项1/2通过即可;要求董事会席位占多数,董事会决议事项1/2以上通过即可
67%	绝对控股	可决定修改公司章程、增加或者减少注册资本的决议,以及公司合并、分立、解散或者变更公司形式的决议

(二)如何确定价格

如何确定交易价格,采取评估还是估值?能否用估值报告代替评估报告?

投资价格能否高于评估值？何时支付？支付比例如何安排？是否要留部分尾款作为风险责任担保？上述问题看似简单，实则不然。

1. 能否用估值报告代替评估报告

传统上，国企投资一般均会采取评估报告作为作价依据，但这一方式在近年来随着新经济领域的投资并购增多而面临越来越大的挑战。大数据行业、区块链、人工智能、半导体、生物医药等新经济领域对传统评估提出了挑战，本书作者经手的多个新经济领域投资项目均存在评估难的问题，这些领域的公司均有较高的估值，出具评估报告往往存在较大的困难，能否使用估值报告替代评估报告是国企项目人员最关心的问题。但按照国资监管规定，确实存在一定的困难，如《企业国有资产评估管理暂行办法》第6条规定了："企业有下列行为之一的，应当对相关资产进行评估：……（四）非上市公司国有股东股权比例变动……（十）收购非国有单位的资产……"同时，各地的投资监督管理办法也均规定了相应的评估程序，如《四川省属国有企业投资监督管理试行办法》（川国资委〔2017〕296号）第21条规定了："企业新投资项目应当履行项目立项、可行性研究、尽职调查、账务审计和资产评估、审查论证、董事会审议等程序。项目决策前应进行技术、市场、财务、法律和风险等方面的可行性研究与论证，必要时选聘具有相应资质、专业经验和良好信誉的法律、财务、评估等中介机构进行论证。（一）企业拟实施股权投资项目的，应开展必要的尽职调查、财务审计和资产评估……"就是否有例外的规定，本书作者进行了相应检索，情况整理见表2－6。

表2－6　国企投资估值相关规定

规定名称	重点内容	对是否能用估值报告代替评估报告是否有明确规定
《估值报告审核指引（试行）》（上海市国资委2020年印发）	对估值报告的内容、估值方法选用等进行了明确规定	否

续表

规定名称	重点内容	对是否能用估值报告代替评估报告是否有明确规定
《上市公司重大资产重组管理办法》	第二十条　重大资产重组中相关资产以资产评估结果作为定价依据的,资产评估机构应当按照资产评估相关准则和规范开展执业活动;上市公司董事会应当对评估机构的独立性、评估假设前提的合理性、评估方法与评估目的的相关性以及评估定价的公允性发表明确意见。相关资产不以资产评估结果作为定价依据的,上市公司应当在重大资产重组报告书中详细分析说明相关资产的估值方法、参数及其他影响估值结果的指标和因素。上市公司董事会应当对估值机构的独立性、估值假设前提的合理性、估值方法与估值目的的相关性发表明确意见,并结合相关资产的市场可比交易价格、同行业上市公司的市盈率或者市净率等通行指标,在重大资产重组报告书中详细分析本次交易定价的公允性	是
《中央企业境外国有产权管理暂行办法》	第十条　中央企业及其各级子企业独资或者控股的境外企业在境外发生转让或者受让产权、以非货币资产出资、非上市公司国有股东股权比例变动、合并分立、解散清算等经济行为时,应当聘请具有相应资质、专业经验和良好信誉的专业机构对标的物进行评估或者估值,评估项目或者估值情况应当由中央企业备案	是

上述规定算是为国有企业在特定情形(国有上市公司开展重大资产重组、境外投资)下使用估值报告代替评估报告开了一个口子。除此之外,本书作者尚未检索到其他明确规定。因此,本书认为,在国资监管的规定下,国有企业对外投资一般仍需开展评估。

2. 投资价格能否高于评估值

国有企业在确定投资价格时,如果等于评估报告的价格,那非常稳妥,没有决策压力,但如果高于评估价格,则面临着是否高价入股的审计风险。投资价格能否高于评估价格?国家层面并无明确规定,部分地区则有相对灵活的规定,如《四川省属国有企业投资监督管理试行办法》(川国资委〔2017〕296 号)第 21 条规定:“……企业开展并购项目的,以资产评估值为参考确定股权并购价格,有特殊目的的,可考虑资源优势、协同效应、发展前景、市盈率等因素适当溢价,同时应就期间损益、职工安置、或有债务处理等事项作出明确安排……”前述规定为国企溢价投资提供了相应的决策依据。

3. 价款支付应如何安排

一般而言,交易对价的支付时点为:签订合同、支付先决条件完成(包括内部决策、外部审批、工商变更、交割完毕)等。在投资时,如采取股权转让的方式进入,为防止原股东“埋雷”,可设置部分交易价款在公司解决瑕疵或完成对赌后支付或作为担保。

(三)如何设计公司治理架构

公司治理安排主要涉及三会权限设计、董监高人员安排等,在股权投资和并购的项目中,公司治理条款的设计要点可参见本书第二章第四节的内容。

(四)如何设计退出机制

在股权投资中,存在“无对赌不投资”的说法,目前国有企业在对外投资中越来越重视对赌条款的使用,对赌条款已成为常规手段,但在实践中,国企在对赌条款的设计上有时过于简单,流于形式,未起到真正保护国有资产不流失的作用。

对赌条款的对赌条件一般为业绩和上市期对赌,有时还包括其他方面的特别要素,对赌的主体一般是实控人和公司。在国企设计对赌条款时,有以下几点需要特别注意:

1. 对于股权回购,不应将触发回购条件仅局限于上市、被并购或业绩目标未实现,还应将交易对手的其他重大违约行为约定为触发回购的条件。

2. 如是与标的公司进行对赌,虽然《全国法院民商事审判工作会议纪要》(以下简称《九民纪要》)原则上认可其效力,但其对与标的公司对赌的实施具有特殊要求,故需在协议中进一步明确约定可操作性的细则,避免无法操作实施,导致增信条款失灵。

3. 需对回购对象的履约能力进行尽职调查。目前,对赌通常为投资人与目标公司实控人对赌,常规的对赌条款均对实控人的回购进行了相应约定,但容易被忽视的一点是，未对实控人是否具备回购能力进行尽职调查，造成对赌条款可能形同虚设。例如，在 2013 年 Y 传媒收购 X 公司案中，法院认为 Y 传媒相关负责人员未对担保人的履约能力进行调查，存在失职行为，被认定构成国企人员失职罪。X 公司存在高达 4.5 亿元的应收账款，Y 传媒在收购 X 公司时，虽然没有怀疑 X 公司财务造假，但是也担心应收账款无法收回带来的影响。为了应对可能发生的应收账款危机，Y 传媒对 X 公司的应收账款设置了收回期限，并且让实控人叶某、乔某作出承诺，如无法按期收回应收账款，则按未回款金额的 5 倍以现金方式补偿 Y 传媒，但叶某、乔某实际并不具备履约能力，以至于这道防火墙形同虚设，最终国企相关人员被追责。因此，在投资过程中，如涉及对赌条款，需对目标公司实控人进行相应的尽职调查，以防范尽职调查程序未履行的风险。

实务提示

国资监管对国企对外投资并购交易方案的核心关注点在于：(1) 交易方案不存在违反法律法规规定的情形；(2) 在促成交易的同时，国有权益保护条款充分、有效落实，保障国有资产保值增值，防止国有资产流失。交易方案设计的核心要素主要包括股权比例、价款及支付节奏、公司治理结构安排、退出机制（如对赌条款）等。方案设计及潜在风险防范需要交易方案制定者充分考量，做到有的放矢，一旦交易方案出现问题，轻者不能完成国资审批导致项目搁浅，重者导致投资并购失败，造成国有资产流失，相关人员被追责。

正如本部分开篇所述，交易方案设计属于投资并购的"顶层设计"，需要国企投资并购的主要负责人、项目组人员及中介机构一同参与，考量法律、财税、项目背景等诸多要素，最终通过合理设计，促成交易，实现国有资产保值增值，防止国有资产流失的目标。

第四节　国有企业投资并购交易协议安排

对于国企对外投资并购中的交易协议，一方面，一般需在国资决策审批之前确定，并作为核心上报材料之一，是投资并购能否完成国资审批并实施的关键，在决策审批之后原则上不能做实质性变更。另一方面，交易协议不仅是投资并购前期工作、谈判的成果，也是投资并购交易实现交易目的的具体实施依据，更是交易风险防控措施落实的抓手，因而极为关键。然而，实践中，不乏因交易协议设计存在问题甚至缺陷导致交易纠纷，造成对标的公司失控、国有资产流失的教训与案例。对此，本部分将就国企对外投资并购协议安排的设计要点进行分享，旨在为交易协议设计的关注要点与风险防控措施设计技巧提供相应的参考。

一、国资监管对交易协议设计关注的重点

2016 年 8 月，国务院办公厅发布《关于建立国有企业违规经营投资责任追究制度的意见》明确提出对包括国企对外投资并购在内的十大方面的违规情形进行严厉追责、终身追责，其中在投资并购方面提出，对投资合同、协议及标的企业公司章程中国有权益保护条款缺失，造成国有资产损失以及其他严重不良后果的，应当追究责任。

在此背景下，各地国资部门陆续出台地方国有企业违规经营投资责任追究办法，并进一步细化了前述要求。结合本书作者为国企投资并购服务的实践经验和前述投资并购相关的国资监管文件看，国资监管对国企对外投资并购交易协议的核心关注点在于，在交易协议条款不存在违反法律法规禁止性规定情形的基础上，国有权益保护条款是否充分、有效，具体而言包括如下三大方面，见表 2－7：

表 2－7　国资监管对投资的关注重点

风险点	内容	相关规定
交易对价支付风险	交易对价一旦支付，不仅将失去对交易对手最大的制约筹码，还将面临国有资产流失风险，故合理安排交易对价的支付条件、节点与比例，并设置合理可行的增信或担保措施，是防控交易对价风险，保护国有权益的首要目标	国务院办公厅《关于建立国有企业违规经营投资责任追究制度的意见》规定，违反合同约定提前支付并购价款，属于追责情形之一
标的公司失控风险	如在投资并购交易协议中，未对标的公司的治理事项进行有效安排，很可能导致对标的公司失控，造成标的公司治理失灵、经营亏损等严重后果，最终造成国有资产流失。因此，根据对标的公司投资并购的目的、持股比例以及其他实际情况，合理设置标的公司治理结构条款，并委派人员参与标的公司治理就显得尤为重要	国务院办公厅《关于建立国有企业违规经营投资责任追究制度的意见》规定，国企对外投资并购中对标的公司管理失控属于追责情形之一。《四川省属国有企业投资监督管理试行办法》第二十一条规定，国有企业投资项目应通过章程或协议（合同）就法人治理结构作出明确约定
交易风险防控不力的风险	在国企对外投资并购过程中，除前述交易对价、标的公司失控风险外，还面临已通过尽职调查发现的问题和或有风险、交割交接风险以及无法避免的因信息不对称带来的其他重大风险，如未充分考虑该等重大风险因素并制定风险防范条款，仍可能造成国有资产损失或其他严重不良后果	《四川省属国有企业投资监督管理试行办法》第二十一条规定，国有企业投资项目需通过章程或协议（合同），就期间损益、职工安置、或有债务处理、同业竞争、关联交易、风险管控、后续投资的资金（经营）安排等做出明确约定

二、交易协议安排设计要点

国企对外投资并购交易协议应该是一个体系性安排，而非孤立的单个协议，涉及一系列协议与文件的周严安排，见表 2－8。

表 2－8　国企投资相关协议

前期协议	框架协议、保密协议、备忘录
正式交易协议	出资人协议、股权转让协议、增资协议
配套协议文件	公司章程、决议文件、股东名册、出资证明、担保文件、竞业限制协议、披露函、特定员工名单、守约证明、交接清单、承诺函等

与一般企业对外投资并购相比，一方面，国企对外投资并购的交易协议安排具有一般性，其目的都是在主要风险可控的前提下，以成本最小的方式尽快完成交易。另一方面，国企对外投资并购的交易协议安排还受国资监管相关规定特殊约束，对风险的防控要求更高，且对于借款、担保或者回购等方面的协议安排会受到国企监管规定的特殊限制，具有一定特殊性。限于篇幅与本部分的分析对象，本部分将就交易协议安排中的重点与国企投资并购的交易协议安排特殊要求结合分析。

（一）框架协议安排设计要点

在投资并购实践中，为表达交易诚意、推动交易进程或保密等需要，交易各方往往会在前期阶段签订保密协议或者合作协议、投资意向协议等。在此类协议中，既有不具有实质性内容和法律约束力的框架性质协议，也有明确投资条件甚至约定未来签约安排的协议。对此，为保障通过投资并购的决策程序对国企投资并购实现监管与风险防控的目标，各地国资监管文件大多明确要求，国企不得在投资并购决策程序完成之前签署具有法律约束力的协议，更不能在投资并购决策程序完成之前组织实施或进行实际投资，也就是不能“先斩后奏”。比如，《四川省属国有企业投资监督管理试行办法》第 24 条第 2 款规定：“企业特别监管类投资项目在未获省国资委书面意见前，企业不得组织实施或者进行实际投资，也不得签署具有法律约束力的投资协议、文件。”

基于前述规定，国企在投资并购的决策程序完成之前，究竟能否与交易对手签订合作协议、意向协议等框架协议呢？本书认为是可以的。比如，《四川省属国有企业投资监督管理试行办法》和原《成都市市属国有企业投融资及借款和担保监督管理办法》（已失效）虽然规定不得签署具有法律约束力的投资协议、文件，但也规定企业投资项目报批的材料包括已签订的合作协议等契约文件、已签订的合作意见书等相关框架文件。因此，国企在投资并购的决策程序完成之前可以与交易对手签订合作协议、意向协议等框架协议，只是不能属于“具有法律约束力的投资协议、文件”。那么怎么设计框架协议才符合国资监管要求呢？本书认为，需要注意如下三点。

1. 框架协议不能被认定实质性为正式交易合同

实践中，一些名为战略合作协议、意向协议的协议，但其协议内容实际上已明确包含了主要的交易条件与安排，存在被认定实质性为正式交易合同的风险。这一类合同,显然违反了国资监管关于不得在投资并购的决策程序完成之前签署具有法律约束力的投资协议、文件的要求。比如,在南京市中级人民法院"(2018)苏01民终2561号"股权转让纠纷一案中,法院认为,涉案框架协议具备了当事人、标的、价款、股权交割期限、交易方式、董事会及管理层安排、承诺事项、尽职调查、保密、排他期、竞业禁止及其他承诺、争议解决、违约责任等合同要素,涉案框架协议约定的双方权利义务明确清晰,基本囊括了股权转让的事项,故该协议并非约定将来订立一定合同的合同,应属于本约,即正式交易合同。

2. 框架协议不得构成预约合同

预约合同指约定于将来一定期限内订立本约合同的合同。如国企在投资并购的决策程序完成之前签订的协议构成预约合同,意味着一旦国资监管机构否决该等投资并购事项,作为投资并购主体的国企将面临承担违约责任的风险。比如,在最高人民法院"(2011)民二终字第10号"股权转让纠纷一案中,法院认为,若经尽职调查,不具备意向书约定的八种情况的任一情形,受让方有权随时单方面解除意向书并要求退还定金;若因受让方的原因导致不能签订《股权转让协议》,转让方有权没收定金。因此,该意向书是双方为将来签订正式的《股权转让协议》所进行的磋商及合意,双方还约定了定金条款作为履行该意向书,最终正式签订《股权转让协议》的保证,故属于预约合同。

3. 框架协议可对国企设定保密义务,也可以对交易对手设定义务

一方面,虽然国资监管规定均要求在投资并购的决策程序完成之前不得签署具有法律约束力的投资协议、文件,但由于交易各方在接洽过程中将涉及提供各自的保密信息,尤其是交易对手接受尽职调查时,一般会提出通过保密协议或保密条款对国有企业设定保密义务,本书认为,国企在框架协议接受保密义务条款的做法符合商业惯例,实践中一般也不会被国资监管认定为违规。

另一方面,从国资监管的目的看,在投资并购的决策程序完成之前不得签署具有法律约束力的投资协议、文件应做限缩解释,即不得对国企具有法律约束力但可以对交易对手具有法律约束力。具体而言,基于对交易成本风险的考虑,国企可在框架协议中为交易对手设置义务,比如不得在一定期限内与第三方进行交易洽谈,保证提供资料的真实性、合法性、完整性与承诺配合尽职调查等。

（二）正式交易协议安排

在经过前期可研、审计、尽调和评估，并基本确定投资并购方案后，交易各方将就正式交易协议进行磋商。前文已就国资监管对国企对外投资并购交易协议安排的关注重点进行论述，故对国企对外投资并购交易协议安排设计也应围绕其关注的国有权益保护展开，具体如下。

1. 国企股权投资与并购正式交易协议安排

（1）交易对价条款的设计

不同于合资新设，股权投资与并购均涉及股权与已设立并存续的标的公司，在经过前期的尽职调查后，往往会暴露出一些已发生的问题和或有风险，甚至对交易与交割产生重大障碍的问题，如在这些问题未解决或采取合理防控措施之前将交易价款支付，将可能导致相关问题难以及时解决，进而造成投资并购失败、国有资产流失的严重后果。因此，需就交易对价作出分期付款的安排，并在正式交易协议中进一步细化，尤其需要注意的是，为付款设置的先决条件应与交易对手、涉及的主管部门提前沟通，确认操作的可行性，避免在履行过程中无法操作，导致交易无法顺利推进，而不得不履行国企投资并购变更的决策手续。

一般而言，交易对价条款的设计要点如下：

为每期付款分别设置先决条件，可设定的先决条件包括但不限于：①其他股东出具书面放弃优先购买权或优先认缴权的文件；②本次交易获得所需的内外部决策审批；③需解决的问题已解决或已采取国企认可的合理防控措施；④本次交易对手承诺的增信措施已落实到位；⑤包括工商变更手续在内的交割已完成；⑥证照印章和银行账户、资料等已完成交接；⑦其他需要设定的条件。

（2）公司治理条款的设计

双方就股权投资和并购的方案基本达成一致后，交易各方会就股权比例、董监高席位达成一致，除在交易协议和公司章程纳入外，还需注意相应的配套条款，保障方案的目的得以实现。在股权投资和并购的项目中，公司治理条款的设计要点见表2-9：

表2-9　公司治理条款的设计要点

事项	具体设计要点
职工董事、职工监事	按照《公司法》的规定,两个以上的国有企业或者两个以上的其他国有投资主体投资设立的有限责任公司,其董事会成员中应当有公司职工代表;监事会应当包括股东代表和适当比例的公司职工代表,其中职工代表的比例不得低于1/3。鉴于国资监管对于国企治理的规范性越来越关注,在对股权投资与并购中的标的公司治理机构设计时需要遵守前述要求。同时,需指出的是,职工代表由公司职工通过职工代表大会、职工大会或者其他形式民主选举产生,不得在交易协议或公司章程约定由股东推荐、提名或委派
开会与表决所需条件	在股东会、董事会层面,如国企对标的公司并表,一般将对股东会、董事会取得主导权,但该等主导不仅是表决权、席位上占多数,还应同步在协议、公司章程中约定股东会、董事会开会所需最低董事人数以及会议决议表决所需最低表决权或最低董事人数,以避免其他股东或股东委派的董事恶意不参会造成无法开会的僵局,或者因不合理的表决机制而导致交易对手具有事实上的一票否决权
重大事项的决策权划分	如国企对标的公司并表,意味至少在股东会或董事会具有控制权,一般不存在问题。但如国企对标的公司不并表,除应争取一定董事席位外,应争取在股东会、董事会对一定范围的重大事项设定国企具有一票否决权,以避免对标的公司的失控。重大事项的具体范围,需根据交易目的、交易对手以及标的公司等实际情况确定,一般是标的公司日常经营以外的事项,比如对外投资、担保,重大资产购买、处置等。 此外,对于不并表的情况,建议国企争取在董事会对制定公司基本管理制度的一票否决权,以避免交易对手通过公司制定的关联交易管理、印章管理、合同管理、财务管理以及采购管理等重要基本制度将其损害标的公司、国企股东权益的行为合法化、制度化
交易对手提名并任职的董监高人员	对于交易对手提名并任职的董监高人员,尤其是高级管理人员,可约定如存在法律规定禁止任职的情形或者存在未勤勉尽职、未达到考核目标的情形,国企股东有权要求罢免,情节严重的,约定可取消交易对手提名权而改由国企提名,进而取得相应主动权
股东知情权	如国企对标的公司不并表,这种情况主要是在股权投资中,由于《公司法》规定的股东知情范围十分狭窄,故需在出资人协议与章程扩大国企股东对标的公司的知情权,甚至约定可对标的公司进行审计,既可以实现对标的公司的监督并维护自身合法权益,也有利于在要求责任方通过参与挂牌程序进行股权回购时,按国有资产交易监管规定对标的公司进行审计、评估

（3）其他交易风险防控条款的设计

除交易对价、公司治理风险外，股权投资与并购还面临已通过尽职调查发现的其他问题和或有风险、交割交接风险以及无法避免的因信息不对称带来的其他重大风险，同时，股权投资与并购方案中可能设计相应的对赌条款或担保措施。因此，前述风险也需要通过协议安排防控，并通过协议将对赌条款或担保措施落实到位。

第一，需设置信息不对称风险承担条款。从实践中看，即使在交易之前通过尽职调查，仍无法完全避免标的股权或标的公司存在未披露的重大问题，故需设置要求交易对手对未披露的债务或问题承担兜底赔偿责任的条款。比如，在最高人民法院“（2015）民申字第2259号”一案中，标的公司在转让前涉及一起工程款仲裁纠纷，按裁决结果标的公司应付工程款300多万元，但仲裁结果无法通过公开渠道查询，股权转让方也未向股权受让方盐城市国有资产投资经营公司事先披露。不过，盐城市国有资产投资经营公司最终依据协议关于“股权转让前如发现未披露的债务由股权转让方承担”的约定，要求股权转让方承担该损失，得到法院支持，避免了损失。

第二，需将商定的增信或担保措施的落实作为付款条件。如为抵押、质押或保证等措施，需在交易主协议以外签署相应的担保协议，并办理相应的登记手续，将落实前述担保措施作为付款先决条件之一。如为对赌条款，对于股权回购，不应将触发回购条件局限于股权投资与并购方案所列的上市、被并购或业绩目标未实现，还应将交易对手的其他重大违约行为约定为触发回购的条件。同时，如是与标的公司进行对赌，虽然《九民纪要》原则上认可其效力，但其对与标的公司对赌的实施具有特殊要求，故需在协议中进一步明确约定可操作性的细则，避免无法操作实施，导致增信条款失灵。

第三，其他风险的防控。对于除交易对价、公司治理风险外的其他风险，包括但不限于：对于关联交易风险设置关联交易条款；对于公司股东、董监高的同业竞争风险，设置同业竞争限制或禁止条款，并要求非交易协议主体的董事、高级管理人员出具承诺函；对于交割之前的过渡期间损益风险，设置期间损益的承担主体条款以及过渡期间的标的公司行为限制条款。

2. 国企合资新设的正式交易协议安排

（1）出资条款的设计

在合资新设的项目中，交易对价实际上是对新设公司的出资，交易协议主要是出资人协议。在国家鼓励国企混合所有制改革和各地加大招商引资力度的大背景下，国企与民营企业合资新设公司不必受制于国有资产交易进场程序，可直接协商确定合作事宜，故运用合资新设的实践越来越多。同时，国企合资新设的公司一个重要特点是注册资本设定较大，进而带来了民营股东实缴不能及时足额到位而坐享其成的风险。对此，出资人协议的交易对价条款设计要点如下。

第一，需约定同步出资条款。为避免其他出资人不出资而坐享其成，在实缴的出资比例和节奏上，原则上应约定国企与其他股东同步或晚于其他股东实缴。

第二，需约定按期足额实缴出资与股东享有的权利挂钩。鉴于实践中国企的合作股东尤其是一些民营股东不能按期出资违约的案例屡见不鲜，虽有最高人民法院《关于适用〈中华人民共和国公司法〉若干问题的规定（三）》第 16 条规定可对逾期出资股东合理限制其股东权利，但该规定明确可限制的权利类型有限，建议约定按期足额实缴出资与股东享有的权利挂钩，包括表决权、优先认缴权、董监高提名权等未在前述规定可限制范围内的权利。

值得注意的是，合资新设的项目中，国企为了引入市场化的管理人才与经验，往往会约定合作股东具有对合资公司的董监高人选的提名权，但如该股东未按约定足额实缴出资，如何解除其提名权却没有协议约定依据，该问题在实践中也往往被忽视，导致国企股东在合作股东未足额出资的情况下，难以实现对其董事、高级管理人员等席位的剥夺。

第三，需约定具有合理性且可操作性、具有威慑力的逾期出资违约责任条款。除约定合理的违约金标准外，对于逾期出资的股东除名问题，虽然最高人民法院《关于适用〈中华人民共和国公司法〉若干问题的规定（三）》第 18 条规定了可对未履行出资义务的股东除名，但其具体操作规则并不完善，尤其是未针对已部分出资的违约股东是否可除名进行规定，导致实践中除名操作仍有争议。参照"（2014）闵民二（商）初字第 1949 号""（2017）湘民再 75 号"的裁判观点，经公司股东一致同意，可以在公司章程中对股东资格终止的事由作出特别约定，不违反法律法规禁止性规定，应为有效。因此，对于合作股东的部分逾期出资行为可约定除名条款，以及违约股东已实缴资金的处理方式，并将其纳入新设公司章程。

（2）公司治理条款的设计

因合资新设的公司治理与股权投资、并购并无本质区别，公司治理条款设计也无本质区别，可参考上文相应部分的论述。

（3）其他交易风险防控条款的设计

除实缴出资、公司治理风险外，合资新设的项目中，国企股东还可能面临包括但不限于如下风险：

①针对其他股东的股权随意转让导致合作不稳定的风险，建议设计股权在一定期限不得转让、质押的锁定期条款。

②由于股东与合资公司主营业务往往具有一定关系，故需针对其他股东的可能出现的同业竞争风险设置同业竞争限制或禁止条款。

③国企与其他股东合资新设，往往更看重其他股东出资以外的技术、人才、市场等资源，故针对其他股东对合资公司的资源投入与支持不到位风险，建议在协议中明确细化其他股东的资源投入内容与支持范围，提高可操作性，并设定相应的违约金条款。

实务提示

按照国资监管的要求，结合实践经验，国资监管对国企对外投资并购交易协议的监管重点在于国有权益保护条款是否充分、有效，是否足以保障实现国有资产保值增值，避免国有资产流失。具体而言，包括交易对价风险、标的公司失控风险以及交易风险防控不利的风险，前述风险需要合理周严的交易协议安排，故应重视设计交易对价条款、标的公司治理结构安排条款以及交易风险防控条款。一旦交易协议出现问题，轻者不能完成国资审批导致项目搁浅，重者导致投资并购失败，造成国有资产流失，相关人员承担相应的法律责任。因此，需要通过合理设计投资并购协议，最终实现国有资产保值增值，防止国有资产流失的目标。

第五节　国有企业投资并购交割及投后管理

国企对外投资并购完成协议签订并不是国企投资并购的终点，为实现投资并购的特定目的、符合监管部门合规经营以及国有资产保值增值的要求，如何促进交易对手和标的企业按照投资协议正常履行，防范履约风险，并对标的企业进行有效投后管理均尤为重要。实践中，投后管理不善导致"暴雷"事件屡屡见诸报端，故国企并购不仅要做好立项审批、尽职调查、可研和投资方案论证等投前的工作，投后管理同样重要，否则，一旦标的企业发生亏损，很容易被扣上国有资产流失的"帽子"，引发舆情。

如何做好投后管理，在相关法律法规规定不甚明确的情况下，显得有些无从下手。比如，就混改企业而言，投后如管严了会担心管死了，如市场化授权放权，又担心管得太松了容易出事，该如何管就成了国企较为头疼的事。对此，本部分将结合投资交割及投后管理法律服务经验，对国企对外投资并购交割及投后管理的要点进行梳理，以期能够为国企从业人员做好交割和投后管理提供借鉴和参考。

一、交割的风险及防范策略

（一）交割的风险

首先，投资的首要目的是取得股权，这就需要进行股权交割，其不仅涉及办理股东名册、出资证明、工商变更登记等手续，特殊的股权交割（如金融企业的股权）还需要报请审批并涉及股权受让主体资格的审查，如未对特殊法律规范的交割要求予以特别关注，并对相关各方的配合义务与操作风险防控进行妥善安排，将面临交割迟延甚至交割失败的风险。此外，在股权交割完成前，标的股权发生重大不利变化，如股权被司法冻结、发生权属争议或标的企业遭遇重大责任诉讼，将面临难以交割的风险。

其次,如是控股权收购,则股权交割只是对标的企业实际控制的前提,但并不意味着对公司的实质性控制,这时还需要完成对目的公司的交接:既包括相关证照、印章、银行账户和U盾、公司档案资料等交接,也包括投资人委派的董事、高级管理人员、监事和其他人员的到位并办理相关变更登记手续,否则,就可能造成仅取得股权但无法实际控制公司,进而导致标的企业内部人员作出损害公司利益行为的风险。在标的企业的交接中,一方面要注意标的企业的平稳交接,另一方面要完善各种交接手续,制定完善的交接文书,以界定责任、保存证据。否则,可能造成争议风险。值得关注的是,在标的企业交接前,如对过渡期安排不当或未严格落实过渡期风控要求,以体现交易各方对公司的共管安排,将面临标的企业处于单方控制下的变动风险。

此外,就资产收购而言,其实也面临交割与交接两大问题,其风险类似,这里不再赘述。

(二)风险防范策略与措施

1. 依法办理交割的手续

首先,就股权投资而言,如果交易的标的是股权且标的企业是有限责任公司,则需要在工商部门进行股东变更登记,同时变更股东名册以及向新股东签发出资证明书。如交易标的是非上市股份有限公司,其股东变更不属于工商部门的登记范围,则更要注意股权交割风险,应要求标的企业及时变更股东名册和签发股票。如果交易标的是上市公司的股票,根据《证券登记结算管理办法》的规定,上市公司的股东一般按照证券登记结算机构登记的证券持有人名册来认定,因此也需尽早在登记结算机构完成股东登记。

其次,就资产收购而言,如果交易标的系不动产,因我国《民法典》采取不动产"登记要件物权变动模式",只有在不动产登记管理机关进行登记之后才发生物权变动效力,因此,需要及时办理变更登记才能视为交割。特殊的动产如汽车、船舶等也应及时进行登记,以便在"一物二卖"情形下可以对抗第三人。如果交易的标的为普通动产,则以交付为交割标准,故应该尽早完成标的交付,实现对资产的实际控制。

2. 国有产权登记

在国有投资并购中,目前有一个经常被忽视的问题,就是进行国有产权登记。根据《企业国有资产产权登记管理办法》,国有企业、国有独资公司、持有国家股权的单位以及以其他形式占有国有资产的企业应当办理产权登记。因未办理产权登记对并购行为影响不大，所以企业在经营过程中并不重视进行产权登记。但如果需要就该国有资产进行再次出资、转让、出借，则需要提供国有资产产权登记证，如果之前未办理，可能会给本次的交易带来不确定的风险，因此建议及时办理国有产权登记。此外，交易标的是有限合伙企业财产份额的，也应按《有限合伙企业国有权益登记暂行规定》进行登记。

3. 必要时进行二次尽职调查

实践中，由于国有企业投资流程较长，风控要求更高，往往尽职调查和审计评估就需要很长时间，并在这些前期工作完成后几个月甚至超过半年才能完成决策审批，过渡期时间很长，这个过渡期却不在尽职调查和审计评估的范围内，形成空档期，存在较大风险。如过渡期超过 1 年，还要考虑评估结果有效性的问题。

对股权投资而言，一方面，如涉及标的金额较大，交割前的过渡期较长，标的企业可能新增重大债权债务，也可能新增对外担保或其他重大事项，故可考虑聘请中介机构对标的企业进行二次尽职调查，以判断其是否存在对投资产生重大不利影响的事项。另一方面，对资产类的收购，即使已经做过前期尽职调查，但资产的现状仍然可能发生重大变化，故可在投资协议中约定双方在正式交割前受让方有权再次进行现场核查，如资产的变化已经导致受让方合同目的无法实现，受让方可以解除合同，如果可以通过维修、修缮等方式予以补救且受让方接受，应明确约定费用的承担。对资产的核查也需聘请专业中介机构完成，比如不动产的交接核查就可以聘请物业服务机构协助。

4. 印章和重要文件资料的交接

由于 2020 年 7 月的“抢公章”事件，某公司创始人李某被行政拘留，引发舆论关注。虽然从法律层面来讲，拥有一个公司的公章并不代表对该公司拥有控制权，但也能从侧面反映出公司公章的重要性。实践中，标的企业原股东或实际控制人、原经营管理团队在签订投资协议后，可能存在未与新股东协商一致就持公司公章对外签订协议损害公司以及新股东利益的情况，为了避免这种情况发生，交易双方应在投资协议中明确约定印章、营业执照、企业资质和员工名册、合同、银行账号等重要资料的移交作为付款的前提条件并严格执行，在交接时按约定的时间节点及时与对方进行交接。

5. 重要人员更换与职工安置

除了接管标的企业的印章以及资料外，按照投资协议约定的内容完成标的企业重要岗位的人员（如董事、高级管理人员、监事、财务等）调整同样重要，以确保标的企业能按照控股股东的意志进行运营或切实履行监管职责。在确定相关人选后，应及时督促标的企业组织股东会、董事会、监事会等内设机构召开会议完成人员选任，进行人员替换，并办理工商变更登记手续。否则，就可能发生原经营团队继续履职，而投资人的人员无法履职的情况，严重影响公司的经营活动。

此外，如收购标的企业后拟对人员进行裁减，还需事先考虑职工安置以及维稳预案，这方面的成本承担主体需事先约定，但相关工作宜要求标的企业控股股东主导推动并作为协议义务，以避免员工抵触情绪过高。在实施时间点上，也需根据标的企业实际情况妥善安排。

二、投后管理风险及防范策略

（一）投后管理要点梳理

就国资法律法规针对国有企业投后管理的规定，现梳理见表 2－10。

表 2－10　国企投后管理相关规定

序号	名称	文号	内　　容
1	国务院办公厅《关于建立国有企业违规经营投资责任追究制度的意见》	国办发〔2016〕63 号	第二条　…… （六）投资并购方面。投资合同、协议及标的企业公司章程中国有权益保护条款缺失，对标的企业管理失控；投资参股后未行使股东权利，发生重大变化未及时采取止损措施；违反合同约定提前支付并购价款等
2	《中央企业违规经营投资责任追究实施办法（试行）》	国务院国有资产监督管理委员会令第 37 号	第十四条　投资并购方面的责任追究情形： …… （八）投资并购后未按有关工作方案开展整合，致使对标的企业管理失控。 （九）投资参股后未行使相应股东权利，发生重大变化未及时采取止损措施
3	《四川省属国有企业投资监督管理试行办法》	川国资委〔2017〕296 号	第二十九条　企业应当定期对实施、运营中的投资项目进行跟踪分析，针对外部环境和项目本身情况变化，及时进行再决策。如出现影响投资目的的实现的重大不利变化时，应当研究并

续表

序号	名称	文号	内　　容
			启动项目中止、终止或退出机制。企业投资项目实施过程中,出现投资项目内容发生变化、投资金额调整和投资对象股权结构变化等情况时,应在投资管理信息系统及时变更投资项目信息。发生下列情况之一的,应当及时向省国资委报告并抄送省政府外派监事会: (一)项目投资额变化超过30%的; (二)项目中止、终止的; (三)对股权比例进行重大调整,导致控制权转移的
4	《成都市属国有企业投资监督管理办法》	成府规〔2022〕5号	第二十五条　市属企业应建立后评价管理制度,明确后评价开展的范围、原则、方式和要求等,并按要求开展后评价工作。市属企业应当每年选择部分已完成的重大投资项目开展后评价,形成后评价专项报告。通过项目后评价,完善市属企业投资决策机制,提高项目成功率和投资收益,总结投资经验,为后续投资活动提供参考,提高投资管理水平,并作为落实投资主体责任和进行奖惩的重要依据。市属企业的重大投资项目原则上应当在项目运行后36个月内完成项目后评价。项目后评价可由市属企业自行实施,也可聘请具有相应资质和能力的中介机构实施,但应避免由承担项目可行性研究的相关工作机构实施该项目的后评价。 第二十六条　市国资委对市属企业投资项目后评价工作进行监督和指导,可选择部分已完成的重大投资项目开展后评价,必要时可聘请具有相应资质和能力的中介机构实施,并向市属企业通报后评价结果,对项目开展的有益经验进行推广
5	《企业国有资产产权登记管理办法》	国务院令第192号	第三条　国有企业、国有独资公司、持有国家股权的单位以及以其他形式占有国有资产的企业(以下统称企业),应当依照本办法的规定办理产权登记
6	《企业国有资产产权登记管理办法实施细则》	财管字〔2000〕116号	第二条　下列已取得或申请取得法人资格的企业或国家授权投资的机构(以下统称企业),应当按规定申办企业国有资产产权登记(以下简称产权登记): (一)国有企业;

续表

序号	名称	文号	内　　容
			(二)国有独资公司； (三)国家授权投资的机构； (四)设置国有股权的有限责任公司和股份有限公司； (五)国有企业、国有独资公司或国家授权投资机构投资设立的企业； (六)其他形式占有、使用国有资产的企业。 第四十八条　企业违反《办法》有关规定的，产权登记机关可视情节轻重，做出如下处罚： (一)企业不在规定的期限内办理产权登记及其年度检查的，产权登记机关责令其限期办理，并视情节轻重，处以一千元以上三万元以下罚款，逾期仍不办理的，产权登记机关视情节轻重，处以三万元以上六万元以下罚款，并提请政府有关部门对企业领导人员和直接责任人员给予相应的纪律处分…… 第五十一条　企业违反规定不办理产权登记及其年度检查，造成国有资产流失并构成犯罪的，依法追究其刑事责任

(二)投后管理风险要点及防范策略

1. 投资协议交易对手违约风险防控与应对

首先，在股权投资投后管理中，如交易对手及原经营团队并未退出，反而需要倚仗对方继续在标的企业层面进行经营合作，就可能出现治理纠纷甚至僵局，或者出现对方通过关联交易、同业竞争损害标的企业权益的行为。对治理纠纷甚至僵局，如无投资协议事先安排，处置一般较为被动，需及时邀请外部专业中介机构介入研究讨论，以妥善应对。对于损失标的企业权益的行为，一方面要求要加强监督检查以实现准确识别，不可不问不顾；另一方面针对其行为依据《公司法》和公司章程、投资协议要求整改并维权。

其次，在合资新设投资中，常见风险在于合作方不能按时足额出资，这在与民营企业的合作中尤为突出。对此类违约行为，出资人协议一般约定了相应的违约金责任，实践中，一些国有企业未能及时处置，导致累计违约金较高，成为与合作方协商解决方案的较大障碍，也让此类事项久拖不决，严重影响合资公司的经营发展。因此，对此类逾期出资的违约事件，应尽快形成处置方案并实施,以降低其不良影响。

2. 行权和对标的企业失控风险防控与应对

如果投资后标的企业成为国有控股企业,该企业的经营管理权掌握在国有股东手中,一般按国有管理体制平移至标的企业进行管理,标的企业失控风险较小。但是,如果投后其为国有参股企业或虽控股但经营管理权在交易对手手中,国有股东外派人员就需要积极行权,加强对标的企业经营管理监督,保证国有股东的权利不被其他股东和经营管理团队人员侵犯。对此,国有股东及其外派人员应积极对标的企业改革发展、重大投融资、生产经营和财务状况等行使知情权,督促标的企业及其经营管理团队履行投资协议及其承诺。否则,由此造成国有投资权益损失的,根据国务院办公厅《关于建立国有企业违规经营投资责任追究制度的意见》的规定,国有股东相关人员将被追责。

3. 公司治理风险及其应对

(1)党组织制度建设

如投资后标的企业变更为国有全资或国有控股企业,应按照《中国共产党国有企业基层组织工作条例(试行)》相关规定成立党组织,在公司章程明确其在法人治理机构的地位,发挥其领导作用,把方向、管大局、保落实,依照规定讨论和决定企业重大事项。在通过国有企业投资变为混合所有制企业的实践中,民营方往往对党组织的前述职能与地位具有一定疑虑,甚至提出不设党组织或设党组织但不作为法人治理机构的想法。对此,不仅要在投资协议、公司章程明确党组织的地位,而且在投后管理中也要严格执行,不能答应民营方的前述要求。当然,从提高决策效率的角度,可在不违反规定的前提下,由各方协商确定标的企业党组织前置讨论与决定的事项清单,避免党组织大包大揽的情况。

(2)章程、"三重一大"及"三会"等制度建设

中共中央《关于完善社会主义市场经济体制若干问题的决定》,中共中央、国务院《关于深化国有企业改革的指导意见》,国务院办公厅《关于进一步完善国有企业法人治理结构的指导意见》,中共中央办公厅、国务院办公厅《关于进一步推进国有企业贯彻落实"三重一大"决策制度的意见》等文件对国有企业建立现代企业制度提出了明确的要求,指出健全以公司章程为核心的企业制度体系,依照法律法规和公司章程的规定,严格规范股东会、董事会、经理层、监事会的权责,完善符合市场经济规律和我国国情的国有企业法人治理结构,进一步提升国有企业运行效率。因此,对法人治理结构不完善的标的企业应当推动其

完善企业治理机构，进一步完善公司章程并制定股东会、董事会、监事会的议事规则和“三重一大”决策制度。

（3）国企领导人薪酬管理以及职务消费制度建设

随着国企改革的进一步推进，对国企领导人的薪酬以及职务消费都有了更详细的制度规定，但不同地方、不同级别的国企可能会有所不同，具体需以当地国资监管部门的规定为准。如投后标的企业属于国有全资、控股企业，则应当按照国家以及当地的规定制定或者完善本企业领导人薪酬管理以及职务消费的管理规定，该动作将对原来不属于国企领导人的原标的企业经营管理团队人员影响较大，需要在投资并购前进行提示，并争取理解与支持。

（4）规范公司采购

采购是容易发生违规风险的环节，对于一些处于成长期的标的企业在采购方面更是可能存在很多不规范的地方。因此，国有企业在投资后，应促进标的企业建立完善公司采购制度，进而避免因采购违规损害标的企业和国有股东的合法权益。如投资后标的企业成为国有全资或控股企业，属于依法必须进行招标的项目以及自愿采用招投标方式的采购，除应适用《招标投标法》《招标投标法实施条例》等招投标法规外，对标的企业采用其他方式进行采购，则需参照上级集团公司的采购管理规定建立完善自身内部采购管理规定。当然，仅参照建立采购管理制度并不够，还需要辅以执行监督和审计监督，落实其履行情况。

三、投后管理违规的典型案例分析

吴某担任温州公用公司的总经理后，经公司总经理办公会、董事会集体决策后，于2014年6月代表温州公用公司与张某签订合作协议，并注册成立开封瑞信房地产开发有限公司（以下简称开封瑞信公司），共同开发新都汇房地产项目，吴某任董事长、法定代表人，张某任总经理。

其间，吴某未按出资协议约定对开封瑞信公司派驻财务总监，也未派驻监事，直到2015年5月才派不具备财务资质的施某担任公司出纳。在项目开发中，当张某客观上无力投入个人按约应承担的出资款以支撑新都汇项目继续进行，其已投入资金也未达约定出资比例时，吴某也未要求张某按照约定比例继续筹集资金投入公司、承担违约责任。

同时，吴某将其董事长职权全权授权给张某，放任张某以开封瑞信公司名义以离谱的高利息对外融资，当温州公用公司审计人员通过初步查账已发现开封瑞信公司账目混乱、张某将其个人应承担的高利息转嫁由开封瑞信公司承担，从而间接损害作为股东的温州公用公司利益时，仍予放任，不加监管。吴某的前述放任、失职行为造成开封瑞信公司新都汇房地产项目运营资金不足，承担了本不应发生的高额融资利息负担，也导致温州公用公司应得收益降低，成本费用不当增加，造成温州公用公司投入资金可能无法收回的后果。后经人举报，国资监管部门核查后作出免去吴某温州公用公司总经理职务、扣减2015年度全部绩效年薪、5年内不得担任国企董监高的处罚决定。

从该案例中可以看到：首先，对于投资的标的公司经营管理权由合作方主导的，应重视在投资协议、公司章程中约定人员委派权（尤其是财务岗位）和职权的设计，加强监督；其次，加强投后管理，按投资协议和章程约定切实落实相关风控与监督措施，并在发生风险后，及时采取应对措施，尤其是合作方出现违约行为后需及时追究，方能保障降低损失，最大限度地防范国有资产流失风险。

实务提示

国企在投资完成决策后，各方将完成投资协议的签订，但这不代表投资工作就此完成，从此万事大吉，后面的投资并购风险依然存在，也值得注意。因此，国有企业需树立投资全过程风险管理意识，高度重视交割和投后管理工作，如发生交易对手违约或交易发生重大不利变化，应及时研究并制定应对方案，方能最大限度地降低投资权益受损风险，进而保障投资目标的顺利实现。

第六节　国有企业通过合资新设投资的法律风险

近年来，在国家鼓励国有企业混合所有制改革和各地加大招商引资力度的大背景下，国有企业通过合资新设的方式进行投资的实践越来越多，这主要是因为：一方面，相对于股权收购，合资新设的公司没有历史遗留包袱，也没有或有债务风险，也不存在职工安置问题，可以轻装上阵，而且合作各方的资金直接进入合资公司用于经营，因而合作各方的顾虑较小，更有利于达成合作并落地实施。另一方面，不同于国有股权转让、增资等国有资产交易具有原则上进场交易的要求，国有企业与任何合作方合资新设公司一般可直接协商确定合作，灵活性更强。

虽然合资新设具有以上优点，但国有企业通过合资新设投资并非没有法律风险，不能因为合资新设不涉及具有历史遗留包袱或有债务风险的标的公司，就忽视合资新设投资项目的法律风险防控工作。事实上，与其他投资行为类似，合资新设仍受国资监管规定约束，因为合资新设也需要国有企业真金白银投入——实践中超过股权收购的出资规模也并不少见，甚至还需要国有企业投入许多其他优质资源。因此，如果国有企业在投资论证、决策、实施和投后管理的任何一个环节没能做好风控工作，不仅面临不能完成既定投资目标的风险，甚至可能造成国有资产流失，而且国有企业相关人员也可能被追责。实践中，国有企业因合作方选择不当、合作方违约以及对合资公司失控等情形造成投资目标无法实现甚至造成投资损失的事件也时有发生。

与股权收购相比，合资新设也会面临重大投资法律风险和国资监管的追责风险，且其风险点与股权收购既有类似性，也有特殊性。然而，在实践中，国有企业合资新设的法律风险却常常被低估甚至忽视。但是，国有企业通过合资新设投资，也需要高度重视法律风险的识别、评估、防控与应对。

一、关于确定投资方向即合资公司主营业务的风险

国有企业通过合资新设进行投资,在投资论证阶段面临的首要问题是确定投资方向,这实际是与合资公司的主营业务方向或计划紧密相关。不同于民营主体在投资方向的灵活性,各地出台的国有企业投资监管规定一般会明确国有企业投资应聚焦主业(主业范围一般由同级国资管理机构审定),以不断提升其核心竞争力,同时应严格控制非主业投资项目。成都、浙江等多地还明确规定了国有企业非主业投资项目规模比例,并纳入监管。如原《成都市市属国有企业投融资及借款和担保监督管理办法》第11条规定:非主业投资规模不得超过企业年度投资计划中非政府项目投资规模(按合并报表口径)的10%。此外,北京、四川、广东、浙江等地的国有企业投资监管规定还要求,国有企业不得投资当地国资监管部门出台的投资负面清单内的项目。关于这个问题,国务院国资委近期也多次强调,推动国有企业加快清理退出“两非”(非主业、非优势)、“两资”(低效资产、无效资产),这进一步反映了国有企业投资应突出主业的监管要求。

因此,国有企业通过合资新设投资,在投资论证阶段确定合资公司的主营业务方向或计划时,需考虑是否与本企业主业方向一致或与主业是否具有协同效应,是否在国资监管部门制定的投资负面清单范围以内。否则,国有企业面临合资新设方案无法通过国资审批的风险。同时,近年来在国资监管简政放权的大环境下,很多地方的国有企业主要投资决策权限已下放至国有企业,但国有企业如未按规定确定投资方向而作出投资决策,未来还将面临被审计部门、国资监管部门查处问责,并被要求进行非主业资产清理的风险。

二、国有企业作为股东的主体适格和拟派人员适格风险

在合资新设的投资论证阶段,国有企业在确定投资方向后,还需要考虑国有企业自身作为股东主体是否适格以及拟派人员是否适格。结合实践经验看,一般需要从如下方面考量:

首先,国有企业是否属于不得对外进行股权投资的主体。近年来,国有企业改革政策明确要求压缩层级以强化监管效率,各级国有企业集团也在通过多种方式进行重组和整合,以达到前述国资监管要求。在此背景下,除非经国资监管部门特别批准或存在特殊例外规定,三级国有企业原则上不得再行设立子

公司或进行股权投资,导致管理层级再次扩大,是当前各地国资监管的普遍要求。比如,《四川省属国有企业投资监督管理试行办法》第 22 条规定:“……开展股权投资原则上控制在两级以内(集团公司为第一层级),确因客观需要,集团公司下属第三级子公司开展股权投资应报请省国资委审核通过后,由集团公司授权……”因此,国有企业在确定合资新设的投资主体时,如拟投资主体层级不符合前述要求,将面临合资新设方案无法通过国资监管审批的风险。

其次,国有企业是否具备特殊行业规定的相应股东资质条件。如合资公司主营业务属于金融等特殊行业,相应的行业监管法规可能对合资公司的股东设定了相应的资质条件。此种情况下,国有企业在确定拟投资主体时需要进行事前自查确认。否则,存在合资新设无法落地或虽落地但不合规的风险。比如,在金融领域,《证券公司股权管理规定》《保险公司股权管理办法》《商业银行股权管理暂行办法》《融资担保公司监督管理条例》等均对股东资质条件提出了明确要求。

最后,不同于股权财务投资,其可能不需要委派人员至标的公司,国有企业通过合资新设投资,不管是否对合资公司控股,一般需要向合资公司委派董事、监事或高级管理人员。合资公司设立后,人员就需要马上到位,这就涉及拟派人员主体适格的问题。对此,除《公司法》第 146 条规定的董事、监事、高级管理人员不得具有的情形外,如合资公司主营业务属于金融、医药等特殊行业,相应的行业监管法规可能对公司的董事、监事、高级管理人员设定了资格条件,其任职可能还需要监管部门审核或备案。因此,如未能在投资前确定适格的拟派人员,就会因为人员不适格,导致国有企业无法及时派驻人员到岗,进而严重影响国有企业作为股东的行权以及合资公司的正常经营。

三、关于合作方的选择风险

一般而言,国有企业选择的合作方多是行业龙头或某领域具有较强市场竞争力和优势的企业,并希望与之强强联合、互补不足,进而产生“1 +1 >2”的共赢效果。不过,从实践来看,国有企业寻找的某些意向合作方虽然可能在技术、管理能力、市场渠道或供应链等某方面能力突出,但由于国有企业合资新设的项目,很多注册资本规模较大,几千万元甚至数亿元的也不在少数,如合作方资信不佳、存在债务风险或明显缺乏投资能力,则将会对合资新设公司的发展造成非常大的不确定性和其他法律风险,严重影响合资公司的正常经营,这种不

利影响包括但不限于:

(1)合作方届时出现无力按约定实缴出资的情况;(2)如合资公司主营业务属于金融等对股东资质具有要求的特殊行业,合作方可能出现不具备或虽具备但无法维持股东资质条件的情况;(3)在合资公司成立后,合作方及其关联公司与合资公司同业竞争,合作方并不能按之前的承诺全力支持合资公司,甚至与关联公司进行不正当的关联交易;(4)合资方在合作之前宣称的强大实力水分较重,承诺投入给合资公司的资源全部或部分无法兑现;(5)合作方因严重违规被调查甚至被撤销、被吊销营业执照导致不再参与合资公司事务,或因自身债务导致其持有的合资公司股权被司法冻结甚至执行,导致合作无法继续,对合资公司经营造成严重不利影响。

究其原因,是由于一些合作方的经营可持续性较为脆弱,一旦其资金链断裂、经营规范问题暴露以及或有债务危机爆发,就会严重影响合资新设项目合作的进行与维系。对此,多地国资监管部门出台的国有企业投资监管规定就投资合作方条件从多方面提出要求,比如成都市国资委要求,对重要合作方必须进行尽职调查并出具尽调报告,广安市国资委更是明确要求不得与资信不佳、资产质量状况较差或明显缺乏投资能力的企业合作投资。

因此,国有企业如不在合作之前,通过尽职调查对合作方进行深入了解,合资新设项目就可能出现前述风险,甚至面临因违反国资监管要求进而被追责的风险。

四、非货币出资的风险

(一)关于国有企业以非货币资产出资的风险

首先,众所周知,32 号令文件颁布以来,企业国有资产交易的监管得到进一步加强。按照规定,国有企业转让股权或一定金额以上的生产设备、房产、在建工程以及土地使用权、债权、知识产权等资产对外转让,应当按照企业内部管理制度履行相应决策程序后,在产权交易机构公开进行。但是,国有企业以股权或土地、房屋等资产作价入股,与合作方合资新设公司是否属于前述 32 号令的资产交易而需要进场公开交易? 目前,对该问题存在一定争议。

对此,国务院国资委在其官网的互动交流板块曾答复网友提问称:“国有企业以所持企业股权作价出资,应当履行企业对外投资论证决策工作程序,并按照《企业国有资产评估管理暂行办法》(国资委令第 12 号)有关规定进行资产评估。”按照该答复的精神，国有企业以所持企业股权作价出资不受32号令约束而应执行国有投资监管程序，故股权作价入股不属于产权交易，更不需要进场公开交易。结合前述国务院国资委的答复，以及实践中的类似做法也暂未见被国资监管部门追责，本书倾向于认为，以股权、资产作价出资入股的行为与32号令规制的国有资产交易行为不同，故不需要进场交易。当然，谨慎起见，国有企业在以股权、资产作价入股之前可与所属国资监管部门事先沟通确认。

其次，《公司法》第27条规定，用于出资的非货币财产应当评估作价，核实财产，不得高估或者低估作价。同时，《企业国有资产评估管理暂行办法》第6条还规定，国有企业以非货币资产对外投资不仅应当对相关资产进行评估，而且作价不得低于经备案的评估价。因此，如国有企业未按规定进行评估、备案，就将非货币资产作价入股，将面临违规被追责的风险。

（二）关于合作方以非货币资产出资的风险

货币是最常见的出资方式，而非货币资产出资往往是在特殊情况下出现的。从国有企业合资新设的实践来看，如合作方以非货币资产出资，往往是在合作方掌握的资产是国有企业所不具备的情况下，比如特定的土地、房产、核心技术、专利等。因此，双方才需要通过合资新设的方式实现对特定资产的合作开发。但需要注意的是，合作方以非货币资产出资可能面临如下风险：

首先，合作方拟作价入股的资产可能（部分）不是合资公司业务经营所需的，甚至对合资公司没有实际利用价值，后续可能只能进行变现操作，进而导致合资公司承担不必要的税费。在本书作者经手的某国有企业与高校下属的公司合资新设公司时，该高校下属的公司提供的拟作价出资的知识产权清单中，就出现了部分与合资公司拟开展的区块链业务不相关的知识产权，存在滥竽充数之嫌。在本书作者向国有企业客户提示后，该高校下属的公司重新提供了拟作价出资的知识产权清单。

其次，如合作方拟作价入股的资产存在权属争议，或存在抵质押、司法查封冻结等权利瑕疵导致无法及时出资到位或出资瑕疵，国有企业面临承担连带责任的风险。《公司法》第27条规定：“股东可以用货币出资，也可以用实物、知识产权、土地使用权等可以用货币估价并可以依法转让的非货币财产作价出资……”最高人民法院《关于适用〈中华人民共和国公司法〉若干问题的规定（三）》第13条第2款、第3款规定：“公司债权人请求未履行或者未全面履行出资义务的股东在未出资本息范围内对公司债务不能清偿的部分承担补充赔偿责任的,人民法院应予支持;未履行或者未全面履行出资义务的股东已经承担上述责任,其他债权人提出相同请求的,人民法院不予支持。股东在公司设立时未履行或者未全面履行出资义务,依照本条第一款或者第二款提起诉讼的原告,请求公司的发起人与被告股东承担连带责任的,人民法院应予支持;公司的发起人承担责任后,可以向被告股东追偿。”据此,如因资产存在问题无法转让至合资公司,进而确保合作方出资到位,国有企业作为合资公司的发起人股东,面临对合资方的出资补足义务承担连带责任的风险。

五、关于合作方违约风险

国有企业在按规定履行投资决策程序后,将与合作方签署出资人协议、公司章程,并办理合资公司设立登记手续。但是,在投资实施与投后管理过程中,将面临合作方如下违约风险。

(一)逾期出资风险

合资新设的公司是从零开始,股东的实缴出资是其开展经营的必要经济基础。然而,从实践中看,尤其是注册资本规模设定较大的合资公司,在签署出资协议后或合资公司设立登记后,一些合作方可能因自身现金流不足或投资战略调整等主客观原因出现无法按约定按时足额实缴出资的违约情形。结合实践经验,合作方逾期出资可能引发的问题与风险主要如下。

1. 出资不到位影响合资公司正常经营

不同于投资存量标的企业,合资公司设立初期经营资金主要来源于股东出资,如合作方逾期出资,而国有企业往往在出资人协议约定双方需同步实缴出资,此时国有企业也只能暂停出资,进而严重影响合资公司的经营计划的实施,导致合资新设的投资目标难以实现。此外,在合资公司已办理设立登记的情况下,国有企业也无法通过解除出资人协议的方式终止投资,最终可能导致合资公司发展陷入困局。

2. 对(部分)逾期出资的合作方难以对其完成除名,严重影响合资公司发展

最高人民法院《关于适用〈中华人民共和国公司法〉若干问题的规定(三)》第18条规定:“有限责任公司的股东未履行出资义务或者抽逃全部出资,经公司催告缴纳或者返还,其在合理期间内仍未缴纳或者返还出资,公司以股东会决议解除该股东的股东资格，该股东请求确认该解除行为无效的，人民法院不予支持。在前款规定的情形下，人民法院在判决时应当释明，公司应当及时办理法定减资程序或者由其他股东或者第三人缴纳相应的出资……”按照前述司法解释的规定，对于未出资的违约股东，可通过股东会决议解除该股东资格即除名，然后采取减资或第三方承接的方式处置违约股东股权。

其中，股东除名条件“未履行出资义务”在司法实践中一般认为是指未履行任何出资义务，但对于已部分出资的违约股东还能否被除名的问题，并无明确规定。经查询相关裁判案例，法院对已部分出资的违约股东能否被除名存在一定争议，但在公司章程特别规定可对部分出资的违约股东按程序除名的情况下，存在法院支持该等特别规定的可能性，如“(2017)湘民再 75 号”“(2014)闵民二(商)初字第 1949 号”的裁判观点认为，经公司股东一致同意，在公司章程中对股东资格终止的事由作出特别约定，不违反法律法规禁止性规定，应为有效。不过，由此又会引出新的争议：不同于完全未出资的违约股东，如出资人协议、公司章程均未事先明确约定，无论是通过减资或第三方承接处置其股权，是否应就被除名的违约股东已出资部分对应股权支付对价？确定对价的方式是按实缴出资额，还是按审计净资产或者评估价？

此外，除非国有企业与违约股东达成一致，否则，虽然司法主流观点认为逾期出资的违约股东在股东会就除名议案表决时应回避，但对于仅有其他守约股东签署作出的除名股东会决议，实践中，工商部门出于防控自身风险考虑，很可能以违约股东(尤其是违约股东持股超过 50% 的情况下)未签章认可除名股东会决议，且没有生效裁判文书确认除名股东会决议效力为由，拒绝办理股东变更或减资手续，进而导致难以完成对违约股东的清退。

3. 在无法完成除名或除名手续完成之前，逾期出资的违约合作方存在继续行使特定股东权利，甚至坐享其成的风险

最高人民法院《关于适用〈中华人民共和国公司法〉若干问题的规定(三)》第 17 条规定：“股东未履行或者未全面履行出资义务或者抽逃出资，公司根据公司章程或者股东会决议对其利润分配请求权、新股优先认购权、剩余财产分配请求权等股东权利作出相应的合理限制，该股东请求认定该限制无效的，人民法院不予支持。”对此，可能存在的争议在于，在事先没有特别约定的情况下，“合理限制”的标准与边界在哪里，是否可以完全暂停其行使前述股东权利？

此外，对于前述规定的利润分配请求权、新股优先认购权、剩余财产分配请求权以外的股东权利能否限制、如何限制也存在较大争议。比如，在合资新设的合作中，国有企业为了引入市场化的人才与管理经验，往往会同意约定合作方拥有对合资公司的董监高人选的提名权或委派权，但在合作方逾期出资时该等权利能否限制？已任职的董事、高级管理人员如何处理？实践中，国有企业往往束手无策，难以直接罢免违约合作方提名或委派的董事、高级管理人员，进而导致合作方未出资，却实际参与甚至控制合资公司的重大决策和日常经营管理。

进一步而言，在各方存在争议的情况下，国有股东面临违约合作方（尤其是仅部分出资的）坐享其成的风险。

（二）合作方的其他违约行为风险

1. 国有企业在与合作方达成出资人协议后，就需要按规定办理合资公司设立登记，但设立登记手续有赖于双方的配合，如合作方拒绝或不按要求配合，就可能导致合资公司无法设立，国有企业作为股东面临承担相关费用与债务的风险，其规定依据是最高人民法院《关于适用〈中华人民共和国公司法〉若干问题的规定（三）》第 4 条："公司因故未成立，债权人请求全体或者部分发起人对设立公司行为所产生的费用和债务承担连带清偿责任的，人民法院应予支持。部分发起人依照前款规定承担责任后，请求其他发起人分担的，人民法院应当判令其他发起人按照约定的责任承担比例分担责任；没有约定责任承担比例的，按照约定的出资比例分担责任……"

2. 虽然国家对于国有企业对外借款担保没有统一监管规定，但从实践经验和部分地方的国资监管要求看，除国有企业对合并报表范围内子公司提供借款、担保没有比例限制外，国有企业对参股公司提供借款、担保，一般要求应与其他股东按持股比例共同提供。如合资公司未来需要资金或融资以谋求进一步发展，而其他股东拒绝按持股比例与国有企业共同为合资公司提供借款、担保，则可能导致国有企业作为股东也难以提供相应的借款、担保，进而严重影响合资公司的经营发展。

3. 从实践来看，国有企业选择与合作方通过合资新设进行合作，往往更看重合作方货币出资以外的市场化管理能力、核心技术、人才、市场渠道以及供应链等优势资源，因而国有企业选择的合作方很多是与合资公司主营业务有关领域的龙头企业或在某一细分领域领先的企业。在这种情况下，可能面临如下两大风险：

一方面，合资公司设立后，如合作方未能按之前的承诺对合资公司进行资源投入和支持，就会造成合资公司发展难及预期的风险。与此同时，不同于追究合作方的逾期出资责任，关于合作方如何进行资源投入与支持，实践中往往又缺乏明确可量化、可操作且具有法律约束力的约定，故难以向合作方追责。

另一方面，如合资方在合资公司设立后不久就将其持有的股权质押甚至转让，即使国有企业作为股东行使优先购买权，但还是不能阻止合作方退出，进而导致当初合资新设的投资目标难以实现。虽然《公司法》第 71 条第 4 款允许公司章程对股权转让进行特殊规定，但如过度限制合作方转让股权或设定不合理的转让前置条件，如约定未经国有企业的同意不得转让、未经董事会同意不得转让等，进而导致合作方的股权实质上不能转让的，该等条款又会面临被认定无效的风险，如“（2012）沪一中民四（商）终字第 S1806 号”民事判决书。

最后，需要特别指出的是，国务院办公厅《关于建立国有企业违规经营投资责任追究制度的意见》规定，国有企业的投资发生重大变化未及时采取止损措施的，应追究责任。因此，一旦发生合作方违约的情形，国有企业应及时了解情况并评估风险，及时采取合理应对措施，否则，由此造成损失扩大或其他严重不良后果的，国有企业从业人员将被追责。

六、关于合资公司的治理风险

从国有企业与民营合作方合资新设的实践看，国有企业往往看重民营合作方的市场化管理能力与灵活的体制，也希望借助民营合作方的前述优势推动合资公司发展。但是，国有企业又具有较高的防止国有资产流失的义务，更希望能够更好地对下属公司进行有效管控。因而，国有企业在与民营合作方合资新设时，往往就会担心，将合资公司经营管理权交给民营合作方，出现了问题怎么办？本书认为，国有企业的这种担心不无道理，比如国务院办公厅《关于建立国有企业违规经营投资责任追究制度的意见》明确规定的责任追究情形之一就包括“对标的企业管理失控”。总结来看，合资公司的治理将面临如下风险。

（一）对合资公司失控风险

一方面，如果合资公司由国有企业控股或实际控制并纳入合并报表，意味着国有企业将主导合资公司的经营决策，且合资公司的经营管理仍应适用国资监管的相关规定,并遵守国家出资企业(常说的“集团”)的管理要求。在此情况下,国有企业对合资公司管控较强,其市场化、灵活性程度仍相对较低,失控风险较小。但是,在国有企业对合资公司并表的情况下,如属于国有企业主导合资公司股东会、董事会,但充分放权并由合作方主导经营管理的模式,一旦国有企业管控不力、不当,也存在对合资公司部分失控的风险。

另一方面,如合资公司由民营合作方并表或各方均不并表的情况下,意味着国有企业处于小股东角色,在合资公司的市场化、灵活性提高的同时,国有企业作为股东对合资公司的失控风险也明显增大,尤其是在缺乏有效制度安排的情况下,可能对合作方利用合资公司为自身谋取私利的行为也无可奈何。实践中,不乏国有企业作为股东因对合资公司失控进而受到严重损失的案例。因此,如何在提高合资公司的市场化、灵活性程度的同时,对合资公司进行相对有效的管控是国有企业开展合资新设合作必须直面的问题。

同时,如国有企业与多个合作方合资新设,且缺乏有效制衡与防范手段时,一旦合作方之间进行直接或间接股权转让,可能导致某一合作方实现对合资公司的控股或控制,进而造成合资公司失控,国有企业将陷入较大被动。又或者,国有企业对合资公司增资没有一票否决权,国有企业届时就可能被动选择是否进行同比例增资,如选择参与增资,可能导致不必要的资金投入,但如选择不参与增资,就可能导致股权比例发生较大的相对变化,最终造成对合资公司失控。

(二)不当关联交易风险

不同于上市公司具有较为完备的关联交易监管规定,实践中国有企业与合作方合资新设的公司组织形式多为有限责任公司,但《公司法》针对有限责任公司的关联交易回避表决规定仅限于第 16 条,即公司为公司股东或者实际控制人提供担保的情况。虽然《公司法》第 21 条第 1 款还规定“公司的控股股东、实际控制人、董事、监事、高级管理人员不得利用其关联关系损害公司利益”,但可以明显看出,规范有限责任公司关联交易的法律法规极为有限。因此,如缺乏有效的关联交易制度安排,就可能导致合作方及其委派的董事、高级管理人员“合理利用”关联交易谋取私利,损害合资公司和作为股东的国有企业权益。

(三)不能充分行使知情权的风险

按照前述分析,如国有企业对合资公司不并表,合资公司由合作方主导或被经营管理层主导，国有企业对合资公司的管控能力是比较弱的，故难以直接通过行政化方式要求合资公司提供相关资料与信息。但是，国有企业作为合资公司的小股东，具有审慎开展投资管理的义务，不仅需要参与合资公司的重大事项决策，还需要对合资公司经营管理进行监督，必要时可能还需要通过股权转让以完成投资退出。但是，国有企业要顺利完成前述工作的重要前提是对合资公司具有充分的知情权。其中，如国有企业拟转让合资公司股权，按 32 号令文件的规定应进行审计、评估，但合资公司如不配合，将导致审计、评估工作无法开展，最终造成国有企业难以通过股权转让完成投资退出。

《公司法》第 33 条、第 97 条分别就有限责任公司、股份有限责任公司的股东知情权作出规定，且最高人民法院《关于适用〈中华人民共和国公司法〉若干问题的规定(四)》又对股权知情权的行使与保障作出进一步规定。但是，如公司章程没有特殊规定，前述法律规定的知情权范围仅限于公司章程、股东会会议记录、董事会会议决议、监事会会议决议和财务会计报告、会计账簿等主要资料，实际上难以满足对合资公司进行有效监督的要求，更遑论达到完成审计、评估的要求。

(四)派驻合资公司人员违反竞业禁止义务的风险

《公司法》第 148 条、第 149 条规定：董事、高级管理人员不得未经股东会或者股东大会同意，自营或者为他人经营与所任职公司同类的业务，董事、高级管理人员违反前款规定所得的收入应当归公司所有，给公司造成损失的，应当承担赔偿责任。

首先，前已分析，国有企业投资应聚焦主业，故合资公司的主营业务往往与国有企业及其所在集团的业务具有交叉甚至处于同一行业(细分)领域。在此情况下，实践中常常发生的事情是，国有企业派驻合资公司的董事、高级管理人员，不仅可能已在国有企业及其所属集团任职，也可能在担任合资公司职务后又被任命在其他公司任职。如其同时任职的公司业务与合资公司属于同类，就面临违反前述法定竞业禁止义务进而被要求承担相应法律责任的风险，尤其是在双方合作关系紧张或破裂的情况下，该等风险实际发生的可能性就会显著增大。

其次，国有企业选择的合作方及其关联方往往与合资公司的主营业务也具有交叉甚至处于同一行业(细分)领域，如其派驻合资公司的董事、高级管理人员在外兼职,损害合资公司权益而不及时要求纠正,将面临损失扩大的风险。

(五)通知时限与“公司僵局”风险

国有企业与合作方作为股东,有权参与合资公司的重大事项决策,而参与的方式就是参加股东会、董事会,在此过程中,可能面临的风险主要包括如下:

首先,国有企业作为合资公司股东行使表决权以及委派至合资公司的董事行使表决权时,一般需要报送国有企业内部决策后,由股东代表、董事按照国有企业决策结果在股东会、董事会表决。由于《公司法》允许有限责任公司章程自行规定通知时限,如章程约定的通知时限过短或者允许会议召集人随意缩短通知时限,将导致国有企业难以及时决策并形成行权指示。

其次,既然合资新设本质是合作,就可能面临合作不愉快的问题,反映在公司治理方面就是公司股东会、董事会无法开会或无法作出决议,甚至出现合作方派驻合资公司的高级管理人员拒绝在各类流程审批单签字等情形,此种情况一般被称为“公司僵局”。对此问题,《公司法》第182条规定:“公司经营管理发生严重困难,继续存续会使股东利益受到重大损失,通过其他途径不能解决的,持有公司全部股东表决权百分之十以上的股东,可以请求人民法院解散公司。”但是,仔细研究可以发现,前述规定适用条件门槛较高,要证明符合前述提起解散公司的条件在实践中并不容易,或者需要等待较长时间,故合资公司的僵局风险难以通过按前述规定提起解散进而解决。

七、关于投资退出的风险

虽然合资新设的投资目标往往是长期性的,但国有企业进行合资新设既然也属于投资,从风险防控角度,也需要事先考虑投资退出的问题。从实践看,在国有企业合资新设的投资退出手段设计上,较少约定通过合作方受让股权的方式,但如由合作方主导经营,可能约定业绩考核与补偿,但这仅是投资保障措施而非投资退出手段。从法律可行性、可操作性角度看,除企业破产外,国有企业作为合资公司股东主要的投资退出手段包括如下,但均可能面临各类的问题,进而造成难以落地的风险:

(1)自主解散清算,但前已分析,面临可能无法及时作出解散的股东会决议的问题;(2)股权转让,但面临需要进场交易以及审计、评估可能需要合资公司、合作方配合,以及找不到合适买家的问题;(3)国有企业先收购合作方股权,然后解散清算公司或将合资公司转型，但面临国有企业的股权收购决策难以顺利通过或者不能与合作方就股权转让达成一致的风险；（4）定向减资，即仅国有企业减资退出，但面临无法作出定向减资的股东会决议的问题。司法实践中，如“（2018）沪01民终11780号”裁判文书的观点认为，除公司章程或全体股东另有约定外，股东通过定向减资实现退出应经全体股东一致同意，而不是仅需代表持有2/3以上表决权的股东通过即可，否则，该决议不成立。此外，从实践经验看，如其他合作方持有的合资公司股权被质押、冻结，还将面临暂时无法办理减资手续的风险。

实务提示

国有企业通过合资新设投资面临的法律风险，既有任何民事主体参与合资新设所需面临的一般风险，也有国有企业由于自身特殊属性以及受到国资监管需要面临的特殊风险，该等风险贯穿投资论证、决策、实施和投后管理的全过程。因此，由于国有企业具有国有资产保值增值的责任和防止国有资产流失的法定义务，在国有企业违规经营投资责任追究机制下，对于包括合资新设的投资活动，国有企业及其从业人员均需高度重视，做好相应的法律风险识别、评估、防控与应对工作。

第七节　国有企业通过合资新设投资的法律风险防控

在对国有企业通过合资新设投资的风险进行介绍后，本部分将就相应法律风险的防控进行分享。

不同于国有资产交易，国有企业对外投资目前并无全国统一适用的国资监管规定，但各级国资监管部门大多针对本级所属国有企业的对外投资出台了相应投资监管规定，其在监管的具体要求与方式上虽有一些差异，但基本原则与精神却有许多相通之处，可作为国有企业投资风控的参考。此外，国务院办公厅《关于建立国有企业违规经营投资责任追究制度的意见》以及在此之后各级国资监管部门出台的相应实施办法均针对投资并购提出明确的负面行为清单，对投资法律风险防控的重点与方式具有较强的指导意义。国有企业通过合资新设投资面临的法律风险既有一般性，也有特殊性，而这种由于国资属性与国资监管带来的特殊性，将会深刻影响投资风控的理念，以及风控的设计与方式的选择，这是本书将国有企业通过合资新设投资作为主题单独探讨的主要原因。

下面，结合实务经验以及有关国资监管规定的要求，本部分就国有企业通过合资新设投资的全过程如何进行法律风险防控提出建议，以期为国有企业防范国有资产流失并避免国有企业从业人员被追责提供一些参考。

一、投资方案决策之前的风险防控

国有企业在合资新设的投资方案决策之前，除严格按照国有企业投资监管规定履行相应程序外，还需注意如下事项并做好风控工作。

（一）关于投资方向与主体适格的风险防控

国有企业在投资立项时需审核拟投资主体是否符合可以进行对外股权投

资的层级。同时,还需审核拟设立的合资公司主营业务是否为主业范围,如不属于,则需慎重考虑实施;如属于特殊行业并对股东、董监高有特殊资格条件规定,应对拟投资主体、拟派驻合资公司的人员进行初步符合性审查判断,如暂不符合,需判断是能否在短期内进行条件完善;如不能完善,是股东资格条件不符合的,可考虑由适格的下属子公司作为投资主体,是人员资格条件不符合的,可考虑从集团内部其他公司借入或市场化招聘的方式获得适格的人员。

此外,一些特殊行业监管规定对股东资质条件是分类设定的,比如《保险公司股权管理办法》,将保险公司股东分为财务Ⅰ类股东、财务Ⅱ类股东、战略类股东和控制类股东四类,并分别设定了资格条件。若国有企业一时难以找到适格投资主体的,还可以考虑降低拟持股比例,再行判断其是否符合相应的股东资格条件。

(二)关于合作方选择的风险防控

无论当地国资监管是否强制要求,从风险防控角度,对于重大合资新设项目,尤其是合作方为个人、民营企业或存在其他必要情形的,国有企业需在合作之前聘请律所、会计师事务所等中介机构对合作方进行尽职调查,一般包括法律尽职调查和财务尽职调查,以作为投资决策的重要依据。需要注意的是,国有企业对合作方尽职调查时,尽职调查的范围与深度一般不如股权收购广、深,但关注的方向更为集中,包括合作方的资信能力、重大债务风险、拟投入合资公司的人才与资源真实性、同业经营、合规经营等方面。

但是,从必要性角度,如国有企业是与正常经营的国有独资、全资或控股企业合资新设公司,可根据本级国资监管要求或结合投资金额大小、对方配合意愿等因素综合判断确定是否需要聘请第三方中介机构进行尽职调查。如决定不进行专业尽职调查,国有企业投资管理部门也应要求合作方提供基本的业务、财务等资料并制作简式尽职调查报告,以了解与判断合作方的大致情况,避免发生合作方拟出资规模与其财务实力明显不匹配等问题。

值得注意的是,结合实践经验,由于国有企业并不是要以合作方为标的公司进行股权投资,对合作方进行尽职调查,其(特别是一些行业龙头或实力较强的合作方)配合度一般较低且可能存在较大的抵触情绪,这类合作方认为,自己并不是股权投资的标的公司,而双方合作的内容是共同出资新设公司,故根本没有必要对其尽职调查,还可能因接受尽职调查泄露其商业秘密。因此,在此情况下,如何在推进合作的同时,加强沟通获得合作方理解,并通过尽职调查做好风险的摸底、评估与防控工作,是国有企业进行合资新设项目必须面对的课题。

(三)关于非货币出资风险的防控

首先,如合作方拟以非货币资产出资,需要在投资洽谈阶段审查并圈定拟作价的资产范围,确保资产在未来合资公司经营时“用得上”,即尽量避免滥竽充数的情况发生。同时,无论是什么非货币资产,都需要对非货币资产进行尽职调查,资产数量与情况较为复杂的,可由聘请的律所、会计师事务所在对合作方尽职调查时一并进行,以确定资产是否存在权属争议,或存在抵质押、司法查封冻结等权利瑕疵的情形。如涉及专利、技术、计算机软件著作权等专业性较强的资产,还需要聘请相关专家提供技术咨询意见,以准确判断其资产价值与用途。

其次,无论是国有企业还是合作方以非货币资产出资,都需要聘请具有资质的评估机构对资产进行评估,并作为作价入股的依据,其中,如国有企业以非货币资产出资,除事先向本级国资监管部门咨询确认可行性外,还应按规定程序就评估结果核准或备案,作价的金额不得低于核准或备案的评估结果。

二、投资方案实施的风险防控

(一)国有企业自身违约的风险防控

由于国有企业自身管理体制的特点,事事需要“走程序”,还需要按“三重一大”规定集体决策,在用印、付款等环节往往需要花更多时间,故在出资人协议、公司章程约定各类义务的履行期限时,不应仅关注条款是否对等,还应结合自身实际,争取适当放宽期限,以避免自身违约。

(二)合作方逾期出资的风险防控

首要约定同步出资。为避免合作方不实缴出资却坐享其成的风险,在实缴的出资比例和节奏上,原则上应约定国有企业与合作方同步或晚于合作方实缴。

此外,如合资公司注册资本不大,且各股东认缴金额与其近期资金实力、资金计划相对匹配,最好要求全体股东均一次性实缴出资到位。但是,如合资公司注册资本规模较大，或者一次性实缴出资到位与各股东目前资金实力、资金计划暂不匹配，可结合合资公司经营计划与前期资金需求，合理确定分期出资的比例，但仍应遵循同步出资原则。

不过，按照最高人民法院《关于适用〈中华人民共和国公司法〉若干问题的规定（三）》第13条第3款规定，国有企业作为合资公司的发起人股东，对合作方的出资义务具有连带责任，故约定分期出资还是会面临较大风险，其可选择采取如下措施。

首先，在出资人协议约定较早的实缴出资期限并辅以相应的逾期违约金责任，然后在公司章程约定较晚的实缴出资期限，两个期限分别解决对内和对外的关系，这样在合作方违约发生时，国有企业就有足够时间向合作方催缴和追责，而不必须出资到位，也不用被合资公司的债权人要求补足。除非属于特殊行业监管规定的最低注册资本，原则上不应盲目追求过高的注册资本规模，而应考虑分期投资：合资公司设立时合理确定注册资本规模，确保各股东有能力一次性实缴出资到位，后续如合资公司具有资金需求且合作方具有实缴出资实力的，可通过同比例或定向增资方式解决。对此，即使合资公司是国有控股或实际控制企业，按照32号令第46条规定："以下情形经国家出资企业审议决策，可以采取非公开协议方式进行增资：……（三）企业原股东增资。"因此，后续增资均可以不进场，不会影响投资合作的灵活性与便利性。

其次，约定按期足额实缴出资与其股东权利明确挂钩。鉴于实践中国有企业的合作方不能按期出资违约的案例屡见不鲜，虽然依据最高人民法院《关于适用〈中华人民共和国公司法〉若干问题的规定（三）》第16条可对逾期出资股东合理限制其利润分配请求权、新股优先认购权、剩余财产分配请求权等股东权利，但该规定明确可限制的权利类型有限。因此，可通过公司章程特别规定，对于逾期出资的股东权利限制范围，还包括表决权、优先认缴权、董监高提名权等未在前述规定可限制范围内的权利，且该等权利自逾期之日起自动暂停直至违约股东补缴到位，而且限制股东权利无须作出股东会决议，或者约定作出该等股东会决议时违约股东应回避。此外，还可特别规定，对于违约股东提名并任职的董监高，由股东会、董事会依法罢免，表决时违约股东及其提名并任职的董事均应回避。

最后，约定扩大股东除名条件以及实施细则。通过出资人协议、公司章程特别规定，股东会对逾期出资的股东作出除名决议时，违约股东应回避表决；已部分出资的逾期出资股东经催告后合理期限内仍未缴纳的,可通过股东会决议解除该股东的股东资格,股东资格解除后可通过定向减资或第三方承接的方式处置其股权,其中违约股东已出资部分按照原价的一定比例或其他合理定价方式退回。

(三)合作方的其他违约行为风险防控

首先,约定因一方违约导致合资公司未设立的,由此造成的费用与债务由违约方承担;双方违约的,各承担一半。

其次,国有企业对合资公司不并表的,即使本级国资监管部门无强制性要求,仍建议约定双方后续按各自持股比例对合资公司提供借款、担保。国有企业对合资公司并表的,是否约定按持股比例对合资公司提供借款、担保,可由双方协商确定。同时,为降低合作方的违约影响,除对合作方设定违约金责任外,还可约定合资公司如通过其他渠道获取融资、担保,由此多出的成本应由合作方承担。

再次,对于合作方承诺拟向合资公司投入的资源和支持,需明确可量化、可操作且有违约责任条款保障。

最后,为保障合作的稳定性,并避免限制股权转让条款被认定无效,结合实践的可行做法,可在公司章程中特别规定:合资公司设立后3—5年,即股权锁定期内各方持有的股权不得转让、质押,期满后可按《公司法》第71条的规定进行转让。需要注意的是,由于国有企业近年来重组、整合较为频发,其持有的合资公司股权后续可能被无偿划转,为保障操作灵活性并避免与其他股东发生争议,可在公司章程中特别规定,国有企业按国资监管规定就其持有的合资公司股权进行无偿划转,不受任何限制。

三、公司治理及投后管理的风险防控

投后管理的关键是合资公司的治理,二者紧密相连,如不事先做好公司治理结构安排,有效的投后管理就无从谈起。在合资公司设立后,国有企业作为股东除及时按出资协议、公司章程约定向合资公司派驻人员,并按规定程序行权外,还要做好其他投后管理风险防控工作。具体而言,公司治理及投后管理需注意如下事项。

(一)关于合资公司失控的风险防控

首先,国有企业对合资公司并表的情况下,如将经营管理权交由合作方主导,国有企业可考虑在经营管理层派驻副总经理或者委派财务负责人以进行监督,同时将重大日常经营事项以及日常经营以外的重大事项决策权限放在董事会、股东会。

此外,如国有企业对董事会没有控制权,则一定要争取在董事会对"制定公司的基本管理制度"表决时具有一票否决权,这样还可以间接实现对经营管理层自行制定的具体规章形成一定的制约。这是因为,公司章程、议事规则能够规定的具体经营管理事项极为有限,公司的日常经营与运作更多是在公司基本管理制度、具体规章内进行制定,要想避免合作方及其委派的管理人员通过主导制定基本管理制度、具体规章,将自身可能损害合资公司和其他股东权益的行为"合理化""合规化",进而实现对合资公司的实际操控并损害其他股东权益,就需要争取在董事会制定基本管理制度时具有一票否决权。其中,基本管理制度范围暂没有明确法律规定,但一般包括合同管理制度、印章管理制度、关联交易制度、采购管理制度、财务管理制度等。

其次,如国有企业与两个以上合作方合资新设公司,尤其是各方均不控股的情况下,为防范后续其他合作方形成合力进而取得合资公司控股权,除坚持《公司法》规定的股东向股东以外的人转让股权时其他股东具有优先购买权外,参照"(2020)最高法民申 6545 号"的裁判观点,还可规定股东之间转让股权,其他股东也有优先购买权,或者未经其他股东一致同意,不得主动(间接)收购其他股东持有的合资公司股权。

此外,在设定国有企业的表决权比例上,需争取国有企业对合资公司增资事项具有一票否决权,以避免后续造成被动,导致其他合作方通过增资引入国有企业不认可的投资方并被稀释股权比例。

(二)不当关联交易风险

一方面,需在合资公司设立之前的公司章程中明确关联方定义与范围(结合实践中一些民营合作方难以通过公开渠道和股权关系直接识别的复杂投资布局与结构,以及其五花八门的关联交易操作来看,要想切实防范关联交易风险,不能仅限于《公司法》第 216 条规定的范围,而需参照上市公司的标准进行合理界定），并合理设置管理交易决策权限划分以及额度的限制、回避表决机制等重大事宜。

另一方面，公司章程毕竟不可能将关联交易事无巨细地进行规定，故在国有企业对董事会具有控制权或对制定基本管理制度事项具有一票否决权的情况下，需将合资公司关联交易管理办法明确列举为公司基本管理制度，由董事会决策。

事实上，要想做好关联交易制度设计以尽可能防控相关风险，还需要高度重视前文所述的在投资之前对合作方的尽职调查工作，包括对合作方的投资布局与结构，尤其是通过股权关系无法识别的关联方进行了解，对其关联方的主要业务经营方向及其中长期规划进行了解等。

（三）关于知情权的风险防控

充分行使知情权是行使股东权利并监督合资公司经营的重要前提条件，故公司章程需根据实际需要进一步扩大对合资公司的知情权范围，并规定知情权的行使方式与时限。同时，出资人协议是与合作方而非合资公司签署的，在由合作方控股或主导合资公司的情况下，还需要特别约定合作方的协调义务，以确保知情权能顺利行使，比如国有企业拟按国资监管规定转让所持股权时，合作方具有协调合资公司配合进行审计、评估的义务。

（四）派驻合资公司董事、高级管理人员违反竞业禁止义务的风险

首先，国有企业对拟派驻合资公司的人员，在派驻之前除需考察其主体是否适格外，还需考虑其是否在经营与合资公司同类业务的公司兼职，如存在，解决方法包括免职或由合资公司股东会作出决议同意该等兼职。对于已派驻合资公司的人员，拟让其在经营与合资公司同类业务的公司兼职时，解决办法与前文所述类似。

其次，对于合作方提名的董事、高级管理人员，国有企业除审查其主体是否适格外，还需审查其在其他公司的任职情况，以及时要求纠正。

当然，国有企业与合作方派驻合资公司董事、高级管理人员多是十分优秀的人才，从人力资源价值最大化的角度，让该等人员在各自关联公司兼职也是常见甚至必要的。如双方对此达成合意，可以通过股东会决议的方式相互豁免，但从风控角度，国有企业还是需谨慎豁免对方派驻的总经理的竞业禁止义务。

（五）通知时限与“公司僵局”风险

首先，需根据国有企业决策一般所需时限合理确定合资公司召开股东会、董事会的通知时限。同时，为确保开会的灵活性以应对特殊重大情况，可约定在全体股东或全体董事一致同意的前提下，不受规定的一般会议通知时限约束。

其次，《公司法》第180条规定，公司章程规定的解散事由出现，公司解散。据此，除法定规定的解散条件外，可在合资公司章程中特别规定一些可操作、可量化的解散条件，以避免在股东会、董事会无法开会或无法作出决议，或者出现其他导致合作实质破裂、合资公司停摆的情况下无法通过解散清算解决“公司僵局”的问题。

四、投资退出的风险防控

与股权投资类似，国有企业通过合资新设投资，也需充分考虑投资退出的渠道及其法律可行性、可操作性，以最大限度地维护国有企业的投资合法权益。虽然理论上，各种投资退出方式在符合条件的情况下是可行的，但落实到实际操作时，往往可能存在各种障碍与问题。下面，除前文已述的解散清算外，现就如何相对提高其他投资退出方式的可行性提出如下建议：

首先，对于国有企业通过股权转让实现退出。由于国有企业对外转让股权一般需要按照32号令文件的规定进场交易，除本部分在知情权风险防控部分所提的配合审计、评估安排外，不同于上市公司股票，由于非上市公司的股权流动性较差，故还需考虑约定出现特定情形或对方重大违约的情况下，合作方具有按经备案的股权评估价或事先约定价格孰高者收购国有企业所持股权的义务，也就是必须报名参与挂牌股权的竞买。

其次，对于国有企业收购合作方股权后实现退出或将合资公司转型。既然国有企业对外转让股权面临重重困难，也可以考虑主动收购合作方的股权，然后将合资公司解散清算注销或以合资公司为主体进行转型经营。但是，之前本部分已分析过，如果没有事先约定强制收购条件与价格，该方式实操难度也较大，故可参照国有企业通过股权转让实现退出的建议，即事先约定出现特定情形或在对方重大违约的情况下，国有企业具有按经备案的股权评估价或事先约定价格孰低者收购合作方所持合资公司股权的权利。

最后，对于国有企业通过定向减资实现退出。前文已述，由于非上市公司的股权流动性较差，国有企业可能找不到买家，合作方也不愿意买，但合作方却愿意继续经营合资公司。在此情况下，可选择按程序定向减资，即国有企业单方减资的方式退出，但为提高可操作性，可事先约定一定情形下，国有企业可选择定向减资方式退出，合作方有义务予以配合。需要说明的是，《企业国有资产评估管理暂行办法》第6条规定，非上市公司国有股东股权比例变动的，应进行评估。根据相关国资监管要求，结合"安泰科技股份有限公司关于控股子公司安泰环境减资退出持有安泰万河股权的公告""中国航发动力股份有限公司关于所属子公司中国航发南方工业有限公司减资退出深圳三叶精密机械股份有限公司的公告"等国有上市公司的相关公告看，国有企业通过定向减资从合资公司退出的，不需要进场交易，但其对价应以经备案的评估结果为依据。

实务提示

股权收购与合资新设都属于投资行为，但二者在法律风险防控工作实践中受到的重视却差距较大，希望国有企业通过合资新设投资的法律风险及其防控能得到更多的重视。国有企业通过对投资全过程的法律风险进行识别、评估，并有针对性地作出一系列的防控与应对安排且加以落实，才能保障投资目标的实现，进而防止国有资产流失和避免被追究责任。

第八节　国有企业收购上市公司控股权概述

2015年国家提出的“金融去杠杆”政策，加上2018年股市的震荡下跌，叠加其他不良因素，引起了民营上市公司的大股东股权质押爆仓风险和企业的信用债券违约风险。在这种政策和经济背景下，中国资本市场频繁出现地方国企并购民营上市公司的现象，尤其在2020年6月30日中央全面深化改革委员会第十四次会议审议通过《国企改革三年行动方案（2020—2022年）》后，国企改革的目标、时间表、路线图进一步明确，资本市场逐渐成为国企改革的主舞台。

本部分将简要介绍上市公司收购的定义、监管体系以及收购方式，结合国有企业收购上市公司控股权的一般模式以及特殊规定并对相关实操案例进行分析，以期对国有企业依法合规收购上市公司控股权有所裨益。

一、上市公司收购定义

虽然针对上市公司收购已有诸多规定，但现行有效的《证券法》和《上市公司收购管理办法》对上市公司的收购并无明确的定义。

根据2002年颁布施行但现已废止的《上市公司收购管理办法》（中国证券监督管理委员会令第10号）第2条规定：“本办法所称上市公司收购，是指收购人通过在证券交易所的股份转让活动持有一个上市公司的股份达到一定比例、通过证券交易所股份转让活动以外的其他合法途径控制一个上市公司的股份达到一定程度，导致其获得或者可能获得对该公司的实际控制权的行为。”

现行有效的《上市公司收购管理办法》（中国证券监督管理委员会第166号）（以下简称《收购管理办法》）第5条规定：“收购人可以通过取得股份的方式成为一个上市公司的控股股东，可以通过投资关系、协议、其他安排的途径成为一个上市公司的实际控制人，也可以同时采取上述方式和途径取得上市公司控制权。收购人包括投资者及与其一致行动的他人。”

虽未给出上市公司收购的明确定义，但综合两版《上市公司收购管理办法》，可总结出上市公司收购的核心是取得上市公司的控制权。因此，上市公司收购一般情形下指收购方取得上市公司控制权的行为。

二、监管体系

随着经济的发展、公司收购开始大规模出现，我国上市公司收购监管立法迅速发展并完善。2002年颁布的《上市公司收购管理办法》和《上市公司股东持股变动信息披露管理办法》（证监会令第11号）标志着上市公司收购立法的开端。2006年《证券法》第四章经修订后实施，明确了上市公司收购的一系列相关问题，法律框架基本形成。2006年证监会颁布《上市公司收购管理办法》后，又分别于2008年、2012年、2014年、2020年作出了相应修订/修正，对要约收购的豁免、信息披露、中介机构等作出了调整与细化规定。

现行有效的法律、部门规章、交易所规则均对上市公司收购作出了相关规定，法律主要包括2018年修正的《公司法》、2019年修订的《证券法》；部门规章主要包括《收购管理办法》等；交易所规则包括《上海证券交易所股票上市规则》《深圳证券交易所创业板股票上市规则》等；在行政法规层面，“上市公司监督管理条例”尚在制定过程中。目前，上市公司收购涉及的相关法律法规见表2－11。

表2－11　上市公司收购涉及的相关法律法规

序号	法律位阶	文件名称	文号	简称
1	法律	《中华人民共和国公司法》	主席令第15号	—
2		《中华人民共和国证券法》	主席令第37号	—
3	部门规章	《上市公司收购管理办法》	证监会令第166号	《收购管理办法》
4		《上市公司国有股权监督管理办法》	国资委第36号令	国资委第36号令
5	交易所规则	《上海证券交易所股票上市规则》	上证发〔2022〕1号	—
6		《上海证券交易所科创板股票上市规则》	上证发〔2020〕101号	—
7		《深圳证券交易所股票上市规则》	深证上〔2022〕12号	—

续表

序号	法律位阶	文件名称	文号	简称
8		《深圳证券交易所创业板股票上市规则》	深证上〔2020〕1292 号	—
9		《上海证券交易所上市公司股份协议转让业务办理指引》	上证发〔2021〕67 号	《上交所协议转让办理指引》
10		《深圳证券交易所上市公司股份协议转让业务办理指引》	深证上〔2021〕1004 号	《深交所协议转让办理指引》
11		《上市公司收购及股份权益变动信息披露业务指引(征求意见稿)》	—	《上交所信披指引》
12		《深圳证券交易所上市公司收购及股份权益变动信息披露业务指引(征求意见稿)》	—	《深交所信披指引》

三、收购方式

《收购管理办法》主要将上市公司收购分为要约收购、协议收购、间接收购三类,其中,要约收购与协议收购统称为直接收购。要约收购是指收购人公开向被收购上市公司的全部股东发出收购要约,明确表示愿意以要约中的条件购买上市公司的股票,股东决定接受要约后方可实行的收购行为。协议收购是指收购方在证券交易所之外与目标公司的股东就股票的交易价格、数量、交付条件等私下协商并达成收购协议的一种收购方式。

除了协议收购与要约收购外,间接收购也是常见的上市公司收购方式。间接收购是指收购人不具有上市公司股东的身份,但基于协议或间接的投资关系,取得上市公司的控制权,如取得上市公司控股股东的控制权。实务中,协议收购与间接收购也常常结合运用。

四、国有企业收购上市公司控股权

基于国有企业与国有资本的特殊性,国有企业收购上市公司还需要遵守国有资产管理的相关规定,主要规定为国资委第 36 号令。一般情形下,国有企业主要通过协议收购、要约收购、间接收购等方式收购上市公司控股权，考虑到篇幅以及间接收购涉及上市公司监管的要求相对较少，本部分主要介绍协议收购和要约收购两种方式。

（一）协议收购

1. 协议收购的基本模式

协议收购作为常见的收购方式，与要约收购的主要区别在于交易对象是否特定，交易形式是否公开。就协议收购而言，其主要针对特定的交易对象，以非公开的形式进行收购。协议收购以收购方与被收购方的合意为基础，因此，通常也被称为“善意收购”。

对收购方而言，虽然协议收购也具有信息披露要求，且在过渡期（签订收购协议后到办理完成过户的期间）收购人也不得改选上市公司董事会、不得进行重大投资行为、不得进行其他关联交易，但协议收购有以下几大优势：首先，协议收购发生在交易场所外，交易的程序相对简单，只要双方达成协议，履行相关程序，就可以办理过户手续，这降低了交易的不稳定性；其次，协议收购可以对不同股东采用不同的价格与策略，价格弹性相对较大，收购成本有降低的空间。

广义上的协议收购根据上市公司股本数量是否发生变动，可以分为存量收购与增量收购两大类。在存量收购中，又根据是否委托表决权，可以分为直接协议转让、委托表决权、协议转让与委托表决权相结合的三种主要方式。直接协议转让是收购无限售条件股份的最基础模式。在拟转让的股权全部或部分为限售股的情形下，通常会采用委托表决权、协议转让与委托表决权相结合的方式。

增量收购是指上市公司向收购方定向增发股票，使得收购方占据相对控股或绝对控股地位。因此，增量收购模式又被称为定向增发模式。在此种模式下，上市公司股本增加，直接获得了现金或者资产，扩大了规模。增量收购的特殊之处在于，上市公司的股东并没有直接参与收购，交易双方为上市公司与收购方，上市公司既是标的也是参与者。根据收购方给付交易对价的不同形式，增量收购可以被细分为增量现金收购、增量换股收购与增量混合收购。

协议收购的六种模式如图 2－1 所示。

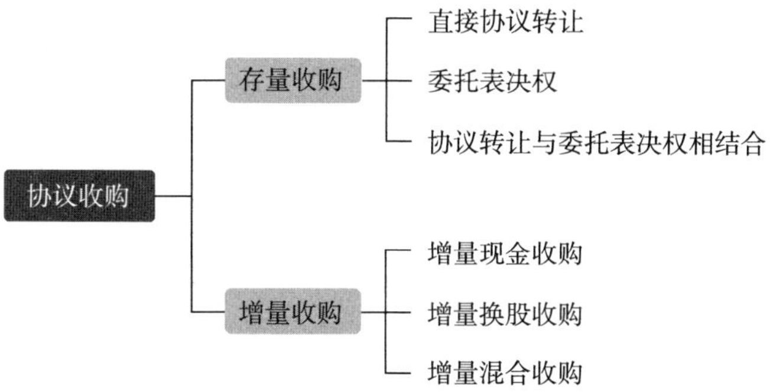

图 2－1　协议收购的六种模式

2. 协议收购的监管要点

(1)流通股收购

《上市公司流通股协议转让业务办理暂行规则》(以下简称《协议转让暂行规则》)第 2 条第 1 款规定:“上市公司流通股协议转让必须在证券交易所进行,由上海证券交易所、深圳证券交易所(以下统一简称‘证券交易所’)和中国证券登记结算有限责任公司(以下简称‘结算公司’)集中统一办理。”因此就直接协议转让模式而言,收购一定为场内交易。

《协议转让暂行规则》第 3 条第 1 款细化了协议收购流通股的场内交易的要求:“上市公司流通股股份转让涉及下列情形之一的,可以通过证券交易所和结算公司办理流通股协议转让手续:(一)与上市公司收购及股东权益变动相关的股份转让;(二)转让双方存在实际控制关系,或均受同一控制人所控制的;(三)外国投资者战略投资上市公司所涉及的股份转让;(四)中国证监会认定的其他情形。”其中,第 1 款中“股东权益变动相关”指股份转让占上市公司总股本 5% 以上的股东权益变动。

同时,《上交所协议转让办理指引》第 6 条、《深交所协议转让办理指引》第 6 条进一步规定了协议转让股份数量不低于上市公司境内外发行股份总数 5%,单个受让方的受让比例不得低于 5%,但转让双方存在实际控制关系或均受同一控制人所控制等情况除外。

(2)限售股收购

由于股份质押尚未解除、处于限售期等情形,实务中常常会出现收购限售股的情形。由于限售股不可以进行直接协议转让,为提前实现上市公司控制权转让,收购方与被收购方可以通过委托表决权来实现控制权的变更,待股份解除限售后再转让过户。委托表决权模式的法律依据系《公司法》第 106 条:“股东可以委托代理人出席股东大会会议,代理人应当向公司提交股东授权委托书,并在授权范围内行使表决权”的规定。相应地,根据所收购的股份是否全部为限售股,催生了多种协议收购的模式,即委托表决权(所收购股份全部为限售股)、放弃表决权以及协议收购与委托表决权或放弃表决权相结合(所收购股份部分为限售股)。

第一,委托表决权模式。

委托表决权本质上是一种债权债务关系,与直接协议收购相比,其存在委托方违约并撤销表决权、违约处分股份的风险。除此之外,随着委托表决权模式的适用增多,对其的监管力度也在增大。

2018 年,上交所、深交所分别就《上交所信披指引》《深交所信披指引》公开征求意见,二者对一致行动关系的认定、表决权期限、针对性信息披露要求作出了相关规定。在一致行动关系的认定方面,《上交所信披指引》第 21 条第 4 款、《深交所信披指引》第 31 条第 1 款均规定委托表决权的,受托人和委托人为一致行动人;在表决权期限方面,《上交所信披指引》第 21 条第 1 款要求通过委托表决权拥有上市公司权益超过 5% 的投资人应当约定委托表决权的期限,《深交所信披指引》第 31 条第 3 款要求投资者明确约定委托表决权的期限;在信息披露方面,《上交所信披指引》第 20 条要求投资者通过接受表决权委托方式获得上市公司控制权的,应当披露委托权限、委托期限、委托解除条件以及委托合同主要条款,并充分提示上市公司控制权不稳定性的风险,《深交所信披指引》第 31 条第 2 款、第 32 条作了相似的规定,此处不再赘述。

以上指引虽未正式颁布,但均体现了监管机构对委托表决权模式稳定性的关注,监管要求虽增加了表决权委托的协商成本,但也进一步保障了表决权委托的稳定性。

第二,放弃表决权模式。

如上所述,根据《上交所信披指引》《深交所信披指引》,通过委托表决权方式收购的,受托人与委托人为一致行动人,这意味着受托方与委托方的持股数量将合并计算,若合计超过公司总股本的 30% 的,将触发要约收购。除此之外,严格意义上来说,委托方作为一致行动人需遵守《证券法》第 75 条“收购人持有的被收购的上市公司的股票,在收购行为完成后的十八个月内不得转让”的要求。因此,在收购限售股时,除了委托表决权模式之外,还产生了放弃表决权模式。

放弃表决权经常与委托表决权同时适用。举例说明:假设上市公司控股股东持有40%股份,收购方拟受让其中20%。若对这20%的股份均采取委托投票权模式收购,由于控股股东与收购方将会被认定为一致行动人,其持有股份将被合计计算为40%,因此将触发要约收购。同时,控股股东所持有的20%股份还可能面临18个月的限售期。如果采取放弃表决权与委托表决权相结合的模式,控股股东将25%的表决权委托给收购方,同时放弃剩余15%的表决权。这种情况既可以保证收购方获得控制权,也可以规避触发要约收购与限售期延长的风险。在实务中,为保证收购方获得控制权,甚至会出现持股比例第一、第二、第三的股东同时放弃表决权的情形。

第三,限售股收购中远期转让协议的合法性。

如前文所述,限售股的协议转让通常采用委托表决权或协议转让与委托表决权相结合的模式。委托表决权模式中,交易一般由四部分组成:签署远期转让协议提前锁定股份,股份质押以保障受让方权益,委托表决权使受让方提前获取公司控制权,约定较大比例违约金以回收违约的情形下的资金占用成本。在四部分组成中,远期转让协议的合法性与实操性存在一定的争议。

《协议转让暂行规则》第16条规定:"股份出让人不得以规避限售规定为目的进行股份转让。对于未按照本规则规定提出的股份转让申请,证券交易所有权对股份转让不予确认,结算公司有权不予办理过户登记手续。"同时,交易所相关业务规则亦作出了类似规定,如《深交所协议转让办理指引》第9条第7项规定,转让可能规避股份限售相关规定的,深交所不予受理。严格意义上来说,限售股签署远期转让协议进行协议转让存在一定的合规风险,但实务中对于限售股签署远期转让协议一般未受到交易所的关注,如2019年的慈文传媒(002343)、围海股份(002586)均通过签署远期转让协议转让了限售股且办理了过户登记手续。值得注意的是,上述案例均为深交所案例,且收购方均存在纾困资金的背景。

(3)收购价格

虽然协议收购是建立在双方的合意基础上,且相对自由,但是自2016年以来,监管机构对协议收购价格(为免歧义,本处仅指流通股协议转让收购价格)的约束增多,这具体体现在交易所的相关业务规则中,如《上交所协议转让办理指引》第6条规定:"……(五)股份转让价格不低于转让协议签署日(当日为非交易日的顺延至次一交易日)公司股份大宗交易价格范围的下限,法律法规、本所业务规则另有规定的除外;(六)转让双方就股份转让协议签订补充协议,涉及变更转让主体、转让价格或者转让股份数量等任一情形的,股份转让价格不低于补充协议签署日(当日为非交易日的顺延至次一交易日)公司股份大宗交易价格范围的下限……”同样地,《深交所协议转让办理指引》第10条规定:“上市公司股份协议转让应当以协议签署日的前一交易日转让股份二级市场收盘价为定价基准,转让价格范围下限比照大宗交易的规定执行,法律、行政法规、部门规章、规范性文件及本所业务规则等另有规定的除外。转让双方就股份转让协议签订补充协议,补充协议内容涉及变更转受让主体、转让价格或者转让股份数量的,以补充协议签署日的前一交易日转让股份二级市场收盘价为定价基准。”

由上可知,上交所、深交所就流通股协议转让的价格规定类似,均以大宗交易价格下限作为上市公司股份协议转让价格的下限。就深交所而言,还要求以协议签署日的前一交易日转让股份二级市场收盘价为定价基准。因此,股份转让协议的签署日期实质影响着转让的价格,通常情形下,交易双方会通过停牌锁定一个双方认可的基准日价格,同时避免股价波动。

上交所、深交所分别于2018年出台《上海证券交易所上市公司自律监管指引第4号——停复牌》(以下简称《上交所停复牌指引》)(已失效)、《深圳证券交易所上市公司自律监管指引第6号——停复牌》(以下简称《深交所停复牌指引》)。《上交所停复牌指引》第17条规定,上市公司筹划控制权变更、要约收购等事项的,原则上应当分阶段披露筹划进展,确需申请停牌的,可以申请停牌不超过2个交易日,并履行信息披露义务,确有必要的,可以延期至5个交易日;《深交所停复牌指引》第18条要求,上市公司筹划控制权变更、要约收购等事项的,原则上应当分阶段披露筹划进展,确需申请停牌的,可以申请停牌不超过2个交易日,确有必要的,可以延期至5个交易日,公司首次披露筹划控制权变更、要约收购事项的,应当披露交易对手方所属行业、所涉及的股权比例范围,以及是否涉及有权部门事前审批等。需要注意的是,根据上述规则,在协议收购中,上市公司最多可停牌5个交易日,但实践中收购方于5个交易日内完成上市公司控股权收购存在相当大的难度,也无法完全锁定价格从而需要承担价格波动的风险。

（二）要约收购

1. 要约收购的适用情形

要约收购是指收购人通过向被收购公司的所有股东发出购买其所持股份的书面意思表示，并按照其依法公告的收购要约中所规定的收购条件、收购价格、收购期限等收购目标公司股份的收购方式。相较于协议收购，要约收购具有非协商性，又被称为“恶意收购”。收购方一般有备而来，通常处于分散状态下的中、小股东对收购一无所知。

《收购管理办法》第 23 条规定：“投资者自愿选择以要约方式收购上市公司股份的，可以向被收购公司所有股东发出收购其所持有的全部股份的要约（以下简称全面要约），也可以向被收购公司所有股东发出收购其所持有的部分股份的要约（以下简称部分要约）。”因此，根据收购数量的不同，要约收购可以分为全面要约与部分要约。

收购双方可以自愿进行要约收购。但是，在特定情形下，可能触发强制要约收购。根据《收购管理办法》第 24 条的规定：“通过证券交易所的证券交易，收购人持有一个上市公司的股份达到该公司已发行股份的 30% 时，继续增持股份的，应当采取要约方式进行，发出全面要约或者部分要约。”第 47 条第 2 款规定：“收购人拥有权益的股份达到该公司已发行股份的 30% 时，继续进行收购的，应当依法向该上市公司的股东发出全面要约或者部分要约。符合本办法第六章规定情形的，收购人可以免于发出要约。”第 3 款规定：“收购人拟通过协议方式收购一个上市公司的股份超过 30% 的，超过 30% 的部分，应当改以要约方式进行；但符合本办法第六章规定情形的，收购人可以免于发出要约。符合前述规定情形的，收购人可以履行其收购协议；不符合前述规定情形的，在履行其收购协议前，应当发出全面要约。”

综上所述，触发强制要约收购的主要有以下三种情形：第一，收购人持有上市公司已发行股份的 30%，继续增持的；第二，协议收购人拥有权益的股份达到已发行股份的 30%，继续进行收购的；第三，协议收购人拟通过协议方式受让上市公司的股份超过 30%，超过 30% 的部分，应改为要约收购的方式进行。可见，30% 是触发强制要约收购的关键节点。

2. 要约收购的支付与价格

《收购管理办法》第 27 条规定：“收购人为终止上市公司的上市地位而发出

全面要约的，或者因不符合本办法第六章的规定而发出全面要约的，应当以现金支付收购价款；以依法可以转让的证券（以下简称证券）支付收购价款的，应当同时提供现金方式供被收购公司股东选择。”第36条第1款规定：“收购人可以采用现金、证券、现金与证券相结合等合法方式支付收购上市公司的价款。收购人以证券支付收购价款的，应当提供该证券的发行人最近3年经审计的财务会计报告、证券估值报告，并配合被收购公司聘请的独立财务顾问的尽职调查工作。收购人以在证券交易所上市的债券支付收购价款的，该债券的可上市交易时间应当不少于一个月。收购人以未在证券交易所上市交易的证券支付收购价款的，必须同时提供现金方式供被收购公司的股东选择，并详细披露相关证券的保管、送达被收购公司股东的方式和程序安排。”根据上述条款，要约收购中可能存在三种支付方式：现金收购、证券收购、现金与证券相结合的收购。在实践中，现金收购是最常见的方式，但这也对收购方的资金提出了较高的要求。

同时，《收购管理办法》也对要约收购的价格作出了限制，第35条规定：“收购人按照本办法规定进行要约收购的，对同一种类股票的要约价格，不得低于要约收购提示性公告日前6个月内收购人取得该种股票所支付的最高价格。要约价格低于提示性公告日前30个交易日该种股票的每日加权平均价格的算术平均值的，收购人聘请的财务顾问应当就该种股票前6个月的交易情况进行分析，说明是否存在股价被操纵、收购人是否有未披露的一致行动人、收购人前6个月取得公司股份是否存在其他支付安排、要约价格的合理性等。”

3. 要约收购的豁免

要约收购的豁免主要规定在《收购管理办法》第六章“免除发出要约”中。该办法以列举的方式共规定了13种免除要约收购义务的情形。《收购管理办法》第62条规定了收购人已持有30%股份后继续增持所触发要约义务的豁免，其中主要列举了两种情形：一是本次转让在同一实际控制人控制的不同主体间进行，未导致上市公司的实际控制人发生变化；二是上市公司面临严重财务困难，收购人提出的挽救公司的重组方案取得该公司股东大会批准，且收购人承诺3年内不转让其在该公司中所拥有的权益。《收购管理办法》第63条第1款列举了除增持外的其他九种情形，具体如表2－12所示：

表 2-12　要约收购的豁免情形

序号	情　形
1	经政府或者国有资产管理部门批准进行国有资产无偿划转、变更、合并，导致投资者在一个上市公司中拥有权益的股份占该公司已发行股份的比例超过 30%
2	因上市公司按照股东大会批准的确定价格向特定股东回购股份而减少股本，导致投资者在该公司中拥有权益的股份超过该公司已发行股份的 30%
3	经上市公司股东大会非关联股东批准，投资者取得上市公司向其发行的新股，导致其在该公司拥有权益的股份超过该公司已发行股份的 30%，投资者承诺 3 年内不转让本次向其发行的新股，且公司股东大会同意投资者免于发出要约
4	在一个上市公司中拥有权益的股份达到或者超过该公司已发行股份的 30% 的，自上述事实发生之日起 1 年后，每 12 个月内增持不超过该公司已发行的 2% 的股份
5	在一个上市公司中拥有权益的股份达到或者超过该公司已发行股份的 50% 的，继续增加其在该公司拥有的权益不影响该公司的上市地位
6	证券公司、银行等金融机构在其经营范围内依法从事承销、贷款等业务导致其持有一个上市公司已发行股份超过 30%，没有实际控制该公司的行为或者意图，并且提出在合理期限内向非关联方转让相关股份的解决方案
7	因继承导致在一个上市公司中拥有权益的股份超过该公司已发行股份的 30%
8	因履行约定购回式证券交易协议购回上市公司股份导致投资者在一个上市公司中拥有权益的股份超过该公司已发行股份的 30%，并且能够证明标的股份的表决权在协议期间未发生转移
9	因所持优先股表决权依法恢复导致投资者在一个上市公司中拥有权益的股份超过该公司已发行股份的 30%

由此可见，规避要约收购的义务可以主要通过两种途径：一是减少收购标的，将其降至 30% 以下；二是根据《收购管理办法》第 62 条和第 63 条的规定进行豁免。

（三）国有企业收购上市公司控股权的特殊规定

1. 国资委第 36 号令的主要特殊规定

鉴于国有资产管理的相关要求，国有企业收购上市公司相较于非国有企业存在一定的不同之处。

首先，在审批方面，国资委第 36 号令第 54 条规定："国有股东受让上市公司股份属于本办法第七条规定情形的，由国家出资企业审核批准，其他情形由国有资产监督管理机构审核批准。”该条所指向的第 7 条为国有企业收购未导致上市公司控制权转移的情形，因此，国有企业收购上市公司必须由国资监管机构审核批准。同时，国资委第 36 号令第 55 条对国资监管机构的审核内容进行了进一步的细化规定，审核内容包括：(1)国有股东受让上市公司股份的内部决策文件；(2)国有股东受让上市公司股份方案，内容包括但不限于：国有股东及上市公司的基本情况、主要财务数据、价格上限及确定依据、数量及受让时限等；(3)可行性研究报告；(4)股份转让协议(适用于协议受让的)、产权转让或增资扩股协议(适用于间接受让的)；(5)财务顾问出具的尽职调查报告和上市公司估值报告(适用于取得控股权的)；(6)律师事务所出具的法律意见书；(7)国家出资企业、国有资产监督管理机构认为必要的其他文件。

其次，在定价方面，根据国资委第 36 号令第 10 条，上市公司国有股权变动应当根据证券市场公开交易价格、可比公司股票交易价格、每股净资产值等因素合理定价。

2. 成都市的特殊规定

2018 年以来，随着国资收购的兴起，各地也纷纷出台相关监管政策。以成都市为例，成都市于 2020 年出台《成都市国有企业收购上市公司及上市公司国有股权变动监督管理实施办法(试行)》(成办发〔2020〕35 号)，该办法结合目前成都市相关工作实际情况，进一步细化明确了成都市属国有企业收购上市公司的审批审核主体和工作流程。

2022 年 9 月，成都市出台《成都市上市公司国有股权监督管理实施办法》(成办规〔2022〕3 号)(以下简称成都市 3 号文)，进一步加强了成都市上市公司国有股权变动事项的监督管理，对相关要求进行了修订与完善。

根据成都市 3 号文第 11 条的规定，国有股东通过证券交易系统增持、协议受让、认购上市公司发行股票等未导致上市公司控股权转移的事项，由国家出资企业负责管理。此处的规定与国资委第 36 号令一致，均将未导致上市公司控制权发生变化的国有企业收购行为交由国家出资企业自行监督管理。同时，成都市 3 号文第 12 条、第 13 条规定，国有股东通过证券交易系统增持、协议受让、认购上市公司发行股票等将导致国有股东取得上市公司控股权的事项，由市国资委负责审核，并报市政府审定。

此外，相较于之前的规定，成都市 3 号文新增提出收购上市公司控股权报送资料的要求，国有股东在办理收购上市公司控股权手续时，除应严格按照国资委第36号令有关要求报送相关资料外,还应提交以下文件:(1)上市公司所在行业分析报告;(2)收购风险分析及防范措施报告;(3)后续计划书,包括交易完成后的近、中、远期发展计划和发展目标;(4)资金来源情况说明或资金筹措说明;(5)上市公司经审计的近3年度财务报表和最近一期财务报表。

(四)国有企业收购上市公司控股权案例——株洲国投收购宜安科技

东莞宜安科技股份有限公司(以下简称宜安科技)成立于1993年5月,主要的业务为铝合金、镁合金的精密压铸以及液态金属产业化应用。公司于2012年6月,向社会公开发行人民币普通股股票2800万股,并在深交所创业板上市。首次公开发行后,宜安科技股本总额为11,200万股,其中社会公众持有2800万股。株洲市国有资产投资控股集团有限公司(以下简称株洲国投)是株洲市国资委100%全资控股企业,成立于1998年,注册资本10亿元。

早在2018年3月2日,株洲国投即用4.3亿元认购了宜安科技的非公开发行股票5000万股,占宜安科技10.86%的股份,成为宜安科技的第二大股东。5月3日,宜安实业(原宜安科技的实控人)与株洲国投签署《股份转让协议》及《表决权委托协议》,约定宜安实业将其持有的宜安股份4500万股无限售条件的股份转让给株洲国投,占总股本的9.78%,同时,宜安实业将其持有宜安科技3375万股股份所对应的表决权等股东权利委托给株洲国投行使,占上市公司总股本的7.33%。上述变更完成后,株洲国投拥有上市公司表决权27.97%,为宜安科技控股股东,相关权益变动情况如表2-13所示。

表2-13 株洲国投收购宜安科技权益变动情况

股东	权益变动前			
	持股数(万股)	持股比例(%)	拥有表决权股数(万股)	拥有表决权比例(%)
宜安实业	18,000	39.11	18,000	39.11
株洲国投	5000	10.86	5000	10.86
股东	权益变动后			
	持股数(万股)	持股比例(%)	拥有表决权股数(万股)	拥有表决权比例(%)
宜安实业	13,500	29.33	10,125	22.00
株洲国投	9500	20.64	12,875	27.97

8 月 17 日，宜安科技与株洲国投签署协议，拟合资设立株洲宜安新材料研发有限公司，主营业务为纳米材料、液态金属等材料研发生产销售。

9 月 26 日，宜安科技与株洲国投又签订了一份补充协议，将本次股份转让定价调整为 6.44 元/股，交易总价为 2.898 亿元，转让价格降低近三成。

11 月 7 日，双方就股权转让完成在中国证券登记结算有限公司过户登记。

2019 年 9 月 2 日，宜安实业将其持有的委托表决权部分 7.33% 的股权转让给株洲国投，同时解除此前的表决权委托。本次交易后，株洲国投持有的宜安科技的股权与表决权比例达到 27.97%，宜安实业的股权与表决权比例降至 22%。

株洲国投收购宜安科技的案例中，虽然并没有董监高限售股转让的限制，但是为了实现对上市公司经营管理的顺利过渡、降低交易的不确定性以及收购成本，仍采用了协议转让与表决权委托相结合的模式。值得注意的是，在本案例的《表决权委托协议》中，采用了将合同成立与合同生效分开设定的模式，即交易双方约定签署合同后合同成立，但以取得监管机构审批作为合同的生效要件。实务中，还存在完成股权转让变更登记之日、支付完毕股权转让价款之日以及上述二者均满足之日委托表决权的方式。

实务提示

国有企业收购上市公司，既是国有企业自身的重大战略目标，也充分发挥了国有资本在资本市场的社会效益。国有企业应当通过收购上市公司充分优化资源配置，通过国有企业自身主营业务与上市公司核心业务的深度融合，为国有企业的主营业务打造公众平台，利用上市公司在募资等方面的优势，创建产业整合平台。

同时，也应该注意到，我国对国有企业收购上市公司的相关规定相对较少，虽然国务院国资委等已出台国资委第 36 号令，但仍缺乏具体的操作细则，各省市地区结合本地情况制定的相关配套制度亦不完善，有待主管部门加强相关立法，以便为国有企业收购上市公司提供完善的制度保障。

第九节　国有企业收购上市公司过程中签订意向性协议

近年来，由于疫情的反复、经济下行压力加大，部分民营上市公司大股东质押率居高不下，债务危机频发，股价大幅下滑，亟待纾困。而国有企业面临提高资产证券化率、产业转型升级的任务，同时在地方政府招商引资等综合因素下，国企收购上市公司仍步履不停。

2022 年以来，据统计，截至 2022 年 4 月 13 日，约 50 家上市公司披露了筹划控股权出让事宜或控股权转让最新进展，其中，地方国资参与约 20 家。四川省国资收购上市公司动作频频，如绵阳国资四川九洲集团收购广东依顿电子控制权、绵阳安投集团拟收购苏州麦迪斯顿公司控制权、德阳发展集团拟收购厦门吉宏股份控制权（因资金用途等方面存在分歧而终止）、四川省港投拟收购上海雅仕控制权（因未通过国资委批准而终止）等。而佛山市国资近期表现也较为活跃，先后宣布拟揽入南风股份、文科园林等上市公司，国资入主上市公司，注重产业布局，通过直接控股相关上市公司打造产业矩阵。[①]

在国企改革及地方招商引资压力下，国企收购上市公司在较长时间内可能仍然会是资本市场的重头戏，而在经历了前几年收购上市公司的“扫货”阶段，近年来，国资越来越注重“精准并购”，对上市公司风险的防范及未来预期的发展也越来越重视。上市公司相较于非上市公司，信息披露较为充分，风险相对“显而易见”，但冰山下面的暗礁可能也更为巨大且隐藏得更深，而且上市公司也更为“抢手”，很多时候需要国资做好充分的准备，在短时间内与交易对手谈判，同时与多个买家“PK”，稍有不慎，可能会导致风险产生。例如，泸州老窖集团下属子公司四川金舵投资有限责任公司从 2018 年 5 月开始，先后通过协议

---

① 投资快报：《上市公司易主频现　地方国资接盘有进有退》，载百度网 2022 年 2 月 23 日，https://baijiahao.baidu.com/s?id=1725534751191174501&wfr=spider&for=pc。

受让、二级市场增持等方式,花费 21.36 亿元取得鸿利智汇集团股份有限公司(以下简称鸿利智汇)20,125.48 万股(占公司总股本 26.38%,平均每股 10.6 元),成为鸿利智汇第一大股东及实际控制人。在收购完成后的 2019 年度,根据鸿利智汇年报,鸿利智汇归母净利润亏损 8.77 亿元。同时,其股价也一路走低。事实上,2016 年鸿利智汇归母净利润 1.38 亿元,2017 年鸿利智汇归母净利润 3.53 亿元,2018 年鸿利智汇归母净利润 2.09 亿元,却在 2019 年出现巨额亏损,按照鸿利智汇年报和相关报道,其原因主要包括:(1)鸿利智汇多家子公司业绩下滑较大;(2)鸿利智汇对三家子公司因其持续亏损未能达到收购时承诺的业绩而进行商誉减值,计提合计 8.47 亿元,成为亏损的首要原因;(3)鸿利智汇下属 P2P 网贷平台北京网利科技有限公司因"暴雷"关闭,实际控制人赵某某失联,预估该项投资回收可能性很小,确认损失 0.69 亿元。对此深交所也下发了关注函,关注到鸿利智汇 2016 年重组收购深圳市速易网络科技有限公司(以下简称速易网络)100% 股权形成商誉 7.18 亿元,速易网络 2016 年至 2018 年业绩承诺完成率分别为 125.94%、111.83%、101.10%。截至 2018 年年末该项商誉未计提减值准备,而 2019 年年末却全额计提商誉减值的依据及合理性?速易网络 2016 年至 2018 年业绩是否真实、准确,是否存在跨期确认收入情形?①

从实践经验看,国企收购上市公司既需要政府国资部门领导的充分关切(有时确实需要政府领导亲自带队谈合作,以此增强被收购方信心,尽快促成交易),也需要国企收购工作小组和券商、律所、会所等专业中介团队的精心谋划,其中涉及的核心环节包括意向性协议签署、确定交易方案、交易协议签署及交割等。本部分将结合国资监管规定和相关项目经验,探讨意向性协议签署要点及法律风险防范。

一、国资监管对上市公司收购的关注要点

针对国企收购上市公司,国资监管关心什么?本书认为首要的就是国有资产的合规运营和保值增值,简单而言就是上市公司依法合规运营、业绩持续稳

---

① 《泸州老窖集团"踩雷":鸿利智汇亏 8.77 亿》,载搜狐网 2020 年 3 月 27 日,https://www.sohu.com/a/383394200_100001551;《商誉减值 8.47 亿"洗大澡"、与子公司抢公章 鸿利智汇的狗血剧情泸州老窖心脏受得了吗?》,载百度网 2019 年 7 月 17 日,https://baijiahao.baidu.com/s?id=1639281411259623942&wfr=spider&for=pc。

定增长。如果一收购过来上市公司就出现“暴雷”，比如财务造假、重大违法违规、甚至面临退市风险，[①]可能导致国企被审计问责的风险。

梳理目前关于国企收购上市公司的国资监管规定，国家层面主要为国资委第 36 号令，部分地方国资监管部门也出台了专门规定，如宁波市国资委出台的《推进市属企业上市和并购工作方案(2021—2025 年)》、成都市 2020 年颁布了《成都市国有企业收购上市公司及上市公司国有股权变动监督管理实施办法(试行)》等。而关于责任追究的文件，主要还是 2016 年国务院办公厅发布的《关于建立国有企业违规经营投资责任追究制度的意见》及各地出台的相关配套文件，明确提出对包括国企对外投资并购在内的十大方面的违规情形进行严厉追责、终身追责，其中在投资并购方面规定了，若投资并购出现未按规定开展尽职调查，未按规定履行决策和审批程序，投资合同、协议及标的企业公司章程中国有权益保护条款缺失等情形，造成国有资产损失以及其他严重不良后果的，应当追究责任。

结合实践经验和前述投资并购相关的国资监管文件，国资监管对国企收购上市公司的核心关注点在于：(1)交易程序合规，交易流程不存在违反法律法规规定的情形；(2)在促成交易的同时，交易方案及协议中国有权益保护条款充分、有效，保障国有资产保值增值，防止国有资产流失。

二、意向性协议签订要点及风险防范

在国企对外投资并购中，意向性协议可能被认为“无足轻重”，主要表达交易双方的合作意向，通常没有实质性条款。但在收购上市公司时，意向性协议却大为不同，特别是在目前的监管环境下，尤为重要。以上交所为例，其在上市公司控制权变更监管中，尤其重视意向性协议的内容。依其窗口指导意见，意向性协议需明确股份转让数额、转让价格、上市公司后续治理安排等实质性条款，特别地，如果涉及通过表决权委托或放弃等方式取得控制权的，还需要进一步明确后续巩固控制权的措施，如采取继续受让老股、定增或二级市场交易等

① 如上交所《股票上市规则》9.3.2 关于财务类强制退市的规定和深交所《创业板股票上市规则》10.3.1 关于财务类强制退市的规定。“上市公司出现下列情形之一的，本所对其股票实施退市风险警示：(一)最近一个会计年度经审计的净利润为负值且营业收入低于人民币 1 亿元，或追溯重述后最近一个会计年度净利润为负值且营业收入低于人民币 1 亿元；(二)最近一个会计年度经审计的期末净资产为负值，或追溯重述后最近一个会计年度期末净资产为负值……”

方式。其监管逻辑在于上市公司控制权变更属于影响上市公司未来发展的重大事项,在公告时应当是交易双方有实质性沟通的结果,对核心交易条款如价格、股份数量等内容要有明确约定,而不能仅仅是初步的沟通意向。因此,国企在收购上市公司时尤其要关注意向性协议。结合相关实务经验,现就签订意向性协议的几个要点分析如下。

(一)国企能否签订具有实质约束力的意向性协议

如上文所述,在收购上市公司时,按照目前的监管要求,需签署包含核心交易条款的意向性协议。但在国企收购上市公司时,部分地方国资监管明确规定了需要经批准方可签署具有法律约束力的文件,如《四川省属国有企业投资监督管理试行办法》第24条规定,省国资委依据相关法律、法规和国有资产监管规定,从国有资本布局结构调整方向、企业项目投向、投资收益能力、风险防控、决策程序等方面,对特别监管类投资项目履行出资人审核把关程序,在收到相关材料后20个工作日内向企业反馈书面意见。省国资委认为有必要时,可委托第三方咨询机构对投资项目进行论证。企业特别监管类投资项目在未获省国资委书面意见前,企业不得组织实施或者进行实际投资,也不得签署具有法律约束力的投资协议、文件。

因此,国企在收购上市公司时,需关注拟签订的意向性协议的内容及决策规定,如当地国资监管有明确要求,需注意要符合相关规定。同时在意向性协议的内容上,需要特别注意。

(二)意向性协议何时签

意向性协议不是正式的股份转让协议,其签订时间相对较为灵活,但究竟是应该在前期沟通接洽后就签署,还是在现场尽职调查后签署?实则非常讲究。如在前文所述,按照目前的监管意见,意向性协议需要包含股份转让数额、转让价格等关键性条款。这些关键因素的确定,可能在前期沟通时不一定能完全达成一致,或者是尚无法达成一致,比如价格(按照国资监管要求,价格需要根据评估/估值结果确定,而估值的结果往往得等到正式进场后方能确定)。那是否就应该等现场尽职调查结果均出来后才签署呢?本书认为不尽然,一方面是因为上市公司控制权变更属于影响上市公司股价的重大事项,时间越长保密难度越大,一旦泄密容易导致上市公司股价异常波动,签订意向性协议公告后可保证信息及时公开披露；另一方面，上市公司实控人出于各种原因，可能会与多家买家洽谈，不排除由于迟迟未能签订意向性协议，导致国企在辛苦做完尽职调查或尽职调查途中，实控人已与其他买家达成意向性协议并公告的“心酸”情况。

因此，在收购上市公司时，在签订意向性协议时一定要综合考虑各种情况，原则上宜早不宜晚，可能需要国企工作组、中介机构“加班加点”地和上市公司实控人沟通洽谈。

（三）意向性协议需特别关注的核心关键条款有哪些

除了价格、股份转让数量、公司治理安排等常规性的条款外，在签订意向性协议时还需关注哪些核心关键条款呢？本书认为主要包括排他条款、表决权委托的安排以及后续巩固控制权的措施等。

1. 排他条款

如前文所述，在收购上市公司时，很可能面临需要与多个买家“PK”的情况。在与上市公司实控人沟通签订意向性协议时，除了商业条款方面的考虑之外，最为重要的，就是要签署排他性条款（乍一看很常规，但在实践中，本书作者确实遇到不少由于没有签订排他性条款而导致半路被其他买家“截胡”的情形）。

排他性条款怎么签？在设计排他性条款时，除了一般性的约定诸如3个月或一定期限内不得与其他方进行接触、洽谈外，还要尽可能对违约责任（如违约金）进行明确约定。如有支付诚意金，可以将诚意金金额作为违约金的支付参考标准，客观来说支付诚意金也会使交易对方更愿意签署排他性条款。当然在实操过程中，很多国企会面临交易对手方不愿意签订排他条款的情况。根据实践经验，在早期接触时，对方可能不同意签署意向性协议或约定排他性条款。因为彼时双方还没有深入交流，上市公司可能还在与多个买家洽谈。但如果尽职调查已经开始了或者项目本身已被十分看好抑或在同意支付诚意金的情况下，就一定要争取尽快与上市公司实控人签订意向性协议，约定排他性条款。

2. 后续巩固控制权的措施

在收购上市公司控制权过程中，因实控人股份转让比例限制、资金安排等原因，很多情形下会采取“部分股份转让＋表决权委托/表决权放弃”的方式进行交易，如采取此种方式，按照目前的监管要求，需明确后续巩固控制权的措施安排。

相关安排主要涉及未来通过何种方式增持,是继续受让老股、二级市场“扫货”抑或定增。其核心要点:一是收购完成后的持股比例需与原实控人或第二大股东的股份比例拉开一定差距,二是相关安排需要是明确的且具有可操作性。具体而言,应当包括增持的具体方式、时间、股份比例等。而关于收购完成后与原实控人或第二大股东的股份比例差距,按照目前的窗口指导意见,一般至少应达到5%或7%以上。此外,需要注意的是,要谨慎考虑约定定增,按照目前的监管要求,如未来拟通过定增的方式取得控制权,原则上需要公告具体的定增预案,还需要签署附生效条件的《股份认购协议》。

(四)签订意向性协议前上市公司是否应当停牌

从目前交易所的具体规则来看,如《上交所停复牌指引》第17条规定:“上市公司股东筹划控制权变更、要约收购等事项的,原则上应当分阶段披露筹划进展。确需公司申请停牌的,可以申请停牌不超过2个交易日,并依规履行信息披露义务。确有必要的,可以延长至5个交易日。”控制权变更可以停牌。但规则明确为“确需公司申请停牌的”,经交易所同意后可以停牌2个交易日,“确有必要的”可以延期至5个交易日,也就是说,停牌并非必要事项。

根据本书作者的经验和相关案例,部分上市公司在筹划控制权变更事项时即申请停牌。本书认为,上市公司控制权变更在签订意向性协议前并非一定需要停牌,因为一旦停牌,就需要在复牌时披露双方签订的协议,而目前的监管规定对协议的内容要求非常高,需要双方协商一致且同时满足监管要求,如果交易双方就某些条款未能在停牌期间达成一致,可能会导致交易被迫终止。而如果是出于信息已无法保密、稳定价格等原因一定要申请停牌,建议一定要提前与交易所进行充分沟通,把协议内容敲定后方才申请停牌。

实务提示

结合实践经验和国资监管文件规定,国资监管对国企收购上市公司的核心关注点在于:

第一,交易程序合规,交易流程不存在违反法律法规规定的情形。简单来说,有法律法规要求的按照其要求来办,没有规定的尽量结合地方实际情况查找可参照的案例或先例进行支撑。

第二，在促成交易的同时，交易方案中国有权益保护条款充分、有效，保障国有资产保值增值，防止国有资产流失。

在目前的监管要求下，国企在收购上市公司控制权时，尤其要重视意向性协议的签订。在收购上市公司时间紧、要求高的情况下，需要国企领导、项目工作小组与中介机构一同专业、高效地推进项目，充分考虑各种关键因素，尽早签订意向性协议，重点关注控制权获取方式、价格、股份转让数量、排他条款等，防范交易失败风险。

第三章

国有企业融资主要合规风险防控

第一节　国有企业发行信用债券

发行信用债券融资一直以来都是国有企业市场化融资的重要渠道。过去基于政府显性或隐性的担保及背书,国有企业发行的信用债券一度被认为手持“刚性兑付”的免死金牌。然而,2015 年 4 月,T 集团中期票据违约事件打破了国企信用债券“刚性兑付”的信仰,此后国企信用债券违约事件频频出现。经第三方机构统计,截至目前,已有 48 家国企主体(含央企和地方国企)共计 234 只信用债券违约,违约本金高达 2557.20 亿元。基于此,审核机构对信用债券的发行提出了更高的要求,同时也更重视对发行主体偿债能力、违约风险的实质性进行判断。本书作者根据相关法律法规并结合近年来为数十家国有企业提供债券法律服务的经验,就信用债券的基本情况、监管思路、发行程序及发行条件进行分析,以期帮助国有企业更好地把握信用债券发行的实质条件,同时也希望以此促进国有企业更好地加强自身信用和债务管理工作。

一、信用债券的概念和范围

何谓信用债券?顾名思义系基于发行人自身信用获得投资人认可而发行的债券。主流信用债品种包括在中国银行间交易商协会注册的非金融企业债务融资工具、由中国证监会监管的公司债券(公募公司债由证监会注册批复,私募公司债由上交所、深交所审核批复)及在国家发改委注册的企业债券。其他信用债品种还包括金融债、资产证券化品种,因其行业属性或特殊现金流属性较强,不具有普适性,本部分不作赘述。

2020 年 12 月 25 日,中国人民银行、国家发展和改革委员会、中国证券监督管理委员会(以下简称“一行两会”)联合发布《公司信用类债券信息披露管理办法》,其第 2 条明确规定,公司信用类债券(以下简称信用债券)包括企业债券、公司债券和非金融企业债务融资工具。

二、信用债券发行适用的法律法规

非金融企业债务融资工具的发行,主要依据是《中国人民银行法》《银行间债券市场非金融企业债务融资工具管理办法》及交易商协会的自律规则,而关于其是否适用《证券法》,之前一直存在争议。企业债券和公司债券均受《证券法》规范,此外还分别适用国务院发布的《企业债券管理条例》和中国证监会发布的《公司债券发行与交易管理办法》。企业债券和公司债券虽均在交易所上市交易,但企业债券的发行审核由国家发展和改革委员会委托给中央国债登记公司和交易商协会初审,初审通过后由发展改革委财金司复审;公司债券则由交易所审核,公募公司债需进一步转报证监会。由上可见,三类债券发行适用的法律法规和监管体系存在一定差异。

从 2018 年起,“一行两会”就在寻求三类债券的统一管理路径。2018 年到 2020 年 3 年间,先后出台了中国人民银行、证监会、发展改革委《关于进一步加强债券市场执法工作的意见》,《中国人民银行、中国证券监督管理委员会公告〔2020〕第 7 号》,中国人民银行、发展改革委、证监会《关于公司信用类债券违约处置有关事宜的通知》以及《公司信用类债券信息披露管理办法》,逐步对三类债券在违法行为、执法工作、违约处置、信息披露进行了统一,并提出相关基础设施机构开展互通工作。

2021 年 8 月 17 日,中国人民银行、发展改革委、财政部、银保监会、证监会、外汇局《关于推动公司信用类债券市场改革开放高质量发展的指导意见》(以下简称《推动信用债券发展的指导意见》)出台,一方面确认了《公司法》和《证券法》是公司信用类债券市场的基础法律,解决了一直以来非金融企业融资工具到底是否属于《公司法》所述的“公司债券”以及是否适用《证券法》的争论。更为重要的是,该意见提出要推动研究制定公司债券管理条例,健全分类趋同、规则统一的法律安排,着重对信用类债券的发行转让、信息披露、投资者保护、法律责任等进行统一规范。相信随着公司债券管理条例的出台,信用债券在发行审核、监督管理、违约处置等方面的监管将更加系统,信用债券统一管理的时代即将来临。

三、国有企业信用债券发行的常见程序问题

(一)是否需要经股东(大)会审议

根据《公司法》第37条、第66条之规定,发行公司债券应由股东(大)会作出决议,国有独资公司发行公司债券必须由国有资产监督管理机构决定。因此,公司发行公司债券应当是股东层面决议的事项。在实践中,企业债券和公司债券的发行,审核机构均要求取得股东(大)会的决议,但是对于非金融企业债务融资工具,由于其是否属于“公司债券”过去一直存在争议,部分发行人仅依据董事会决议亦被交易商协会认可。但随着《推动信用债券发展的指导意见》的发布,确认了《公司法》和《证券法》是信用债券适用的基础法律,意味着未来非金融债务融资工具的发行也应依据《公司法》的规定在股东(大)会层面作出决议。

(二)划转股权用于充实社保基金后,是否需要经承接主体同意

国务院出台《关于印发划转部分国有资本充实社保基金实施方案的通知》后,各地国资监管部门将持有的部分国有股权逐步划转至省财政厅或其他承接主体用于充实社保基金。划转后,承接主体即成为国有企业的股东,如四川省内国有企业是由四川省财政厅承接股权。国有独资公司在划转后即成为国有全资公司,那么原本只需国资监管部门审批即可,在划转后是否要经省财政厅同意呢?

本书认为,未取得承接主体的同意不会对发行造成实质性障碍。根据国务院《关于印发划转部分国有资本充实社保基金实施方案的通知》之规定,承接主体作为财务投资者,享有所划入国有股权的收益权和处置权,不干预企业日常生产经营管理,一般不向企业派出董事。根据该规定以及划转的目的和国资监管职责的分工,实践中发行债券仅依据国资监管部门的批复亦可被审核机构认定已经内部有权机构审议通过。

(三)非国有独资公司发行债券的国资审批

国有独资公司发行债券,应当依法报国资监管部门批准。而对于非国有独资公司(包括各级国有控股企业)来说,发行信用债券是否需要经国资监管部门审批呢?《企业国有资产法》《企业国有资产监督管理暂行条例》等法律法规未

要求所有国有企业的债券发行均应报国资监管部门审批，但近几年国有企业债券违约事件频发，国务院国资委发布的《关于加强地方国有企业债务风险管控工作的指导意见》中要求各地方国资委要把防范地方国有企业债券违约，作为债务风险管控的重中之重。因此，多地的国资监管部门纷纷加强了对国有企业债券发行的管控，包括控制发行额度、严审发行条件、制定黑白名单等方式。在此背景下，不排除未来将非国有独资公司的债券发行纳入国资监管部门的监管审批范围。

四、国有企业信用债券发行的实质条件

无论是公司债券、企业债券，还是非金融企业债务融资工具，发行的实质条件最终可归于两类：一类是对主体信用的要求，另一类是对募集资金用途的要求。针对发行方式不同，发行条件也有所不同，对于非金融企业债务融资工具而言，公开发行和非公开发行的条件差异不大。而对于公司债券而言，《证券法》《公司债券发行与交易管理办法》未从正面对非公开发行债券的条件作出明确要求，仅通过负面清单的方式进行管理，但结合《上海证券交易所公司债券发行上市审核规则适用指引第 3 号——审核重点关注事项》《关于发布〈深圳证券交易所公司债券发行上市审核业务指引第 1 号——公司债券审核重点关注事项〉的通知》（以下统称《审核重点关注事项》）以及实务经验，审核机构在对非公开发行公司债券进行审核时一定程度上会适当参考公开发行的条件。总体来说，非公开发行的条件较公开发行低。因此，本部分重点分析信用债券公开发行的条件。

（一）是否具有偿债能力

1. 控股股东、实际控制人的外部支持

根据《证券法》第 15 条第 1 款第 1 项、《公司债券发行与交易管理办法》第 14 条第 1 款第 1 项之规定，公开发行公司债券应具备健全且运行良好的组织机构。《非金融企业债务融资工具公开发行注册文件表格体系》也要求律师就发行人是否具有健全的组织机构及议事规则，该组织机构及议事规则是否合法合规、符合公司章程，董事、监事和高级管理人员的任职是否合法合规、符合公司章程等发表明确意见。2021 年 4 月，上交所和深交所同时发布了《审核重点关注事项》，列举了关于发行人组织机构与公司治理需要审核的重点事项，其中本

书认为尤其需要关注控股股东、实际控制人的外部支持。毕竟国有企业之所以相较于民营企业在债券市场更受到投资者青睐，主要因素之一是其背靠国有股东和实际控制人的支持，因此，审核机构和投资人都会关注发行人可以获得的外部支持。而以下几种情形，可能会被质疑外部支持不足：

(1)控股股东或实际控制人可支配的发行人股权存在高比例质押、冻结或发生诉讼仲裁等可能导致其股权不稳定的情形。如果控股股东和实际控制人将其持有的发行人股权用于质押，在一定程度上意味着其对发行人的外部支持意愿减弱。比如，首个违约的国企信用债券存在该情形。

(2)实际控制人控制的企业数量过多且存在同类企业。如果实际控制人控制的企业较多，且存在与发行人同类或相似的企业，那在一定程度上意味着集团内部在资源的争夺上较为激烈，发行人难以获得有效支持。

(3)控股股东划入不良资产或划出发行人优质资产。如果控股股东划入发行人的资产存在公益性、盈利能力差的资产或存在将发行人优质资产划出的情形，则在一定程度上释放了支持减弱的信号。

(4)国有资本降低持股比例。自2015年国务院《关于国有企业发展混合所有制经济的意见》出台后，国有企业为增强活力纷纷引入民营资本进行混改。混改成功意味着国有企业自身造血功能得以提升，但若混改失败不仅不能促进国有企业的发展，还意味着未来国有资本对其的支持有所下降。在青海省投资集团有限公司违约事件中可见一斑。

2.发行人的非经营性往来占款和资金拆借

由于非经营性往来占款和资金拆借一直以来都是审核机构关注的重点，本书作者根据上交所、深交所出台的《审核重点关注事项》并结合以往的项目经验探讨其对发行的影响。

首先，非经营性往来占款和资金拆借产生的原因需真实、合法。比如，一家国有平台公司按照政府的要求为公立学校改扩建校舍提供资金，可能会因其违规替政府承担债务而构成发行障碍，尤其是在财政部等《关于规范土地储备和资金管理等相关问题的通知》，财政部《关于坚决制止地方以政府购买服务名义违法违规融资的通知》等一系列规范政府融资的文件相继出台后。如果政府平台公司在建设工程服务中出现替政府垫资而形成的非经营性往来款，可能会因其交易本身违反相关规定被审核机构认为内部治理和控制不合规从而构成发行障碍。

其次，非经营性往来占款和资金拆借的决策程序是否合法合规亦十分重要。比如，是否依法按照《关于进一步推进国有企业贯彻落实“三重一大”决策制度的意见》履行了相应的决策程序，是否符合当地政府或国资监管部门针对规范国有企业对外借款制定的相关规定。

最后，上交所、深交所出台的《审核重点关注事项》，还针对非经营性往来占款和资金拆借金额对总资产的占比不同提出了不同的要求。超过最近1年末经审计总资产3%的，应当充分披露；超过5%的，应承诺债券存续期内原则上不新增非经营性往来占款和资金拆借余额；超过10%的，募集资金原则上应用于偿还存量公司债券且需补充披露部分事项。

3. 有息负债情况

《证券法》第15条第1款第2项和《公司债券发行与交易管理办法》第14条第1款第2项均要求发行人最近3年平均可分配利润足以支付公司债券1年的利息。从目前审核的口径来看，一般要求只要能覆盖本次债券的利息即可认为符合该条件。但无论是出于防范企业自身的经营风险的目的，还是落实国家关于加强国有企业债务风险防控的要求，本书都建议企业在发行债券前，按照全口径有息负债来计算利润对当年利息的覆盖率。

根据国家发展改革委办公厅《关于充分发挥企业债券融资功能支持重点项目建设促进经济平稳较快发展的通知》，对发行企业债而言，审核机构根据主体信用评级的不同对资产负债率提出65%—85%的要求。除企业债外，公司债和非金融企业债务融资工具对发行主体没有设置资产负债率硬性准入条件，但公司债券的发行主体存在下列情形时应当加强针对性信息披露和风险提示：(1)报告期内有息负债余额年均增长率超过30%、最近1年末资产负债率超过行业平均水平且速动比率小于1；(2)最近1年末资产负债率、有息负债与净资产比例均超出行业平均水平的30%。除此之外，国有企业还应按照《关于加强国有企业资产负债约束的指导意见》的相关要求管理资产负债情况。

除有息负债的金额外，有息负债的结构审核机构亦十分关注。在上交所《审核重点关注事项》第15条第2款明确规定若发行人偿债能力因有息债务结构变化受到显著不利影响的，申报债券的募集资金原则上应用于偿还存量公司债券。根据本书作者的经验，银行借款占有息负债的比例较低、存在民间借贷、存在高利率非标融资可能会被认定为有息负债的结构存在不利影响。此外，审核机构还会对发行人是否存在银行借款余额被动大幅减少、银行授信大幅下降等情形予以关注。

4. 违约或逾期情况

《证券法》第 17 条第 1 项和《公司债券发行与交易管理办法》第 15 条第 1 项明确规定，已公开发行的公司债券或者其他债务有违约或者延迟支付本息的事实，仍处于继续状态的，不得公开发行公司债券。2020 版《非金融企业债务融资工具公开发行注册文件表格体系》也要求律师对发行人是否存在发行的债务融资工具或其他债务有违约或者延迟支付本息的事实发表意见。

那么，对于“其他债务”的范围以及“违约或者延迟支付本息且仍处于继续状态”如何认定呢？参照《上海证券交易所公司债券发行上市审核规则适用指引第 1 号——申请文件及编制》的相关规定，“其他债务”包括除公开发行公司债券外公开发行的其他债券和债务融资工具、非公开发行债券和债务融资工具以及借贷债务，但不包括日常经营中产生的应付账款，但需要防范因违约涉诉而被质疑主体信用。“违约或者延迟支付本息且仍处于继续状态”的认定标准原则上包括：一是发行人、相关信息披露义务人或相关市场已公告违约或延迟支付本息，且尚未支付；二是央行征信中心出具的发行人信用报告中存在逾期贷款或其他违约记录，且尚未偿付；三是人民法院裁定或判决发行人应偿付债券或借贷债务已生效且尚未执行完毕。

5. 资产性质与受限情况

资产的运营能力和可变现能力是企业偿债能力的重要支持。无论是投资者还是审核机构在判断发行主体的偿债能力时，除了资产规模外，还会重点关注资产的性质、产生收益的能力和受限情况。继国务院《关于加强地方政府融资平台公司管理有关问题的通知》、财政部等《关于贯彻国务院关于加强地方政府融资平台公司管理有关问题的通知相关事项的通知》及《关于制止地方政府违法违规融资行为的通知》等文件下发后，公益性资产、储备土地、程序不合规的土地均要求不得注入融资平台。对于剥离融资职能的平台公司和国有企业而言，若其存在上述资产的注入情形，一方面审核机构会关注其是否仍实质承担了地方政府融资的职能；另一方面在计算其可偿债资产时将扣减这部分违规注入的资产。本书作者还曾遇到发行主体的主要资产为通过划转方式取得的垃圾填埋场、水厂等特许经营类资产，但因发行主体尚未取得特许经营权，而被审核机构对其未来的偿债能力提出了质疑。

对于资产受限情况，本书认为国有企业可以从以下两点判断是否会因资产受限影响发行:(1)受限资产产生的原因。如果资产受限系因自身开展业务、进行融资而缴纳的保证金、抵押或质押资产则不会对发行构成实质影响,但如果资产受限主要因给第三方提供担保产生,那可能会被关注发行主体是否集中精力于自身的主业。(2)受限资产的金额。如果受限资产账面价值超过总资产50%,则可能会影响注册规模和募集资金用途。

(二)募集资金使用的相关要求

1. 关于募集资金用途的要求

发行信用债券募集的资金一般用于偿还有息债务、项目建设、补充营运资金。

关于企业债券募集资金的用途,根据《企业债券管理条例》、国家发展改革委办公厅《关于充分发挥企业债券融资功能支持重点项目建设促进经济平稳较快发展的通知》及其补充说明,企业债券募集资金原则上应用于符合国家产业政策和行业发展方向的经营性项目,用于项目建设的资金一般不低于募集资金的60%,符合优质主体条件的可降低至50%,同时占项目总投资额的比例不得超过项目总投的70%。对于募集资金用于项目建设的,原则上应当在发行前取得项目立项、环评、规划、能评等相关手续,对于未能取得完整相关手续的项目,一般要求在发行时至少需证明未来取得不存在实质性障碍。

而公司债券募集资金的用途较企业债券而言相对灵活,根据《公司债券发行与交易管理办法》《审核重点关注事项》《上海证券交易所公司债券发行上市审核规则适用指引第1号——申请文件及编制》的要求,募集资金可用于偿还债务、补充流动资金、项目投资、股权投资或资产收购等,但偿债压力较大的发行人在一定程度上会限制募集资金应用于偿还存量公司债券。

对于非金融企业债务融资工具募集资金的用途,协会多采用窗口指导的方式予以规范,虽原则上可将募集资金用于合法合规的经营性项目和补充流动资金。但本书作者了解到,自财政部建立地方债务风险预警系统后,城投主体发行的非金融企业债务融资工具基本用于偿还存量标准债务,随着《银行保险机构进一步做好地方政府隐性债务风险防范化解工作的指导意见》的出台,通过发行非金融企业债务融资工具补充流动资金的难度进一步加剧。

2. 关于募集资金使用主体的要求

基于信用情况、融资能力的要求,集团化国有企业一般由一级公司进行融资，但资金需求常存在子公司或参股公司，那么发行人能否将募集资金用于子公司或参股公司呢？

2015年《公司债券发行与交易管理办法》第15条第1款规定，除金融企业外，募集资金不得转借他人。根据中国证监会发布的《公司债券日常监管问答（一）》，除金融类企业外，募集资金不得转借他人，用于并表子公司的除外。《公司债券发行与交易管理办法》修订后虽删除了不得转借他人的相关规定，但实务操作中，公司债券募集资金仍禁止出借给合并报表子公司以外的主体。

《企业债券管理条例》第20条第1款规定："企业发行企业债券所筹资金应当按照审批机关批准的用途，用于本企业的生产经营。"虽然根据《企业债券审核手册》对募投项目的要求，发行人在一定比例的限度内可将募集资金用于参股项目，但本书注意到，近年来随着债券发行的违约风险加剧，审核机构在对募集资金投向的审核中已参考公司债券的要求，禁止出借给合并报表子公司以外的主体。

与公司债券、企业债券上述要求相同，非金融企业债务融资工具的相关规定亦要求募集资金不得直接用于参股公司。

实务提示

通过发行信用债券进行融资目前是央企和地方国企最主要的直接融资手段。如本部分所述，虽然证监会（沪深交易所）、发展改革委及银行间交易商协会就各类债券的发行监管均分别出台了相应的审核规则和问答，但在实践中，国有企业在申请发行债券时，除了遵守上述规定和要求外，还需要符合国家关于地方债务及国有资本的监管政策，同时需接受债券审核部门实时的窗口指导意见。本书作者结合多年从事债券发行业务的法律实务经验，对国有企业发行债券的实质条件进行了梳理和总结，希望有助于国有企业更好地把握发行条件、顺利实现融资，更好发挥国有企业在国民经济中的主导作用。

第二节　国有企业首发上市审核要点

据国务院国资委统计，截至2021年年底，国有控股上市公司共1317家，总市值约33.54万亿元，占境内及港股上市公司的28.26%，国有控股上市公司的数量及市值在中国资本市场均已占据着举足轻重的地位。同时据统计，截至目前，国有控股的IPO企业也占据着在审IPO企业不小的份额。事实上，因国有控股企业某些方面的同质性，其在上市过程中有一些常见的共性法律问题，如历史沿革涉及的国资程序、改制程序的合法合规性问题，同业竞争解决问题以及相对控股下的实际控制人认定问题。本部分就国有企业IPO审核过程中的常见法律问题进行探析，通过案例寻求对相关问题现实可行的解决方案，以期为存在同样类似问题的国有企业上市助力。

一、历史沿革相关问题

基于国有企业国资管理的特殊性，国有企业所涉及的出资、股权转让、非同比例增减资、改制等事项须履行相应的审批、审计、评估、备案等手续。而在实践中，基于种种原因，很难保障国有企业自设立到上市阶段的历史沿革全部严格按照国资监管相关规定去执行，过程中难免出现各类瑕疵问题，诸如股权变动未履行评估程序、改制未依法审计等。因此，如何解决前述相关瑕疵，以期其不会形成企业上市的实质性障碍，成为诸多拟IPO国有企业亟待解决的问题。

（一）国有股权变动未评估

案例：清研环境（301288）于2019年、2020年发生股权变动，根据《企业国有资产评估管理暂行办法》第6条“企业有下列行为之一的，应当对相关资产进行评估：……（四）非上市公司国有股东股权比例变动”的规定，力合创投和清研创投作为国有持股主体，应就2019年、2020年国有股权比例被动稀释事宜进行国有资产评估，但力合创投和清研创投未履行国有资产评估程序。清研环境在其申报文件中解释，力合创投和清研创投虽未履行国有资产评估手续，但已履行内部审批程序，深圳市国资委对变动后的国有股权比例进行了确认，认为不存在国有资产流失的情形，该解释亦得到了审核机构的认可。

在目前的资本环境下，企业在 IPO 前一般会经历多轮融资，在引入投资者的过程中，国有股权将被动稀释，该过程中存在部分国有股权未对该被动稀释的股权进行资产评估的情形，以致企业股权变动存在瑕疵，监管机构对该瑕疵是否会造成国有资产流失以及是否形成上市实质性障碍最为关注。清研环境对此的处理方式为目前较为主流的处理方式，通过有权的国资部门对该程序进行事后确认，以确保能够发表不存在国有资产流失的意见。

（二）企业改制的程序瑕疵

案例：家家悦（603708）公司的前身山东省威海糖酒采购供应站于企业改制及国家股转让中存在"无偿占用改制后剩余国有资产""未在规定期限内上缴国有资产转让款但享受优惠政策"等不规范情形。公司在筹备上市的过程中，威海市国资办出具的《关于对家家悦集团股份有限公司改制合法性审查的意见》对上述不规范情形作出了处理意见，要求家家悦支付国有资产使用费并按评估值补缴国有资产转让差价及利息损失。

一般而言，企业改制发生的时间基本距今时间较为久远，且当时的监管规定亦非十分健全，因此早期的企业改制在程序上存在瑕疵的问题较为普遍。在家家悦的案例中，针对其改制过程中的不规范行为，家家悦最终通过主管部门出具确认文件的方式解决企业改制时的瑕疵，在按照威海市国资办意见支付相关使用费及转让价差及利息损失后，认为已对改制时的不规范情形予以处理，该方式最终得到监管机构的认可并成功上市。由此可知，国有企业历史沿革上存在改制瑕疵在上市过程中并非实质性障碍，审核机构对事后国资部门确认文件的效力较为认可，以相关国资部门或主管部门出具的确认文件作为兜底，系较为成熟的解决方案。

案例：招标股份（301136）控制的部分子公司历史沿革中存在部分子公司从全民所有制企业改制为有限责任公司的改制程序以及部分子公司的股权变动程序不完备的情况，主要体现为改制评估前未经审计，或仅审计但未评估，或审计及评估程序滞后于改制方案审批等情形。依据招标股份的申报文件，对于改制程序存在瑕疵的招标股份的下属子公司,福建省国资委对所涉的公司(不含子公司工大岩土)出具了相关确认文件,确认改制程序上存在瑕疵,但属于公司制改制,在改制前后各个股东持股比例、权益未发生变化,未造成国有资产流失,改制行为结果有效。而基于子公司工大岩土改制时的主管部门非为国资部门,福建省国资委并未对工大岩土的改制事宜进行确认,针对工大岩土改制时未经审计的瑕疵,公司和中介机构从以下方面进行了解释:(1)改制的核心程序为评估及改制方案,二者均已依据规定履行;(2)改制前后股东一致,未造成国有资产流失;(3)改制以来未发生争议纠纷;(4)工大岩土后续已办理国有产权登记,主管部门已实际认可改制结果。

通过招标股份子公司改制瑕疵的解决思路可知,就拟 IPO 的国有企业而言,如其自身或其控股子公司在改制时存在瑕疵,最便捷且高效的方式则为通过主管部门出具专项确认函以确认改制的合法合规性。但对于主管部门不予确认的事项,则需要企业自身充分论证该瑕疵的影响程度,如在招标股份的案例中,对于工大岩土的历史沿革瑕疵,福建省国资委则未做确认,公司从已履行改制的核心程序(评估及改制方案报批)、改制前后股东一致、改制至今未发生争议纠纷、改制完成后顺利完成国有产权登记等多个维度论述了工大岩土虽存在瑕疵,但不对上市造成实质性障碍,最终亦得到了监管机构的认可。由此可知,在国有企业上市过程中,如能取得主管部门的确认文件,该瑕疵基本能够得到解决,不会构成发行上市的实质性障碍,如无法获取主管部门的确认文件,那就该瑕疵本身是否造成国有资产流失进行深度论述,亦有可能获得通过。

二、同业竞争问题

在资本市场,通常而言,同业竞争是指上市公司控股股东(包括绝对控股股东与相对控股股东)、实际控制人及其所控制的企业从事的业务与上市公司所从事的业务构成或可能构成直接或间接竞争关系。同业竞争,从词语的结构来看,属于并列结构,由“同业”和“竞争”构成。具体来说,前者由“业态”决定,后者由相关主体与“竞争方”的“竞争关系”决定,因此,构成同业竞争需要两者兼备。

依据《首次公开发行股票并上市管理办法》[①]的相关规定,发行人的业务应当独立于控股股东、实际控制人及其控制的其他企业,与控股股东、实际控制人及其控制的其他企业间不得有同业竞争。而对于拟 IPO 的国有企业而言,除《首发管理办法》外,还应重点关注的规定为《关于推动国有股东与所控股上市公司解决同业竞争规范关联交易的指导意见》(国资发产权〔2013〕202 号)(以下简称《推动同业竞争规范的指导意见》)。《推动同业竞争规范的指导意见》明确:(1)国有股东与所控股上市公司要按照“一企一策、成熟一家、推进一家”的原则,结合企业实际以及所处行业特点与发展状况等,研究提出解决同业竞争的总体思路,要综合运用资产重组、股权置换、业务调整等多种方式,逐步将存在同业竞争的业务纳入同一平台,促进提高产业集中度和专业化水平。(2)国有股东与所控股上市公司在依法合规、充分协商的基础上,可针对解决同业竞争、规范关联交易的解决措施和期限,向市场作出公开承诺。国有股东与所控股上市公司要切实履行承诺,并定期对市场公布承诺事项的进展情况。对于因政策调整、市场变化等客观原因确实不能履行或需要作出调整的,应当提前向市场公开做好解释说明,充分披露承诺需调整或未履行的原因,并提出相应处置措施。(3)有条件的国有股东在与所控股上市公司充分协商的基础上,可利用自身品牌、资源、财务等优势,按照市场原则,代为培育符合上市公司业务发展需要、但暂不适合上市公司实施的业务或资产。上市公司与国有股东约定业务培育事宜,应经上市公司股东大会授权。国有股东在转让培育成熟的业务时,上市公司在同等条件下有优先购买的权利。上市公司对上述事项作出授权决定或者放弃优先购买权的,应经股东大会无关联关系的股东审议通过。

鉴于国有企业在正常市场经营的同时通常需要完成一定政府任务,且伴随偶有的因国资结构调整导致的各公司在不同企业间的无偿划转或转让,因此容易形成拟 IPO 的国有企业与其国有控股股东控制的其他主体存在同业竞争。而基于目前 IPO 的监管动态,同业竞争原则上属于审核红线,对于国有 IPO 企业而言,国有控股股东应按照《推动同业竞争规范的指导意见》的要求,逐步将存在同业竞争的业务纳入统一平台,如涉及解决同业竞争需要期限,应向市场作出公开承诺并切实履行,以保障其他投资者的利益。

---

① 已被 2023 年 2 月的《首次公开发行股票注册管理办法》取代。

三、实控控制人认定问题

在目前鼓励混合制的经济形式下，存在大量民营企业引入国有股东或国有企业引入民营股东的情形，以此形成混合所有制企业。在该类企业筹备上市过程中，对于国有股东绝对控股的企业，其实际控制人的认定自然不存在大的争议，而对于国有股东相对控股的企业，并且可能对董事会或经营层亦无控制权时，应如何认定实际控制人则成了一个棘手的问题。

案例：成都燃气（603053）由成都城投集团持股41%，成都城投集团系第一大股东。成都燃气董事会由13人组成，其中由成都城投集团提名7人，高级管理人员由10人组成，由成都城投集团提名5人，在上市申报过程中，成都燃气被反复问询控股股东及实际控制人认定问题。

《公司法》第216条第2项、第3项规定："控股股东，是指其出资额占有限责任公司资本总额百分之五十以上或者其持有的股份占股份有限公司股本总额百分之五十以上的股东；出资额或者持有股份的比例虽然不足百分之五十，但依其出资额或者持有的股份所享有的表决权已足以对股东会、股东大会的决议产生重大影响的股东。实际控制人，是指虽不是公司的股东，但通过投资关系、协议或者其他安排，能够实际支配公司行为的人。"

32号令第4条规定："本办法所称国有及国有控股企业、国有实际控制企业包括：（一）政府部门、机构、事业单位出资设立的国有独资企业（公司），以及上述单位、企业直接或间接合计持股为100%的国有全资企业；（二）本条第（一）款所列单位、企业单独或共同出资，合计拥有产（股）权比例超过50%，且其中之一为最大股东的企业；（三）本条第（一）、（二）款所列企业对外出资，拥有股权比例超过50%的各级子企业；（四）政府部门、机构、事业单位、单一国有及国有控股企业直接或间接持股比例未超过50%，但为第一大股东，并且通过股东协议、公司章程、董事会决议或者其他协议安排能够对其实际支配的企业。"

依据上述规定，如需要论证成都城投集团系成都燃气之控股股东，则需要论述成都城投集团能够对股东大会决议产生重大影响，或者通过股东协议、公司章程、董事会决议或者其他协议安排对成都燃气实际支配。但鉴于成都城投集团持股比例未过半，且在董事会、高级管理人员层级控制的人员亦未过半，如何合理论述以通过审核则显得尤为关键。通过研究成都燃气的申报文件，本书认为，对于国有股东持股比例不超过50%时，如何将该企业认定为国有控股企业可参考如下路径论述。

（一）股份数是否能够实施重大影响

依据《公司法》的相关规定，对于出资不足50%，但能够对股东大会决议产生重大影响的股东，亦应认定为控股股东。在成都燃气的案例中，成都城投集团持有成都燃气41%的股份，系第一大股东，因此能够对公司股东大会的重大决策实施重大影响。鉴于此，对于国有股东持股不超过50%的拟IPO企业，如需论述该企业系国有控股企业，应着力论证该国有股东能够对企业的股东大会决议产生重大影响，该重大影响的体现，应至少对章程规定的“需经出席会议表决权的三分之二以上通过”事项能够一票否决，即该国有股东的持股比例应不低于1/3。

（二）是否纳入国资合并报表体系进行管理

国有企业的重要特点则为需按照国资监管相关规定进行监管，不论是企业的人事任免、采购程序、借款担保、对外投资等事项，如拟认定该企业为国有企业，那该企业自然应纳入国资监管体系统一管理。在成都燃气的案例中，公司则论述到，自成都燃气2004年改制以来，则一致纳入国资合并报表体系内进行统一管理，按照国资相关流程进行监管。因此，本书认为，从内部管理流程上看，已长期纳入国资合并报表体系管理的企业，可从该方面论证其系国有控股企业，该论证基础应具有合理性。

（三）是否能控制董事会及高管层

依据32号令的相关规定，股东对董事会或高级管理人员层级的控制系论述其为公司控股股东的重要依据。因此，如股东对董事会人员及高级管理人员有过半的提名权或控制权，则论述该股东系企业的控股股东应不存在争议。但是，如提名权或控制权不过半数（或等于半数），如何论述该股东对董事会或高级管理人员的控制或影响力则需要具体分析。

在成都燃气的案例中，成都城投集团对公司董事会及高级管理人员层级的提名权均未超过半数，但公司和中介机构认为，虽然成都城投集团对公司董事会成员的提名权未超过半数，但已占据13人中的6席，且董事长系由成都城投集团提名，在高级管理人员中，成都城投集团提名人员占据总人数 10 人中的 5 席，因此认定成都城投集团能够对公司董事会及高级管理人员实施重大影响。本书认为，对于股东提名的董事会人员及高级管理人员未超过半数的情形，可从股东有权提名的人数相较于其他股东具有明显优势以及核心岗位（如董事长、财务负责人等）由该股东提名等角度充分论述该股东对企业董事会及高级管理人员具有重大影响，以作为论证该股东系公司控股股东的支撑。

（四）党组织关系

依据《公司法》的相关规定，公司根据中国共产党章程的规定，设立中国共产党的组织，开展党的活动；公司应当为党组织的活动提供必要条件。因此，党组织关系亦是认定控股股东及实际控制人的可参考的重要因素，在成都燃气的案例中，公司论述成都燃气的党组织成员系由其国有股东成都城投集团的党组织批准产生，成都燃气的党委书记由成都城投集团所推荐的担任董事长的人员担任，由此论证成都燃气的控股股东系成都城投集团。本书认为，党的领导在公司中具有重要作用，党组织系上下领导关系，如拟 IPO 企业党组织的上级党组织系国有股东的党组织，该情形可作为论证该国有股东系该拟 IPO 企业控股股东的合理支撑。

第三节　国有企业供应链 ABS

资产证券化(Asseted－Backed Security,ABS)是一种起源于美国抵押贷款市场,通过将缺乏流动性但预期能产生稳定现金流的资产进行分割与重组,进而转化为流动性与信用等级较优的金融产品。ABS 产品的此类融资特性已让其演变成了一种全球性的金融模式,各类 ABS 产品层出不穷,如 CMBS、REITs 等。作为中国金融市场上的一颗新星,ABS 也深受金融市场参与者的追捧。根据 CNABS 的统计数据,截至 2022 年 4 月 7 日,我国 ABS 产品发行总数由 2014 年全年发行 104 只,发行金额 3148 亿元迅猛发展到 2021 年全年发行 2196 只,发行金额 3.36 万亿元,发行金额增长了近 10 倍,发行数量增长了 20 倍。值得一提的是,企业 ABS 的发行金额由 2014 年的 401 亿元占全部 ABS 项目的 14.8%,逐年增长至 2021 年的 1.61 万亿元占全部 ABS 项目的 48%。

为便于了解国有企业供应链 ABS 项目,本部分将从 ABS 的基本概念、监管制度、项目特点及国有企业供应链 ABS 项目重点问题等几个方面深入浅出地探寻供应链 ABS 的产品魅力。

一、ABS 概述

(一)ABS 的基本形态

资产证券化的核心在于将证券信用与主体信用进行分离,通过结构化与外部增信等方式增加基础资产的信用等级,从而使其能够在资本市场以发行证券的方式获取融资,解决了资信水平差、融资能力弱的原始权益人无法凭借自身主体信用实现低成本融资的困境,也极大提升了基础资产的流动性。与传统债券相比,ABS 的付款保障来源于优质但缺乏流动性的基础资产所产生的未来稳定现金流。目前,该等基础资产主要分为债权类型(如企业应收账款、融资租赁债权)、收益权类型(如企业经营收入、公用事业收入)和权益类型(如租赁不动产、商业物业)三大类。

(二)ABS的监管架构

随着我国ABS业务的不断发展,各项配套制度渐次落地,发行端、投资端、交易结构和主体资质等业务环节臻于规范和成熟。2018年至今,中国资产证券化市场快速扩容、监管政策日渐完善、大类基础资产类别不断形成与规范,更加要求从业者谙熟制度与规范,紧跟时代步伐成为一名合格的市场参与者。

目前,依据我国监管部门和监管规定的不同,ABS项目主要分为三大类,见表3-1:一是证监会主导的企业资产证券化(以下简称企业ABS);二是央行与银保监会(原银监会)主导的信贷资产证券化(以下简称信贷ABS);三是中国银行间交易商协会主导的资产支持票据(以下简称ABN)。

表3-1　三类ABS项目比较

项目	企业ABS	信贷ABS	ABN
监管部门	证监会	人民银行、银保监会	交易商协会
审批方式	交易所出具无异议函、基金业协会备案	人民银行注册、银保监会信息登记	交易商协会注册
主要规定	《证券公司及基金管理公司子公司资产证券化业务管理规定》及其配套规则	《信贷资产证券化试点管理办法》及其配套规则	《非金融企业资产支持票据指引》及其配套规则
基础资产	负面清单制(债权和收益权等)	信贷资产	与企业ABS类似
特殊目的载体(SPV)	证券公司专项资管计划或基金子公司专项资管计划	信托	信托
交易场所	证券交易所、全国中小企业股份转让系统、机构间私募产品报价与服务系统、证券公司柜台市场以及中国证监会认可的其他证券交易场所	银行间债券市场	银行间债券市场

1.企业ABS基础资产包括企业应收款、租赁债权、信托收益权等财产权利,基础设施、商业物业等不动产或不动产收益权等。企业ABS的公开发行需要由证券交易所审批,中国证券投资基金业协会(以下简称基金业协会)备案;

而非公开发行仅需在基金业协会备案。后续二级市场主要由证监会及交易所依据《证券法》《证券公司及基金管理公司子公司资产证券化业务信息披露指引》以及交易所相关业务规则、业务指南等进行持续监管。

2. 银行 ABS 或称信贷 ABS，主要是将流动性差的贷款打包成证券化产品出售，在银行间市场发行。依据银保监会 2020 年发布的《关于银行业金融机构信贷资产证券化信息登记有关事项的通知》，金融机构在银行间债券市场发行信贷 ABS 应当先向银保监会申请相关业务资格，随后依照该通知要求对于拟发行产品的基础资产明细和资产支持证券信息实施初始登记，并在产品存续期内对基础资产和资产支持证券发生变化的信息在规定时间内进行变更登记。发行后，央行以及银保监会对其进行持续监管。

3. 资产支持票据（ABN），是指非金融企业为实现融资目的，采用结构化方式，通过发行载体发行的、由基础资产所产生的现金流作为收益支持的、按约定以还本付息等方式支付收益的证券化融资工具。银行间交易商协会负责对 ABN 产品进行注册并对其进行持续监管。

二、企业 ABS 规则体系

我国企业 ABS 的规则体系主要是通过构建一个大的监管框架，由证监会依据《证券法》《证券投资基金法》等法律规定，《证券公司及基金管理公司子公司资产证券化业务管理规定》（以下简称《证券化业务管理规定》）、《私募投资基金监督管理暂行办法》等部门规章，《证券公司及基金管理公司子公司资产证券化业务尽职调查工作指引》《证券公司及基金管理公司子公司资产证券化业务信息披露指引》等规范性文件，对企业 ABS 产品的发行、交易、登记结算等方面的业务或行为进行监管。欣喜的是，2019 年修订的《证券法》肯定了资产支持证券的证券性质，并将其纳入《证券法》适用范围，这是对我国原有 ABS 法规体系的里程碑式的突破。

对于企业 ABS 的具体细则，则是由基金业协会和交易所负责制定。基金业协会通过制定《资产证券化业务基础资产负面清单指引》《资产证券化业务风险控制指引》《资产支持专项计划备案管理办法》等负责 ABS 基础资产负面清单管理以及专项计划的备案；各交易所则通过分别制定相关业务指引、业务指南等负责 ABS 的自律监管，其中上交所的规则见表 3－2。

表3-2 上交所ABS主要业务规则体系

类别	业务规则名称
综合类	《上海证券交易所资产证券化业务指引》
	《上海证券交易所资产证券化业务指南》
	《上海证券交易所资产支持证券挂牌条件确认业务指引》
	《上海证券交易所资产支持证券临时报告信息披露指引》
	《上海证券交易所资产证券化业务问答》(一)(二)(三)
基础资产类	《上海证券交易所企业应收账款资产支持证券挂牌条件确认指南》
	《上海证券交易所企业应收账款资产支持证券信息披露指南》
	《上海证券交易所融资租赁债权资产支持证券挂牌条件确认指南》
	《上海证券交易所融资租赁债权资产支持证券信息披露指南》
	《上海证券交易所政府和社会资本合作(PPP)项目资产支持证券挂牌条件确认指南》
	《上海证券交易所政府和社会资本合作(PPP)项目资产支持证券信息披露指南》
	《上海证券交易所基础设施类资产支持证券挂牌条件确认指南》《上海证券交易所基础设施类资产支持证券信息披露指南》

三、供应链ABS项目特点

近年来,供应链金融快速发展,在与资产证券化不断结合后催生出供应链ABS产品,成为炙手可热的企业融资模式。供应链ABS产品以核心企业的上下游交易为基础,以核心企业的信用为保证,通过出售未来的现金流收益获取现时融资,从而解决了供应链上下游企业缩短账期、降低融资门槛的迫切需求。因此,供应链ABS产品的发行单数与发行规模呈现逐年上升趋势,占企业类ABS产品的份额也逐渐扩大。根据CNABS的统计数据,2015年我国供应链ABS产品发行规模仅为114.41亿元,而在2021年供应链ABS产品发行规模已达到2803.08亿元,占企业类ABS产品的17.52%。

通过对供应链ABS项目相关特点的逐一分析,国有企业因自身信用强、公司规模大、行业地位高等优势,对于供应链ABS项目的参与、发行、推动等方面具有更优的适配性。

（一）反向保理

实践中，供应链 ABS 项目以反向保理为主。反向保理依托于供应链核心企业的信用，沿着交易链条的反方向，向与核心企业有长期稳定业务往来的供应商提供保理融资服务。供应链 ABS 项目通常采取“1 + N”模式，“1”是指信用等级较高、偿付能力较强的核心企业，“N”是指与核心企业存在供应关系的供应商，其本质是供应商基于真实的商业交易，将核心企业的主体信用转化为自身的信用从而实现较低成本融资。相较于正向保理，反向保理的保理商可基于对核心企业的了解选择核心企业同意支付的应付账款债权进行融资，能够降低应收账款质量风险及其保理业务操作风险。

（二）储架发行

ABS 储架发行是指在向交易所首次申报时提交一整套框架性的申报材料，同时申请一个总的发行期数和规模，待交易所审批通过并取得无异议函后，后续即可分期发行而无须再次申报。

根据《上海证券交易所资产证券化业务问答（三）》，资产证券化项目“一次申报、分期发行”需满足以下条件：（1）基础资产具备较高同质性，法律界定及业务形态属于相同类型，且风险特征不存在较大差异；（2）分期发行的各期资产支持证券使用相同的交易结构和增信安排，设置相同的基础资产合格标准，且合格标准包括相对清晰明确的基础资产质量控制条款，比如资产池分散度、债务人影子评级分布等；（3）原始权益人能够持续产生与分期发行规模相适应的基础资产规模；（4）原始权益人或专项计划增信主体资质良好，原则上主体信用评级为 AA 级或以上；（5）资产证券化项目的计划管理人和相关参与方具备良好的履约能力和较为丰富的资产证券化业务经验。根据以上要求，往往需要核心企业有大量稳定的应收账款，因而房地产企业和一些建筑工程企业占据了供应链 ABS 的半壁江山。

（三）双池模式

双池即模拟资产池和真实资产池，也就是实践中熟称的“黑红池”。“红池”是指 ABS 管理人向交易所进行前期审批时所递交的模拟资产池，“黑池”则是在 ABS 产品实际分期发行时确定的真实资产池。“红池”与“黑池”均为根据入池标准筛选出来的基础资产，且“黑池”和“红池”在对底层基础资产现金流稳定性具有重要影响的统计要素上具有极高的相似性，从而保证两次入池基础资产的同质性。

双池模式适用于基础资产回款快，发行时点不确定导致融资成本较高的应用场景。通过双池模式两次确定资产池，一方面，在发行准备期间原始权益人可以将“红池”资产用于其他融资，比如作为另一个资产池的循环购买基础资产，提高资产使用效率；另一方面，在市场流动性偏紧，资金成本较高时，专项计划可以推迟成立，只要在发行时可以确保“黑池”资产和“红池”资产的同质性则可以保证融资规模，从而保证实际融资成本。

（四）平层结构

一般情形下，供应链 ABS 项目多为平层结构，通常不设外部信用增级方式。由于供应链 ABS 具有较强的类信用债特点，对核心企业的准入门槛较高，证券的偿付严重依赖核心企业的还款能力和意愿，常规 ABS 项目涉及的优先/次级分层结构对于优先级证券的信用级别并没有太大的提升作用，除少数项目（主要为主体评级低于 AAA 的项目）设置了小比例的次级证券之外，多数项目采用的为平层结构。需要注意的是，虽然平层结构取消了次级证券，进一步降低了企业的资金占用，但可能对 ABS 产品的推广及销售产生一定程度的不利影响。

四、国有企业供应链 ABS 项目的重点问题

一个完整的供应链 ABS 项目将会涉及核心企业确定、债务人准入、保理模式选择、基础资产确定、增信措施保障五大环节的运作。国有企业作为供应链 ABS 项目的核心企业，在后续项目推进过程中应重点关注债务人准入以及基础资产的确定。

（一）核心企业

结合 2021 年市场数据来看，发行资产证券化产品规模较大的企业以央企及地方城投企业为主，辅以少量商业运营规模较大的民营企业如融创、新鸿基、万科等。供应链金融 ABS 具有的类信用债特征决定了该类产品主要依赖于核心企业的主体信用，而核心企业一般为行业龙头企业，需要具有一定的资产规

模、财务实力和信用实力，且主体信用评级在 AA + 及以上，并以 AAA 企业为主。因此规模较大的央企及地方城投企业则因其融资能力的优势更容易获得交易所的审批。从行业角度来看，重点关注资产周转率高、应付款体量大的行业，比如建筑类企业、房地产企业、贸易企业、制造企业等。

（二）债务人准入

在反向保理 ABS 模式下，保理公司首先会与核心企业事先协商融资事项，确保核心企业及其下属公司能够配合进行应收账款的确权后，该核心企业的下属公司就成为供应链 ABS 的债务人。为降低 ABS 项目的融资风险，证监会及交易所对债务人准入分别作出了一定限制，具体情况如下：

1. 根据《证券公司及基金管理公司子公司资产证券化业务信息披露指引》第 9 条，基础资产池所对应的单一债务人未偿还本金余额占比超过 15%，或债务人及其关联方的未偿还本金余额合计占比超过 20% 的，应披露该等债务人的相关信用情况。核心企业下属公司入池基础资产占比若超过 15%，则应对该下属公司进行相应的简要的信息披露。

2. 根据交易所《上海证券交易所业应收账款资产支持证券挂牌条件确认指南》的相关规定，基础资产池应当具有一定的分散度，至少包括 10 个相互之间不存在关联关系的债务人且单个债务人入池资产金额占比不超过 50%。同时规定了债务人分散度的两种豁免情形：（1）基础资产涉及核心企业供应链应付款等情况的，资产池包括至少 10 个相互之间不存在关联关系的债权人且债务人资信状况良好；（2）原始权益人资信状况良好，且专项计划设置担保、差额支付等有效增信措施。就供应链 ABS 项目而言，由于债务人的单一性，分散度要求难以达到，但鉴于存在上述豁免条款，债务人的分散度问题得以解决。

（三）保理模式及保理商准入

如上文所述，市场上供应链 ABS 项目大多是采用反向保理模式。这主要是因为，首先，该模式延长了核心企业的付款周期，不仅能够减轻短时间内的资金压力，还能实现融资目的。其次，保理商的主要职责是负责筛选基础资产及向上游供应商付款，这可以让核心企业免于承担资金归集责任，降低其操作难度。最后，"一次申报、多次发行"的储架发行模式，在选择发行时间上更为灵活。

在反向保理模式下,保理合同根据保理商对受让的应收账款有无追索权,可以分为有追索权合同和无追索权合同,根据保理合同的不同约定,保理融资债权作为基础资产的情景如表3-3所示:

表3-3 不同保理模式的交易情景

类型	交易情景
无追索保理	应收账款在无商业纠纷等情况下无法得到清偿时,由保理商承担应收账款的坏账风险
有追索保理	应收账款到期无法从债务人处收回时,保理商可以向供应商反转让应收账款、要求供应商回购应收账款或归还融资

由于供应链ABS项目严重依赖于核心企业的信用,供应商往往规模小、信用低,采用有追索权保理并不能起到实质的增信作用;同时,对于供应商而言,与有追索权保理增加资产负债率不同,无追索权保理可以降低应收账款余额,提高应收账款的周转率,改善资产负债结构,因此目前市场上大多数项目为无追索权保理。

鉴于保理商在ABS项目的整个交易流程中承担着桥梁作用,并结合市场倾向于选择无追索保理的模式,当基础资产无法得到偿还时保理商需要承担最后的风险,因此,供应链ABS项目中对于保理商的选择便至关重要。根据商务部《关于商业保理试点有关工作的通知》(商资函〔2012〕419号)以及商务部《关于商业保理试点实施方案的复函》(商资函〔2012〕919号),商业保理公司的设立原则上需满足该等文件中设置的相关条件,不同试点地区商业保理公司设立的具体条件及申请材料还应当符合当地商业保理行业管理的规定,因此,除根据商务部相关文件核实保理商的业务资格外,还需根据保理商所在省市的其他要求进一步判断保理商开展业务的合规性。

此外,2019年发布的中国银保监会办公厅《关于加强商业保理企业监督管理的通知》(银保监办发〔2019〕205号)对保理公司形成了银保监会制定规则、地方政府实施监督管理、地方金融监管局统一归口管理的监管体系,上述通知明确要求商业保理公司仅能在通知明确规定的业务范围内从事经营活动,严禁从事负面清单所列经营业务,实践中,交易所亦会对保理商的经营活动是否符合上述通知的要求予以关注。

（四）基础资产

根据《证券化业务管理规定》，基础资产指符合法律法规规定，权属明确，可以产生独立、可预测的现金流且可特定化的财产权利或者财产。基础资产可以是单项财产权利或者财产，也可以是多项财产权利或者财产构成的资产组合。但无论以何种形式表现，其交易基础应当真实，交易对价应当公允，现金流应当持续、稳定。

本部分以应收账款为例，结合交易所发布的《应收账款资产支持证券挂牌条件确认指南》以及《企业应收账款资产证券化业务尽职调查工作指引》，将基础资产的准入与核查标准划分为三大类别进行说明，具体如下。

1. 基础资产主要核查点

（1）参与主体：原始债权人、债务人、共同债务人为法人或其他组织的，应系依据中国法律在中国成立且合法有效存续；

（2）项目文件：基础资产对应的全部应收账款转让合同、付款确认书、基础交易合同等适用法律为中国法律，且在中国法律项下均合法有效；

（3）积极属性：基础资产的债务人在封包日均为核心企业的直接/间接控股下属公司或关联公司；任一笔应收账款债权可以进行合法有效的转让且债权到期日均早于专项计划到期日但晚于专项计划设立日；

（4）消极属性：应收账款债权不属于《资产证券化业务基础资产负面清单指引》列示的负面清单范畴；不存在会对专项计划的受让、持有基础资产等产生重大不利影响的情形（如债权被设定抵押、质押等其他项权利负担、涉及未决诉讼、仲裁或被查封、扣押等司法程序或强制措施）；不涉及国防、军工或其他国家机密。

2. 基础资产一次转让主要核查点

（1）基础交易合同对应真实、合法、有效的交易关系且合同项下相关主体具有订立合同所需的资质、许可、批准等；

（2）在原始债权人已经完全、适当地履行了基础交易合同项下对应的所有合同义务，且不存在属于预付款的情形下，债务人确认其对基础交易合同项下的应收账款负有到期偿付的义务，并且不享有商业纠纷抗辩权；

（3）原始债权人合法拥有且权属明确的应收账款在转让时，原始权益人应当以公允的转让价款全额支付。

3. 基础资产二次转让主要核查点

(1)原始权益人将其合法拥有且权属明确的基础资产转让至专项计划时,已经完全、适当地履行了所有转让合同项下义务;

(2)原始权益人已将两次转让事项书面通知债务人及共同债务人,并已经取得了债务人、共同债务人出具的书面确认以确保债务人及共同债务人的付款承诺不会因基础资产的转让被全部或部分免除;

(3)同一应收账款转让合同项下尚未清偿的应收账款债权应全部入池;

(4)基础资产池具备一定的分散度,包括不少于10家相互之间不存在关联关系的原始债权人,入池应收账款可特定化且金额、付款时间明确;存在关联关系的债权人对应的基础资产在资产池占比合计不得超过50%。

(五)增信措施

为缓释ABS项目涉及的违约风险,保障资产支持证券能够按时足额地向持有人兑付各期预期收益及未偿本金余额,供应链ABS项目通常会在交易结构中安排纳入相关增信措施,从而构建一套适合于特定供应链ABS项目的信用增级机制,以下将简单介绍几种目前使用率较高的增信措施。

1. 债务加入

债务加入是指第三人与债权人、债务人达成三方协议或第三人与债权人达成双方协议或第三人向债权人单方承诺由第三人履行债务人的债务,但同时不免除债务人履行义务的债务承担方式。目前在供应链ABS项目中,核心企业大多采用单方承诺的方式,即由核心企业向供应商和保理商出具付款确认书从而达到:(1)两次通知转让的回执作用;(2)应收账款确权作用;(3)同意作为共同债务人对该等应收账款债权承担到期付款义务且不以任何理由抗辩,直至该笔应收账款债权获得全部清偿的债务加入作用。例如,平安汇通—宝龙—联易融供应链金融1号资产支持专项计划,作为项目核心企业的宝龙地产控股有限公司和上海宝龙实业发展(集团)有限公司向联捷保理、专项计划管理人平安大华汇通财务管理有限公司出具付款确认书,同意并确认通过债务加入的方式成为该项目应收账款债权的共同债务人,以此方式为专项计划提供增信。

2. 差额支付

在少数项目的交易结构中,核心企业也会采取差额支付的方式进行增信。与债务加入的相关文件相似,差额支付承诺文件中也需要包括:(1)两次通知转让回执;(2)应收账款确权;(3)对基础资产项下应收账款转让合同所对应的债务人不足以支付保理商所享有的标的应收账款项下全部未偿价款余额的差额部分承担补足义务,直至标的应收账款的应付未偿价款余额全部清偿完毕的相关内容。例如,在东兴—成都建发—联易融供应链1—20号资产支持专项计划中,由差额支付承诺人成都建发不可撤销及无条件地向计划管理人(代表资产支持证券持有人)承诺并出具差额支付承诺函,对其下属子公司在买方确认函中约定的对专项计划的实际付款不足以支付约定的专项计划税费、优先级资产支持证券的各期预期收益和全部未偿本金的差额部分承担补足义务。

3. 超额现金流覆盖

当基础资产产生的未来现金流超过ABS产品各项税费和应付证券本息之和时,该超出部分被称为超额现金流,超额现金流覆盖在一定程度上能够防范基础资产现金流不足而产生的回款风险。需要注意的是,由于出现了覆盖倍数,专项计划在向原始权益人购买基础资产时将存在一定程度的折价,若基础资产买卖存在《民法典》以及《企业破产法》规定的以明显不合理的价格进行转让财产的情形,则可能导致基础资产买卖存在被撤销的法律风险,因此,建议在设置超额现金流覆盖倍数时对此予以充分考虑。例如,在江苏金茂融资租赁有限公司—金茂一期资产支持专项计划中,就通过使基础资产所产生的未来现金流大于需要支付给投资者的本金实现内部增信。基础资产未来现金流对优先级资产支持证券A1—A3的覆盖倍数分别为1.12、1.26、2.09,对本金和预期收益保障倍数分别为1.08、1.23、2.05。由此,当专项计划发生损失时,基础资产现金流超覆盖的部分能够为优先级资产专项计划证券的投资人提供风险缓冲,在一定程度减少优先级资产专项计划证券投资者的损失。

4. 优先/次级结构

优先/次级分层是指在资产支持证券端构建一个优先/次级结构使证券在实现本息兑付或损失分配安排上具有优先与劣后的顺位区分,实现风险的再分配,通过次级资产支持证券为享有优先权的优先级资产支持证券提供信用支持。如上文所述,由于供应链ABS具有较强的类信用债特点,常规ABS项目涉及的优先/次级分层结构对于优先级证券的信用级别并没有太大的提升作用,除少数项目设置了小比例的次级证券之外,多数项目采用的为平层结构。需要提醒的是,供应链ABS项目中涉及的次级资产支持证券往往由核心企业或其关联方进行认购,一定程度上将增加综合融资成本。以东兴—成都建发—联易融供应链1—20号资产支持专项计划为例,项目内部将基础资产分拆成优先级资产支持证券和次级资产支持证券。根据交易安排,在专项计划存续期间,仅在优先级证券未偿本金及预期收益全部清偿完毕之后,计划管理人方能向次级持有人进行分配,从而为投资者提供信用损失保护。

实务提示

作为新兴的企业融资模式,供应链ABS以核心企业占据主导地位,基于供应链上下游企业间的真实贸易背景和特定交易关系,对供应链上下游企业提供综合性金融产品与服务。而国有企业自身信用度高、业务资金规模庞大、所处行业稳定性强等特点都与该融资模式对于核心企业的要求不谋而合,成为供应链ABS产品的主要适用对象,例如,2020年成都经济技术开发区建设发展有限公司联合东兴证券、深圳前海联易融商业保理有限公司等机构和2021年成都轨道交通集团有限公司联合工银瑞投、深圳市柏霖汇商业保理有限公司等机构成功发起设立的供应链ABS项目。

供应链ABS使中小微企业应收账款快速回笼,切实缓解了中小微企业应收账款回款难、回款慢等老大难问题,系金融助力产业应有之义。随着供应链ABS项目的不断发行,其将为中小微企业复工复产和稳定发展作出更多、更大的贡献。

第四章

国有企业资产管理主要合规风险防控

第一节　国有资产交易常见法律实务问题

众所周知,2016 年 32 号令出台后,国有资产交易监督管理进入新阶段,其与 2018 年出台的国资委第 36 号令共同构成了当前国有资产交易的基本监督管理制度体系,对规范国有资产交易、防止国有资产流失发挥了重要作用。不过,前述两个文件出台至今已过数年,在国有资产交易的具体复杂实践过程中也引起了一些疑惑甚至争议,尤其是在国有企业改革不断深化的背景下,违规经营投资责任追究趋严,这些亟待厘清的问题客观上给国有企业相关工作的开展造成了适用上的困境甚至两难。目前,最大的困惑或者争议的问题就是国有出资的合伙企业是否适用 32 号令,与此有关的探讨也层出不穷。在探讨过程中,本书作者注意到,许多人运用了国务院国资委在其官网“互动交流”—“问答选登”—“产权管理”板块的两个问答作为佐证,并就这个问题进行了全面深入的分析,得出了国有出资的合伙企业不适用 32 号令的倾向性结论。① 对此,鉴于该等回复不是正式监管文件,谨慎起见,实操之前还是应征求本级国资监管部门的窗口意见。但是,从另一个角度看,在国务院国资委尚未对 32 号令、国资委第 36 号令进行有针对性的修订或出台实施细则的情况下,国务院国资委在其官网对互动提问的答复很大程度上也代表了国资监管的态度,仍具有一定的现实参考意义,可以作为各级国资监管部门对规定适用给出意见的重要论据。

因此,本书将国务院国资委官网“互动交流”—“问答选登”—“产权管理”② 板块的全部问题与答复进行了梳理与筛选,可以看出,有些答复囿于问题的范围,并未直接给出答案,有些答复也仅针对特定问题而并不能类推至普遍,但确

① 《国有出资的有限合伙企业是否适用 32 号令问题研究》,载微信公众号“清科投资研修院”。

② 载国务院国有资产监督管理委员会网,http://www.sasac.gov.cn/n2588040/n2590387/n9854167/index.html,最后访问日期:2021 年 9 月 15 日。

也有很多具有价值的答复。现结合相关法律法规和实务经验，选取其中对实务具有较大参考价值答复，总结出国有资产交易相关十大问题并探析如下。

一、非公开协议转让如采用分期付款是否适用32号令第28条

问题标题	产权转让双方关于交易价款的分期付款安排需要符合32号令规定吗？
问题内容	请问：按照32号令第31条规定的非公开协议方式转让企业国有产权的，产权转让双方关于交易价款的分期付款安排，是否必须符合32号令第28条的规定？谢谢。
国务院国资委答复	以非公开协议方式转让企业国有产权的，应按照32号令第28条规定执行。

按照32号令第28条规定："交易价款原则上应当自合同生效之日起5个工作日内一次付清。金额较大、一次付清确有困难的，可以采取分期付款方式。采用分期付款方式的，首期付款不得低于总价款的30%，并在合同生效之日起5个工作日内支付；其余款项应当提供转让方认可的合法有效担保，并按同期银行贷款利率支付延期付款期间的利息，付款期限不得超过1年。"对于前述分期付款的规定，如国有股权拟通过进场挂牌交易，则进行适用并无争议，但在非公开协议转让时，采用分期付款是否也需要适用前述关于提供担保和支付利息的规定，在实践中可能会引起一些国有企业人员的疑惑。

32号令第31条规定："以下情形的产权转让可以采取非公开协议转让方式：（一）涉及主业处于关系国家安全、国民经济命脉的重要行业和关键领域企业的重组整合，对受让方有特殊要求，企业产权需要在国有及国有控股企业之间转让的，经国资监管机构批准，可以采取非公开协议转让方式；（二）同一国家出资企业及其各级控股企业或实际控制企业之间因实施内部重组整合进行产权转让的，经该国家出资企业审议决策，可以采取非公开协议转让方式。"

按照前述规定，无论是第1项还是第2项的规定，在符合非公开协议适用条件的情况下，通过非公开协议方式转让国有股权的转让方与受让方均是国有及国有控股企业，尤其是符合第2项条件的，还是同一集团内部主体之间的转让，实践中可能有人会疑惑，32号令第28条对分期付款作出特殊要求，是基于对价款风险防控考量提出的，但能适用非公开协议方式的主体均为国有及国有控股企业，是否仍有必要？对此，由于32号令并未明确非公开协议转让可排除

适用第28条，故国务院国资委针对上述提出的问题答复称也需要适用。

本书认为，未来在对32号令修订时，可对第28条进行调整。这是因为，非公开协议转让之所以能作为例外被允许，是由于它发生于国有及国有控股企业之间，风险较小，同时可以确保国资重组战略在特定主体之间实施并提高重组效率。如果说非同一国家出资企业内部的非公开协议转让还可能涉及不同国有主体的利益不同问题，同一国家出资企业内部的转让基本不涉及该问题，即使不适用第28条关于分期付款的特殊规定，风险也是可控的，故可以允许不适用，由转让双方自行约定付款方式以及相关安排。

二、以国有股权作价出资给非国有企业是否需要进场交易

问题标题	国有股权作价出资给非国资企业是否需要进场交易？
问题内容	(1)根据《企业国有资产法》的规定，国有企业可以以非货币资产对外投资，请问非货币财产是否包括国有股权，即国有股权是否可以作价出资？(2)根据最高人民法院《关于适用〈中华人民共和国公司法〉若干问题的规定(三)》，股权作价出资，需要办理股权转让的法定手续。根据32号令，国有产权转让需要进场交易并征集不特定市场主体竞拍，请问国有股权向特定的非国资企业作价出资所涉及的国有股权转让手续是否适用32号令并需要进场交易？如需进场交易，如何保证出资对象特定化？(3)根据国资委第36号令的规定，国有股东以所持上市公司股份出资的，可以非公开协议转让上市公司股份。在国资股为非上市股份的情况下，可否类推适用该规定？如适用，需要国有股东提供哪些审核材料？
国务院国资委答复	国有企业以所持企业股权作价出资，应当履行企业对外投资论证决策工作程序，并按照《企业国有资产评估管理暂行办法》(国务院国有资产监督管理委员会令第12号)有关规定进行资产评估。

按照上述答复，国有企业以所持股权作价出资不适用32号令，而应按国有投资监管规定程序执行，实质上是认为股权作价入股不属于32号令规制的股权交易，故不需要进场公开交易。其中，《企业国有资产评估管理暂行办法》第6条规定，国有企业以非货币资产对外投资应对相关资产进行评估。

32号令第2条规定，企业国有资产交易应遵循等价有偿和公开公平公正的原则。这就充分说明，32号令规制的国有资产交易行为应是资产正常对外出售，从而取得对价的行为，但以资产作价入股虽并不符合这一根本特征。因为以资产作价入股只是让国有企业取得标的公司的股权而非取得支付对价，且合资新设时也并无交易对手，32号令诸如需要进场、对价原则上在合同签订后5

个工作日内支付等条款也难以进行操作。

有人可能提出，如认定国有企业以资产作价入股行为不适用32号令而不需要进场，是否可能造成国有资产流失？其实，国有企业以资产作价入股虽不受32号令约束，但不是就不受监管，该等行为应受国有投资监管规定约束，资产作价入股必须进行评估，且需对合资的合作方或拟投资的标的公司进行尽职调查，并采取其他一系列风控措施，可以防范国有资产流失风险。

综上，结合上述国务院国资委的答复和对答复的分析，本书倾向于认为，国有企业以股权、资产作价出资入股的行为与32号令规制的国有资产交易行为不同，不需要适用32号令，故不需要进场交易。

三、国有控股上市公司的子公司是适用32号令还是适用国资委第36号令

问题标题	国有控股上市公司子公司股权变更的法规适用
问题内容	请问国有控股上市公司子公司（包括控股和参股）的股权变更事项（如增资、股权转让），是应该适用国资委第36号令，还是适用32号令，即应该适用上市公司国有股权管理的规定，还是非上市公司国有股权管理的规定？国有控股上市公司下属子公司股权变更，是否需要进场交易？建议国资委对该问题予以明确。
国务院国资委答复	国有控股上市公司子公司转让所持（非上市企业）控股、参股股权，以及国有控股上市公司控股子公司（非上市企业）增资等事项，适用32号令，原则上应通过产权市场公开进行。

按照上述答复，国有控股上市公司下属子公司进行增资或转让所持非上市企业股权等事项应适用32号令。前文已述，按照是否为上市公司、是否涉及上市公司股权，国有企业资产交易可分别适用32号令与国资委第36号令，二者共同构成了当前国有资产交易基本监督管理制度体系。因此，由于国有控股上市公司的子公司不是上市公司，故增资、资产转让应适用32号令，其持有的非上市企业股权转让也应适用32号令；当然，如其持有其他上市公司股份，则应适用国资委第36号令。

四、对32号令第31条如何理解与适用

问题标题	关于32号令第31条的理解
问题内容	32号令第31条规定:“以下情形的产权转让可以采取非公开协议转让方式:(一)涉及主业处于关系国家安全、国民经济命脉的重要行业和关键领域企业的重组整合,对受让方有特殊要求,企业产权需要在国有及国有控股企业之间转让的,经国资监管机构批准,可以采取非公开协议转让方式;(二)同一国家出资企业及其各级控股企业或实际控制企业之间因实施内部重组整合进行产权转让的,经该国家出资企业审议决策,可以采取非公开协议转让方式。”对于该条中第1项,(1)涉及主业处于关系国家安全、国民经济命脉的重要行业和关键领域企业的重组整合,(2)对受让方有特殊要求,(3)企业产权需要在国有及国有控股企业之间转让的,请问这三点是必须同时满足还是只需要满足一点即可?关系国家安全、国民经济命脉的重要行业和关键领域企业具体指哪些行业和企业?
国务院国资委答复	这三点需要全部满足即可采取非公开协议转让方式。 对于命脉行业,包括军工国防科技、电网电力、石油石化、电信、煤炭、民航、航运、金融、文化九个行业。 关键领域,包括重大装备制造、汽车、电子信息、建筑、钢铁、有色金属、化工、勘察设计、科技九个领域。

按照上述答复,需同时满足32号令第31条第1项的三个条件,并经国资监管机构批准后,可采取非公开协议转让方式。同时,答复对命脉行业与关键领域的具体范围进行了解释。但遗憾的是,国务院国资委并未引用其答复的命脉行业与关键领域范围的依据文件。

“关系国家安全、国民经济命脉的重要行业和关键领域企业”提法由来已久,国务院办公厅转发国务院国资委《关于推进国有资本调整和国有企业重组指导意见的通知》(国办发〔2006〕97号)曾指出:“重要行业和关键领域主要包括:涉及国家安全的行业,重大基础设施和重要矿产资源,提供重要公共产品和服务的行业,以及支柱产业和高新技术产业中的重要骨干企业。”

国务院国资委相关人士在就前述政策文件答记者问时表示:根据国务院国资委的最新部署,国有经济应对关系国家安全和国民经济命脉的重要行业和关键领域保持绝对控制力,包括军工、电网电力、石油石化、电信、煤炭、民航、航运七大行业;国有经济对基础性和支柱产业领域的重要骨干企业保持较强控制力,包括装备制造、汽车、电子信息、建筑、钢铁、有色金属、化工、勘察设计、科技

九大行业。① 将该发言与国务院国资委对提问的答复比较可以看出，对关键领域的界定二者基本是一致的，但对于命脉行业的界定则有一定差异，主要是国务院国资委在对提问的答复中多出了金融、文化行业。

此外，在2008年发布的《企业国有资产法》和2015年发布的国务院《关于国有企业发展混合所有制经济的意见》也均提到"关系国家安全、国民经济命脉的重要行业和关键领域企业"，但并未给出完整的范围定义。

截至目前，本书作者暂未查到对"关系国家安全、国民经济命脉的重要行业和关键领域企业"进行完整界定的权威政策文件。值得注意的是，山东省人民政府国有资产监督管理委员会《关于进一步规范企业国有资产交易监管的通知》（鲁国资〔2020〕2号）对此作出了界定：关系国家安全、国民经济命脉的重要行业和关键领域主要包括电网电力、石油煤炭、交通运输、重大装备制造、有色金属、化工、金融、电子信息、科技九个行业和领域。比较而言，该界定与国务院国资委前述答复的范围有一定重合，但未区分命脉行业和关键领域，范围比国务院国资委答复的范围要小，也似乎体现了对"关系国家安全、国民经济命脉的重要行业和关键领域企业"范围界定可能缺乏统一政策的问题。

本书认为，结合前述分析，在未见对"关系国家安全、国民经济命脉的重要行业和关键领域企业"范围进行界定的统一政策文件前，国务院国资委所作的答复具有较大参考价值，可以作为各级国资监管机构审批时的重要决策考量因素。

五、对32号令第35条如何理解与适用

问题标题	关于32号令第35条的咨询
问题内容	鉴于：(1)2016年6月24日，国资委、财政部联合下发的32号令第35条第1款规定："国家出资企业决定其子企业的增资行为。其中，对主业处于关系国家安全、国民经济命脉的重要行业和关键领域，主要承担重大专项任务的子企业的增资行为，须由国家出资企业报同级国资监管机构批准。"(2)我公司现拟对一家公司进行股权投资，该家公司是"主要承担重大专项任务的子企业"。 请问：(1)仅满足"主要承担重大专项任务的子企业的增资行为"一个条件，即须报同级国资监管机构批准？还是上述子企业同时满足"处于

① 《国资委：国有经济应保持对七个行业的绝对控制力》，载中华人民共和国中央人民政府官网，http://www.gov.cn/jrzg/2006-12/18/content_472256.htm。

	关系国家安全、国民经济命脉的重要行业和关键领域”的条件，才需要报同级国资监管机构批准？(2)如果要同时满足两个条件才需要报同级国资监管机构批准，那“关系国家安全、国民经济命脉的重要行业和关键领域”具体有哪些呢？我公司本次投资有利于促进国家高新科技发展，同时对投资的合规性要求较高。盼答！
国务院国资委答复	(1)需要同时满足。 (2)国资监管机构会针对不同国有企业进行功能界定分类，实际操作中，结合不同企业所处行业和功能分类进行把握。

根据上述答复，主业处于关系国家安全、国民经济命脉的重要行业和关键领域，并且主要承担重大专项任务的子企业的增资行为，才需要由国家出资企业报同级国资监管机构批准。但是，对于“关系国家安全、国民经济命脉的重要行业和关键领域”的范围，国务院国资委这次并未正面回答，而是回复从国资监管机构针对不同国有企业进行功能界定分类中寻找答案。对此，在本部分第四个问题中，国务院国资委曾有明确答复，可资参考。

此外，国务院国资委答复中提到对不同国有企业进行功能界定分类，应是指2015年国务院《关于国有企业发展混合所有制经济的意见》提出的“分类推进国有企业混合所有制改革”，其中对主业处于关系国家安全、国民经济命脉的重要行业和关键领域、主要承担重大专项任务的商业类国有企业，要保持国有资本控股地位，支持非国有资本参股。据此似乎可以推测，国务院国资委认为，一个国有企业是否符合“主业处于关系国家安全、国民经济命脉的重要行业和关键领域”的条件应由同级国资监管机构在对所属国有企业分类时进行界定。

六、如何认定32号令第45条规定的非公开协议增资条件中的“战略合作伙伴关系”

问题标题	如何理解非公开协议增资条件中的战略合作伙伴关系？
问题内容	32号令第45条规定：“以下情形经同级国资监管机构批准，可以采取非公开协议方式进行增资：(一)因国有资本布局结构调整需要，由特定的国有及国有控股企业或国有实际控制企业参与增资；(二)因国家出资企业与特定投资方建立战略合作伙伴或利益共同体需要，由该投资方参与国家出资企业或其子企业增资。”如何理解本条中的特定投资方和战略合作伙伴？国家出资企业与投资方签订战略合作协议，可以理解为双方建立战略合作伙伴吗？
国务院国资委答复	国家出资企业与投资方签订战略合作协议不属于可采取非公开协议增资的情形。

按照上述答复,国家出资企业与投资方签订战略合作协议不属于可采取非公开协议增资的情形,也就是说,不符合作为非公开协议增资条件的"战略合作伙伴关系"。实践中,国有企业签署一些无实质内容甚至不实施推动的战略合作协议是较为常见的,故仅凭签署的一个战略合作协议就认定具有"战略合作伙伴关系",显然是不够的。

本书认为,在32号令第45条第2项规定下,一旦认定为国家出资企业与特定投资方建立战略合作伙伴关系,该特定投资方无论是否属于国有企业,都可以通过非公开协议方式参与国家出资企业或其子企业增资,由此带来的廉洁风险与国有资产流失风险显然较大,故需对"战略合作伙伴关系"从严认定。不过,实践中也不应一概否定签订战略合作协议是认定"战略合作伙伴关系"的条件之一。如果通过签协议这样具有法律约束力的行为都不能作为认定依据,那遑论通过其他方式?本书认为,国务院国资委真正要否定的是,通过简单签一个战略合作协议就要认定具有"战略合作伙伴关系"的做法。然而,国务院国资委在答复中也未进一步明确如何才能认定具有"战略合作伙伴关系"。由于32号令第45条规定的非公开协议增资需同级国资监管机构批准,故实践中如何适用,还是需以同级国资监管机构的意见为准。

此外,值得参考的是,山东省人民政府国有资产监督管理委员会《关于进一步规范企业国有资产交易监管的通知》(鲁国资〔2020〕2号)第1条第2项规定:"……建立战略合作伙伴、利益共同体是指国家出资企业与具有同行业或相关行业较强的重要战略性资源的投资方,通过各种契约、制度、行为机制等方式,谋求双方协调互补的长期共同战略利益的行为。"

七、因国有企业从事主营业务而进行的国有资产交易是否适用32号令、国资委第36号令

(一)相关问答一

问题标题	国资委第36号令是否适用于金融企业
问题内容	国资委第36号令将于2018年7月1日执行。2007年发布的《国有股东转让所持上市公司股份管理暂行办法》,曾有一个"国务院国资委有关负责人就出台《国有股东转让所持上市公司股份管理暂行办法》《国有单位受让上市公司股份管理暂行规定》《上市公司国有股东标识管理暂行办法》三个政策性文件答记者问",其中明确"《转让办法》适用于除国有

	金融企业外的国有及国有控股企业、有关机构、部门、事业单位所持上市公司股份转让行为”。而国资委第36号令未对此有明确规定，不知道国资委第36号令是否适用于金融企业？因为金融企业有一块业务是投资于上市公司股票，如果适用国资委第36号令，会给金融企业的股票投资业务带来较大的程序上的障碍。烦请明确。
国务院国资委答复	根据国资委第36号令有关规定，国有或国有控股的专门从事证券业务的证券公司及基金管理公司转让、受让上市公司股份，不适用国资委第36号令。

按照上述答复，国有或国有控股的专门从事证券业务的证券公司及基金管理公司转让、受让上市公司股份，不适用国资委第36号令。本书认为，结合这个答复和实操逻辑，国有资产交易监管的行为不应包括国有企业因开展主营证券业务引起的股权交易，否则，32号令繁复的程序要求将导致该等业务难以开展。当然，国有企业开展主营业务需在遵守业务相关法律法规的基础上开展，国资监管更多侧重于业务合规监督与经营效果考核。

值得注意的是，结合该问题的内容与答复看，此处的“转让、受让上市公司股份，不适用国资委第36号令”应该是仅针对股票投资业务，而并不包括长期股权投资，比如国有证券公司、基金管理公司以取得控制权为目的收购上市公司股份的行为，还是需要遵守国资委第36号令，因为这已不在其股票投资业务范围内。总结而言，并不是国有证券公司、基金管理公司从事任何股份转让、受让行为都不适用国资委第36号令，区分的关键在于该等行为的性质。

（二）相关问答二

问题标题	房地产开发类央企的商品销售界定问题
问题内容	房地产开发类央企，部分未售楼盘已转投资性房地产，自持租赁经营后，决定销售，是否为32号令中国有资产交易行为？
国务院国资委答复	如相关资产列入企业固定资产项下，应依据32号令中有关企业资产转让相关规定执行。

这个问题在本质上与前一个问题类似，即国有企业因从事主营业务而进行的资产交易是否适用32号令、国资委第36号令？由于国资委第36号令与32号令对此均无明确的适用例外性规定，时常让很多国有企业感到困惑。比如，本书作者也曾接触类似问题：从事保理业务的国有商业保理公司转让债权是否

适用32号令?

回到这个问题的答复,国务院国资委认为,国有房地产开发企业如将开发的房屋列入固定资产,需适用32号令的资产转让规定。从该答复的精神可以推出,房地产开发企业开发的房屋并非均需要适用32号令,而应根据房屋的性质分别确定。本书认为,对于具有开发资质的国有房地产开发企业持有的以备出售的商品房,即存货,在出卖时不需要适用32号令。这是因为,作为房地产开发企业,销售开发的商品房是其主营业务,不应该也没有必要按32号令执行,而且在大、中城市对开发的商品新房严格管理的政策背景下,也不具备可操作性。对此,本书作者曾咨询一个地方国资监管机构,其也认可国有房地产开发企业销售作为存货的商品房可排除适用32号令的做法。

对于上述逻辑,不在32号令、国资委第36号令规制范围的国有资产出租、国有对外股权投资等领域的国资监管规定早已有所体现,比如一些地方国资监管机构就明确规定,国有融资租赁公司从事的融资租赁业务不适用国有资产出租监管规定,从事创业投资的国有企业投资行为不适用国有投资监管规定。因此,未来国有资产交易监管规定修订时也应设置类似的例外性适用条款,为相关做法提供明确依据,以避免被认为一切企业国有资产交易都需要适用32号令、国资委第36号令。

综上,本书倾向于认为,对于国有企业主营业务引起的国有资产交易行为不应适用国有资产交易监管规定,但除此之外的国有资产交易行为,原则上应适用。比如,同样是国有企业持有的一处房屋,既可能适用32号令,也可能不适用32号令,是否适用需具体问题具体分析并进行认定。此外,未来实践中还必须严格把握主营业务引起的国有资产交易行为范围的认定,防止企业通过随意调整会计科目或其他方式规避适用国有资产交易监管规定。

八、国有企业分立是否适用32号令

问题标题	国有控股企业进行存续分立是否适用32号令?
问题内容	根据32号令第3条规定:"本办法所称企业国有资产交易行为包括:(一)履行出资人职责的机构、国有及国有控股企业、国有实际控制企业转让其对企业各种形式出资所形成权益的行为(以下称企业产权转让)……(三)国有及国有控股企业、国有实际控制企业的重大资产转让行为(以下称企业资产转让)。"请问:(1)国有控股企业进行存续分立是否属于产权转让或资产转让行为。(2)分立企业是否需要支付对价。(3)分立企业能否以自身股权作为对价支付。

国务院国资委答复	32 号令规范的行为包括企业国有产权转让、企业增资资产转让，国有控股企业进行存续分立原则上不属于产权转让或资产转让行为，具体应按照有关法律法规执行。

按照上述答复，国有企业进行存续分立原则上不属于产权转让或资产转让行为，故不适用 32 号令，应执行《公司法》等相关法律法规。之所以会出现这个问题，是因为在公司存续分立的过程中，也可能会涉及股权、资产所有权的转移、过户，实质上形成了国有股权与资产的转让。但是，公司分立造成的股权、资产所有权转移并不同于以支付合理对价为基础的交易，既无法按照 32 号令的要求进场挂牌，也不涉及支付合理对价，故无论是行为性质上，还是操作可行性上，国有企业存续分立都不应适用 32 号令。

进一步而言，本书认为，基于类似原因，国有企业进行新设分立也不应适用 32 号令。此外，与之类似的问题还有，国有企业合并是否需要适用 32 号令？本书倾向于认为也不适用。需要指出的是，公司合并、分立不适用 32 号令，并不是说不受国资监管，而是应通过其他规定与方式进行监管，如《企业国有资产法》第 31 条规定："国有独资企业、国有独资公司合并、分立，增加或者减少注册资本，发行债券，分配利润，以及解散、申请破产，由履行出资人职责的机构决定。"

九、国有企业持有境外上市公司国有股权变动行为是否适用国资委第 36 号令

（一）相关问答一

问题标题	国资委第 36 号令适用范围
问题内容	请问国资委第 36 号令是否适用于 H 股上市公司国有股东所持有的内资股？
国务院国资委答复	符合国资委第 36 号令第 3 条规定情形的国有股东、符合第 74 条规定情形的境内外企业，所持上市公司股权（含 H 股上市公司的内资股）的变动，适用国资委第 36 号令。

(二)相关问答二

问题标题	请问国有企业收购境外上市公司是否适用国资委第36号令?
问题内容	尊敬的国务院国资委及领导们,您们好,请问国资委第36号令是否适用于国有股东收购境外上市公司的情形?谢谢!
国务院国资委答复	国有股东收购境外上市公司属于国资委第36号令规定的受让上市公司股份情形,适用国资委第36号令。

之所以会出现这两个问题,是因为国资委第36号令并未明确其是否适用于境外上市公司国有股权。按照上述答复,国有企业受让、转让境外上市公司股份事宜适用国资委第36号令。进一步而言,本书认为,结合上述两个答复的精神,国资委第36号令应适用于境外上市公司各类国有股权变动行为。

十、厂办大集体产权及资产转让是否适用32号令

问题标题	央企厂办大集体产权及资产转让是否需进场交易?
问题内容	(1)央企集团作为主办单位的集体所有制企业资产或者产权转让是否必须通过交易所?(2)央企集团作为主办单位的集体所有制企业已完成产权确认,确认为国有资产,但是尚未完成改制为有限责任公司,在这种情况下资产或者产权转让是否必须通过交易所?
国务院国资委答复	央企集团作为主办单位的集体所有制企业经产权确认认定为国有资产的,其资产或产权转让时应按照32号令规定,通过产权交易机构进行。

按照上述答复,央企厂办大集体产权及资产转让是否适用32号令并进场交易,关键在于经产权确认是否能认定为国有资产。其中,该问题中提到的“厂办大集体”实际上是历史产物,按照2011年国务院办公厅出台厂办大集体改革的纲领性文件《关于在全国范围内开展厂办大集体改革工作的指导意见》(国办发〔2011〕18号)可知,厂办大集体是20世纪七八十年代一些国有企业资助兴办的向主办企业提供配套产品或劳务服务的企业或其他组织。也就是说,厂办大集体名义上可能是集体企业,但实际上是国有企业运用国有资产兴办,职工基本未实际出资。这类企业由于存在产权不清、机制不活等问题,故国家决定通过改革使厂办大集体与主办国有企业彻底分离,成为产权清晰、面向市场、自负盈亏的独立法人实体。因此,在这个过程中核心工作就是要做实企业性质与产权认定,也就是上述国务院国资委答复的产权确认程序。进一步而言,经产权界定为国有资产的,其转让当然应适用32号令。

第二节　国有资产交易监督管理的完善

一、基本情况

32 号令实行多年后可谓深入人心，国有资产交易关于原则上应按程序挂牌的要求成为落实公开公平公正原则，防止国有资产流失的利器。不过，由于 32 号令自身存在一些不明确的地方，加之实践具有复杂性，不同行业、不同业务、不同类型以及不同层级的国有企业在国有资产交易相关操作过程中也有一些疑惑与争议，其中既有个性问题，也有共性问题，各地、各级的国资监管部门、国家出资企业有时认识不一致，客观上给一线的国有企业及其从业人员带来较大的困扰，不利于国有资产交易工作的有序开展，亟待国资监管部门通过适当方式予以回应与规范。

2022 年 5 月，国务院国资委发布《关于企业国有资产交易流转有关事项的通知》（以下简称 39 号文），对非公开协议交易与适用细节、公开挂牌信息披露、发行基础设施 REITs 盘活存量资产、字号使用等方面进行了补充与完善，实质是对 32 号令自 2016 年出台后的首次修订，具有较大意义。但是，从立法角度看，本次 39 号文实际上只是一次小修补，而非重大的修订完善，其仍未对实践中的许多争议问题尤其是重大热点问题予以正面回应。

因此，本书更关注的是从 39 号文反映的国有资产交易监督管理改革思路出发，探讨未来如何进一步完善国有资产交易监督管理机制。在本部分中，本书作者将结合长期服务国有企业的经验进一步梳理亟待解决的国有资产交易监管实务问题。那么，对于国有资产交易实践中存在的这些具体问题，未来究竟如何完善管理与规范呢？

二、完善监管的原则思路

从 39 号文看，除字号、发行基础设施 REITs 两条外，主要包括两个方面即扩大与完善非公开协议机制和优化公开信息披露制度,反映的监管改革精神是要在风险可控的基础上提高国有资产交易效率,并鼓励不同国有企业之间进行资源优化整合。结合39号文和相关实践,本书认为,在防止国有资产流失并促进国有资产保值增值为根本目标的导向下,国有资产交易监督管理未来的完善原则思路主要如下。

(一)监管规则在延续统一性的基础上适当回应特殊性

从实践看,国有资产交易管理至为重要,且地域上的个性相对较小,故原则上宜继续进行全国统一的规制。但是,我国国有企业数量庞大、构成较为复杂,客观上存在不同行业、不同业务、不同类型以及不同层级等因素造成的特殊情况与需求,应进行特别回应与安排,以避免走向僵化与徒增交易成本。39号文第3条对国家出资企业及其子企业通过发行基础设施REITs盘活存量资产涉及的非公开协议转让作出规定,这就是回应实践中特殊需求的例子。

(二)对国有资产交易的风控适当与效率相平衡

国有资产交易监督管理最初的核心目标侧重于防止国有资产流失,但在国有资产交易逐渐规范的当下,也应将促进国有资产保值增值作为重要目标,故不能管得过死。近年来,传统的审计、巡视监督与新要求的违规经营投资责任追究、合规管理体系建设已多管齐下,国有企业在资产交易方面的风险已相对可控,故未来在国有资产交易监管规则设计上,需平衡风控与效率,对规则的漏洞应及时补救,对不合理的限制要及时解除。比如,39号文第5条就将无偿划转适用的主体范围扩大至国有控股、实际控制企业与其直接、间接全资拥有的子企业之间,或其直接、间接全资拥有的子企业之间,这有利于资源整合,提高资源利用效率。

(三)对交易决策审批简政放权并提高市场化水平

一方面,国务院办公厅《关于转发国务院国资委以管资本为主推进职能转变方案的通知》(国办发〔2017〕38号)要求,将延伸到中央企业子企业和地方国有企业的管理事项,原则上归位于企业集团和地方国资委。因此,国资监管部门要更多的向企业集团,尤其是对国有资本投资、运营公司放权,企业集团也需对具备相应决策和执行能力的二级子集团有序授权。39号文第2条对国家出资企业下放部分审批权作了规定，这就是简政放权的典型例子。

另一方面，32 号令第 2 条明确提出要发挥市场配置资源作用，但实践的情况是国有资产交易行政化程度高，而市场化程度偏低，集中表现在挂牌程序较长、信息披露质量不够等方面，其直接结果是难以调动投资人参与交易的积极性，导致国有资产流动性差、挂牌交易缺乏有效竞争等后果。因此，未来需围绕如何推进国有资产交易进一步市场化对国有资产交易监督管理规则进行完善，其中 39 号文优化挂牌信息披露规则即有此意。

（四）进一步细化规定并提高可操作性

32 号令出台以后，由于一些条款在概念上缺乏解释或存在歧义，或对个别情形的操作未明确规定，实践中国有企业在处理类似问题时较为困惑，需要进一步细化规定并提高可操作性。事实上，除 32 号令本身存在类似问题外，39 号文也出现类似问题，比如，其第 1 条虽然扩大了非公协议转让股权的适用范围，但却未明确规定这种情况下的国资审批层级，显属疏漏。[①]

三、亟待完善的主要问题

（一）适用的主体与行为范围需进一步完善

32 号令明确了其适用的主体和行为范围，但从实践看，仍存在如下问题需要进一步完善。

1. 适用的主体范围

第一，32 号令是否适用于合伙企业。由于实践中国有企业广泛参与设立合伙企业，并通过合伙企业对外进行投资，进而引出国有企业转让持有的合伙企业财产份额、国有合伙企业转让对外持有的股权是否适用 32 号令的问题，该问题既涉及重大，也争议广泛。为此，多人在国务院国资委官网进行咨询，获得的答复为 32 号令适用于公司制企业，国有企业转让有限合伙企业份额的监督管

① 《〈关于企业国有资产交易流转有关事项的通知〉几点咨询》，载国务院国有资产监督管理委员会官网 2022 年 6 月 9 日，http://www.sasac.gov.cn/n2588040/n2590387/n9854167/c25426838/content.html。在国务院国资委官网互动问答板块，国务院国资委针对该问题进行了答复："企业国有产权非公开协议转让由转让方所属国家出资企业报同级国资监管机构批准。"

理另行规定。[①] 但是,由于前述回复“仅供参考”,针对国有合伙企业的专门性监督管理规定也迟迟未出台,这一类交易如何操作成为一个重大难题。

第二,32 号令第 4 条关于国有及国有控股企业、国有实际控制企业的定义宜进一步扩大。对国有企业的定义,不同部门有不同口径的定义,其中 32 号令第 4 条规定的定义目前可称为典范,但仍有完善空间。比如,32 号令第 4 条第 2 项要求国有主体“合计拥有产(股)权比例超过 50%,且其中之一为最大股东的企业”为国有控股企业,这里的“且其中之一为最大股东”就可删除,否则,就会出现国有股权超 50% 的企业却不需要适用 32 号令的极端情况(举例:两个国有全资企业与一个民营企业合资新设的一个企业,持股分别为 30%、30%、40%),并不符合立法本意。再如,按本条第 4 项要求,对于国有股东虽持股不超过 50% 但能实际支配的企业,还需其同时是第一大股东才能构成“国有实际控制企业”,这里的“第一大股东”也可删除。本书提出以上两个删除建议的原因如下:32 号令之所以不规定适用于国有参股企业,不是国资监管部门不想,而是无法以国有股权为纽带保证该规定能在国有参股企业贯彻,故只能规定不适用。因此,既然国有股东是否为第一大股东并不影响国有股东对前述第 2 项、第 4 项所述企业的控制力,也就不需要将“最大股东”“第一大股东”作为认定其为适用 32 号令主体的前提条件。

第三,32 号令是否适用于各级国资委下属国有金融企业。32 号令第 63 条规定:“金融、文化类国家出资企业的国有资产交易和上市公司的国有股权转让等行为,国家另有规定的,依照其规定。”针对国有金融企业的资产交易行为,财政部专门出台了《金融企业国有资产转让管理办法》《关于进一步明确国有金融企业增资扩股股权管理有关问题的通知》等规定,虽其与 32 号令多数要求类似,但仍有一些不同。此外,2018 年 6 月颁布的中共中央、国务院《关于完善国有金融资本管理的指导意见》明确提出,各级财政部门根据本级政府授权,集中统一履行国有金融资本出资人职责。但是,实践中由于各种原因,目前仍存在大量出资关系在各级国资委的国有金融企业,其出资关系和监管职责迟迟未移

---

① 《国有企业转让有限合伙企业财产份额是否适用 32 号文》,载国务院国有资产监督管理委员会官网 2019 年 5 月 27 日,http://www.sasac.gov.cn/n2588040/n2590387/n9854167/c11349294/content.html。在国务院国资委官网互动问答板块,国务院国资委对此问题的答复:“《企业国有资产交易监督管理办法》(国资委 财政部令第 32 号)适用范围是依据《中华人民共和国公司法》设立的公司制企业。国有企业转让有限合伙企业份额的监督管理另行规定。”

交给财政部门,此类国有金融企业的资产交易行为是否适用32号令?实践中存在争议。对此,本书作者曾在国务院国资委官网互动问答板块咨询,得到的回复是仍适用32号令,该回复符合监管的实际,否则,在未按规定程序将出资关系和监管职责移交的情况下,财政部门大概率也不会对此类国有金融企业实际履行监管职责。

2.适用的行为范围

第一,国有资产出租需统一纳入国有资产交易监管范围。虽然32号令未将国有资产出租行为纳入监管,但许多地方国资监管部门已出台规定明确将国有资产出租行为纳入国有资产交易监管范围,如《四川省企业国有资产交易监督管理办法》,其管理的原则要求也是除符合规定的特殊条件外,原则上国有资产出租需评估和公开交易。本书认为,国有资产出租行为实质属于国有资产交易,已为实践共识,但当前各地规则并不统一,有必要在国家层面将其纳入统一的国有资产交易监管范围。

第二,国有企业因从事主营业务引起的资产交易是否适用。相较于2004年施行的《企业国有产权转让管理暂行办法》,2016年发布的32号令将土地、房屋、债权、知识产权等资产转让也明确纳入监管范围。这种情况下,如国有房地产企业销售商品房、国有保理企业转让债权等行为是否适用32号令就成为一个问题。对此,虽32号令未明确规定可豁免,但实践中各级国资监管部门一般认可不适用32号令,否则,将导致这类国有企业的业务难以正常开展。不过,以创业投资或股权投资为主营业务的国有企业转让其投资形成的股权,由于其股权相对特殊,在32号令没有明确规定的情况下,目前争议仍较大。

第三,国有企业通过股权回购、定向减资的方式实现股权投资退出是否适用。一方面,股权回购是市场上较为常用的投资风控手段,但由于32号令存在审计评估、进场挂牌等要求,实践中国有企业一般难以按事先约定的价格要求股权回购义务主体直接回购,让人颇为困扰。[①] 另一方面,由于非上市公司的股权缺乏流动性,在无人购买的情况下,定向减资就成为当前国有企业甚至一些

---

① 财政部《关于进一步明确国有金融企业直接股权投资有关资产管理问题的通知》(财金〔2014〕31号)第9条第2款规定:"按照投资协议约定的价格和条件、以协议转让或股权回购方式退出的,按照公司章程的有关规定,由国有金融企业股东(大)会、董事会或其他机构自行决策,并办理股权转让手续;以其他方式进行股权转让的,遵照国有金融资产管理相关规定执行。"但是,该规定仅适用于财政部门监管的国有金融企业。

国有上市公司实现股权投资退出的一种常用方式,[①]但定向减资究竟能否豁免适用、如何操作,并无明确规定,有待国资监管部门进行规范。

第四,国有企业将持有的股权、资产作价入股是否适用。从《公司法》看,以非货币资产作价入股并无障碍,但国有企业如将其持有的股权、资产作价入股,意味着资产所有权将发生变更,实践中就出现该等行为是否属于国有资产交易行为并受32号令规范的争议。对此,国务院国资委在其官网互动问答板块回复称:"国有企业以所持企业股权作价出资,应当履行企业对外投资论证决策工作程序,并按照《企业国有资产评估管理暂行办法》(国务院国有资产监督管理委员会令第12号)有关规定进行资产评估。"本书认为,该回复实质上是认为股权、资产作价入股不适用32号令,而适用国有企业投资监管规定,符合实际需要,但为避免日后争议,可将该答复作为未来修订32号令的思路。

第五,国有企业接受让与担保后,如需将股权、房屋等担保资产处置或退还给担保人是否适用。《民法典》第388条第1款规定:"……担保合同包括抵押合同、质押合同和其他具有担保功能的合同……"据此,一般认为,让与担保可作为"其他具有担保功能的合同"受到法律保护。实践中,如国有企业接受债务人提供的股权、房屋等资产让与担保,在主债务履行不能而需处置资产,或者在主债务清偿完毕而需将资产退还给担保人时,是否适用32号令?本书认为,虽然让与担保资产名义上登记在作为债权人的国有企业名下,但其本质不属于国有资产,故不应适用32号令。

第六,国有企业在自主清算或破产清算程序中进行资产交易是否适用,即能否直接以资抵债和向股东直接分配剩余的非货币资产。本书认为,就自主清算而言,在以评估结果为定价依据的前提下,为提高效率并参照非公开协议转让的规定精神,如股东为国有及国有控股企业,自主清算后的剩余非货币资产可不必须进场变现,而直接向国有股东分配,但如不符合前述条件或者如要以资抵债,原则上应要求先将资产进场挂牌变现,如确不能征集到受让方后才可直接以资抵债和分配。就破产清算而言,与自主清算不同,一方面,破产清算受法院、企业破产相关法律法规的监督与规制,相关资产交易均应规范操作,国有资产流失风险可控。另一方面,由于破产程序由破产管理人主导,破产企业的

---

① "安泰科技股份有限公司关于控股子公司安泰环境减资退出持有安泰万河股权的公告""中国航发动力股份有限公司关于所属子公司中国航发南方工业有限公司减资退出深圳三叶精密机械股份有限公司的公告"。

国有股东意志此时已无法通过股权纽带在破产企业贯彻，如仍要求适用 32 号令，届时可能出现国资监管机构不同意资产交易方案但破产管理人却不予理睬的极端情况。因此，国有企业在破产清算程序的资产交易不宜要求适用 32 号令。

第七，国有企业以资本公积转增注册资本是否适用。从资本公积转增注册资本的行为本质看，虽然可参照适用 32 号令第 46 条关于企业原股东增资经国家出资企业批准后可非公开协议进行的规定，但毕竟还是要经过立项、审计评估、方案审批、签署协议等复杂程序，故实践中很多国有企业提出是否可豁免适用的问题。本书作者曾就该问题在国务院国资委官网互动问答板块咨询，得到的回复是国有企业以资本公积转增注册资本应按《公司法》规定履行程序，并进行会计账务调整。据此，国务院国资委实际上是认为其不需要适用 32 号令，本书认为，该答复符合实际，在风险可控的情况下有利于提高效率，可纳入未来的国资监管规范予以明确。

（二）非公开协议交易适用的条件与要求需进一步细化与扩大

按 32 号令规定，虽然国有资产交易原则上应进场挂牌，但如风险可控或存在其他必要条件，也可以非公开协议方式进行交易。就非公开协议交易适用的条件与要求而言，尚有如下问题亟待进行完善。

1. 非公开协议转让产权如何付款

32 号令第 28 条规定："交易价款原则上应当自合同生效之日起 5 个工作日内一次付清。金额较大、一次付清确有困难的，可以采取分期付款方式。采用分期付款方式的，首期付款不得低于总价款的 30%，并在合同生效之日起 5 个工作日内支付；其余款项应当提供转让方认可的合法有效担保，并按同期银行贷款利率支付延期付款期间的利息，付款期限不得超过 1 年。"对此，按照国务院国资委在其官网互动问答板块的回复意见，32 号令第 28 条的规定也适用于非公开协议转让产权的情形。但是，本书认为，按 32 号令第 31 条和 39 号文第 1 条的规定，非公开协议转让产权均是在国有及国有控股企业之间进行，之所以可作为进场的例外，就是因为风险可控，并有利于国有资产的优化整合，故非公开协议转让产权的付款方式与条件应允许双方协商，而不受 32 号令第 28 条规定的约束。

2. 土地、房屋、知识产权等资产的非公开协议转让适用范围需合理扩大

39 号文第 1 条将国有股权非公开协议转让适用的范围进一步扩大，即不同层级、不同集团的国有及国有控股企业，在符合规定的条件情况下，经批准后也可进行非公开协议转让，但对于土地、房屋、知识产权等资产的非公开协议转让适用范围仍无变化，即 32 号令第 48 条规定："……涉及国家出资企业内部或特定行业的资产转让，确需在国有及国有控股、国有实际控制企业之间非公开转让的，由转让方逐级报国家出资企业审核批准。"本书认为，股权与土地、房屋、知识产权等资产并无本质区别，监管逻辑不应区别对待，故二者适用非公开协议转让的范围也应相同，更有利于国有资产的优化整合。

3. 非公开协议交易适用的个别条件需进一步解释

在非公开协议交易的相关条款中，32 号令第 31 条规定的"国家安全、国民经济命脉的重要行业和关键领域企业"、第 45 条规定的"战略合作伙伴或利益共同体"、第 48 条规定的"特定行业"等名词缺乏明确而权威的解释，导致难以准确判断非公开协议交易适用的条件，也就无法实现非公开协议交易条款的立法目的，故亟待进一步解释明确。

4. 非公开协议增资的定价相关问题需进一步明确

32 号令第 38 条规定，符合规定情形的，按照《公司法》、企业章程履行决策程序后，可以依据评估报告或最近一期审计报告确定企业资本及股权比例。实践中，政府相关部门和一些国有企业出于各种考虑常以 1 元 1 股的价格对下属国有企业增资，此情形是否合规？也就是说，就前述规定而言，"依据"一词是否可理解为应按评估价或净资产值确定增资价格？对此，实践中存在争议。本书倾向于认为，在符合非公协议增资条件的前提下，未来可进一步明确，如下属企业为国有独资、全资企业，按 1 元 1 股并无不妥，但下属企业如为非国有独资、全资企业，除全体股东一致同意外，宜以评估价或净资产值确定增资价格，以避免发生股东纠纷。

（三）挂牌交易程序需进一步完善与优化

虽然国有资产交易原则上需进场挂牌的规定有效减少了交易不规范、不公正、不透明导致的国有资产流失问题，但人们也逐渐发现挂牌交易程序较为烦琐，导致国有资产的流动性和挂牌交易的竞争性很差等问题。本书认为，国有资产交易固然需要严格规范以确保国有资产不流失，但国有资产也需要保值增值，如通过股权转让、增资引入优质的战略投资人，实现混合所有制改革目标。因此，在风控可控的前提下如何更好的提高国有资产挂牌交易效率，就是未来国有资产交易监督管理的完善方向。对此，本书建议从如下两个方面着手。

1. 建立健全挂牌前与意向投资人接触的规则

实践中，为顺利促成交易并避免挂牌交易失败导致的成本损失，一些国有企业会在挂牌之前接触联络意向投资人，接受投资人的尽职调查，与投资人签署意向协议并收取诚意金/保证金，但这个过程现并无明确国资监管规定予以规范，可能出现泄露企业商业秘密和违反公平、公正、公开原则的行为，甚至事先“内定”成交人并架空国有资产挂牌规则，最终出现国有资产流失的风险。客观而言，相较于证券市场的交易，国有资产挂牌既面临较大的有价无市的问题，也存在更大的信息不对称风险，这种信息不对称风险是国有企业与投资人都会面临的，尤其在国有企业增资时更是这样。

对此，本书认为，国有企业在挂牌前与意向投资人进行接触具有一定必要，不宜绝对禁止，但应有相应的监管规则予以规范，宜以信息预披露为接触的起点，要求国有企业保持接触的距离，并坚持接触的原则：不得通过任何方式向意向投资人保证或变相保证成交。

2. 进一步完善降低信息不对称风险的机制

从本书作者服务投资人参与国有资产挂牌交易的经验看，国有企业在产权交易所公开披露的信息往往无法满足投资人完成决策手续的需要，投资人对信息不对称的风险疑虑较大。因此，实践中，一些投资人就会在挂牌之前或者挂牌过程中寻求对标的资产进行调查。对此，由于32号令并无明确规定，一些国有企业的配合程度并不一致，一些国有企业甚至直接在挂牌公告中明确不接受投资人的尽职调查，并要求投资人自行通过挂牌公告披露的有限信息（主要是审计报告、评估报告和基本情况介绍）和公开渠道进行尽职调查。这种行为造成的可能后果有二：第一，让许多意向投资人望而却步，造成无法征集到合格投资人或因缺乏竞争而不能卖一个更好的价钱；第二，由于信息披露不充分尤其是对交易具有重大不利影响的信息未披露，交易达成后问题暴露，国有企业对投资人承担赔偿责任。

本书认为，未来监管规定可要求国有企业在信息预披露之后原则上应接受符合条件的意向投资人的尽职调查，接受尽职调查的阶段可自挂牌信息预披露之日至正式挂牌信息披露截止之日。同时，国有企业在报请批准国有资产交易方案时，应提交在法律、会计等中介机构指导下制作的拟接受尽职调查的资料目录，对应的资料则应存档备查，以便于提高尽职调查效率，降低信息披露不到位的风险，此外，为降低赔偿责任纠纷风险，还需明确要求对交易可能造成重大不利影响的重大事项应向通过资格条件审查的意向投资人披露，不得隐瞒。

实务提示

对于国有资产交易中面临的众多问题，应在明确的完善监管原则思路指导下，考量如何规范与解决。鉴于正式的规章、规范性文件修订程序复杂且及时性较差，而国务院国资委官网的互动问答权威性、效力性又太低，但对相关问题的监管要求却亟待统一、明确且可操作，为尽可能降低不确定性，并压缩国有资产交易关键环节、关键行为的可左可右空间，国资监管部门除可出台、修订包括 32 号令在内的监管规定外，也可在其官网互动问答和相关实践经验的基础上，参考证监会、基金业协会等监管机构的做法，不定期通过发布操作指引或须知、集中问答①等方式及时对实践中具有共性的重要问题予以指导与回应。

① 国务院国资委：《〈关于企业国有资产交易流转有关事项的通知〉的问题解答》，载国务院官网 2022 年 8 月 3 日，http://www.sasac.gov.cn/n2588035/c25679373/content.html。

第三节 国有股权转让挂牌前意向协议的签订

2004年出台的《企业国有产权转让管理暂行办法》初步确立了国有股权转让公平公正公开的原则，而2016年出台的32号令进一步完善了国有资产交易制度，并将适用范围扩大为国有股权转让、国有资产转让和国有企业增资。至此，国有资产交易以挂牌公开为原则、非公开协议为例外的国有资产交易规则基本形成。

然而，不同于资本市场，国有股权挂牌转让的实践中信息不对称的情况较为突出，这就造成了一个困境：一方面，国有股权挂牌程序较为复杂，一旦流拍，国有企业前期花费的人力、物力、财力将付诸东流，尤其是对于还涉及职工安置等特殊事项需要解决的情况下，如未事先确定会有意向方报名摘牌，国有企业不敢轻易启动程序挂牌；另一方面，产权交易机构的公告信息难以被合适的投资人所接触，即使接触该信息，也可能因不了解情况或短时间内无法获取足够的信息作出决策，且加上不菲的报名保证金，投资人往往望而却步。

为解决前述困境，长期以来，许多国有企业都会在股权挂牌之前寻找合适的意向受让人，并与之签署意向协议，要求意向受让人缴纳保证金或诚意金，以确保其报名参与摘牌。意向协议签署后，意向受让人也能有足够的时间，在正式挂牌前对项目进行尽职调查，以便进行科学决策。

但对于上述做法，实践中存在一定争议，因为按照国有资产交易监管要求，国有股权转让必须公平公正公开，国有企业在股权挂牌之前接触意向受让人是否违背前述原则？更为关键的问题在于，从民法上看，该等意向协议的性质如何，是否合法有效？有哪些法律风险和法律后果？国有企业如何既不违反国资监管的规定，又能防控法律风险，并顺利推进股权转让工作？针对以上这些问题，本部分根据有关规定，结合近年来与此有关的多个司法案例进行分析如下。

一、意向协议的性质

意向协议的性质对法律适用与双方权利义务关系的认定具有重要意义,而认定合同性质不在于合同名称如何,更多是看合同的实质内容,故对于国有企业在挂牌之前与意向受让人签署的意向协议性质,基于实质大于形式的原则,可能会有如下三种认定。

(一)认定意向协议构成预约合同,但可能性相对较小

《民法典》第495条[①]首次将预约合同法律化,如不按约定及时签署正式合同,应承担违约责任。意向协议虽然属于预约合同的常见形式之一,但并非意向协议都是预约合同。参照全国人大常委会法工委民法室主任黄薇主编的《中华人民共和国民法典释义》的观点,预约合同的核心特征之一是"当事人在约定的期限内确定要订立合同。如果是否订立本约并不确定,例如当事人约定两个月期满后再考虑订立本约,则此种情形下将来订立本约并没有成为当事人的一项确定性义务,也就不构成预约合同"。从实践中的做法看,国有企业在股权挂牌之前签署的意向协议,一般不会约定将来一定期限确定会与意向投资方正式签约,而是约定挂牌后由意向投资方按程序报名摘牌,如最终被确定为成交人方会正式签约,也就是说,该等意向协议对未来是否正式签约并不确定,因此认定为构成预约合同的可能性较小。

(二)认定意向协议实质上构成正式交易合同,但在实践中较少出现

参考最高人民法院《关于审理商品房买卖合同纠纷案件适用法律若干问题的解释》第5条"商品房的认购、订购、预订等协议具备《商品房销售管理办法》第十六条规定的商品房买卖合同的主要内容,并且出卖人已经按照约定收受购房款的,该协议应当认定为商品房买卖合同"的规定,结合最高人民法院在"(2019)最高法民申4137号"一案中关于"不论名称如何,《意向书》已经具备了当事人、股权转让标的、价格等主要条款,构成一份有法律约束力的合同,原判决认定《意向书》具有法律约束力,并无不当"的观点可以看出,意向协议如具

---

① 《民法典》第495条规定:"当事人约定在将来一定期限内订立合同的认购书、订购书、预订书等,构成预约合同。当事人一方不履行预约合同约定的订立合同义务的,对方可以请求其承担预约合同的违约责任。"

备合同主要条款且明确具有法律约束力，可能被认定为正式的交易合同。

从相关司法案例看，认定国有股权转让意向协议构成正式交易合同的案例不多，有代表性的是“（2020）云民终 178 号”一案。该案中，法院认为《收购框架协议书》对国有股权转让的“主体、标的、数量、交易方式等都进行了明确的约定，已经具备合同的主要条款。虽然交易价格没有明确，但是通过双方约定的方式可以进行具体确定，因此双方之间的协议应属本约合同”。此外，在“（2017）粤 03 民终 5299 号”一案中，法院也以“协议对标的股权、转让款的支付条件及期限、人员安排、尽职调查、国有股权挂牌转让步骤、违约责任等内容均做了详细的约定，已经具备股权转让合同所需的主要条款”为由，将《股权转让意向协议》认定为本约合同。

本书认为，虽然上述两个判决的观点较为激进，说理也有待商榷，但足以说明国有企业在股权挂牌前签署的意向协议被认定为本约的风险是客观存在的。更为值得关注的是，认定意向协议为本约合同，将意味着前述国有股东很可能实质违反了国有资产交易的程序规定，进而面临被国资监管追责的风险。

（三）认定意向协议为一种表达合作意向的磋商性文件，此为主流观点

认为意向协议既不属于预约合同，也不构成正式的交易合同，而只是一种表达合作意向的磋商性文件，这是实践中的主流观点。

首先，该类意向协议的核心条款包括：意向受让人需缴纳一定金额的保证金（少则几十万元，多则几千万元，实践中也可能为“诚意金”等类似提法），以确保其在国有股东按国资监管程序公开挂牌股权后会报名摘牌，而国有股东并不确保意向受让人能最终受让股权，但意向受让人无故不报名摘牌，国有股东有权没收其保证金；同时，如意向受让人非因自身原因最终未能摘牌的，则国有企业退还其保证金。除此之外，就是一些标的股权范围、保密条款、联络机制、附则等非实质性条款。

其次，该类意向协议在法律效力上，存在如下三种认定做法：具有法律约束力；部分条款具有法律约束力；完全不具有法律约束力。其中：

1. 在部分条款具有法律约束力的情况下，往往转让方为较为强势的国有企业，且标的质量不错，一般仅约定意向受让人的刚性义务及其违约责任——主要是没收意向受让人的保证金，而自身却并无实质性法律约束条款；

2. 在完全不具有法律约束力的情况下，该等意向协议就成了一个“君子协

定”,无法实现国有企业希望锁定意向投资人报名参与摘牌这一核心诉求,协议签署的必要性也大打折扣,故实践中采用的较少。

综上,本书认为,从国有资产交易监管的基本精神出发,在应然层面上,国有企业在股权挂牌前签署的意向协议必须避免因具有合同主要条款进而被认定为正式交易合同,且协议内容也不能被认定为预约合同,即承诺未来确定会与意向受让人签订股权转让合同,因为这两种情况下都无异于是事先“内定”股权受让人,显然是违规行为。因此,国有企业在股权挂牌之前签署的意向协议只能是表达合作意向的磋商性文件性质,其对双方的法律约束力,在不违反国有资产交易监管规定的前提下,可由双方协商确定。

二、意向协议的法律效力

从本书作者搜集的司法案例看,法院对国有企业在股权挂牌之前与意向受让人签署的意向协议效力存在如下不同意见。

(一)第一种观点认为,该等意向协议无效

持该观点的典型代表是最高人民法院“(2021)最高法民申89号”一案,该案在网络上传播较广,具有一定影响。该案历经一审、二审和再审,其中最高人民法院在再审中认为:“《中华人民共和国企业国有资产法》第五十四条规定:‘国有资产转让应当遵循等价有偿和公开、公平、公正的原则。除按照国家规定可以直接协议转让的以外,国有资产转让应当在依法设立的产权交易场所公开进行。转让方应当如实披露有关信息,征集受让方;征集产生的受让方为两个以上的,转让应当采用公开竞价的交易方式……’本案中,F集团在转让所持有的F晶源75.273%股权之前,已经私下与T公司签订《备忘录》和《意向协议》,没有通过产权交易机构对外披露产权转让信息,公开征集受让方,并在与T公司签订《备忘录》和《意向协议》后,按照双方协议约定启动评估、审批、进场挂牌公开交易等国有资产转让程序,实际上是以公开挂牌交易的形式掩盖了私下直接交易的目的,侵害了不特定主体同等条件下参与竞买的权利,损害了社会公共利益。”因此,属于原《合同法》第52条第4项、第5项规定的无效情形,[①]故

① 原《合同法》第52条规定:“有下列情形之一的,合同无效:(一)一方以欺诈、胁迫的手段订立合同,损害国家利益;(二)恶意串通,损害国家、集体或者第三人利益;(三)以合法形式掩盖非法目的;(四)损害社会公共利益;(五)违反法律、行政法规的强制性规定。”

《备忘录》《意向协议》无效，F集团应返还其收取的定金及保证金5000万元。

乍一看，按照前述逻辑，国有企业在国有股权挂牌之前与意向受让人签署的意向协议均应无效，但在没有明确法律规定的情况下，一概作出如此结论的话，不仅过于严苛，而且必将导致本部分引言所述的困境无法解决。就该案而言，本书认为，意向协议之所以被认定无效，还需注意到两个重要的特殊细节：

1. 案涉《备忘录》约定，F集团足额收到5000万元股权收购定金和履约保证金后，双方共同在广西国资委中介机构备选库中遴选审计、评估机构，对标的公司开展审计、评估工作；审计、评估结果经双方确认同意后，F集团按程序公开挂牌股权。

2. 在审计评估结果出具后，双方又签署《意向协议》约定：挂牌起拍价格和最终交易价格均不低于44,595.3857万元；并约定F集团按双方约定的股权交易定价原则，提交董事会审议本次股权转让事项。

显然，前述约定与操作已超出实践中惯常做法的范围，因为该案的意向受让人可以深度参与对标的公司的审计、评估程序以及挂牌底价的确定，为其事先"量身定做"股权转让方案，进而"内定"该意向受让人为最终受让人。正是基于此，最高人民法院认定该案的行为"实际上是以公开挂牌交易的形式掩盖了私下直接交易的目的"。

综上，本书认为，该案固然可以给予国有企业以风险警示，但该案的案情具有较大的特殊性，且案涉相关操作被认定实质为"内定"并不冤枉。然而，实践中此类"明目张胆"的做法还是比较少，因此不能直接照搬该案结论，认为国有企业在股权挂牌之前签署的意向协议均无效，而应具体问题具体分析，客观进行认定。

（二）第二种观点认为，该等意向协议有效

有效说是本书作者搜集的大部分案例的观点。本书认为，在没有明确规定禁止国有企业在挂牌前签署意向协议的情况下，这种认定与实践的合理需要也是契合的。比如，"（2017）粤03民终5299号"一案中法院认为，《股权转让意向协议》系三方真实意思表示，内容合法有效，各方应诚实信用履行。"（2017）湘01民初1342号"一案中法院也认为，《意向协议书》是双方真实意思表示，内容合法有效。

此外，在"（2019）川民申4240号"一案中，法院认为：《股权转让意向协议》

是协议各方进行股权转让的意向性表示,其性质不等同于股权转让合同,再审申请人关于“《股权转让意向性协议》不符合国有股权转让规定,未经国有资产监督管理部门审批、未经合法评估、未在产权交易所签订,属于无效协议,其无过错应退还保证金并赔偿损失”的再审申请理由不能成立,法院不予支持。本书认为,该案进一步说明,股权挂牌前签署的意向协议及其履行在不存在“内定”相关操作,也不存在其他无效情形的情况下,国有企业作为股权转让方在后续也严格按32号令规定独立履行审计、评估以及转让方案报批程序,原则上属于双方真实意思表示并达成合意,应认定为有效。

综上,本书认为,除非存在明显的“内定”约定或重大违规操作,国有企业在股权挂牌之前与意向受让人签署的意向协议原则上是有效的。

三、意向协议的违约风险与法律后果

即使是签署具有法律约束力的意向协议,实践中也会面临一方违约的风险,由此引申出的常见法律问题包括。

(一)意向受让方不按约定报名摘牌时,国有企业能否没收保证金

从本书作者目前搜集到的司法案例看,意向受让方在签署意向协议后不按约定报名摘牌造成的纠纷是最多的。前文已述,国有企业在股权挂牌之前签署的意向协议一般会约定保证金条款,在意向协议有效的情况下,意向受让方未按约定报名摘牌导致流拍即构成违约,应承担违约责任:

首先,意向受让方收取的保证金实际上是一种履约担保,按“(2016)渝05民终4072号”一案的观点,意向受让人“未按约向产权交易所办理意向登记,参加产权交易所组织的股权交易活动,导致本次股权转让不能实现,按约定应将诚意金作为违约金赔偿给H传媒公司”。

其次,按《民法典》第585条第2款规定,合同约定的违约金过分高于造成的损失的,人民法院或者仲裁机构可以根据当事人的请求予以适当减少。因此,如保证金过分高于国有企业损失,违约的意向受让方有权申请调减。比如,在“(2016)渝05民终4072号”一案中,法院认定国有企业为股权转让事宜,发布转让公告等所做前期准备工作产生的实际损失为5000元,故扣除5000元后剩余195,000元诚意金国有企业应退还。但是,该等调减必须由意向受让方提出,法院不得主动调减,比如在“(2019)川民申4240号”一案中,意向受让方被

没收的保证金高达 100 万元，明显超过国有企业的损失，但因意向受让方未主张调减，故法院未进行任何调减。

（二）意向受让方不按约定报名摘牌时，国有企业的索赔范围

如意向协议未按前文所述约定保证金或违约金条款，意向受让方不按约定报名摘牌时，国有企业如何索赔？《民法典》第 584 条规定："当事人一方不履行合同义务或者履行合同义务不符合约定，造成对方损失的，损失赔偿额应当相当于因违约所造成的损失，包括合同履行后可以获得的利益；但是，不得超过违约一方订立合同时预见到或者应当预见到的因违约可能造成的损失。"具体到实践而言，结合"（2017）粤 03 民终 5299 号""（2018）湘 03 民终 1173 号""（2016）渝 05 民终 4072 号"等案件的观点，本书认为：

首先，可主张直接损失，主要包括：（1）国有企业在意向协议签署后为进行股权挂牌开展的审计、评估、法律等工作所支出的服务费用和差旅费用，以及其他相关费用；（2）国有企业因启动股权挂牌转让工作，对员工进行安置并支出的费用，且具有明确的约定。但是，如只是因个别员工对标的公司股权结构发生变化后的公司发展前景有不同认识而协商解除劳动关系所支付的补偿费用，法院可能认为二者并无直接关联性，进而不予支持该部分损失赔偿请求。

其次，可主张可得利益损失，即合同履行后所能获得的纯利润。其中，对可得利益的赔偿应当考量发生的概率程度，不能无限扩张，即必须是在违约方可预见或应当预见的范围内。目前，对于意向受让人不按约定报名摘牌应赔偿国有股东的可得利益损失计算的问题，本书作者仅找到"（2017）粤 03 民终 5299 号"这一案例。但该案将案涉《股权转让意向协议》认定为本约合同，并在此基础上认为，因协议明确约定意向受让人不按约定报名摘牌应赔偿国有股东损失，故应认定意向受让人对不报名摘牌对国有股东造成的可得利益损失是应当能够预见的，应予以赔偿；据此，法院根据公平原则和诚实信用原则，酌定可得利益损失为 720 万元。本书认为，在意向协议不构成本约和预约合同的情况下，对可得利益的损失认定，法院必将更为谨慎，其范围与金额也会相对更小。

（三）国有企业未及时将股权挂牌的法律后果

一般而言，国有企业是在签署意向协议后才会正式启动股权挂牌转让相关

工作,但股权转让需履行国资决策审批程序,该等程序实际上并不完全可控,既可能久拖不决,也可能直接被否决,进而造成国有企业不能及时将股权在产权交易机构挂牌。在此情况下,如国有企业在意向协议承诺了挂牌时限并明确受此法律约束,应承担相应的法律责任:

首先,如意向协议约定了对应的违约金责任,则国有企业应承担相应的违约金责任,如违约金过高,也可主张调减。如"(2017)湘01民初1342号"一案中,国有企业未按约定将股权挂牌,意向受让方请求按协议约定的每日千分之一的标准计算支付违约金356万元,但经国有企业主张调减,法院酌情调整至按照每日万分之五的标准计算,判决国有企业支付违约金182.5万元。

其次,如意向协议没有约定违约金责任,意向受让方也可能索赔,其范围包括意向受让方前期组织尽职调查、评估等工作的相关费用、保证金的资金占用利息和可得利益损失。

(四)意向协议约定排他性条款的合法合规性

意向协议除保证金条款外,在标的公司质量不错的情况下,意向受让方为避免激烈竞争,很可能会要求在意向协议中加入排他性条款:未经意向受让人同意,国有股东不得与任何其他第三方就本协议项下的股权转让事项签署任何书面文件、进行谈判或达成其他安排。对此类排他性条款的合法合规性,本书认为,在法律效力方面,可参考"(2016)闽02民终2909号"一案的观点,该案的核心争议在于国有企业方是否违反《战略合作意向协议书》约定的排他性条款而与第三方接触,进而应承担违约责任。其中,对于案涉意向协议的法律效力,该案法院认为:"当代公司和射洪县政府、沱牌公司签订的《战略合作意向协议书》合法有效。"据此,法院并未否定意向协议中排他性条款的效力。

在国资合规方面,本书认为,国有企业如在意向协议中约定排他性条款,存在被认定违反国有股权转让公平公正公开的原则,构成变相"内定"股权受让人的风险。这是因为,签署意向协议只是为了确保届时有人来报名,但并不能排除或变相排除其他投资人参与,更不能让任何一个投资人享有任何排他性权利。从应然上说,任何适格的投资人都有权与国有股东进行适当接触并签署类似的意向协议,只是因为信息不对称,潜在的投资人不能实际都与国有股东接触而已。因此,该等条款即使不被法院认定为无效,也可能被国资监管或审计机构认定为违规。

实务提示

国有企业在股权挂牌之前寻找意向受让人签署意向协议，是解决现实困境的必需之举，但该等意向协议的内容如设置不当，不仅面临国资合规风险，还面临法律责任风险，对此，建议如下：

1. 在意向协议的性质上，应避免构成预约合同，更不能构成本约合同，而只能属于磋商类的合同。

2. 在意向协议的法律约束力上，如约定完全没有法律约束力，就难以实现国有企业需确保有人报名摘牌的核心目标；如约定协议内容均具有法律约束力，则被认定为预约合同和本约合同的风险就会明显增大，故最好是仅约定部分条款（如保证金条款、保密条款）具有法律约束力。

3. 在意向协议的保证金标准上，在能覆盖国有企业合理预期损失的前提下不宜过高，如过高，届时也很可能被意向受让方申请调减，更为关键的是，这样就难以说服对方不设置对等的违约金条款，不利于谈判达成一致。另需提醒的是，退还保证金的核心条件不能仅是意向受让方报名，而应明确是“有效报名”，即按 32 号令规定已被产权交易所确认其符合受让条件。

4. 在意向协议的其他内容上，国有企业原则上应不承诺挂牌时限，如确要承诺挂牌时限，尽量不设置违约金或赔偿责任，但可明确期满后仍未挂牌的立即退还保证金。此外，尽量减少设置其他具有法律约束力或实质性条款，并在意向协议中明确国有股东不保证意向受让方最终能成为股权受让方。

5. 在签署意向协议后，国有股东应独立组织审计、评估工作和拟定转让方案。如有可能，可找多家意向投资人签署类似的意向协议，以避免被第三方提出“内定”或“独家”的质疑。

第四节　国有股权挂牌转让方的信息披露义务

众所周知，按照《企业国有资产法》、32 号令的相关规定，国有股权交易以公开挂牌转让为原则、非公开协议转让为例外。对于大多数公开挂牌转让项目而言，国有股权的转让方在经历审计评估、方案报批、挂牌竞价等一系列程序后，确定了最终受让方，国有资产的处置变现即将实现。然而，此时也并非万事大吉，法律风险仍然存在。从司法实践看，在确定最终受让方之后，国有股权转让还可能产生各种纠纷，包括受让方拒签股权转让合同的纠纷、第三人主张优先购买权的纠纷、受让人不按约定付款的纠纷以及与转让方信息披露相关的纠纷等。实践中，较为常见的就是因国有股权转让方存在信息披露不实或不足引起的纠纷。

不同于一般的股权交易，国有企业作为转让方通过公开挂牌进行股权交易，信息不对称的情况可能更加严重，主要原因如下：首先，很多国有企业在挂牌公告中会明确不接受投资人尽职调查，并要求意向受让方自行通过挂牌公告披露的有限信息（主要是审计报告、评估报告和基本情况介绍）和公开渠道进行尽职调查。其次，即使在挂牌过程中接受意向受让方尽职调查，由于时间有限，加上可能存在的配合度问题，意向受让方一般也难以对挂牌的标的股权以及标的公司进行全面深入的尽职调查，或者一些意向投资方出于对国资的"信任"或其他原因，加之时间紧迫，未能重视或全面落实投前的尽职调查工作。最后，出于保密和促进交易等主客观原因，个别国有企业未将对标的股权价值或标的公司可能造成重大不利影响的事项如实披露。

那么，国有企业通过公开挂牌进行国有股权交易，在信息披露方面究竟存在哪些法律风险？其责任如何认定，又该如何防范风险和应对可能的纠纷呢？本部分结合有关法律法规和相关司法案例分析如下，以资参考。

一、国有股权转让方信息披露相关的法律风险

（一）违反信息披露义务而承担缔约过失责任

在按挂牌程序确定最终受让方后，按照32号令第23条和挂牌公告的规定，双方应在一定期限内签署股权转让合同。但是，由于受让方开始有机会更深入地了解标的公司，这时可能发现国有股权转让方存在未如实披露的问题，进而拒绝签署股权转让合同，与国有股权转让方形成纠纷。该类纠纷案件中经常聚焦以下问题。

1. 合同关系是否成立

中选通知书发出后，正式股权转让合同签订前，股权转让合同关系是否成立，这往往是纠纷发生后双方首先关心的问题。对此，“（2017）苏0214民初2042号”“（2020）京03民终10709号”“（2017）苏09民终1886号”等案件中的法院均认为：根据原《合同法》第10条的规定，当事人约定采用书面形式的，应当采用书面形式。国有股权转让方在挂牌公告中已明确规定，意向受让方在被确定为最终受让方后3个工作日内应与转让方签署股权转让合同，意向受让方报名竞买时也书面承诺认可前述要求。因双方未正式签署合同，也未实际履行，故案涉股权转让合同未成立。因此，产权交易机构向股权受让方发出中选通知书，也并不能视为转让双方的股权转让合同已经成立。

2. 转让方承担何种责任

那么既然合同未成立，国有股权转让方违反信息披露义务是否就无须承担民事责任呢？本书认为，双方在签署正式股权转让合同前的挂牌、信息披露、报名、竞价等行为属于订立合同过程中的行为。《民法典》第500条规定：“当事人在订立合同过程中有下列情形之一，造成对方损失的，应当承担赔偿责任：……（二）故意隐瞒与订立合同有关的重要事实或者提供虚假情况；（三）有其他违背诚信原则的行为。”因此，由于股权转让合同此时尚未成立，一旦国有股权转让方被认定存在隐瞒或虚假披露的情况，其虽然不承担违约责任，但应承担《民法典》规定的缔约过失责任，包括赔偿股权受让方的保证金利息损失、中介费用、差旅费用等信赖利益相关的损失。

（二）违反信息披露义务导致转让合同被撤销或解除

相较而言，在股权转让合同签署之后，股权受让方对标的公司的了解将会

更加深入,此时如发现存在重大信息披露不实或未披露的情况,受让方就可能谋求终止合同,要求转让方退款并主张违约责任。结合相关司法案例,其主张的路径主要有二。

1. 以国有股权转让方欺诈为由要求撤销合同

该路径的法律依据是《民法典》第 148 条,该条规定:“一方以欺诈手段,使对方在违背真实意思的情况下实施的民事法律行为,受欺诈方有权请求人民法院或者仲裁机构予以撤销。”也就是说,在股权转让中,如股权转让方故意告知受让方虚假情况,或者故意隐瞒真实情况,诱使受让方作出错误意思表示,可认定为欺诈行为,受让方有权请求撤销合同。从目前本书作者收集到的相关案例看,法院对股权转让方构成欺诈的认定往往较为谨慎,但风险也客观存在,毕竟不同法院的不同法官可能认识或理解不一致。

比如,在“(2019)京 01 民终 2323 号”一案中,一审法院认为,国有股权转让方在股权转让合同中明确承诺,其为签订、履行本合同而向股权受让方提供的资料、信息是真实、准确和完整的,且最近 3 年标的公司在所有重大事项方面遵守适用法律。然而,国有股权转让方披露的财务数据却存在差异,并隐瞒其委托不具备资质的企业生产的情况,构成欺诈行为,故判决撤销股权转让合同。二审法院则认为,相关证据虽能证明财务数据存在差异,但不足以证明构成欺诈;同时,国有股权转让方在股权转让合同签订前接受尽职调查时已向股权受让方披露案涉委托生产合同,股权受让方具有审查该合同合法性的谨慎注意义务,故也不足以证明国有股权转让方构成欺诈,遂撤销一审判决。

2. 以国有股权转让方严重违约为由要求解除合同

实践中,国有股权转让方如存在故意隐瞒重大事项或披露不实,造成重大不利影响的,股权受让方可能会主张解除股权转让合同。

比如,在“(2020)鲁 0502 民初 708 号”一案中,法院认为,尽管股权受让方未按挂牌公告的尽职调查期间内查阅标的酒业公司竞价交易的相关资料,其存在一定过错,但不能以此折抵国有股权转让方未披露标的酒业公司未经过环境影响评价这一瑕疵的过错,因为是否通过环保验收关系到标的酒业公司的生产、经营,该瑕疵足以影响股权受让方通过公开竞价购买标的公司股权的判断及其合同目的的实现,故判决支持股权受让方解除股权转让合同的诉讼请求。但是,对股权受让方关于国有股权转让方未披露标的酒业公司对外签署的《代销合作协议书》,也应作为合同解除理由的主张,法院却认为,股权转让合同明确约定，股权受让方“已详细阅读并完全认可本次股权转让项目所涉及审计报告、评估报告及法律文件等报告所披露内容以及已完成对本项目的全部尽职调查，并自愿全部接受产权转让公告之内容”，因股权受让方未尽到必要的审查义务，自身也存在过错，故应自行承担法律后果，最终判决解除合同的同时，驳回了股权受让方要求支付违约金的请求。本书认为，从该案可以看出，国有股权转让方信息披露义务的范围也是有边界的。

（三）违反信息披露义务而承担损失赔偿责任

如国有股权转让方被证明存在就标的股权或标的企业相关事项未披露或披露不实的行为，除面临上述承担缔约过失责任和合同被撤销或解除的风险之外，还将承担损失赔偿责任。在此情况下，国有股权转让方究竟如何承担责任，司法实践中主要有三类情况。

1. 股权转让双方均有过错，应分担责任

该类案例的裁判观点认为，虽然国有股权转让方存在隐瞒或不实披露，违反诚信原则，应承担赔偿责任，但股权受让方也具有谨慎注意义务，对其损失的形成也有过失，故其应分担部分损失。

比如，在“（2019）赣 02 民终 639 号”一案中，二审法院认为，国有股权转让方基于诚实信用原则，应向受让方事先披露标的公司需缴纳采矿权出让收益的信息而未披露，由于标的公司在订立合同后还需缴纳 899.86 万元采矿权出让收益，股权受让方由此遭受损失，故国有股权转让方应承担损害赔偿责任。但是，股权受让方进行重大收购，也应进行全面尽职调查工作，尽到足够的审慎与注意义务，其在订立合同时对该行业缺乏必要的了解，对其自身遭受损失亦存在一定过失。综上，二审法院认为，原审判决由国有股权转让方承担 899.86 万元采矿权出让收益费用不妥，故酌情由股权转让双方对半承担。

在“（2019）浙民终 1226 号”一案中，法院也持类似观点，在认定国有股权转让方履行披露重要交易信息义务方面存在重大瑕疵（指未在挂牌公告的重要信息披露栏填写“无”）的情况下，法院认为，股权受让方作为专业的房地产企业，在股权收购前未对标的公司持有的项目土地全面履行尽职调查义务，未能根据相关资料分析出项目土地存在逾期开发的问题，其对造成的交易损失也存在过错，故判决股权转让双方对半承担损失。

2. 股权转让方对股权受让方承担全部赔偿责任

该类案例的裁判观点认为,虽然股权受让方具有谨慎注意义务,但股权转让方违反信息披露义务的,仍应全额赔偿。本书作者注意到,在具体说理上,不同案件的侧重点不同:

首先,对于国有股权转让方财务披露不实的,即使股权受让方具有谨慎注意义务而应进行尽职调查,但从实践逻辑看,尽职调查毕竟不是审计,不应苛求其对该等财务披露不实的问题具有应当发现的义务,故也就不应分担损失。比如,在"(2016)苏03民终6971号"一案中,虽然案涉股权转让协议约定:"股权受让方确认签订本协议前已对目标公司情况尽职调查完毕,并充分了解、确认不存在重大误解、显失公平或股权转让方存在欺诈的情形。"但是,法院仍然认为,标的公司的财务账册中记载的4,079,004元对外出借款经证明实质为投资款,构成披露不实,严重影响了股权受让方对股权交易价格的判断,股权转让方由此多支出的股权交易价格损失,均应由国有股权转让方承担。

其次,对于重大事项遗漏披露的,国有股权转让方不得以股权受让方已声明认可现状并具有谨慎注意义务为由主张免责。比如,在"(2018)京0105民初1118号"一案中,法院认为,涉案股权转让后,股权受让方发现标的公司名下房产存在欠缴税款,但国有股权转让方未事先未予披露,因该欠税事项直接影响产权交易的评估结果,不论国有股权转让方是否知情,均违反了其在股权转让合同的信息披露承诺,故应向股权受让方赔偿全部损失,即欠缴税款。值得注意的是,国有股权转让方提出抗辩,根据挂牌公告"本项目公告期即可进入尽职调查期,意向受让方通过资格确认并且缴纳保证金后,即视为已详细阅读并完全认可本股权转让项目所涉审计报告、资产评估报告、法律文件及该等报告所披露内容以及已完成对本项目的全部尽职调查"的约定,其提出免责,但法院认为,此处针对的是已经披露的债务及相关信息,案涉欠缴税款并未披露,故不予采纳。

最后,作为信息披露核心内容的审计报告、资产评估报告虽系第三方出具,但是以国有股权转让方名义披露,其应对其真实性、完整性承担责任。比如,在"(2018)津民终214号"一案中,法院认为,股权受让方对于标的公司的资产状况具有审慎注意义务,并不能对抗国有股权转让方在股权转让合同中已对相关情况如实披露的承诺,故国有股权转让方主张资产评估报告系由第三方评估机构出具,其对报告披露不实、遗漏不承担责任的主张不予支持。

3. 直接驳回股权受让方的损失赔偿请求

该类案例的裁判观点认为，股权转让方虽然客观上存在未披露某些事项的行为，但股权受让方在股权交易前具有谨慎注意义务，且其在挂牌公告和股权转让协议均已声明认可标的现状，故股权受让方应自行承受相应的后果。

比如，在"（2020）浙01民终5244号"一案中，法院依据股权转让协议关于"受让方已全面阅读并充分理解和掌握了本次股权转让的全部资料及有关情况，对挂牌转让标的作了充分调查了解，对挂牌转让过程已无异议"的约定认为，股权受让方有义务在订立案涉股权转让合同前了解目标公司的对外担保情况等重要事项，其主张国有股权转让方构成欺诈的主张，缺乏事实和法律依据，不予采纳。

又如，在"（2018）川01民终2807号"一案中，股权受让方主张国有股权转让方未将标的公司的项目土地被政府和景区占用且存在地面供电变压器等情况披露，存在重大瑕疵，但法院认为，股权受让方具有审慎审查义务，应对审计报告和评估报告的内容和案涉标的公司的项目土地现状进行详细充分的了解，由于评估报告已披露土地被当地政府暂借作停车场使用且目前尚未有详细建设规划等重要事项，国有股权转让方不构成重大瑕疵披露。由此可见，从公平合理角度，国有股权转让方披露并不需要也不应该事无巨细，股权受让方应尽到谨慎注意义务，而不应全部依赖国有股权转让方披露。

二、国有股权转让方是否违反信息披露义务的认定

通过前文的梳理可以看出，国有股权转让方在存在未披露事项或披露不实的情况下，是否构成欺诈、严重违约并承担法律责任，关键在于国有股权转让方是否违反了信息披露义务。

（一）国有股权转让方信息披露义务的主要依据

1.《民法典》

《民法典》第7条规定：民事主体从事民事活动，应当遵循诚信原则，秉持诚实，恪守承诺。在相关司法案例中，多数法院均将诚信原则作为国有股权转让方具有信息披露义务的基本依据。此外，《民法典》第148条关于受欺诈方有权申请撤销合同的规定则要求国有股权转让方不得欺诈。

2. 国资监管规定

《企业国有资产法》第54条和32号令第16条规定，转让方应当如实披露有关信息，并对披露内容和所提供材料的真实性、完整性、准确性负责。这是国有资产交易所必须遵守的公平公正原则所决定的，也有利于促进股权交易顺利完成，说明国有股权转让方如实披露信息也是国资监管的要求。

3. 相关约定

结合北京产权交易所、上海联合产权交易所、西南联合产权交易所等产权交易机构发布的国有股权转让公告以及相关司法案例看，国有股权转让方一般需在挂牌公告和股权转让合同中约定信息披露义务：承诺对其披露信息与材料的真实性、完整性、准确性负责；如有违反，愿意承担法律责任及相应的经济赔偿责任。该等承诺对国有股权转让方具有法律约束力，故亦属于其信息披露义务的依据。

（二）国有股权转让方是否尽到信息披露义务的司法认定

关于认定国有股权转让方是否尽到信息披露义务问题，现行法律法规并无明确规定，而前文案例中虽然责任认定方式不一，但也并非全无规律可循：

首先，就披露范围而言，除标的股权本身的情况外，由于对标的股权价值影响很大，标的公司的基本情况也应属于国有股权转让方信息披露的范围。

其次，就披露标准而言，一方面，对于国有股权转让方已披露的信息，应保证真实、准确，否则，原则上不得以股权受让方具有谨慎注意义务进行抗辩。另一方面，标的公司一般经营日久，资料与信息繁杂，不可能也没有必要事无巨细地披露，但对于可能对标的股权价值或标的公司造成重大不利影响的重大事项应向股权受让方如实披露，不应遗漏。实践中，产权交易所挂牌公告格式模板一般也有重大事项披露栏，国有股权转让方不能随意填“无”。如确有商业保密需要，也应在意向受让人报名时就该等重大事项单独向其披露。

再次，就披露方式而言，除通过挂牌公告和披露审计报告、评估报告等一般方式外，如国有股权转让方曾接受过股权受让方的尽职调查，对国有股权转让方在诉讼中主张已尽到信息披露义务且不应承担责任是很有利的。其中，尽职调查既可以在挂牌之前与股权受让方进行意向接触时开展，也可以在挂牌公告规定的尽职调查期限内开展。

最后，就披露时间点而言，原则上应在挂牌公告时披露，最迟应在意向受让人报名并缴纳竞买保证金前披露。此外，如该等重大事项发生在挂牌之后、签订股权转让合同之前，也应及时披露，否则，结合一般的股权转让合同相关约定，国有股权转让方也可能承担违约赔偿责任。

三、信息披露事项法律风险预防与纠纷应对建议

如上文所述，基于法律、国资监管规定和合同约定，国有股权转让方应本着诚实信用的原则，对标的股权及标的公司的基本情况和可能造成重大不利影响的重大事项进行真实、准确、完整的披露，否则，将面临承担相应法律责任的风险。现就国有企业如何防范相关信息披露风险和如何应对由此产生的纠纷，提出如下建议。

（一）信息披露风险的预防

国有股权转让方对信息披露相关法律风险应做到全程管控：

首先，审计报告、评估报告是信息披露的核心与重点，一旦出现问题，国有股权转让方难以免责，故需要聘请具有资质且高水平的审计、评估机构，并给予充分时间完成相关工作，以确保审计报告、评估报告的质量。

其次，国有股权转让方开展信息披露工作，应聘请具有相关经验的律师提供专业指导，既要做到相关信息和风险披露到位，又不影响工作推进。

再次，挂牌公告期间宜设置合理时段，整理和提供相关资料，接受意向受让方的尽职调查。

又次，对于可能造成重大不利影响的重大事项，需通过挂牌公告、审计报告、评估报告或其他合理并留痕的方式及时披露，切忌隐瞒。

最后，应重视挂牌公告、股权转让合同中有关信息披露义务和股权受让方谨慎注意义务的条款设计。

（二）信息披露诉讼纠纷的应对

从相关司法案例看，国有股权转让方如遭遇信息披露诉讼纠纷，在应对策略上，除努力证明自身已经尽到信息披露义务外，还可关注股权受让方是否尽到谨慎注意义务，以达到减免责任的目的。

对于股权受让方的谨慎注意义务，虽然目前在法律上并无明确规定依据，而是一个学理概念，但在本书作者所见的相关司法案例中，几乎均有涉及，可见

其已在事实上成为司法裁判的准则。实践中,作为民商事活动中判断民事责任的重要标准,谨慎注意义务其实也早已在合同、侵权和公司担保等领域的司法实践中被广泛运用。谨慎注意义务的核心是行为人对行为致害后果的预见义务和对致害结果的避免义务,就股权转让而言,就是要求股权受让方在股权转让之前对交易标的进行一定的审慎调查。

那么,如何判断受让方是否尽到了谨慎注意义务呢?从公平合理以及可操作等因素综合考虑看,股权受让方的谨慎注意义务仅是一般注意义务,故并不能苛求股权受让方自行调查进而应当发现一切问题。因此,如果国有股权转让方故意隐瞒重大事项或作出不实披露,股权受让方又能举证做过尽职调查,则国有股权转让方难以通过主张股权受让方未尽到谨慎注意义务而减免责任。但是,值得注意的是,如股权受让方属于专业投资机构或与标的公司属于同一行业,则法院对股权受让方的谨慎注意义务的要求可能会更高,这对国有股权转让方主张其未尽到谨慎注意义务较为有利。此外,对于一些通过现场查看、查阅资料或通过对基础资料进行简单分析就能直接得到的信息,股权受让方也不能苛求国有股权转让方一一披露到位,在此情况下,国有股权转让方可主张前述信息并不属于其信息披露义务的范围,且股权受让方未尽到谨慎注意义务,应自负其责或分担部分损失,这一理由一般会得到法院支持。

第五节　国有私募基金的投资退出

根据基金业协会官方数据，截至2021年12月30日，协会登记的存续私募基金管理人24,577家，较2020年年末增加16家，同比增长0.07%；存续私募基金124,391只，较2020年年末增加27,539只，同比增长28.43%；私募基金管理规模19.78万亿元，较2020年年末增加3.80万亿元，同比增长23.81%。① 在此背景下，政府投资基金、国有企业投资基金也持续快速发展。目前，政府投资基金（此处所指的政府投资基金包括一般性的政府投资基金和政府出资产业投资基金、引导基金）及国有企业投资基金如何退出越来越受到市场关注，就前述两类基金在存续期满或因特殊原因退出时是否应当按照《企业国有资产法》、32号令的规定，履行审计、评估、进场交易的问题，是实务界长期以来一直存在争论的问题。

2021年11月，中国证监会回复确认在上海区域性股权市场开展私募股权和创业投资份额转让试点工作，为私募股权退出提供了新的平台。尽管如此，产权交易所受理基金进场交易的业务并不多，主要原因在于：政府和国有企业投资基金还处于投放期，尚未大批量进入退出期；哪些国有基金应当进场交易、如何进场交易仍待从法律和实践层面厘清。近年来，上述两类基金在完成投放期后，已有部分国有基金开始步入退出期，如何合法合规地退出，是否应当进场交易，如何进场交易，成了亟待厘清的问题。实践中，本书作者作为国有政府投资基金、国有企业投资基金和产权交易所的法律顾问，经常遇到此类问题：国有基金转让要不要进场交易？如何合法合规的退出？

本部分试图梳理现行的法律法规，对国有基金退出是否应当进场交易、何种情况下要进场交易进行法律和实践层面的剖析。

---

① 2021年私募基金登记备案综述，https://www.amac.org.cn/researchstatistics/report/zgsm-jjhysjbg/202201/P020220106409073144772.pdf。

一、国有性质的私募投资基金进场交易的相关规定及要点梳理

(一)私募基金进场交易的原则性规定

哪些私募基金应当进场交易?按照现行法律法规,本书作者理解,主要是依据《企业国有资产法》和大家所熟悉的企业国有资产交易的纲领性文件32号令进行确定。

《企业国有资产法》第2条对企业国有资产进行了界定“本法所称企业国有资产(以下称国有资产),是指国家对企业各种形式的出资所形成的权益”。其第54条第1款、第2款明确规定企业国有资产应当进场交易:“国有资产转让应当遵循等价有偿和公开、公平、公正的原则。除按照国家规定可以直接协议转让的以外,国有资产转让应当在依法设立的产权交易场所公开进行……”

32号令第2条对企业国有资产进场交易进行了规定:“企业国有资产交易应当遵守国家法律法规和政策规定……在依法设立的产权交易机构中公开进行,国家法律法规另有规定的从其规定。”第3条对企业国有资产交易的行为进行了界定:“本办法所称企业国有资产交易行为包括:(一)履行出资人职责的机构、国有及国有控股企业、国有实际控制企业转让其对企业各种形式出资所形成权益的行为(以下称企业产权转让)……”

此外,32号令第4条将“国有及国有控股企业、国有实际控制企业”明确界定为:“本办法所称国有及国有控股企业、国有实际控制企业包括:(一)政府部门、机构、事业单位出资设立的国有独资企业(公司),以及上述单位、企业直接或间接合计持股为100%的国有全资企业;(二)本条第(一)款所列单位、企业单独或共同出资,合计拥有产(股)权比例超过50%,且其中之一为最大股东的企业;(三)本条第(一)、(二)款所列企业对外出资,拥有股权比例超过50%的各级子企业;(四)政府部门、机构、事业单位、单一国有及国有控股企业直接或间接持股比例未超过50%,但为第一大股东,并且通过股东协议、公司章程、董事会决议或者其他协议安排能够对其实际支配的企业。”按照上述规定,凡属于履行出资人职责的机构、国有及国有控股企业、国有实际控制企业,其出资所形成的产权转让原则上均需进场交易。

本书认为此处有几点需要注意:首先,在出资单位上,包括履行出资人职责的机构和国有独资、全资、控股、实际控制企业,而履行出资人职责的机构通常为政府财政部门和国资委,即按照32号令的规定,政府财政部门和国资委出资

设立的基金均应纳入监管范畴；其次，在企业类型上，“国有及国有控股企业、国有实际控制企业”并未只限定于公司，本书作者理解，合伙企业属于企业的一种类型，除非有明确的例外规定，原则上也应适用32号令的规定。

因此，本书认为，履行出资人职责的机构、国有及国有控股企业、国有实际控制企业出资设立的以公司制或合伙制形式存在的基金，除有例外规定外，其份额和基金对外所持股权转让原则上均应进场交易。

（二）私募基金进场交易的例外性规定

32号令对基金进场交易也有例外性规定，其第66条规定：“政府设立的各类股权投资基金投资形成企业产（股）权对外转让，按照有关法律法规规定执行。”本书认为，本条为政府设立的各类股权投资基金转让所持股权的例外性规定，即若相关法律法规对此类股权转让有特殊规定的则按其规定执行，若无特殊规定的仍需按照32号令规定的程序进行。

二、国有企业投资基金份额以及对外投资所持股权转让是否应当进场交易

（一）国有企业投资基金的定义

目前，在法律法规层面并没有对国有企业投资基金进行具体界定，结合实践，本书作者所指的国有企业投资基金是指国有企业使用自有资金出资设立或参与的基金，其形式上一般采用合伙制或公司制。

（二）国有企业投资基金份额及所持股权转让是否应当进场

本书认为，国有企业或国有企业投资设立或参与的基金如符合32号令第4条关于国有及国有控股企业、国有实际控制企业的认定，从法律法规规定层面，该国有企业所持的基金份额及该基金对外投资所持股权转让均应当进场交易。实践中存在的一个难题是，如何认定基金是否属于国有及国有控股企业、国有实际控制企业？本书认为可以结合下述要点进行判定：

1. 该基金的国有持股份额，即国有持股份额单独或总计超过50%，且如存在多个国有股东，其中之一为最大股东的，一般会作国有及国有控股基金认定，即32号令第4条第1项、第2项、第3项所指；

2. 国有企业是否对该基金拥有实际控制权，即国有企业持股份额未超过50%，但为第一大股东，且可以通过股东协议、公司章程、董事会决议或者合伙

协议、一致行动协议等其他协议安排对基金进行实际支配。

在实践中,基金如属于公司制,按照上述要件较好判断,但如属于合伙制,由于目前的合伙制基金一般采用有限合伙形式,存在普通合伙人(GP)和有限合伙人(LP),在判断基金的性质时,某些情形下存在一定的困难。其难点主要在于,究竟是以 GP 的性质还是基金的份额持有情况抑或其他方法来判断基金的国有属性? 如某一基金在结构上,GP 系民营企业,LP 中国有企业持股份额超过 50%,此种情形下,该基金是否属于国有控股基金?

本书梳理了一下实务界的观点,一种观点认为,应当以 GP 的性质来判断该基金的属性,理由在于:按照《合伙企业法》的规定,有限合伙企业由普通合伙人执行合伙事务。有限合伙人不执行合伙事务,不得对外代表有限合伙企业。一般来说,GP 在合伙企业中承担无限连带责任,且其执行合伙事务,拥有对合伙企业的控制权。那么 GP 对合伙企业有决定权,该合伙企业的属性应当以 GP 的性质来判定。

另一种观点认为,应当以基金的份额持有情况来判断该基金的属性,理由在于:按照 32 号令关于"国有及国有控股、国有实际控制企业"的界定,如第 4 条第 2 项的规定"(二)本条第(一)款所列单位、企业单独或共同出资,合计拥有产(股)权比例超过 50%,且其中之一为最大股东的企业",其并非单纯是以国有企业控制作为认定依据,即存在多个国有股东持股比例分散,合计持股数比较大,此种情形,也会被认定为国有企业。举例来说,某企业有四个股东,其中三个国有股东分别持股 20%、19%、31%,剩下一个民营股东持股 30%,此时,该企业单一国有股东可能对企业并不能实现控制,但根据 32 号令第 4 条第 2 项的规定,该企业可能会被认定为国有控股企业。

笔者上述争议的实质是,对基金性质的判定到底是以实际控制人的属性进行判定还是以基金份额的持有情况进行判定。结合 32 号令第 4 条的规定,本书倾向于认为,基金性质的判定首先应以持股份额进行判断,在持股份额无法判定时,再考虑以实际控制人的属性进行判断。同时,在判断基金的实际控制人时,需重点考虑投资决策委员会的设置情况,看基金对外投资实际由谁决定。

此外,国有性质的私募基金与一般国有企业相比,还有个比较特殊之处在于其一般有管理人,管理人一般由 GP 或外部管理机构担任,本书作者理解,如由外部管理机构担任管理人,在判断基金性质时,仍应当遵循上述判断标准。

（三）值得关注的意见

本书注意到，针对国有企业投资或参与的合伙制基金对外所持股权转让是否应当进场交易，地方国资委也有相应意见，如2016年10月12日，重庆市国资委对“国有公司A为有限合伙人出资38%，国有控股公司为普通合伙人出资1%形成的基金企业（有限合伙）对外投资的股权转让时，是否需要按照《企业国有资产交易监督管理办法》规定在产权交易市场进行公开转让”的咨询进行回复，回复意见认为“经询我委改革产权处，该合伙制股权基金企业不适用《企业国有资产交易监管办法》”。有部分实务工作者将上述意见解读为，合伙制股权基金企业不适用32号令的规定，可以不进场交易。本书认为此种理解值得商榷，原因在于，如前所述，合伙制基金在作国有属性判断时，不应只以GP的性质作为判断，尚需关注其他LP的持股情况和投决会的设置，进行综合判断，上述咨询和回复由于信息较少，尚不能就此得出合伙制基金可以不进场交易的结论。

此外，本书作者还注意到，2018年5月颁布的国资委第36号令第78条规定了“国有出资的有限合伙企业不作国有股东认定，其所持上市公司股份的监督管理另行规定”。明确持有上市公司股份的国有出资有限合伙企业不作国有股东认定。

2018年12月29日，国务院国资委在对某女士的咨询回复意见中指出“《企业国有资产交易监督管理办法》（国资委　财政部令第32号）第4条是针对公司制企业中的国有及国有控股、国有实际控制等情形进行分类，合伙企业中合伙人的权益和义务应以合伙协议中的约定为依据”。上述意见是否可以理解成，合伙制企业不适用32号令的规定？尚待有关部门进一步释明。

从上述意见和规定来看，近年来，国务院国资委和部分地方国资委似乎有将合伙制基金对外投资形成的股权转让排除在适用国有资产交易一般规定之外的倾向，但在32号令尚未修订和相关专项规定尚未出台的情况下，本书认为，国有企业所持的基金份额及该基金对外投资所持股权转让应当进场交易。

三、政府投资基金份额及对外投资所持股权转让是否应当进场交易

（一）政府投资基金的定义

财政部于2015年11月12日出台的《政府投资基金暂行管理办法》第2条

规定："本办法所称政府投资基金，是指由各级政府通过预算安排，以单独出资或与社会资本共同出资设立，采用股权投资等市场化方式，引导社会各类资本投资经济社会发展的重点领域和薄弱环节，支持相关产业和领域发展的资金。"

国家发展和改革委员会于2016年12月30日出台的《政府出资产业投资基金管理暂行办法》第2条规定："本办法所称政府出资产业投资基金，是指有政府出资，主要投资于非公开交易企业股权的股权投资基金和创业投资基金。"

本书认为，狭义上来说，以政府财政性出资设立或参与的基金为政府投资基金。在实践操作中，存在政府通过政府平台公司出资设立基金或参股现有基金的情况。在此种情况下，如果有政府规范性文件、批复文件或会议纪要将出资认定为财政性出资，此类基金的性质也属于政府投资基金。

（二）政府投资基金的份额转让是否应当进场交易

如前所述，32号令关于基金转让的例外规定仅有第66条的规定，仅是政府投资基金转让对外投资形成企业产（股）权的例外性规定，关于份额转让在32号令中并无例外性规定。关于政府投资基金的份额转让是否应当进场交易，实践中存在分歧。

有观点认为，按照32号令第3条关于国有资产交易行为的规定，国有资产交易行为包括履行出资人职责的机构转让其对企业各种形式出资所形成权益的行为。同时，《企业国有资产法》第2条关于企业国有资产的定义也作了规定，企业国有资产是指国家对企业各种形式的出资所形成的权益。第54条规定企业国有资产应当进场交易。按照政府投资基金的定义，其属于政府对企业的出资形成的权益，因此，政府投资基金的份额转让原则上是应当进场交易的。

但也有观点认为，按照《政府投资基金暂行管理办法》第21条的规定：政府出资从投资基金退出时，应当按照章程约定的条件退出；章程中没有约定的，应聘请具备资质的资产评估机构对出资权益进行评估，作为确定投资基金退出价格的依据。对此条应当理解为，政府投资基金的份额转让可以豁免进场交易。

对上述意见分歧，本书倾向于认同第一种观点，除上述提到的理由外，本书认为还有下述两点原因值得探讨：(1)《政府投资基金暂行管理办法》系由财政部颁布，出台时间是2015年11月12日，32号令系由财政部、国务院国资委共同颁布，出台时间是2016年6月24日，根据32号令第67条的规定：本办法自发布之日起施行，现行企业国有资产交易监管相关规定与本办法不一致的，以本办法为准。其明确规定了“现行企业国有资产交易监管相关规定与本办法不一致的,以本办法为准”,即之前颁布的《政府投资基金暂行管理办法》关于国有资产交易的规定与32号令不一致的,应当以32号令为准。(2)根据《立法法》第92条的规定:同一机关制定的法律、行政法规、地方性法规、自治条例和单行条例、规章……新的规定与旧的规定不一致的,适用新的规定。在《政府投资基金暂行管理办法》和32号令对企业国有资产交易存在不一致时,应当适用32号令的规定。此外,国家发展和改革委员会于2016年12月30日出台的《政府出资产业投资基金管理暂行办法》也并未对政府出资从投资基金退出有例外性规定。

由于实践中对有关规定的理解存在上述分歧,政府投资基金的份额转让是否应当进场交易尚需有关部门进一步释明。

(三)政府投资基金所持的股权转让是否应当进场交易

如前所述,32号令第66条对政府投资基金投资形成企业产(股)权对外转让进行了例外性规定,指出可以“按照有关法律法规规定执行”。而梳理相关的法律法规,就本书作者查阅到的法律、行政法规及地方性法规层面,并未发现有特殊性规定,在部门规章、地方政府规章及规范性法律文件层面的部分相关规定见表4－1。

表4－1　政府投资基金股权转让相关规定

出台时间	名称	发布机构	内容
2015年11月12日	《政府投资基金暂行管理办法》	财政部	第二十一条　政府出资从投资基金退出时,应当按照章程约定的条件退出;章程中没有约定的,应聘请具备资质的资产评估机构对出资权益进行评估,作为确定投资基金退出价格的依据。
2015年9月30日	《四川省省级产业发展投资引导基金管理办法》	四川省人民政府	第十七条　投资基金存续期一般不超过10年,投资形成的股权可通过社会股东回购、股权转让(上市或非上市)或协议约定的其他方式退出。

续表

出台时间	名称	发布机构	内容
2015 年 12 月 25 日	《关于财政资金注资政府投资基金支持产业发展的指导意见》	财政部	(四)建立适时退出机制。财政资金注资设立政府投资基金形成的股权,应根据有关法律法规并按照章程约定的条件退出。财政出资原则在基金存续期满后退出,存续期内如达到预期目标,也可考虑通过预设股权回购机制等方式适时退出。
2016 年 8 月 23 日	《浙江省政府产业基金投资退出管理暂行办法》	浙江省财政厅	第二条第一款　本办法所称政府产业基金的退出行为,是指各级政府出资和归属政府的投资收益在达到特定目标或符合规定情形时,按照规定或章程协议约定从参股投资子基金或直投项目中退出的行为。 第十条　政府产业基金退出,应当根据有关法律法规并按照章程协议约定的条件、方式办理退出手续;章程协议没有约定的,原则上应当在依法设立的产权交易机构中采取公开挂牌方式办理退出,并事先应聘请具备资质的中介机构对出资权益进行评估,作为确定政府产业基金退出价格的重要参考依据。
2017 年 2 月 16 日	《上海产业转型升级投资基金管理办法》	上海市经济和信息化委员会、上海市财政局	第二十条　政府投资基金形成的股权,投资时在投资协议及相关合同中载明退出条件和退出方式的,可以按照合同约定退出;投资时未约定退出条件和退出方式的,可以按规定进行资产评估后,以不低于评估值退出,或者以评估值为依据在产权交易市场公开挂牌转让退出。
2019 年 2 月 26 日	《成都市政府投资基金暂行管理办法(修订)》	成都市人民政府	第三十四条　投资基金可通过社会出资人回购、股权转让、到期清算或者协议约定的其他市场化方式退出。出资人根据投资基金具体情况在基金章程或合伙协议中约定退出条件和方式。

按照上述地方性规定，政府投资基金所持的股权转让可以根据章程或合伙协议的约定不进场交易，但如在章程或合伙协议中未作约定的，仍应当进场交易。

实务提示

按照国有资产交易监管规定，国有企业或国有企业投资设立或参与的基金，如属于国有及国有控股企业、国有实际控制企业，其份额以及所持股权转让应当遵守32号令的规定，进场公开交易。政府投资基金份额（包括政府出资产业投资基金和引导基金）转让是否应当进场交易实践中存在不同理解，尚需有关部门进一步释明，从谨慎角度，本书建议进场交易，政府投资基金所持的股权转让有地方性规定的，可以参照地方性规定并结合当地国资委的意见操作，不进场交易。

上述结论是从法律法规层面进行的分析，从实务角度来看，国有性质的私募基金进行产权交易确实存在一定的特殊性，与一般的国有企业进行产权交易存在一定的差别，以投资为目的设立的私募基金在退出的效率和时间上要求较高，而且私募投资基金的主营业务就是投资，退出频率会较一般的国有企业高，如按32号令等国有资产交易规定来进行，存在一定的操作困难。同时，针对基金的特殊性，目前，对国有基金对外投资已有部分地区在国资监管上实行了差异化管理，有些地方关于国有企业投资的规定已将基金对外投资排除在外，如《四川省属国有企业投资监督管理试行办法》第3条第1款规定："本办法所称投资是指企业在境内从事的固定资产投资与股权投资，不包括基金投资的项目……"

进场交易的目的是保证产权流转的公平公正公开，防范国有资产流失，近年来的实践也表明，借助产权交易机构进行产权流转不仅能够防范非法利益输送，也可以促进产权流转价值的最大化，故应当在坚持以进场交易为原则的情况下，结合基金的特点，进行差异化进场交易设置。具体而言，可适当考虑简化国有性质的私募基金进场交易的程序，在总结经验的基础上，通过修订32号令或出台专项规定的方式，推动国有性质私募基金的产权流转。

第六节　国有企业债权转让评估

2018年以来，在国资国企改革中，部分地方领导强调要以党的十九大精神和习近平新时代中国特色社会主义思想为指导，聚焦降负债、降成本、提效益、提能力（“两降两提”），强化责任意识、担当意识和创新意识，做强做优做大国有企业。在“两降两提”的要求下，伴随风险项目数量、回款压力的不断上升，债权转让已成为众多国有企业尽早收回账款、提效益、确保国有资产安全的重要手段。在债权转让过程中，就债权转让是否需要作价评估，实践中争议较大。2016年出台的32号令明确将债权纳入资产的范畴，对资产的转让作了原则性的规定，包括：企业一定金额以上的生产设备、房产、在建工程以及土地使用权、债权、知识产权等资产应当在产权交易机构公开进行，其具体工作流程参照企业产权转让的规定执行，而按照企业产权转让的规定，转让过程中原则上应对产权进行评估。但实践中，部分国有企业认为，因32号令无具体规定，且债权不同于股权，本身并不会因评估而升值，只要债权转让不打折，不存在国有资产流失的问题，可无须作价评估；同时，债权评估在实践操作层面存在较大的困难。那么从合法性层面，债权转让是否应当评估，以及不进行评估存在何种法律风险？

一、债权转让是否应当评估

按照32号令的规定，明确将债权界定为资产的一种类别，而关于资产转让需进行评估的规定相对比较明确，如2005年发布的《企业国有资产评估管理暂行办法》第6条就规定了：“企业有下列行为之一的，应当对相关资产进行评估：……（六）资产转让、置换……”早在1991年国务院颁布的《国有资产评估管理办法》第3条就明确规定：“国有资产占有单位（以下简称占有单位）有下列情形之一的，应当进行资产评估：（一）资产拍卖、转让……”虽有关资产转让结论比较明确，但本书认为，在对债权是否属于资产从而适用资产评估专门法规作出认定时，还需要重点关注资产评估专门法规对于资产的界定，如相关资产评估专门法规对资产的界定将债权排除开，那么就不应当然地认为债权应当进行评估。

梳理专门的国有资产评估规定，本书作者注意到2005年发布的《企业国有资产评估管理暂行办法》对资产并无明确界定，只有在1992年颁布的《国有资产评估管理办法施行细则》对资产有相对明确的界定，其第3条规定了："《办法》所说的国有资产是指国家依据法律取得的，国家以各种形式的投资和投资收益形成的或接受捐赠而取得的固定资产、流动资产、无形资产和其它形态的资产。"但上述条款也并未对债权是否属于资产进行明确界定。

因此，目前专门的国有资产评估并未对债权是否属于资产进行明确界定，也未将债权从资产的范围中排除开。本书认为，国有企业的债权从形式上是由国家的投资或投资收益形成的权益。《企业国有资产法》第2条规定："本法所称企业国有资产（以下称国有资产），是指国家对企业各种形式的出资所形成的权益。"而2005年《企业国有资产评估管理暂行办法》和32号令均由国务院国资委颁布，由于32号令明确将债权界定为资产，其具体工作流程参照企业产权转让的规定执行，而按照企业产权转让的规定，转让过程中原则上应对产权进行评估。综合来看，本书认为国有企业债权属于国有企业资产，原则上应当进行评估。

二、债权转让未经评估进行交易的法律后果

如国有企业债权转让未经评估，会有怎样的法律后果，交易合同是否会被认定为无效？国有企业相关人员是否会遭受行政问责？本书就前述两个问题分析如下。

（一）关于交易合同的效力问题

关于未经评估的债权转让后，交易行为是否有效的问题，本书作者注意到，2005年《企业国有资产评估管理暂行办法》第27条规定："企业违反本办法，有下列情形之一的，由国有资产监督管理机构通报批评并责令改正，必要时可依法向人民法院提起诉讼，确认其相应的经济行为无效：（一）应当进行资产评估而未进行评估……"按照前述规定，如应进行资产评估而未进行评估，国有资产监督管理机构是可以依法向人民法院提起诉讼，确认相应的经济行为无效的。

但实践中如起诉到法院，法院的态度如何？在最高人民法院公布的经典案例“亢某与包头边境贸易公司、包头市对外贸易（集团）有限责任总公司债权转让合同纠纷再审案”［最高人民法院（2008）民提字第40号民事判决书］中，最高人民法院并不支持确认经济行为无效。该案具体案情为：外贸总公司副董事长刘某在其下属的边贸公司改制过程中，为筹集资金安置职工，将边贸公司所有的120万元债权以60万元价格一次性转让给亢某，该笔转让未进行评估。内蒙古自治区高级人民法院二审认为：债权未按法定程序评估，违反了国务院《国有资产评估管理办法》及有关文件的规定，转让协议无效。亢某不服二审判决，向最高人民法院申请再审，最高人民法院经审理后认为，转让债权时进行评估主要是为了解决两个问题：一是清查核实应收账款的数额；二是判断可能的坏账损失，目的是确定以什么价格来转让这类债权。基本公式为，应收账款的评估值等于应收账款账面价值减去已确定的坏账损失，再减去预计坏账损失。本案中，评估工作无疑应当由转让债权的一方，即外贸总公司和边贸公司进行。亢某作为拟受让债权的个人，并无义务要求对上述债权进行评估，其只是根据债权转让方提出的转让价款和自己对该笔债权收回可能的判断来决定最终是否受让债权。从国家对国有资产保护的角度看，为避免国有资产因低价转让而流失所采取的主要措施，是对国有资产的占有、使用、经营主体规定严格的义务和责任，其中包括转让国有资产应当进行评估，对违反法定义务，造成国有资产流失的国有资产的占有、使用、经营主体及其主要责任人，依法追究责任。但这并不等于在流通领域，特别是在市场主体间就财产流转发生争议时，要对占有、使用、经营国有资产的民事主体给予特殊保护。这是因为，平等保护所有民事主体的合法权益是我国包括合同法在内的一切民事法律共同确认的基本原则。如果在民事司法中支持转让国有资产的民事主体事后以财产未经评估，可能造成国有资产流失为由请求认定合同无效的主张，则不仅会影响正常的市场流转秩序，也不利于国有企业以平等的市场主体身份参与市场竞争。同时指出应按照原最高人民法院《关于适用〈中华人民共和国合同法〉若干问题的解释（一）》，第4条的规定来确认合同效力：合同法实施以后，人民法院确认合同无效，应当以全国人大及其常委会制定的法律和国务院制定的行政法规为依据，不得以地方性法规、行政规章为依据。亢某与外贸总公司之间的债权转让协议书，既然是双方当事人真实的意思表示，又不违反国家法律和行政法规的禁止性规定，应当认定为合法、有效。故判决债权转让合同合法有效。

上述案件中,最高人民法院认为债权转让未经评估虽违反了国有资产监管规定,但并不构成因违反国家法律和行政法规的禁止性规定而应当认定为无效的情形,从保护交易安全的角度,应当认定转让合同合法有效。因此实践中,法院对债权未经评估进行转让合同的效力问题存在分歧,但从最高人民法院的观点来看,交易合同应当认定为有效。

本书认为,按照《民法典》规定,合同无效的情形包括:(1)一方以欺诈、胁迫的手段订立合同,损害国家利益;(2)恶意串通,损害国家、集体或者第三人利益;(3)以合法形式掩盖非法目的;(4)损害社会公共利益;(5)违反法律、行政法规的强制性规定。如果交易双方不存在恶意串通的情形,单以第5项的规定主张合同无效,由于《企业国有资产评估管理暂行办法》仅是部门规章,并非法律、行政法规,难以以此来认定合同无效。而1991年国务院颁布的《国有资产评估管理办法》虽属于行政法规,但其并未对债权是否属于资产进行明确界定,导致适用存在分歧。因此,本书倾向于认为如果交易双方不存在恶意串通等情形,交易合同应当认定为有效。

(二)关于国有企业相关人员的法律责任问题

按照相关法律法规规定,如在债权转让时未依法进行评估,国有企业相关人员需承担行政责任,情形严重的,还可能承担刑事责任。相关主要规定如下:《国有资产评估管理办法》第31条规定:"占有单位违反本办法的规定,提供虚假情况和资料,或者与资产评估机构串通作弊,致使资产评估结果失实的,国有资产管理行政主管部门可以宣布资产评估结果无效,并可以根据情节轻重,单处或者并处下列处罚:(一)通报批评;(二)限期改正,并可以处以相当于评估费用以下的罚款;(三)提请有关部门对单位主管人员和直接责任人员给予行政处分,并可以处以相当于本人三个月基本工资以下的罚款。"《国有资产评估管理办法施行细则》第52条规定:"违反《办法》第三条和本细则的规定,对应当进行资产评估的情形而未进行评估的,应按《办法》第三十一条规定对有关当事人给予处罚,造成国有资产重大损失的,应追究有关当事人的法律责任。"《企业国有资产评估管理暂行办法》第28条规定:"企业在国有资产评估中发生违法违规行为或者不正当使用评估报告的,对负有直接责任的主管人员和其他直接责任人员,依法给予处分;涉嫌犯罪的,移送司法机关依法处理。"

同时,《刑法》第169条还规定了徇私舞弊低价折股、出售国有资产罪:国有公司、企业或者其上级主管部门直接负责的主管人员，徇私舞弊，将国有资产低价折股或者低价出售，致使国家利益遭受重大损失的，处3年以下有期徒刑或者拘役；致使国家利益遭受特别重大损失的，处3年以上7年以下有期徒刑。

因此，本书认为，如债权转让未经评估即进行交易，国有企业负有直接责任的主管人员和其他直接责任人员可能遭受行政处分，如涉低价出售，情形严重的，可能构成徇私舞弊低价折股、出售国有资产罪。

实务提示

按照国有资产交易监管规定，综合来看，债权作为资产的一种应当进行评估。如债权转让未经评估即进行交易，按照最高人民法院的观点，交易合同虽可能被认定为有效，但国有企业负有直接责任的主管人员和其他直接责任人员可能遭受行政追责，如涉低价出售，情形严重的，还可能构成徇私舞弊低价折股、出售国有资产罪。

鉴于目前专门的国有资产评估法规并未对债权评估进行明确界定，为避免适用分歧，建议在后续相关法规修订时，对此作出相应规定。同时，从实践角度，债权不同于股权，鉴于其不存在评估增值的情形，可考虑在债权转让不存在打折情形时豁免评估。

第七节　国有企业运营的园区房屋租赁

一、基本情况

近年来，各地许多国有企业在当地政府指导下，通过建设运营不同类型、不同特色的园区，带动项目落地，实现产业集聚，有力促进了当地经济发展。其中，通过房屋租赁的方式引入园区招商项目与企业是常见的运营形式之一，在这种情况下，作为出租人的国有企业既会面临一般房屋租赁的法律风险，又因其受国资监管且具有招商引资、服务产业等社会责任，也会面临一些特殊的法律问题与风险。因此，如何做好园区房屋租赁法律风险防控是国有企业顺利完成运营任务，推动产业带动经济发展的关键之一。下面，本部分结合相关法律法规和实践服务经验，就国有企业运营的园区房屋租赁相关主要法律实务问题进行探析。

二、主要法律实务问题

（一）关于租赁是否需公开招租和评估

1. 关于公开招租

2016 年出台的 32 号令对国有企业股权转让、增资和资产转让进行了统一规范，但国家层面对国有资产租赁暂未统一规定。鉴于国有资产租赁也属于广义的国有资产交易范畴，存在较大的国有资产流失风险，许多地方在出台落实、细化 32 号令要求的国资监管规定时也将国有企业资产租赁一并纳入监管范围。比较来看，各地出台的国有资产租赁监管规定虽然存在一定的细节差异，但总体上的要求与 32 号令是一致的，其中，在交易方式上，除明确规定的特殊情形外，国有资产租赁需通过公开方式进行，其中达到一定金额或面积条件的必须进入产权交易机构招租。

但是，由于国有企业运营的园区往往与当地招商引资紧密相关，需要比较强的灵活性与针对性,故部分地方出台的国有资产租赁监管规定将园区房屋租赁作为适用的例外,授权国有企业自行制定租赁规则。比如,《广东省省属企业资产租赁管理暂行办法(试行)》第28条规定:“属于企业主业投资经营的专业市场、商业综合体、产业园区等资产租赁事项,按照有关政策、市场规律、行业发展特点及企业投资管理规定执行,由省属企业自行制定实施细则。”此外,《成都市属国有企业资产招商管理办法》、天津市国资委印发《关于进一步规范市属国有企业房产土地出租工作的若干规定(试行)的通知》也有类似规定。

综上,除有明确规定符合条件的园区豁免适用外,如不符合规定的非公开协议租赁条件,国有企业运营园区的房屋应适用地方国有资产租赁监管规定通过公开(进场)方式招租。

2. 关于租金评估

虽然国家层面未对国有资产租赁作出统一规定,但各级国有企业均需遵守的《企业国有资产评估管理暂行办法》中规定,将整体资产或者部分资产租赁给非国有单位,应当对相关资产进行评估。此外,地方出台的国有资产租赁监管规定一般也会规定房屋租赁需评估,但存在特殊情况的,可采用估价、询价等其他变通方式。因此,无论园区房屋租赁是否适用地方国有资产租赁管理规定,原则上都应进行评估。此外,与资产转让不同,实践中,为提高效率,国有企业运营的园区房屋租赁并不会在每次都进行单独评估,往往会就同等条件的房屋资产进行整体评估,且评估结果在一定期限内有效可反复使用。

(二)关于是否可在竣工验收之前提前招租

前文已述,国有企业运营的园区往往与招商引资、推动产业聚集有关,实践中,一些国有企业为及时完成招商工作任务,提高园区入驻率,可能会出现在园区工程建设过程中提前进行招租并与入驻企业签署租赁协议的情况。对此,最高人民法院《关于审理城镇房屋租赁合同纠纷案件具体应用法律若干问题的解释》第2条规定:“出租人就未取得建设工程规划许可证或者未按照建设工程规划许可证的规定建设的房屋,与承租人订立的租赁合同无效。但在一审法庭辩论终结前取得建设工程规划许可证或者经主管部门批准建设的,人民法院应当认定有效。”因此,在取得建设工程规划许可证之前,国有企业与入驻企业提前签署的租赁协议存在被认定无效的风险,但双方可先签署租赁意向协议,待取得建设工程规划许可证后再签订正式租赁协议。

此外,国有企业提前招租并签署租赁协议,还需注意的风险主要有二:

1. 因未来工程竣工验收的期限存在不确定性,故面临不能按期交付使用而承担违约责任的法律风险;

2. 实践中,为满足部分入驻企业的特殊需要,国有企业如在园区竣工验收前提前允许入驻企业进场使用或装修,将面临的风险是最高人民法院《关于审理建设工程施工合同纠纷案件适用法律问题的解释(一)》第14条规定的:"建设工程未经竣工验收,发包人擅自使用后,又以使用部分质量不符合约定为由主张权利的,人民法院不予支持……"

(三)关于模板化的房屋租赁协议

国有企业运营的园区房屋租赁一般采用的是预先制作、可重复使用的模板化房屋租赁协议,即格式协议。在《民法典》施行后,对于格式协议的要求也更为严格与完善,故如何确保格式房屋租赁协议的效力,避免争议纠纷,并维护国有企业自身合法权益,是设计此类模板协议的关键。对此,本书择要分析如下:

首先,提供格式条款一方不合理地免除或者减轻其责任、加重对方责任、限制对方主要权利的,该等条款无效。与原《合同法》的规定相比,《民法典》的该规定增加了"不合理地"限定条件,也就说是,虽然存在"免除或者减轻其责任、加重对方责任、限制对方主要权利"的内容,但没有超出合理的范围,没有违背公平原则,不应认定该格式条款无效,这就为类似格式条款的设计提供了依据与边界。

其次,提供格式条款一方应采取合理的方式提示对方注意免除或者减轻其责任等,与对方有重大利害关系的条款,按照对方的要求,对该条款予以说明;否则,对方可以主张该条款不成为合同的内容。据此,作为提供格式条款一方的国有企业,不仅需采取对前述相关条款加粗、画线以及要求提供阅读确认书等合理方式提示承租人,还需固定与保存按对方要求予以说明的过程证据,以确保相应格式条款可构成合同的内容。

综上,如园区房屋租赁协议在权责划分、违约责任等方面的约定过于强势,甚至对承租人提出过于严苛的要求,一方面,将面临被认定无效或不构成合同内容的风险。另一方面,结合本书作者的相关服务实践经验来看,在国有企业的管理体制下,不仅会因严苛的模板协议条款难以修改造成合同的商务谈判成本增加,还会因协议的严苛造成合同履行中发生争议纠纷的可能性增加,且就此类争议纠纷达成和解的难度与风险也明显更大,最终既不利于园区招商工作的顺利推进,也不利于促进合同正常履行和灵活妥善解决争议纠纷。因此,国有企业设计租赁协议模板,需结合市场操作惯例,既要考虑防控核心风险,也要考虑如何顺利促成合同并实现合同目标,争取灵活主动,实现不同方面的综合平衡。

(四)关于房屋租赁协议约定解除权及其行使的限制

《民法典》第 562 条第 2 款规定:“当事人可以约定一方解除合同的事由。解除合同的事由发生时,解除权人可以解除合同。”因此,房屋租赁合同中约定的解除条件成就时,原则上解除权人就可以按约定单方解除合同。但是,为促进交易的正常实施,保证公平,《九民纪要》第 47 条对此作出了限制:“合同约定的解除条件成就时,守约方以此为由请求解除合同的,人民法院应当审查违约方的违约程度是否显著轻微,是否影响守约方合同目的实现,根据诚实信用原则,确定合同应否解除。违约方的违约程度显著轻微,不影响守约方合同目的的实现,守约方请求解除合同的,人民法院不予支持;反之则依法予以支持。”据此,房屋租赁合同中约定的解除条件成就,解除权人也并不是绝对就能单方解除合同,还需根据实际情况判断违约方的违约程度是否显著轻微,是否影响守约方合同目的实现。

综上,作为园区房屋出租人的国有企业在行使房屋租赁协议约定解除权时将受到一定的限制,故需谨慎对待,本书择要分析如下。

首先,即使协议约定的解除权条件即逾期付款天数已成就,但在违约方及时补交的情况下,出租方仍坚持按约定单方解除协议的,面临不被支持的风险,如“(2019)苏 03 民终 3990 号”“(2019)苏 0585 民初 6492 号”等案件的审理法院就持类似观点。此外,如约定作为解除权条件的逾期付款天数过短,也可能被认定承租方违约程度显著轻微,进而不能据此解除协议。

其次,国有企业运营的园区房屋租赁并不是单纯的商业资产出租行为,故除按时足额支付租金这一核心诉求外,其往往还会对入驻企业的业态、营业收入、税收贡献以及报送财务资料、接受出租方考核等方面提出要求,并在协议中约定如有违反,则出租方享有单方解除权。比如,入驻航空产业园区的企业不做航空相关产业,而转做金融科技业务。但是,国有企业作为出租方如据此行使单方解除权,可能面临不被支持的风险。比如,在“(2019)川 01 民终 11454

号”一案中，法院认为，案涉合同的性质为房屋租赁合同，其本质功能和主要内容均在于解决按期支付租金问题，但出租方在合同中将承租方销售业绩排名与其合同解除权相挂钩，属于将商场内容的管理活动与租赁合同的重要事项相联系，已超出房屋租赁合同的正常范畴。因此，为提高该类解除权条件的合理性，可在租赁协议做如下设计：

1. 因园区房屋租赁协议的性质与目的与传统房屋租赁协议存在明显不同，故在协议中明确告知园区具有特殊的定位与目标，入驻企业的业态、营业收入、税收贡献以及报送财务资料、接受出租方考核等方面符合约定的要求，属于出租方的核心合同目的之一。

2. 解除权条件的触发，应以通知承租方在合理期限内整改后仍未整改到位为前提，而不能动辄触发解除权行使条件。

3. 单方行使解除权既然具有较大风险，对入驻企业违反约定的行为，可辅以租金调整、违约金等形式对入驻企业进行有力约束，以增强实践操作的灵活性，并降低法律风险。

（五）关于能否对园区入驻企业断水断电

《民法典》第 944 条第 3 款规定：“物业服务人不得采取停止供电、供水、供热、供燃气等方式催交物业费。”但是，对于出租人能否采取断水断电的方式催收租金现并无明确禁止性规定。结合“（2014）民申字第 82 号”“（2021）川 01 民终 16540 号”等司法案例看，在合同已明确约定出租人在入驻企业逾期支付租金或逾期交还房屋时有权断水断电的情况下，出租人在约定条件发生后采取断水断电措施，法院一般认定为合法行为，但国有企业作为出租人还应注意如下事项：

1. 断水断电前应对承租人进行通知，告知其在合理期限内仍不履行付款或交还房屋义务的，将在何时采取断水断电措施，以使其提前做好准备，避免造成不必要的损失。

2. 参考北京市高级人民法院《关于审理房屋租赁合同纠纷案件若干疑难问题的解答》的观点，出租人因承租人逾期付款采取断水断电等行为对合同履行造成的影响，应当与承租人欠付租金的数额、比例及过错程度相适应，超过必要限度给承租人造成损失的，应当承担赔偿损失等违约责任。

3. 是否采取断水断电措施，不仅需要考虑前述法律风险及其防控，还需要综合考虑对招商引资和园区管理与形象的影响。

(六)关于如何收回入驻企业租赁房屋

1. 关于国有企业未及时收回入驻企业租赁房屋

《民法典》第 591 条规定:“当事人一方违约后,对方应当采取适当措施防止损失的扩大;没有采取适当措施致使损失扩大的,不得就扩大的损失请求赔偿。当事人因防止损失扩大而支出的合理费用,由违约方负担。”该规定的目的在于维护公平与诚实信用原则,防止违约后损失无限扩大。因此,在合同解除或终止后,除非面临实质性障碍或阻挠,作为出租人的国有企业应及时采取收回房屋措施,切不可因协议约定了高额房屋占用费标准而被动等待承租人交还。

比如,在“(2020)沪 02 民终 3179 号”一案中,对于出租人是否负有在解除合同后及时收回系争房屋的止损义务问题,法院认为,出租人作为专业经营商业地产租赁的公司,对于承租人逾期交还房屋的预见性较高,且具备收回的能力与可能,应按协议约定的承租人交还期届满即 10 日后及时自行收回,并通过再行出租,避免损失扩大。现因出租人未履行前述减损义务,故对应收回房屋的合理期间之后造成房屋占用损失,由出租人自行承担。同时,即使承租人留存在系争房屋内的财产价值较高,出租人亦可依照协议条款采取另行租赁仓库放置等措施,相关费用可主张由承租人负担,故房屋内有承租人的财产不能作为其不及时收回房屋的正当理由。此外,“(2021)青 01 民终 486 号”一案中,法院也持类似观点,可资参考。

2. 关于入驻企业遗留在房屋的物品如何处理

前文已述,在合同解除或终止后,作为园区房屋出租方的国有企业具有及时收回房屋的义务,但收回房屋的过程中往往还会面临入驻企业遗留在房屋的物品如何处理的问题。对此,如合同没有明确约定,出租人将陷入较大被动,但这种情况在园区运营实践中较为少见。如合同具有明确约定时,其主要分为以下三种情况:

(1)合同约定经出租人催告后在合理期限内,承租人未将房屋内物品搬离的,出租人有权自行或委托第三方搬离,搬运、保管费用由承租人承担。该等约定符合前文所述的《民法典》第 591 条规定的精神,出租人可参考采用。

(2)合同约定经出租人催告后在合理期限内,承租人未将房屋内物品搬离的,出租人有权对物品进行留置。对此,司法实践中认定不一,既有认定支持出租人享有留置权的，如“(2020)鲁06民终485号”一案，也有以不符合留置权构成要件为由不支持出租人享有留置权的，如“(2020)浙03民终3630号”一案，故如按此种表述进行约定，将面临不被法院支持的风险，出租人需慎重采用。

(3)合同约定经出租人催告后在合理期限内，承租人未将房屋内物品搬离的，视为承租人放弃对物品的所有权，出租人有权自行处分，且不给予任何补偿。本书认为，这属于对承租人物品归属的约定，系双方真实意思表示，应为有效，对承租人具有约束力，如“(2014)内民三终字第11号”“(2017)苏民申3520号”“(2020)沪民申263号”等案件均持该观点。因此，该等约定出租人可优先采用。

最后，在处置出租人的物品时，还需注意以下两点：

(1)出租人在处置承租人遗留物品前，应通知承租人并给予承租人搬离物品的合理期限；

(2)除非合同约定视为承租人放弃物品所有权，出租人处置物品时应尽到审慎义务，包括将承租人物品转移保管时，选择合适的储存环境并登记造册等，在此基础上，如聘请公证机构对转移保管进行公证，这对避免争议将具有较大积极意义。

实务提示

一方面，基于国有主体属性，国有企业运营的园区房屋租赁在招租方式和租赁定价方式等方面需遵守国资监管的特殊规定，做到合规运营。另一方面，与市场化的企业不同，由于运营园区的国有企业往往兼具服务招商引资、地方产业等社会责任，故在核心法律风险可控的基础上，其在制定房屋租赁协议模板、履行协议和采取维权措施等方面均需注重经济效果、法律效果和社会效果的统一。

第八节　国有企业无偿划转

一、基本情况

国有企业产权无偿划转是国有资产转让的特殊形式,不同于在支付合理对价基础上的正常交易行为,该行为是基于国有资产管理需要而对国有产权行政化的无偿调整,划转双方也具有一定的被动性。目前,根据无偿划转标的是否属于上市公司股权,国有企业产权的无偿划转主要适用依据分别为《企业国有产权无偿划转管理暂行办法》和国资委第36号令。因此,国有企业进行无偿划转的程序与批准实际上已有明确规定,故对于有关的大部分事项照章办事即可,但仍有个别重要问题在实践中存在疑问有待厘清。同时,从司法实践来看,无偿划转引起的争议纠纷总体较少,但也并非完全没有争议和法律责任风险。

此外,因国有企业除国资属性外还具有一般商事主体的地位,且作为无偿划转行为基本依据的《企业国有资产法》、《企业国有产权无偿划转管理暂行办法》、国资委第36号令并不能排除适用《民法典》《公司法》《证券法》等一般商事法律法规和金融等特殊行业监管规定,故无偿划转在实践中还面临着一般商事法律法规和金融等特殊行业监管规定的约束,故无偿划转并不能"随心所欲",需要同时遵守其他规定。

基于以上考量,现根据相关法律法规,结合相关裁判案例和相关实践,就国有企业无偿划转涉及的重要实务问题分析与梳理如下,以资参考。

二、重要实务问题的解读

(一)关于无偿划转适用的主体与范围

首先,2005年施行的《企业国有产权无偿划转管理暂行办法》第2条第1款规定:"本办法所称企业国有产权无偿划转,是指企业国有产权在政府机构、事业单位、国有独资企业、国有独资公司之间的无偿转移。"据此,国有独资企业、国有独资公司之间可以进行无偿划转,但两个政府部门共同出资设立的企业或者两个国有独资公司出资设立的企业能否进行无偿划转?很明显,虽然前述情形下的企业并非国有独资,但实质上全部是国有出资,其进行无偿划转并不会造成国有资产流失,似乎是可以的,但依据是什么?

对此,国务院国资委于2014年出台《关于促进企业国有产权流转有关事项的通知》第3条规定:“国有全资企业之间或国有全资企业与国有独资企业、国有独资公司之间,经双方全体股东一致同意,其所持股权可以实施无偿划转。具体程序按照……《企业国有产权无偿划转管理暂行办法》(国资发产权〔2005〕239号)的规定办理。”按照该通知,国有全资企业也可以作为无偿划转的主体,但需全体股东一致同意,实际上解决了前述提出的问题。

其次,《企业国有产权无偿划转管理暂行办法》第3条第2款规定:“股份有限公司国有股无偿划转,按国家有关规定执行。”按照该规定,股份有限公司国有股进行无偿划转不适用《企业国有产权无偿划转管理暂行办法》,而应适用国家的特别规定。2007年,国务院国资委与证监会联合发布《国有股东转让所持上市公司股份管理暂行办法》,为上市公司国有股权无偿划转提供了依据,但针对非上市股份有限公司的特别规定却迟迟未来。直到2018年,国务院国资委出台《关于进一步明确非上市股份有限公司国有股权管理有关事项的通知》第2条明确规定:“非上市股份有限公司的国有股权无偿划转,参照《关于印发〈企业国有产权无偿划转管理暂行办法〉的通知》(国资发产权〔2005〕239号)等规定执行。”至此,非上市股份有限公司的国有股权无偿划转也有了明确依据。

再次,前面解决了非上市股份有限公司国有股的无偿划转依据问题,那么上市公司国有股无偿划转的依据是什么呢?前文已述,在此之前是2007年《国有股东转让所持上市公司股份管理暂行办法》,但2018年国务院国资委、财政部、证监会又出台国资委第36号令,这是目前上市公司国有股无偿划转的依据,该办法第37条规定:“政府部门、机构、事业单位、国有独资或全资企业之间可以依法无偿划转所持上市公司股份。”

最后,股权以外的资产能否在主体适格的国有企业之间进行无偿划转?对此,《企业国有产权无偿划转管理暂行办法》第21条规定:“企业实物资产等无偿划转参照本办法执行。”从无偿划转的适用主体范围与制度目的看,由于无偿划转是在国有独资、全资企业之间进行,所以不会出现国有资产流失问题,故本书认为,前述规定的“实物资产”以外的土地使用权、知识产权、债权等资产也应可以归于“等”的范畴而允许进行无偿划转。

此外,本书服务的国有企业客户曾提出债务能否进行无偿划转的问题,本书倾向于认为,债务不属于资产,不能作为无偿划转标的,但可分不同情况进行相应处理:一方面,如果是国有独资或全资企业之间存在债务,债务固然不可以作为无偿划转标的资产,但可以反向思考该问题,即一方对另一方负有的债务,反过来是一方对另一方的债权,故可按无偿划转债权的思路解决该问题。另一方面,《企业国有产权无偿划转管理暂行办法》第 8 条规定:“划出方应当就无偿划转事项通知本企业(单位)债权人,并制订相应的债务处置方案。”据此,虽然实务中大部分划出方的债务处置方案都是规定由划出方继续自行承担,但并不代表不可以将划出方相应的债务(主要是与划出资产有关的债务)转移至划入方承担,即将债务转移作为债务处置方案的内容与资产划转事宜一并报批。不过,按规定,债务转移需要债权人同意,否则,对债权人不发生效力。

(二)关于无偿划转与《公司法》的相关限制程序与风险

根据《企业国有产权无偿划转管理暂行办法》第 5 条规定:“……有限责任公司国有股权的划转,还应当遵循《中华人民共和国公司法》的有关规定。”因此,作为国有产权划出方的股份有限公司不仅应遵守《公司法》第 141 条“发起人持有的本公司股份,自公司成立之日起一年内不得转让”的规定,还应遵守《公司法》第 71 条关于有限责任公司转让股权的规定,这一点的适用在实践中存在争议。

按照《公司法》第 71 条的规定,在公司章程无特别约定的情况下,国有产权划出方在无偿划转其持有的标的公司股权时,应按照《公司法》第 71 条规定:书面通知其他股东并征得其他股东过半数同意,其他股东半数以上不同意转让的,不同意的股东应当购买该转让的股权;经股东同意转让的股权,在同等条件下,其他股东有优先购买权。对此问题,本书分析如下。

首先,无偿划转股权没有征得其他股东过半数同意有什么法律后果?最高人民法院《关于适用〈中华人民共和国公司法〉若干问题的规定(四)》第 21 条第 1 款、第 2 款规定:“有限责任公司的股东向股东以外的人转让股权,未就其股权转让事项征求其他股东意见,或者以欺诈、恶意串通等手段,损害其他股东优先购买权,其他股东主张按照同等条件购买该转让股权的,人民法院应当予以支持……前款规定的其他股东仅提出确认股权转让合同及股权变动效力等请求,未同时主张按照同等条件购买转让股权的,人民法院不予支持,但其他股东非因自身原因导致无法行使优先购买权,请求损害赔偿的除外。”据此,未按规定征得其他股东同意并不会导致无偿划转股权无效,但从字面意思理解,其他股东有权主张按同等条件行使优先购买权,如果股权划转已完成并办理工商变更登记导致其他股东无法行使优先购买权,可要求损害赔偿。

其次,本书认为,虽然有前述规定,但在无偿划转的特殊情况下,其他股东的优先购买权能否行使、如何行使值得讨论。根据最高人民法院《关于适用〈中华人民共和国公司法〉若干问题的规定(四)》第 18 条的规定,行使优先购买权时判断“同等条件”,应当考虑转让股权的数量、价格、支付方式及期限等因素。但是,对于无偿划转这种特殊情况,不存在对价支付,如何确定同等条件呢。本书认为,即使其他股东满足无偿划转的划入方主体资格条件,即也是国有独资或全资企业,但无偿划转是国资监管部门或国家出资企业在特定主体之间作出的战略安排,其他股东是不可能满足该等特殊主体条件的,更不可能以“无偿”的“同等条件”受让,否则,将导致国有资产流失,也与优先“购买”权的本义矛盾,故其他股东并不能具备行使优先购买权的条件。

客观来说,由于无偿划转股权对有限责任公司的人合属性会形成一定挑战,实践中也可能出现其他股东对无偿划转股权提出异议进而引发纠纷的情况。对此,前已分析,虽然其他股东不具备行使优先购买权的条件,但在公司章程无特别约定的情况下,股权划出方还是需要征得其他股东过半数同意,且在其不同意的情况下反而有“义务”购买该等股权,进而导致与拟进行的无偿划转行为背道而驰,这也会在实践操作中给股权无偿划转造成诸多不必要的麻烦甚至纠纷。

综上,为避免发生纠纷并顺利办理工商变更登记,在公司章程没有特殊规定的情况下,国有企业在进行无偿划转股权前应努力协调,取得其他股东同意无偿划转并放弃优先购买权的书面文书,但实践中更多的是通过股东会决议的方式进行。同时,要做到未雨绸缪,国有企业在进行合资新设公司或对外投资公司时,应争取在公司章程的股权转让条款明确约定,国有企业“根据国有资产无偿划转规定转让股权的,不适用关于股权转让的一般性规定,可自由转让”。对此,作出类似安排且得到法院支持的案例,可参见最高人民法院“(2017)最高法民终 205 号”民事判决书:“甘肃鑫汇公司章程第十四条第(三)项规定:‘股东不得将其股权无偿赠予他人,但根据国有资产无偿划拨规定的不在此限,且无偿划拨不适用关于股权转让的规定’,故甘肃汇能公司的该次股权划转不适用股权转让的规定,即甘肃汇能公司无需提前三十日告知天津鑫茂公司,天津鑫茂公司也不存在行使优先购买权的基础。”

(三)关于上市公司、新三板公司国有股权无偿划转程序要点

前文已述,国有企业进行股权无偿划转本质上也是股权转让,不仅要遵守国资监管规定,还要遵守证券、金融等特殊监管规定。对于被划转标的企业属于上市公司、新三板公司或金融等特殊行业公司的,一方面,相关的证券、金融等特殊管理规定对于股权转让往往具有受让主体资格条件、比例限制、变更审批/备案以及信息披露等要求,需在无偿划转操作过程中特别注意。另一方面,这些监管规定针对无偿划转这一特殊股权转让行为,也相应作出了特别规定,在个别程序要求上做了简化处理。现本书作者结合实践经验就该方面的问题提示如下几点。

首先,按照《上市公司收购管理办法》第 63 条的规定,经政府或者国有资产管理部门批准进行国有资产无偿划转、变更、合并,导致投资者在一个上市公司中拥有权益的股份占该公司已发行股份的比例超过 30%,投资者可以免于发出要约,但投资者应在前款规定的权益变动行为完成后 3 日内就股份增持情况做出公告,律师应就相关投资者权益变动行为发表符合规定的专项核查意见并由上市公司予以披露。同时,投资者还应当在与上市公司股东达成收购协议之日起 3 日内编制上市公司收购报告书,通知被收购公司,并公告上市公司收购报告书摘要。收购人应当在收购报告书摘要公告后 5 日内,公告其收购报告书、财务顾问专业意见和律师出具的法律意见书。本书认为,基于前述规定,国有企业可通过或结合无偿划转的方式收购上市公司,进而获得一定的灵活空间。

其次,《全国中小企业股份转让系统挂牌公司股份特定事项协议转让细则》第 4 条规定:“挂牌公司股份转让具有下列情形之一的,可以向全国股转公司和中国结算申请办理特定事项协议转让手续……(五)行政划转挂牌公司股份……”《全国中小企业股份转让系统并购重组业务规则适用指引第 2 号——权益变动与收购》第 2.2.1 条第 1 款、第 2.2.2 条规定:“挂牌公司有实际控制人,且实际控制人未发生变化,仅第一大股东变化的情形,挂牌公司自事实发生之日起 2 个交易日内披露第一大股东变更的公告即可。挂牌公司第一大股东或实际控制人的人数减少,且未新增第一大股东或实际控制人的,挂牌公司自

事实发生之日起2个交易日内披露第一大股东或实际控制人变更的公告即可……”按照前述规定，可以通过协议方式对新三板公司股份进行无偿划转，且在国有企业集团内部进行无偿划转的，在一定条件下即使导致第一大股东变更，也可豁免履行披露收购报告书等义务。

最后，在金融领域，《证券公司股权管理规定》《保险公司股权管理办法》《商业银行股权管理暂行办法》《融资担保公司监督管理条例》等监管规定均对股东资质条件提出了明确要求，有些还对股东资质条件分类分层设置或对股权比例进行一定限制。比如，原中国银监会办公厅《关于加强中小商业银行主要股东资格审核的通知》规定中小商业银行持股比例一般不超过20%，《保险公司股权管理办法》将保险公司股东分为财务Ⅰ类股东、财务Ⅱ类股东、战略类股东、控制类股东四类，并分别设定了资格条件。因此，被划转企业是前述特殊领域公司的，在确定受让方时需事先考察是否符合相应的资格条件或转让后是否会导致持股比例不符合规定，否则，无偿划转面临无法通过金融监管部门审批或违反监管规定的风险。

（四）关于无偿划转与相关合同的权利与义务

无偿划转不仅要考虑法律法规的限制性和程序性规定，从实践操作来看，还应考虑与无偿划转标的相关的合同权利义务的转移问题，现本书分析如下。

首先，由于无偿划转的标的可能市场价值不菲，国有企业如作为借款人、担保人签署了相关贷款合同、担保合同，该类合同可能对国有企业无偿划转资产的行为作出限制性规定，有的可能需要债权人、担保权人同意，有的可能仅需通知，无论如何，违反该等义务都很可能导致严重违约。同时，国有企业如发行了债券，无偿划转股权也会受到限制，故需要考虑是否需要债券持有人会议同意和进行信息披露。此外，还可能存在前述类似约定的还包括股权投资合同，比如国有企业下属子公司通过增资引入战略投资人，国有企业作为控股股东有可能被要求在一定期限内未经战略投资人同意不得擅自转让股权，否则，构成严重违约。因此，在进行股权无偿划转时必须对前述合同的限制条款进行梳理并采取相关合理措施，以避免违约。

其次，有合同义务就有可能有合同权利，比如在国有企业对外股权投资中，可能会要求实际控制人、控股股东单独提供或在合同中作出相关的承诺，但该等承诺是否会因国有企业不再是公司股东而失效可能存在争议，尤其是在股权投资合同中未明确约定的情况下。因此，在进行股权无偿划转时还需要对与股东资格挂钩的重要合同权利进行梳理，并采取要求相关主体重新对股权受让方出具承诺、签署补充协议等合理措施，以避免相关合同权利实质丧失的风险。

（五）关于无偿划转的责任风险与划出方债权人合法权益保护

国有产权无偿划转不同于支付合理对价的正常财产转让行为，无偿划转完成后，客观上将导致国有产权划出方资产减少进而偿债能力下降，存在损害国有产权划出方债权人利益的问题，导致国有资产管理与债权人合法权益保护的矛盾。从实践来看，国有产权无偿划转引发划出方的债权人提起诉讼的情况较少，出现的纠纷基本是由于国有产权划出方出现资不抵债、偿付能力严重下降无法足额清偿债务，故大多数时候，国有产权划出方正常经营且无偿划转对其偿债能力未造成严重影响的情况下并不会出现争议。

对此，《企业国有产权无偿划转管理暂行办法》第 8 条、第 18 条规定：划出方应当就无偿划转事项通知本企业（单位）债权人，并制订相应的债务处置方案，如划出方债务未有妥善处置方案，则不得实施无偿划转。但从该规定看，国有产权划出方仅需就无偿划转事项通知债权人，制订的债务处置方案是否“妥善”系无偿划转审批单位自行认定，而并不需要征得其债权人同意或认可，实践中也很少有就无偿划转事项征得债权人同意的做法，所谓的债务处置方案大多数时候也是划出方的债务继续由其自行承担，故前述规定并没能解决相关问题。实践中，一旦国有产权划出方不能按期足额偿债，其债权人就可能对该无偿划转提出异议并进行维权，那么相应的法律后果与责任可能包括哪些呢？现本书结合相关法律规定和最高人民法院的相关案例具体分析如下。

1. 未经债权人同意的无偿划转，对债权人造成损害且受让人知道该情形的，存在经债权人请求而被人民法院撤销该无偿划转行为

《民法典》第 538 条规定：“债务人以放弃其债权、放弃债权担保、无偿转让财产等方式无偿处分财产权益，或者恶意延长其到期债权的履行期限，影响债权人的债权实现的，债权人可以请求人民法院撤销债务人的行为。”据此，无偿划转未经划出方债权人同意的情况下，无偿划转行为面临着被撤销的风险。

显而易见的是，国有产权无偿划转必然导致划出方资产减少，但是否对债权人造成损害且应被撤销，则需要根据实际情况认定。比如，最高人民法院“（2017）最高法民再 92 号”民事判决书认为：“在仲裁裁决执行过程中，已经确定隧道公司可供执行的财产远不足以清偿本案债权及利息，故应认定隧道公司转让股权的行为对国富公司造成了损害。”因此，最高人民法院最终判决撤销隧道公司（股权划出方）无偿划转其持有的广州西朗污水处理公司33%股权的行为。

此外，撤销权的行使是有期限限制的，《民法典》第541条规定：“撤销权自债权人知道或者应当知道撤销事由之日起一年内行使。自债务人的行为发生之日起五年内没有行使撤销权的，该撤销权消灭。”因此，是否在无偿划转时通知债权人进而直接触发撤销权起算时间值得考虑。

2. 未经债权人同意的无偿划转，国有产权划入方存在就国有产权划出方的债务在接收产权范围内承担赔偿责任的风险

最高人民法院“（2006）民二终字第236号”民事判决书认为：“由于企业的所有财产是对其全部债务的一般担保，新兴材料厂在承担保证责任期间，将其持有的骊骅公司的股权无偿转让给公有资产公司的行为，事实上造成了新兴材料厂对债权人进行担保的法人财产的减少。而且无论是新兴材料厂无偿转让资产，还是公有资产公司无偿受让并出售资产，均未对担保人新兴材料厂原有的债务进行处理，也未征得债权人事先同意或者事后认可。该财产转让行为侵犯了债权人抚宁农信联社的权利，客观上造成了金融债权的落空，因此，原审判决公有资产公司在其无偿受让并出售骊骅公司62.09%的股权所得价款范围内与新兴材料厂共同承担连带责任，并无不当。”

按照前述观点，国有产权划入方虽然不是债权合同主体，但在一定条件下应承担侵权责任。对此问题，最高人民法院在“（2017）最高法民终181号”民事判决书进一步论证如下：“债务人之外的第三人，对于依法成立并生效的债权，亦应秉持善意，不得随意侵犯。华星公司在资不抵债、濒临破产的情形下无偿划转案涉股权给他人，具有逃废债务的主观故意。中小企业担保公司未能提供证据证明其取得股权财产支付了合理对价。中小企业担保公司配合华星公司逃废债务行为违反了法律和规范性文件规定，违背公序良俗，具有侵犯他人财产权的主观过错。”

但是，与前述最高人民法院“（2006）民二终字第236号”民事判决书认定的连带责任不同，该判决书认为“中小企业担保公司作为国有出资设立的企业接受案涉股权，存在一定的被动性，不具有与华星公司意思联络共同侵犯他人财产权益的主观故意，长城资产公司吉林分公司并未提交充分的证据证明华星公司与中小企业担保公司属于共同侵权,故原审判令中小企业担保公司承担连带责任不当,本院予以纠正。因中小企业担保公司配合华星公司划转案涉股权的行为具有过错,其无偿接收案涉股权侵害长城资产公司吉林分公司的合法财产权益”,最后“本院酌定在无偿接收案涉股权80%的范围内承担相应的赔偿责任”。

综上,一旦国有产权划出方不能按期足额偿债,其债权人就可能对该无偿划转提出异议,国有产权划入方并不能以并非债权合同主体为由而免责,人民法院可能因国有产权划入方配合接收划转产权损害划出方债权人利益而认定其存在过错,应就国有产权划出方的债务在接收划转产权(或一定比例)范围内承担侵权赔偿责任,但该等侵权赔偿责任仍受到诉讼时效的限制。

3. 未经债权人认可的无偿划转,作出国有产权划转决定的股东存在被认定为滥用股东权利而就国有产权划出方承担连带责任的风险

结合前文分析,从司法实践层面看,一旦国有产权划出方不能按期足额偿债,其债权人就可能对该无偿划转提出异议,要求撤销该无偿划转行为。进一步而言,债权人不仅可能要求国有产权划入方承担连带赔偿责任,还可能向作出国有产权无偿划转审批决定的股东单位提出赔偿请求,其主要法律依据为《公司法》第20条第3款“公司股东滥用公司法人独立地位和股东有限责任,逃避债务,严重损害公司债权人利益的,应当对公司债务承担连带责任”的规定。

比如,在最高人民法院“(2017)最高法民终181号”案件中,原告的诉讼请求就包括“吉林市国资委在滥用股东权利无偿划转华星公司持有的华微公司2000万股股权范围内,与华星公司对长城资产公司吉林分公司的债务本息承担连带偿还责任”。但是,对于该请求,最高人民法院认为:“《中华人民共和国公司法》第二十条属于衡平性条款,只有债权人利益通过其他途径无法获得救济时方得适用。本案中,长城资产公司吉林分公司的债权因吉林市国资委权利行使行为受到的影响,可以通过中小企业担保公司就接受股权的价值承担赔偿责任获得救济,基于此,长城资产公司吉林分公司并未因吉林市国资委的权利行使行为受到损失,没有适用《中华人民共和国公司法》第二十条追究吉林市国资委的必要。”

综上,虽然暂未见明确判决无偿划转审批主体担责的案例,但基于《公司法》第20条第3款的规定,作出国有产权划转决定的股东单位,存在被认定为滥用股东权利而需就国有产权划出方的债务承担连带责任的风险。

第五章

国有企业治理主要合规风险防控

第一节 国有企业的公司章程制定

2015年出台的中共中央、国务院《关于深化国有企业改革的指导意见》提出国有企业深化改革任务之一是要完善现代企业制度，健全公司法人治理结构。随后，与之配套的《关于进一步完善国有企业法人治理结构的指导意见》（国办发〔2017〕36号）出台，就如何完善国有企业法人治理结构作出具体部署，随后各地方也陆续出台完善国有企业法人治理结构的指导文件。按照前述文件要求，在中国特色的国有企业治理结构中，要充分发挥党组织的领导核心和政治核心作用，保证党组织把方向、管大局、保落实。在此背景下，2019年出台的《中国共产党国有企业基层组织工作条例（试行）》就是其具体落实的指引。2020年12月31日，国务院国资委、财政部联合出台《国有企业公司章程制定管理办法》，就国有企业公司章程制定过程中的制订、修改、审核、批准等管理行为进行规范。

按照《公司法》第11条规定："设立公司必须依法制定公司章程。公司章程对公司、股东、董事、监事、高级管理人员具有约束力。"因此，包括国有企业在内的公司均应制定公司章程，这是建立与完善现代企业制度的应有之义。公司章程作为公司内部的"宪法"，在内部具有最高效力。就国有企业而言，公司章程对明确党在公司治理结构中的法定地位，落实"三重一大"制度关于重大事项集体决策的要求，进而形成权责分明、相互制衡且运作高效的治理结构具有重大意义，应当受到足够的重视。

然而在实践中，一些国有企业对公司章程的制定重视不够，尤其是在设立全资国有企业时（不存在外部合作方，法律风险较小），基于工作效率等因素的考虑，直接沿用工商部门提供的模板或兄弟企业的公司章程，导致公司章程不符合企业实际、条款之间存在矛盾以及履行难度大、成本高的条款被继续保留等后果。这种情况下，国有企业不仅可能因公司章程修订程序难以及时完成导致给日常工作造成极大不便，而且该类问题可能在国有企业合规审计中被查出并作为整改事项,出现该类问题与当前完善国有企业治理结构的改革要求也不相符。因此,如何根据法律法规和国资监管政策,结合企业实际制定出合法合理的公司章程就显得尤为重要。

囿于篇幅与不同类型公司章程设计逻辑的不同,本部分所述国有企业公司章程仅限于国有独资、全资以及国有控股有限责任公司的章程,不涉及国有参股投资的有限责任公司以及任何股份有限公司。结合国有企业治理的特殊实践,就国有企业制定公司章程的要点解析如下。

一、基本要求

首先,国有企业具有多重主体属性,故其制定公司章程应同时遵守不同的法律法规和政策规定,现简要梳理如下:(1)《公司法》《市场主体登记管理条例》及其司法解释的相关规定;(2)国资监管和党内法律法规对国有企业公司章程与公司治理的规定;(3)国有企业所属行业监管规定,如金融行业的证券、银行、保险、期货、信托、金控控股以及地方金融组织等。

其次,前述规定分为强制性规定和任意性规定,也就是说,其在宏观上与重大事项方面作出的强制性规定,并不能完全涵盖公司章程的每一个条款,在此之外的其他方面均鼓励企业发挥主观能动性。因此,国有企业可结合企业的实际情况与需求,既可参照沿用任意性规定,也可在能自主决定的条款中进行个性化设计。

最后,国有企业制定公司章程应以确保公司治理有据可依并防范争议或纠纷为基本目标,明晰治理结构及其权责,完善治理运行程序,以期提高治理效率。

值得一提的是,《国有企业公司章程制定管理办法》对国有企业的公司章程主要内容提出了要求,包括应包含哪些基本条款以及对该等基本条款应如何设计进行了指导,可资参考。其中,该办法第9条明确提出,国有企业章程需有党组织条款,写明党委(党组)或党支部(党总支)的职责权限、机构设置、运行机制等重要事项。正因如此,近年来不少国有企业在进行公司章程修订时落实“党建入章程”。

二、重要章程条款设计要点

（一）关于出资时间

在出资认缴制的政策背景下，公司股东虽然可以延后出资，但按《公司法》和工商登记要求，必须在公司章程中写明认缴出资时间。实践中，国有企业的注册资本有时设定较大，但并不会一次性实缴到位，而是需要根据国有企业股东的现金流以及该子公司的经营需要分步实缴到位，故设计出资时间条款时应注意以下方面。

首先，需要考虑根据资金计划安排能够何时实缴到位，并考虑国有企业付款流程所需时间，合理确定出资时间，以避免逾期出资。

其次，在很多时候，国有企业在制定公司章程之时可能只能确定首期出资款的缴付时间，这种情况下，出资时间条款如何设置呢？本书认为需分类讨论：

1. 如属于国有独资或全资企业，可以将认缴出资时间按 30 年甚至更长时间设置，因为这种情况下，即使是多个国有独资企业合资设立国有全资企业，具体出资“节奏”与规模也属于可协调的范畴，后续发生争议纠纷的可能性较小。但是，如果不是同一国有集团内部的两个企业，或不是同级国资监管机构管理的多个国有企业进行合资，将认缴出资时间设定过长也需谨慎，因为到该子公司因经营而需要注入资本金的时候，协调成本可能较高。

2. 如属于国有控股企业，则需防范小股东后续现金流或诚信出现问题，故不宜将认缴出资时间按几十年进行设置，在资金允许的情况下，原则上应规定一次性出资到位，或 1 年内实缴到位；如不可行，则最好将注册资本规模先合理缩小，待后续资金允许时，由原股东同步对该子公司进行增资，并及时实缴到位。对此，按照 32 号令第 46 条“以下情形经国家出资企业审议决策，可以采取非公开协议方式进行增资：……（三）企业原股东增资”的规定，后续增资可以不进场，不会影响投资合作的灵活性与便利性。

（二）关于股权转让

国有企业公司章程的股权转让条款，如属于国有独资企业，自不成问题，但只要有两个股东，就需要考虑股权转让条款是否需要进行个性化设计，而不需要完全为《公司法》规定的股权转让规则所束缚，其可行性依据是《公司法》第 71 条第 4 款关于“公司章程对股权转让另有规定的，从其规定”的规定。对此，

本书认为:

首先,按《公司法》第71条设定的一般规则,虽然对于股东向第三方转让股权,其他股东在同等条件下具有优先购买权,但毕竟需要付出成本。因此,如不是均属于同一国有企业集团的主体设立的国有全资公司、国有控股公司,为维护合作的稳定性,可考虑是否设置锁定期即在一定期限内不得质押、转让。

其次,在实践中,国有企业持有的公司股权后续可能会被无偿划转,为保障操作灵活性并避免与其他股东发生争议,可在公司章程特别规定,国有企业按国资监管规定就其持有的公司股权进行无偿划转,不受任何限制。当然,由于一些地方的工商部门对股权转让的理解较为机械,可能要求必须提供其他股东同意转让的书面文件,故可在公司章程中明确其他股东具有配合办理无偿划转所涉相关股权变更登记手续的义务。

(三)关于不设董事会的公司执行董事职权

近年来,随着国有企业分类改革与对公司层级的管控,逐渐形成了一级大集团、二级业务板块子集团、三级业务运营公司的基本架构,也因此出现了大量的新设三级独资子公司。这类新公司不同于二级业务板块子集团,其往往因初期人员、规模较小或基于决策效率等因素考虑一般不设董事会,而仅设执行董事,那么在这种情况下,执行董事的职权如何设置呢?

按照《公司法》第50条第2款关于“执行董事的职权由公司章程规定”的规定,执行董事的职权可由公司章程自行规定,与董事会职权设置相比,这实际上给予了公司极大的自主权。但是,2010年6月中共中央办公厅、国务院办公厅出台的《关于进一步推进国有企业贯彻落实“三重一大”决策制度的意见》明确规定,国有企业凡属重大决策、重要人事任免、重大项目安排和大额度资金运作事项必须由领导班子集体作出决定,并应通过《公司法》和公司章程规定的公司治理程序实现集体决策,其实施主体主要包括董事会、未设董事会的经理班子、经董事会授权的经理班子和党委(党组)。可以看出,按照国资监管政策要求,国有企业的“三重一大”事项必须经集体决策,但并不是仅由国有企业的领导集中开个会比如专题会、讨论会就是集体决策,必须纳入公司治理程序范畴并由规定的决策机构决策方可。

公司的执行董事作为治理结构的一环,只有一个人,故无法作为“三重一大”事项的决策主体,《关于进一步推进国有企业贯彻落实“三重一大”决策制度的意见》也未将其列入“三重一大”事项的决策主体。实践中，个别不设董事会的国有企业为满足国资监管关于集体决策的要求，执行董事就组织召开名为“执行董事会”或“公司办公会”或者其他类似名称的会议进行决策，但严格意义上，这类会议没有任何依据，也不符合“三重一大”相关国资监管政策的要求。

综上，本书认为，在国有企业的公司章程中，不能授予执行董事包括“三重一大”事项在内的实质性职权。具体操作上，由于执行董事的职权设置一般是参照《公司法》规定的董事会职权进行，故可以根据下属国有企业的实际情况、经营管理层能力和对子公司风险管控等因素综合考量，将《公司法》规定的董事会职权部分上提至股东或股东会，或下放给经营管理层，由其通过总经理办公会进行集体决策，只保留一些非实质性职权。

（四）关于董事会与总经理的职权

董事会是《关于进一步推进国有企业贯彻落实“三重一大”决策制度的意见》规定的“三重一大”事项决策机构，其可授权经理管理层决策“三重一大”事项。国有企业的公司章程在设定董事会和总经理职权时，需注意如下情形：

首先，《公司法》第 46 条规定了董事会的十大职权，但并未规定可由公司章程进行变更，故董事会职权的设计灵活性主要在这十大职权之外。但是，究竟哪些事项需要报董事会，其实难以穷尽，尤其是在制定公司章程阶段可能难以确定，故可在后续制定的董事会议事规则和股东/股东会的授权决议中进行规定。

其次，《公司法》第 49 条虽然规定了总经理的七大职权，但却也同时明确“公司章程对经理职权另有规定的，从其规定”，这就意味着总经理的职权可根据股东的管控需要和子公司的实际情况进行合理设计。进一步而言，由于总经理的职权往往涉及“三重一大”事项，即必须进行集体决策，故国有企业的总经理并不能像《公司法》设计的和民营公司那样实行个人决策与行权，而需要通过开总经理办公会的方式由经营管理层按议事规则共同进行。至此，在本书看来，总经理办公会制度与党在国有企业的领导共同构成了国有企业现代公司治理制度的两大特色。

基于以上分析，结合实践中董事会对经营管理层授权较为灵活的特征，且公司章程修订程序较为复杂，本书并不主张在公司章程中对总经理职权规定过细，实际上也难以做到。本书认为，国有企业可在公司章程的董事会职权中增加其有权“制定、修改公司总经理办公会议事规则”,并直接沿用《公司法》规定的总经理职权而不进行增加,后续则以董事会决议的方式对授权范围进行灵活安排与调整。

(五)关于董事长能否兼任总经理

作为国有企业经营决策两大班子的领头人,董事长、总经理十分重要。实践中,尤其是一些规模较小的、新设的国有企业曾咨询笔者,董事长、总经理是否可以由一人兼任?对于这个问题,首先从《公司法》角度来说,其明确规定董事、高级管理人员禁止兼任监事,但对董事长兼任总经理并没有明确的禁止性规定。

不过,根据国务院办公厅《关于进一步完善国有企业法人治理结构的指导意见》规定,国有独资、全资公司的董事长、总经理原则上分设,应均为内部执行董事。

那么对于国有控股企业呢?前述文件也没有明确禁止性规定,但本书认为,按照《公司法》规定,总经理对董事会负责,受董事会监督。按本次完善国有企业法人治理结构的改革文件精神,董事长兼任总经理并不符合建立有效制衡的治理结构的要求,可能会在实质上造成“一言堂”,故需慎重。

(六)关于职工董事与职工监事的设置与产生

《公司法》第 51 条第 2 款规定,公司设监事会的,职工监事的比例不得低于三分之一,具体比例由公司章程规定。据此,无论是否为国有企业,只要设监事会就需要按规定比例设职工监事,具体比例可由公司章程规定。实践中,由于监事会属于监督机构,并非经营管理的核心,其设置与产生直接按法律规定及公司章程规定即可,一般不存在争议。

但是,董事作为重大决策机构董事会的成员,关系重大,而职工董事从规定层面看并不需要受国有股东控制,而属于职工民主的代表,故实践中的一些国有企业对于职工董事究竟是否设置、如何产生存在认识差异。

首先,国有独资公司、国有全资公司董事会应设置职工董事。《公司法》第 67 条第 1 款规定,国有独资公司董事会成员中应当有公司职工代表。关于这一款规定,在适用上并无争议。而对于国有全资公司的董事会,《公司法》没有明确规定,但国务院办公厅《关于进一步完善国有企业法人治理结构的指导意见》

规定，国有全资公司董事会须有职工董事。同时，《国有企业公司章程制定管理办法》第 10 条第 2 款也规定，国有全资公司董事会成员中的职工代表依照法定程序选举产生，实质上就是要求国有全资公司也应该设职工董事。

其次，对于两个以上的国有主体出资设立的国有控股公司是否必须设置职工董事，存在争议。《公司法》第 44 条第 2 款规定："两个以上的国有企业或者两个以上的其他国有投资主体投资设立的有限责任公司，其董事会成员中应当有公司职工代表……"对于这一款规定，在适用上存在较大争议，现分析如下：

第一，这里的国有企业、国有投资主体除国有独资、国有全资企业外，是否还包括国有控股、参股企业？本书认为，从国资监管的惯常规制的主体范围看，这里的国有企业、国有投资主体自不应包括国有参股公司，但是否包含国有控股企业则值得讨论。虽然国家层面无明确规定，但湖南省、浙江省曾出台地方性规定明确包括国有控股企业，故实操层面还需事先与本级国资监管机构沟通确认，不可一概而论。

第二，如拟设立的公司由两个国有企业、国有投资主体作为股东之外，还有自然人、民营公司作为股东，是否仍适用《公司法》第 44 条？对此，"(2014)三中民终字第 06009 号"民事判决书认为，该条"本意应当是指仅由国有投资主体设立的公司，其董事会成员中应当有职工代表"。"(2018)京民申 1347 号"民事判决书也持类似观点。可见，董事会必须设职工董事的安排应限缩在仅有国有企业作为股东的范畴，该观点可资参考。

第三，如果符合前述规定的应设置职工董事的条件而未设置，是否会导致后续董事会作出的决议效力存在瑕疵？从《公司法》、最高人民法院《关于适用〈中华人民共和国公司法〉若干问题的规定(四)》规定的董事会决议无效、可撤销以及不成立的情形来看，并未包括董事会构成不符合规定的情形。因此，鉴于不按规定设置职工董事仅属于瑕疵而并不会具有重大影响，故本书倾向于认为，不会影响后续董事会决议的效力。但是，不按规定设职工董事毕竟是不合规的事项，国有企业在制定公司章程时还是应予以设置。

无论在何种情形下，国有企业如果要设置职工董事，能否由国有股东提名或推荐？按照《公司法》的相关规定，国有独资公司的职工董事由公司职工代表大会选举产生，其他类型公司的职工董事由公司职工通过职工代表大会、职工大会或者其他形式民主选举产生。但是，对于职工董事的人选如何产生《公司法》没有规定，参照中华全国总工会《关于加强公司制企业职工董事制度、职工监事制度建设的意见》规定:“可以由公司工会根据自荐、推荐情况,在充分听取职工意见的基础上提名,也可以由三分之一以上的职工代表或者十分之一以上的职工联名推举,还可以由职代会联席会议提名。公司工会主席、副主席一般应作为职工董事、职工监事候选人人选。”因此,无论是从职工董事制度的立法目的与制度逻辑来看,还是从前述中华全国总工会的规定来看,任何股东都无权提名或推荐职工董事,否则,职工董事与其他股东提名的董事就没有区别,届时职工董事是否按国有股东意志行权、对谁负责都将成为逻辑上难以自洽的问题。

(七)关于股东会、董事会的会议通知时限与开会方式、指定

结合国有企业的实践,在制定公司章程的股东会、董事会开会程序条款时,需注意如下事宜:

首先,在会议通知时限上,《公司法》明确规定允许公司章程另行约定。因此,结合实践中的国有企业领导开会时间很难协调,而且很难提前一周或两周确定的情况,且还可能涉及紧急临时的重大事项需要及时开会决策,故为确保程序合规,可在公司章程中规定原则上需提前一定时限通知开会,但在特殊情况下,经董事长或全体股东、董事同意,可不受通知时限约束。

其次,在开会方式上,实践中国有企业股东会、董事会既会采取现场会议的方式,也会采取通讯表决的方式,且情况紧急或特殊的,会更青睐采取通讯表决的方式。对此,为确保程序合规,结合实践中的成熟做法,可在公司章程中规定股东会、董事会除定期会议必须采取现场会议方式外,临时会议可采取非现场会议方式并进行通讯表决。

最后,按照《公司法》规定,股东会会议、董事会会议均由董事长召集和主持,但如果董事长不履职或不能履职时该怎么办?实践中,个别国有企业的公司章程规定,这时董事长有权指定一名董事召集与主持,但该等规定并不符合《公司法》。对于这类情形,《公司法》第47条有明确规定,且未规定公司章程可作另行约定,故应遵守《公司法》的规定:董事会会议由董事长召集和主持;董事长不能履行职务或者不履行职务的,由副董事长召集和主持;副董事长不能履行职务或者不履行职务的,由半数以上董事共同推举一名董事召集和主持。

(八)关于董事会秘书与总法律顾问

董事会秘书与总法律顾问分别对国有企业治理和合规、风控具有重要意

义，但从《公司法》来看，不同于财务负责人，这两个职位在有限责任公司内并非必设职位。从国资监管规定看，《国有企业公司章程制定管理办法》第 11 条规定，国有企业如设置董事会秘书、总法律顾问，应当明确为高级管理人员。也就是说，董事会秘书、总法律顾问按国资监管政策也并非必须设置，一旦设置，就应属于高级管理人员，有权出席总经理办公会。

（九）关于关联事项条款的设置

《公司法》并未对有限责任公司的关联事项回避和关联交易决策问题作出特别规定，故除《公司法》第一章总则第 16 条第 2 款、第 3 款关于“公司为公司股东或者实际控制人提供担保的，必须经股东会或者股东大会决议。前款规定的股东或者受前款规定的实际控制人支配的股东，不得参加前款规定事项的表决”的规定外，股东、董事在股东会、董事会是否需要就关联事项回避，可由公司章程自行规定。

诚然，关联事项回避条款对于防止股东、董事利用其关联关系损害公司利益具有重要作用，但在某些情况下却并非必需，否则可能会造成一些不必要的麻烦。比如，对于国有全资公司，如果公司章程规定相关股东、董事就关联事项需回避，但由于所谓的“关联事项”基本都是在国有企业集团内部之间发生，股东可能都是同一国有企业集团内部的主体，董事又都是股东提名或委派的，就可能会造成股东、董事都需要回避，导致没有人能参与决策的窘境。再如，对于国有控股公司，如果公司章程规定关联事项的相关股东、董事需要回避，实际上是“自缚手脚”，将关联事项决策权拱手让给小股东。事实上，在前述情况下，有国有监管体制监督，尤其是在国有控股的情况下只要坚持按公允、必要原则进行交易，关联交易风险就是可控的，并不需要在公司章程中设置关联事项回避表决条款。

此外，在实践中，国有企业集团内部的公司之间进行关联交易是较为常见的，风险也很小，只需要由子公司按内部权限划分由总经理办公会或董事会决策即可，故从决策效率考量，不宜在公司章程中规定关联交易一概必须上报股东/股东会决策。

第二节　国有企业外部董事和兼职董事的履职

一、基本情况

（一）国有外部董事、兼职董事的概况

国有企业董事（以下简称国有董事）[①]是指受国家出资机构或国有企业股东（以下简称国有股东）（以下统称“委派单位”）委派[②]并按规定程序履职的董事。一般而言，国有董事按其履职的国有企业级别和是否为兼职一般可作如下分类：

1. 就国家出资企业的董事而言，主要分为外部董事和内部董事。其中，前者是国资监管机构为优化国家出资企业董事会决策并实现监督制衡，统一选聘管理并委派至国家出资企业的专业董事，特点是其不得在履职企业承担除董事、董事会专门委员会委员以外的其他岗位职责，以保证其独立性，与上市公司的独立董事较为类似。[③] 后者是指除担任董事以外，在履职企业兼任其他经营管理岗位的董事，特点是其本职就在履职企业。

2. 就国家出资企业下属各级国有企业的国有董事而言，主要分为兼职董事和专职董事。其中，前者是指仅在履职企业兼任董事，其在委派单位或其关联企业具有本职工作的董事。后者是指在履职企业专职担任董事，一般还在履职企业兼任其他经营管理职务的董事。

---

① 囿于篇幅与责任体系存在不同，此处的探讨仅限于非上市的国有企业董事。

② 本书注意到，实践中，对于非独资的下属企业，委派单位一般是根据公司章程和相关协议约定通过推荐、提名董事人选并由股东会选举确定的方式实现“委派”之目的，为方便表述与理解，下文统一表述为“委派”，不再作细化区分。

③ 有关外部董事的职能与要求可参见国务院办公厅《关于进一步完善国有企业法人治理结构的指导意见》（国办发〔2017〕36号）。此外，外部董事正在推进“专职化”，但从各省、市陆续出台的关于建立国有企业专职外部董事队伍的实施意见可以看到，“专职”外部董事是专做外部董事这个工作，而非专做单一国有企业的外部董事。

在国资监管政策和国企治理实践中，前述两种分类对于国有董事的管理、职责与履职方式等多个方面具有重大影响，故不同类别董事的责任风险特点具有明显不同：相对于国有企业内部董事、专职董事（以下简称国有内部董事、专职董事），国有企业外部董事、兼职董事（以下简称国有外部董事、兼职董事）滥用职权、故意违反法律法规和公司章程的情况一般较少，国有外部董事、兼职董事面临的更多的是失职风险和被动承担责任的风险。

但是，从法律法规和国资监管政策来看，对国有外部董事、兼职董事的责任追究并未明确区别对待，基于多种主客观因素，实践中国有外部董事、兼职董事的法律责任风险被严重忽视，很多国有董事尤其是国有兼职董事可能认为，自己是受国有股东委派并根据国有股东意见行权，就是去开几次会，只需要对委派单位负责，故可以超脱于责任，但实际并非如此。因此，明确国有外部董事、兼职董事的主要法律责任风险，并采取风险防范措施就显得尤为重要。

（二）国有外部董事、兼职董事存在法律责任风险的主要原因

1. 信息不对称对履职造成障碍

由于国有外部董事、兼职董事一般未实质参与履职企业的日常经营管理，受各种主客观因素制约，信息不对称的情况可能较为严重，对其及时、正确履职造成一定的障碍。

2. 履职能力难以匹配董事职责要求

在当前国有企业治理改革、混合所有制改革以及对外投资并购等工作如火如荼的背景下，董事会变得越发重要，随之引出的是国有企业高素质的董事（后备）人才缺口较大的问题：一方面，虽然国有外部董事一般具有经营管理或某专业领域的经验，但实践中仍存在与其履职企业所在行业、专业不匹配的问题，且按照国务院办公厅《关于进一步完善国有企业法人治理结构的指导意见》，国有独资、全资公司要全面建立外部董事占多数的董事会，外部董事的决策风险明显增大。另一方面，由于条件制约，一些委派单位可能将中层管理干部甚至基层年轻员工委派至下属企业担任董事，出现了“娃娃董事”的情况。[①] 在以上情况下，国有外部董事、兼职董事自身的履职能力、专业能力往往难以匹配相应董事职责的要求，即使其想要做到勤勉尽责，也往往力不从心。

① 见相关报道《西安千亿国企“娃娃董事”戏剧化回应后停职收场》，载微信公众号“腾讯财经”。

3. 履职意愿与风险意识不足

在国有企业人员兼职不兼薪的原则性要求和国有企业加强违规经营投资责任追究的背景下,国有兼职董事不仅缺乏足够动力主动切实做好兼职董事工作,而且为防控自身决策风险,多不愿意接受独立行权的授权,故其在行权上基本处于被动的同时,对自身作为董事的法律责任风险的认识与相应的风险防控意识也不够。

4. 对委派单位负责与对履职企业负责可能发生冲突

实践中,一方面,虽然国有外部董事一般具有较大范围独立行权的权利,但仍需受国有监管机构管理,并要维护国有监管机构作为股东的权益。另一方面,国有股东基于重大事项风险管控和兼职董事行权能力有限,以及兼职董事自身意愿等因素,对其委派的国有兼职董事一般不会授予独立行权的权利,对履职企业的董事会议案往往要求国有兼职董事报国有股东决策后,由国有兼职董事根据其决策结果行权表决。不过,如委派单位决策失误,要求进行不公允的关联交易或者存在其他利益冲突的情况时,无论是独立行权的国有外部董事,还是非独立行权的国有兼职董事,对委派单位负责与对履职企业负责都可能会发生冲突,进而出现国有兼职董事需要承担责任的风险。

5. 相关国资监管规定和法律在追责方面并未对国有外部董事、兼职董事进行区别对待,其应独立承担法律责任

首先,在国资监管规定方面,《企业国有资产法》第 71 条第 1 款规定:“国家出资企业的董事、监事、高级管理人员有下列行为之一,造成国有资产损失的,依法承担赔偿责任;属于国家工作人员的,并依法给予处分。”显然,作为国资监管法律依据的《企业国有资产法》对各种董事并未区别对待。同时,国家有关国资改革文件在对董事追责的问题上也未作实质性的区别对待,比如中共中央、国务院《关于深化国有企业改革的指导意见》(中发〔2015〕22 号)提出,要强化对董事的考核评价和管理,对重大决策失误负有直接责任的要及时调整或解聘,并依法追究责任。再如,国务院办公厅《关于进一步完善国有企业法人治理结构的指导意见》(国办发〔2017〕36 号)提出,董事应当出席董事会会议,对董事会决议承担责任;董事会决议违反法律法规或公司章程、股东会决议,致使公司遭受严重损失的,应依法追究有关董事责任。

其次,就民商事法律层面,由于国有外部董事、兼职董事的分类只是国资监管和实践的产物,《民法典》《公司法》等也未作区别对待。

最后，虽然委派单位作为股东具有选择公司管理者的权利，并基于聘用关系、劳动关系等因素对其委派的国有外部董事、兼职董事具有实际管理权，但从《民法典》《公司法》等民商事法律角度来看，对于委派单位与国有外部董事、兼职董事的关系，在“(2016)陕民终 255 号”一案中法院认为：按公司章程规定，虽然公司的董事由股东委派，但公司股东没有管理公司董事的法定职责，公司董事亦没有对公司股东负责的法定义务，公司董事也只对公司承担忠诚义务和勤勉义务，故股东对其委派的董事损害公司利益不应承担责任。在“(2021)晋 05 民终 883 号”一案中，法院进一步提出：本案上诉人的董事长及部分董事虽系被上诉人推荐、委派，但上述人员成为上诉人的董事长及董事后，受到上诉人公司章程及内部规定管理和制约，其参加公司经营管理均系个人履职行为，即使未尽到忠实勤勉义务，也应依法追究其个人责任。此外，在“(2018)京 0106 民初 9492 号”一案中法院也持类似观点：如董事给公司造成损失的，应由董事而非委派该董事任职的股东承担赔偿责任。

综上，本书认为，相关国资监管规定和法律在追责方面并未对国有外部董事、兼职董事进行区别对待，国有外部董事、兼职董事依法对履职企业具有忠实勤勉义务，一旦违反，对于依法应承担的法律责任，国有外部董事、兼职董事并不能以其自身是受委派单位委派履职而主张减免。

(三)向国有外部董事、兼职董事追责的主体多样

前文已述，国有外部董事、兼职董事与其他董事一样，也是《公司法》规定的董事，对公司负有忠实勤勉义务，否则，将面临被追责的风险。由于国资与其他所有制企业共同持股的企业越来越多，客观上可能会造成向国有外部董事、兼职董事追责的主体增多。那么究竟哪些主体可以向国有外部董事、兼职董事追责？结合《公司法》等法律法规对董事法律责任的相关规定，主要包括如下：

1. 国有监管机构和国有股东；
2. 履职的企业，尤其是民营股东控股的履职企业；
3. 履职企业的债权人；
4. 履职企业的其他股东，尤其是民营股东；
5. 国家权力机关，如政府行政部门、人民法院。

二、主要法律责任与风险

按照《公司法》第 146 条、第 147 条、第 149 条和《企业破产法》第 125 条等

有关规定,董事应当遵守法律、行政法规和公司章程,对公司负有忠实义务和勤勉义务,给公司造成损失的,应当承担赔偿责任;董事违反忠实义务、勤勉义务,致使所在企业破产的,自破产程序终结之日起3年内不得担任任何企业的董事、监事、高级管理人员。

以上是针对公司董事忠实勤勉义务及其法律后果的概括性规定。所谓忠实义务,一般是指公司董事要忠于公司并维护其利益,不得从事《公司法》第148条第1款所列举的损害公司利益的八项负面行为①,其认定规则相对清晰。所谓勤勉义务,一般是指董事应为公司最大利益之实现,善意、合理、谨慎地履职并处理公司事务,但现行法律法规并未明确尽到勤勉义务的具体认定规则,勤勉的标准是按统一客观的一般理性人或商业人标准确定,还是要结合董事个人的主观情况确定,或者以综合因素确定?在司法实践中这个问题存在较大争议,同时也是一个认定难点。可以确定的是,公司董事要尽到履行忠实义务,一般只需要不乱作为即可,但也要防范被动担责。公司董事要尽到勤勉义务,就必须积极作为,结合国有外部董事、兼职董事的行权实践,此中风险不言自明。

前文已述,国有外部董事、兼职董事面临的更多是失职风险和被动承担责任的风险,这也是本部分探讨的主要范围。除上述违反忠实勤勉义务的法律责任风险外,本书结合相关法律法规和司法案例,就具体的不同情形下国有外部董事、兼职董事的法律责任风险择要梳理如下。

(一)对履职企业股东未出资部分的责任风险

在"(2018)最高法民再366号"一案中,最高人民法院认为,董事依法对公司负有勤勉义务,故应向未履行或未全面履行出资义务的股东催缴出资。六名董事作为标的公司的董事,同时又是股东单位的董事,对股东单位的资产情况、标的公司运营状况均应了解,具备监督股东履行出资义务的便利条件,现因六名董事未能提交证据证明其在股东出资期限届满,即2006年3月16日之后向股东履行催缴出资的义务,以消极不作为的方式构成了对董事勤勉义务的违

① 这八项行为包括如下:(1)挪用公司资金;(2)将公司资金以其个人名义或者以其他个人名义开立账户存储;(3)违反公司章程的规定,未经股东会、股东大会或者董事会同意,将公司资金借贷给他人或者以公司财产为他人提供担保;(4)违反公司章程的规定或者未经股东会、股东大会同意,与本公司订立合同或者进行交易;(5)未经股东会或者股东大会同意,利用职务便利为自己或者他人谋取属于公司的商业机会,自营或者为他人经营与所任职公司同类的业务;(6)接受他人与公司交易的佣金归为己有;(7)擅自披露公司秘密;(8)违反对公司忠实义务的其他行为。

反,故对标的公司遭受的股东出资未到位的损失,应承担相应的赔偿责任,六名董事应向标的公司连带赔偿4,912,376.06美元。

该案一审、二审法院均驳回原告的赔偿请求,但最终由最高人民法院改判,在社会上引起较大影响。本书认为,该案值得注意的有以下三方面:(1)最高人民法院改判的核心依据之一是六名董事同时在股东单位任职,故其具有监督股东履行出资义务的便利条件而未履行,构成违反董事勤勉义务。(2)最高人民法院《关于适用〈中华人民共和国公司法〉若干问题的规定(三)》第13条第4款[①]虽然只规定了董事对股东增资的到位具有督促义务,但对公司设立时认缴出资的股东,董事负有的督促股东出资的义务也不应有所差别,故应比照认定。本书认为,虽然该等扩大理解较为激进,但作为最高人民法院的裁判案例,仍具有较大指导意义。(3)六名董事的赔偿责任是连带责任即全额赔偿,但司法实践中也有判决按一定比例承担责任的情况,如"(2020)粤0608民初2525号"一案中法院认定的责任范围为股东未缴纳出资本息的10%。

(二)违反竞业禁止义务的风险

《公司法》第148条第1款第5项、第148条第2款、第149条规定:董事、高级管理人员不得未经股东会或者股东大会同意,自营或者为他人经营与所任职公司同类的业务。董事、高级管理人员违反前款规定所得的收入应当归公司所有,由此给公司造成损失的,应当承担赔偿责任。

实践中,国有外部董事可能同时担任多家国有企业董事,而国有兼职董事也有自己的本职工作,还可能在履职企业担任董事之后又被委派到其他公司任职,且该等委派往往是被动的。在此情况下,如其同时任职的企业业务与其履职企业属于同类的,就将面临违反前述法定竞业禁止义务,进而被要求承担相应法律责任的风险。对此,如履职企业属于国有独资或国有全资企业,该等风险一般不会发生;但在履职企业是混合所有制企业的情况下,因为涉及其他非国有股东,该等风险实际发生的可能性就会显著增大,尤其是在履职企业属于国有参股企业的情况下更是如此。

---

① 股东在公司增资时未履行或者未全面履行出资义务,依照第13条第1款或者第2款提起诉讼的原告,请求未尽《公司法》第147条第1款规定的义务而使出资未缴足的董事、高级管理人员承担相应责任的,人民法院应予支持;董事、高级管理人员承担责任后,可以向被告股东追偿。

（三）被限制高消费的风险

按照最高人民法院《关于限制被执行人高消费及有关消费的若干规定》相关规定,债权人申请强制执行后,如作为被执行人的企业未按法院的执行通知书指定的期间履行生效裁判文书确定义务的,人民法院可以采取限制消费措施,即限制被执行人及其法定代表人、主要负责人、影响债务履行的直接责任人员、实际控制人高消费及非生活或者经营必需的有关消费。在限制高消费主体范围认定上,对企业的法定代表人、主要负责人和实际控制人的认定一般并无争议,这也是司法实践中被限制高消费的主要人群,但前述主体以外的普通公司董事是否属于“影响债务履行的直接责任人员”而可被限制高消费,因法律法规对“影响债务履行的直接责任人员”的范围并无明确定义,在司法实践中存在不同认定。

一种观点认为,公司董事属于“影响债务履行的直接责任人员”而可被限制高消费。比如,在“(2020)鲁执复66号”一案中,洪某受县政府及国资办委派至某国有参股的担保公司(国有股占36.34%)担任董事,但因担保公司未履行生效裁判文书确定的支付义务,法院认定其作为董事对担保公司债务履行有重要影响,故对洪某采取限制高消费措施于法有据。此外,“(2018)津0113执异35号”一案的法院也持类似观点。

另一种观点认为,公司董事不属于“影响债务履行的直接责任人员”,不应被限制高消费。比如,在“(2020)川01执异2379号”一案中,法院认为,胡某并非温泉公司的法定代表人、主要负责人、股东,胡某虽担任温泉公司董事,但并无证据显示其属于影响案涉债务履行的直接责任人员或温泉公司的实际控制人,故其不应被采取限制消费措施。在“(2019)京03执异453号”一案中,法院认为,作为被执行人的公司共有七位董事,裴某作为其中一位董事,现没有证据证明其可以直接控制公司或者直接影响公司对债务的履行,在无其他证据证明裴某系公司的主要负责人、实际控制人或者影响债务履行的直接责任人员的情况下,对其采取限制消费措施于法无据。

综上,国有外部董事、兼职董事所履职企业一旦作为被执行人,未按法院的执行通知书指定的期间履行生效裁判文书确定义务的,国有外部董事、兼职董事即存在被限制高消费的风险。

但是,国有外部董事、兼职董事可以自身只是董事会成员之一,对履职企业债务履行没有直接影响为由提出异议并要求解除。值得注意的是，如国有外部董事、兼职董事被采取限制高消费措施，可以作为申请解除的依据还有最高人民法院《关于在执行工作中进一步强化善意文明执行理念的意见》第17条第2款关于“单位被执行人被限制消费后，其法定代表人、主要负责人确因经营管理需要发生变更，原法定代表人、主要负责人申请解除对其本人的限制消费措施的，应当举证证明其并非单位的实际控制人、影响债务履行的直接责任人员。人民法院经审查属实的，应予准许，并对变更后的法定代表人、主要负责人依法采取限制消费措施”的规定。

（四）国有企业发行债券信息披露违规导致的责任风险

根据《证券法》《公司信用类债券信息披露管理办法》的相关规定，作为发行人企业的董事，其在债券发行信息披露的责任要点如下：

1. 企业董事应忠实、勤勉地履行信息披露职责，保证信息披露内容真实、准确、完整，不存在虚假记载、误导性陈述或重大遗漏。

2. 企业董事应当对债券发行文件和定期报告签署书面确认意见，如无法保证债券发行文件和定期报告内容的真实性、准确性、完整性或者有异议的，应当在书面确认意见中发表意见并陈述理由，企业应当披露。企业不予披露的，企业董事可以直接申请披露。

3. 如因信息披露违规给债券投资者造成损失的，企业应当依法承担赔偿责任。企业的董事应当依法与企业承担连带赔偿责任，但是能够证明自己没有过错的除外。此外，企业董事还可能因此受到行政处罚。

综上，发行债券在近年来逐渐成为许多国有企业融资的重要渠道，且融资金额也越来越大，国有外部董事、兼职董事如不重视并督促做好债券发行的信息披露工作，一旦出现信息披露违规而给债券投资者造成损失，国有外部董事、兼职董事就会面临承担相应法律责任的风险。

（五）未依法制作或保存公司文件资料的责任风险

为保障公司股东的知情权以及相关股东权利，最高人民法院《关于适用〈中华人民共和国公司法〉若干问题的规定（四）》第12条规定，公司董事、高级管理人员等未依法履行职责，导致公司未依法制作或者保存公司章程、股东会会议记录、董事会会议决议、监事会会议决议、财务会计报告、会计账簿等公司重要文件材料,给公司股东造成损失的,公司董事、高级管理人员应承担民事赔偿责任。

其中,就股东损失赔偿问题,结合“(2020)沪01民终3550号”“(2019)沪0117民初755号”等案件的情况来看,股东因公司未依法置备文件材料遭受的损失,主要是由于公司会计账簿被故意隐匿或者销毁导致,损失主要包括难以证明公司具备可分配利润并请求公司分配利润、难以证明公司具有可分配剩余财产并请求相应分配,以及因无法组织公司清算而依法应承担赔偿责任等带来的损失。但也正因如此,此类案件的股东难以证明其遭受的实际损失,故法院一般只能结合实际情况酌情判决被告赔偿一定金额。

(六)未及时组织成立清算组造成损失的责任风险

最高人民法院《关于适用〈中华人民共和国公司法〉若干问题的规定(二)》第18条规定,如国有外部董事、兼职董事履职的企业为股份有限公司,在其达到规定的清算条件而未及时组织清算的:

1. 由此导致履职企业财产贬值、流失、毁损或者灭失的,该企业的债权人有权向企业董事主张在造成损失范围内对履职企业债务承担赔偿责任。

2. 因企业董事怠于履行义务,导致履职企业主要财产、账册、重要文件等灭失,无法进行清算,债权人有权向企业董事主张对该企业的债务承担连带清偿责任。

比如,在“(2019)京民申3873号”一案中,法院认为,苏某作为公司董事,在公司被吊销营业执照后,至今未开展清算工作,且其怠于履行清算义务的行为导致公司主要财产、账簿、重要文件等清算依据均下落不明,清算工作无法开展,损害了公司债权人的合法权益,故二审法院因此支持债权人要求苏某对公司债务承担连带清偿责任的诉讼请求,并无不当。

实务提示

国有外部董事、兼职董事与其他董事一样对履职企业负有忠实勤勉义务,且在法律责任上也没有实质区别,同样面临较大的法律责任风险,故需在提高风险防范意识的基础上采取风险防范措施。

国有外部董事、兼职董事受委派单位委派履职,基于委派关系需对委派单位负责的同时,依法又要对履职企业承担忠实勤勉义务。因此,国有外部董事、兼职董事要想正确履职，并对履职企业起到监督制衡作用，避免其发生重大违规经营投资行为，以规避法律责任风险，除需自身努力外，也离不开委派单位的支持与协助。因此，结合国有外部董事、兼职董事法律责任风险的形成原因与特点，本书认为，国有外部董事、兼职董事需与委派单位共同推进下述法律责任风险防控工作：

1. 委派单位需加强开展董事任前、任中履职培训，以提高国有外部董事、兼职董事的履职能力以及对经营投资风险的识别能力，建设一支高素质的董事（后备）人才队伍。

2. 委派单位进行委派前，需充分考虑拟派人员与相应董事职务、拟履职企业的匹配性，不宜差距过大，同时给予国有外部董事、兼职董事相当的履职便利以及适当的激励，并健全董事考评与退出机制。

3. 委派单位或推动履职企业根据实际情况为国有外部董事、兼职董事购买适当保额的董事责任险。

4. 国有外部董事、兼职董事可通过与履职企业外聘中介机构沟通、对履职企业调研等多种方式深入对履职企业进行了解，并及时向委派单位汇报，既为履职提供依据，又可以为委派单位起到监督作用。

5. 国有外部董事、兼职董事需高度重视履职企业的股东实缴出资、生效裁判文书的执行、债券发行的信息披露、重要文件的制作与档案保存等工作，主动了解相关情况，推动前述重大事项的定期汇报与监督执行机制的建立。

6. 无论是否具有独立表决的权利，国有外部董事、兼职董事对履职企业的董事会议案及材料均需认真研究与审查，并及时向委派单位和履职企业提出意见。在此过程中，还需注重借助企业内部专业人员和外聘中介机构的力量。

第三节　国有上市公司的同业竞争

一直以来,在企业首发上市(Initial Public Offerings,IPO)过程中,同业竞争问题都是审核机构的审核重点;对上市公司而言,在再融资、收购、重大资产重组等环节,监管部门同样会关注是否存在同业竞争问题。此外,上市公司遵守同业竞争承诺、避免因存在同业竞争问题而受到监管部门的处罚,在日常经营中也尤为重要。但由于历史遗留问题、行业整合等原因,同业竞争情形在电力、航空航天、物流、能源、环境水务等行业的国有上市公司中并不鲜见。本部分将剖析国有上市公司产生同业竞争的原因,梳理上市公司同业竞争的监管要求,并就国有上市公司如何处理同业竞争问题提出相关建议。

一、国有上市公司同业竞争问题的由来

我国国有上市公司存在同业竞争问题的由来已久,按照其形成原因主要分为两类。

(一)国有企业分拆上市产生的历史遗留问题

在20世纪90年代中国资本市场建立的初期,直接融资方式刚刚开始试点,股票市场的投资者无论是数量还是资金量都很小,而当时改革开放已经开始了10年,商品市场逐渐活跃起来,企业的融资需求越来越大。当时监管部门对企业上市采取审批制,每个地区分配一定的额度。为了满足融资需求和上市要求,很多企业把一部分优质资产剥离出来单独上市,所以当时中国的大多数上市公司都有一个控股的母公司,而且母公司大多是国有企业。国有企业将部分优质资产组成上市公司,余下质量较差的部分则继续保留在母公司或关联企业内,这就不可避免地造成了上市公司与母公司及其关联企业的同业竞争问题。

（二）国有企业整合重组过程中产生的新问题

在国有企业战略性重组与国有经济布局调整的过程中，央企集团的合并、地方国有企业的合并以及央企收购地方国有企业的情形日益增多，而重组过程要承担保护中小股东、支持产业发展、维护稳定等责任，往往市场化程度较低。在此情况下，由于行业、产业的重组，上市公司与其控股股东重组、吸收合并的企业出现了业务重合的情况，导致上市公司被动产生同业竞争。特别是电力、能源、基础设施建设等行业的国有企业，资产规模庞大，下属公司众多，在整合过程中尤其容易产生同业竞争问题且难以解决。相关统计显示，有约 30% 的同业竞争情形是在公司上市之后产生的。而随着中国资本市场的发展和中国经济结构的转变，各种股权交易、并购重组将不可避免，那么因此而产生的同业竞争也会随之增多。

二、上市公司同业竞争的监管要求

对于上市公司的同业竞争监管，以证监会/交易所等监管部门的规范性文件为主，散见于非公开发行股票、上市公司重大资产重组、上市公司收购、上市公司治理、非上市公众公司监管等不同阶段和环节。本书对与上市公司日常经营相关的同业竞争监管规定进行了梳理。

（一）《上市公司治理准则》

上市公司业务应当独立于控股股东、实际控制人。

控股股东、实际控制人及其控制的其他单位不应从事与上市公司相同或者相近的业务。控股股东、实际控制人应当采取有效措施避免同业竞争。

（二）《公开发行证券的公司信息披露内容与格式准则第 2 号——年度报告的内容与格式（2021 修订）》

公司应当说明控股股东、实际控制人在保证公司资产、人员、财务、机构、业务等方面独立性的具体措施，存在影响公司独立性的，应当说明相应的解决方案、工作进度及后续工作计划。

公司应当说明控股股东、实际控制人及其控制的其他单位从事与公司相同或者相近业务的情况，存在同业竞争或者同业竞争情况发生较大变化的，公司应当说明对公司的影响、已采取的解决措施、解决进展以及后续解决计划。

创业板、科创板公司应当说明控股股东、实际控制人及其控制的其他单位从事对公司构成重大不利影响的同业竞争情况、变化及其具体影响等。

（三）《上市公司监管指引第4号——上市公司实际控制人、股东、关联方、收购人以及上市公司承诺及履行》

上市公司实际控制人、股东、关联方、收购人以及上市公司在首次公开发行股票、再融资、股改、并购重组以及公司治理专项活动等过程中作出的解决同业竞争、资产注入、股权激励、解决产权瑕疵等承诺事项，必须有明确的履约时限，不得使用“尽快”“时机成熟时”等模糊性词语，承诺履行涉及行业政策限制的，应当在政策允许的基础上明确履约时限。

上市公司应对承诺事项的具体内容、履约方式及时间、履约能力分析、履约风险及对策、不能履约时的制约措施等方面进行充分的信息披露。

除前述规定外，为解决国有上市公司同业竞争问题，2013年8月20日，国务院国资委、中国证券监督管理委员会印发了《关于推动国有股东与所控股上市公司解决同业竞争规范关联交易的指导意见》（以下简称《关联交易指导意见》）。根据《关联交易指导意见》，监管部门对国有上市公司明确提出以下四点要求：

第一，国有股东与所控股上市公司要结合发展规划，明确战略定位。在此基础上，对各自业务进行梳理，合理划分业务范围与边界，解决同业竞争，规范关联交易。

第二，国有股东与所控股上市公司要按照“一企一策、成熟一家、推进一家”的原则，结合企业实际以及所处行业特点与发展状况等，研究提出解决同业竞争的总体思路。要综合运用资产重组、股权置换、业务调整等多种方式，逐步将存在同业竞争的业务纳入同一平台，促进提高产业集中度和专业化水平。

第三，国有股东与所控股上市公司在依法合规、充分协商的基础上，可针对解决同业竞争、规范关联交易的解决措施和期限，向市场作出公开承诺。国有股东与所控股上市公司要切实履行承诺，并定期对市场公布承诺事项的进展情况。对于因政策调整、市场变化等客观原因确实不能履行或需要作出调整的，应当提前向市场公开做好解释说明，充分披露承诺需调整或未履行的原因，并提出相应处置措施。

第四，国有股东在推动解决同业竞争、规范关联交易等事项中，要依法与上市公司平等协商。有条件的国有股东在与所控股上市公司充分协商的基础上，可利用自身品牌、资源、财务等优势，按照市场原则，代为培育符合上市公司业务发展需要、但暂不适合上市公司实施的业务或资产。上市公司与国有股东约定业务培育事宜，应经上市公司股东大会授权。国有股东在转让培育成熟的业务时，上市公司在同等条件下有优先购买的权利。上市公司对上述事项作出授权决定或者放弃优先购买权的，应经股东大会无关联关系的股东审议通过。

正是《关联交易指导意见》的出台，为国有上市公司解决同业竞争问题指明了方向。

三、国有上市公司同业竞争问题的处理建议

如上文所述，部分国有企业在IPO、重大资产重组、公开发行股份之时，同业竞争情形已存在，而部分国有企业的同业竞争发生在上市之后的整合重组过程中，本书现分别针对这两种情形提出处理建议。

（一）历史遗留同业竞争问题的处理

上市公司在IPO、再融资、重大资产重组过程中，对于存在同业竞争问题的，往往均就解决同业竞争问题的具体时间和安排作出了承诺，此种情况下，建议国有上市公司及控股股东、实际控制人：

1. 严格履行承诺

2022年版《上市公司监管指引第4号——上市公司及相关方承诺》对控股股东、实际控制人的承诺内容、履行期限、信息披露等方面均提出了明确要求。除因承诺相关方自身无法控制的客观原因外，超期未履行承诺或违反承诺或者违反信息披露义务的，证监会可以采取责令改正、监管谈话、出具警示函、记入诚信档案并公布以及依法可以采取的其他监管措施。例如，2016年，中国D汽车股份有限公司因承诺到期未按期履行，被处以通报批评的处分；2016年，因违反同业竞争承诺，北京J集团有限责任公司及其时任董事长，被处以通报批评的处分；2018年，哈尔滨Q集团有限公司因承诺到期未按期履行，被出具监管函。因此，严格履行承诺，是国有上市公司及控股股东、实际控制人的首要义务。

2. 定期披露承诺履行情况

按照上市公司年报披露要求，上市公司应当就其与控股股东在业务、人员、资产、机构、财务等方面存在不能保证独立性、不能保持自主经营能力的情况进行说明。存在同业竞争的，公司应当披露相应的解决措施、工作进度及后续工作计划。除年报披露外，发生解决同业竞争问题的实质性进展之时，上市公司亦应进行临时报告。若未按规定履行信息披露义务，则信息披露义务人及上市公司董事、监事、高级管理人员将可能受到责令改正、监管谈话、出具警示函、责令公开说明等监管措施或责令改正、警告、罚款的处罚。尤其在《证券法》修订后，对上市公司的信息披露提出了更高的要求。

3. 对于无法按期履行的承诺，及时履行延期手续

在现有国有上市公司中，由于行业整合、资产剥离存在困难，无法按承诺约定解决同业竞争问题的情况不在少数。比如华能水电控股股东华能集团，由于部分水电资产项目建设时间较早，相关资产涉及的土地、房产等权属证书问题尚需时间规范，暂时无法满足上市公司资产注入条件，将《关于中国华能集团公司进一步避免与华能澜沧江水电股份有限公司同业竞争有关事项的承诺》到期日由 2020 年 12 月 15 日两次延期至 2022 年 12 月 15 日。又如中国外运控股股东中国外运长航集团，由于涉及综合物流业务的下属企业数量较多，业务和人员的转移、股权划转审批程序所需时间较长以及其他历史遗留问题尚需进一步解决等原因，将《关于避免同业竞争相关事宜的声明和承诺》履行期限由 3 年延长到 6 年。

延长承诺履行期限貌似成了解决同业竞争问题的“救命稻草”，但并非所有同业竞争承诺都可以随便延期，本书认为，同业竞争承诺延期至少需要满足以下两个条件：

（1）承诺期内严格履行承诺，实施了承诺的解决措施。比如，中国外运在上市期间，中国外运长航继续委托中国外运管理竞争企业，并按照承诺函的要求逐步对存在实质性同业竞争的主体采取了资产出租、退出综合物流业务、清算注销等方式加以规范，推动完成了 68 户被托管企业的主业整合、75 户被托管企业的清算注销或股权转让。承诺事项的实质性履行，是承诺延期应满足的最基本条件，也是能够让广大公众、监管机关相信其承诺的基础。

（2）延期事项应经公司监事会、董事会、股东大会审议通过，独立董事、独立财务顾问需发表明确意见。同业竞争，是可能影响上市公司发展的重要问题，控股股东、实际控制人解决同业竞争问题的承诺期限延长，意味着相关重要情况未达预期，存在影响中小股东利益的可能，因此必须经上市公司股东大会审议通过。

（二）新形成同业竞争问题的处理

基于历史上分拆上市、行业整合等原因，我国国有上市公司的控股股东大多为体量大、下属子公司众多、涉及业务领域广泛的集团化公司，由于地方产业发展、行业整合等原因，集团公司往往会承担一些市场化程度低、前期投入大、建设周期长的公共基础设施、民生服务项目，不具备纳入上市公司的条件，从而导致“被动”出现同业竞争的可能。针对这类情形，按照《关联交易指导意见》的要求，本书建议国有上市公司及控股股东、实际控制人：

1. 变更承诺

由于受到市场、政策等因素的影响，导致控股股东无法按承诺严格履行避免同业竞争的义务，上市公司控股股东或实际控制人应当对承诺的履行情况及时自查，关注集团范围内子公司和上市公司具体业务的开展情况。当集团公司范围内无法避免地出现与上市公司产生同业竞争业务之时，应按监管要求及时变更承诺。

例如，派思股份控股股东水发众兴集团在2018年出具《关于规避同业竞争的承诺函》，承诺：“在今后的业务中，本公司所控制的其他企业（如有）均不与派思股份产生同业竞争，即本公司所控制的其他企业（如有）均不会以任何形式无论在中国境内或境外直接或间接从事与派思股份相同或相似或者在商业上构成任何竞争的业务，或拥有与派思股份存在同业竞争关系的任何经济实体、经济组织的权益，或以其他任何形式取得该经济实体、经济组织的控制权等。”

而在2019年12月，派思股份控股股东水发众兴集团又出具《关于进一步明确避免同业竞争的承诺》，增加及变更承诺：“关于水发众兴集团存量燃气资产的未来安排，目前已采用委托派思股份管理的方式，有效减少和避免了与派思股份之间可能发生的同业竞争，自托管之日起60个月内，如相关企业符合注入派思股份条件，水发众兴集团通过股权转让、资产注入或其他合法方式，将上述企业股权转让给派思股份。”

2. 代为培育

按照《关联交易指导意见》,有条件的国有股东在与所控股上市公司充分协商的基础上,可利用自身品牌、资源、财务等优势,按照市场原则,代为培育符合上市公司业务发展需要、但暂不适合上市公司实施的业务或资产。在实际操作中,对于可能新增的同业竞争问题,上市公司和控股股东或实际控制人可选择通过代为培育的方式,在培育成熟后再将资产转让至上市公司。

代为培育的方式由于成本低且能够在一定时间内消除同业竞争关系,成为许多国有上市公司的选择。例如,前述水发众兴集团及其下属非上市企业与派思股份于2019年签署了代为培育框架协议;桂林旅游与其控股股东桂林旅游发展总公司于2020年10月签署了代为培育协议,约定将现有存在同业竞争的旅游业务以及之后可能产生同业竞争的业务由控股股东实施培育,直到满足注入条件后由上市公司行使优先购买权,若上市公司放弃优先购买权的,控股股东在3年内对标的资产进行处置,确保与上市公司之间不存在实质性同业竞争。

但需要注意的是,由于代为培育并不能根本解决存在的同业竞争问题,在签署相关代为培育协议时,对于培育期的安排、代培业务成熟的认定、成熟后的解决方式都需要有明确的约定,并且多数上市公司会在代为培育协议中约定明确的时间期限。

3. 注入上市公司或彻底剥离

由控股股东或实际控制人作出避免同业竞争的承诺,或为上市公司代为培育业务,对于解决同业竞争问题而言,虽然成本低、环节简单、速度快,但都不能从本质上解决同业竞争问题,只能作为过渡期的手段。想要根本解决同业竞争,只能将竞争业务纳入上市公司或将竞争业务进行剥离。比如,1995年在深交所上市的北部湾港股份公司(以下简称北港股份)作为成立时间较早的国有企业,北港股份和控股股东在发展壮大的进程中不可避免地存在大量同业竞争。为解决同业竞争问题,北港股份从2015年开始逐步通过定增(2015年定增)、置换(2018年资产置换)、现金收购(2019年、2020年现金收购)等多种方式将控股股东的同业资产置入上市公司,同业竞争问题逐步得到彻底解决。

在实践操作中,国有上市公司及其控股股东/实际控制人通常会同时采用以上几种方式,通过先期承诺、代培过渡、纳入上市公司/剥离解决的思路,逐步解决存在的同业竞争问题。

实务提示

综观同业竞争问题的产生与解决、监管机关对上市公司的要求与规范，可以看到，国有上市公司的同业竞争问题已被广泛关注，存在相关问题的国有上市公司正在按计划逐步规范。未来，随着各行业领域市场化竞争的深入、国有上市公司治理体制的完善、投资者保护相关制度的建立，国有上市公司在承担经济发展重任的同时，也将更为全面地保护广大中小股东利益，未来即使“同业”也将不再“竞争”，成为维护资本市场健康发展的主力军。

第六章

国有企业财务与对外捐赠主要合规风险防控

第一节　国有企业集团资金归集管理

一、基本情况

（一）国有企业集团资金归集管理的概况

《企业财务通则》第 23 条第 3 款规定："企业集团可以实行内部资金集中统一管理，但应当符合国家有关金融管理等法律、行政法规规定，并不得损害成员企业的利益。"实践中，针对国有企业集团化的特点，为防控相关风险，提高资金使用效率，早在 2001 年财政部就出台《关于印发〈企业国有资本与财务管理暂行办法〉的通知》（财企〔2001〕325 号）提出，国有母公司应当建立以现金流为核心的内部资金管理制度，对企业资金实行统一集中管理，明确资金调度的权限和程序。

之后，央地国资监管部门陆续发文①要求加强国有企业资金集中管理。其中，资金集中管理的核心是资金归集管理，也是国有企业集团常见的资金管理模式。资金归集管理是指国有企业集团通过设立内部资金结算中心、财务公司等方式②对集团公司及其合并报表范围内的成员单位资金实行集中统一管理，将成员单位归集至集团公司账户，以对资金支付有效监控，推动实现对资金的统一调配，盘活存量资金，调剂资金余缺，降低财务成本，最终有效控制企业集团的整体负债规模并改善债务结构。此外，为实现前述目标，国有企业集团往

---

① 比如，《关于加强中央企业资金管理有关事项的补充通知》（国资厅发评价〔2012〕45 号）、《关于进一步做好中央企业增收节支工作有关事项的通知》（国资发评价〔2015〕40 号）、上海市国有资产监督管理委员会《关于进一步加强市国资委委管企业资金管理的通知》（沪国资委评价〔2013〕172 号）、天津市人民政府《国有资产监督管理委员会关于印发加强市管企业资金集中管控工作指导意见的通知》（津国资财经〔2014〕4 号）、安徽省人民政府《国有资产监督管理委员会关于推进省属企业资金集中管理工作的指导意见》（皖国资评价〔2012〕51 号）等。

② 因性质与逻辑存在不同，此处对国有企业集团通过设财务公司进行资金集中管理的模式暂不作讨论。

往还需配套对合并报表范围内成员单位的财务预算、融资计划、资金支付、票据、现金和账户开立等方面进行统一管理,进而逐渐形成了一套较为完善的财务与资金集中管理的体系。

需要指出的是,虽然资金归集管理具有一定的国家制度依据,但对于特殊行业的企业或特殊主体,按照其特殊的监管规则,大股东和实际控制人不得非法占用其资金,故即使是合并报表范围内的子企业,国有企业集团也不能对其实行资金归集管理,如银行、保险等金融机构和上市公司、新三板公司。

(二)国有企业集团资金归集管理的法律风险诱因

首先,尽管资金归集管理具有种种优势与好处,国有企业集团也在通过不断完善制度流程和加强信息化建设提高资金流转效率,但资金实际所有的主体与资金占用的主体分离在客观上仍无法避免。一旦国有企业集团合并报表内的任一成员单位不能按期足额清偿其债务,就可能面临债权人的质疑乃至维权诉讼。

其次,许多国有企业集团是按合并报表的标准将子企业纳入资金归集管理的范围,但在国有控股、国有实际控制企业中还有其他中小股东,一般无偿的资金归集管理可能会被认为损害了子企业和中小股东利益,进而可能面临其他中小股东的质疑乃至维权诉讼。

最后,基于前述两种情况,加之国有企业集团与其合并报表范围内的成员单位从法律上属于相互独立的法人主体,资金归集管理面临违反《公司法》等法律法规有关规定的风险,这也是下文将要分析的重点。

(三)国有企业集团资金归集的法律性质认定

在介绍国有企业集团资金归集相关法律风险之前,需要厘清的一个重要问题是资金归集的法律性质为何?或者说,资金归集在本质上是否改变了资金的所有权人?对此,有人提出,资金归集意味着银行账户资金在企业之间转移占有,基于银行账户资金“占用即所有”的一般原则,资金归集的法律性质应是企业之间的民间借贷。本书认为,该观点具有一定道理,但还不能完全解释资金归集的各种情况,需要根据不同的实际情况具体分析,如一些国有企业集团的资金管理办法或在其与成员单位签署的资金管理协议就明确约定资金归集后资金所有权仍归成员单位。[①] 实践中，在一定条件下，银行账户内的资金不一定完全适用“占用即所有”，故在资金所有权没有转移，且没有证据证明企业之间具有借款合意的情况下，认定资金归集属于企业之间的民间借贷依据不足。

对于特殊情况下可不适用银行账户资金“占有即所有”的问题，在司法实践中已有案例。比如，在“（2016）最高法民申 2528 号”一案中，法院认为：“货币为种类物，虽然权利人对货币的占有可以认定为所有，但在特定条件下，不能简单根据占有即认定为所有。对于一般账户中的货币，应以账户名称为权属判断的基本标准。对于特定专用账户中的货币，应根据账户当事人对该货币的特殊约定以及相关法律规定来判断资金权属。”此外，基于类似的逻辑，在“（2020）皖01 执复 48 号”一案中，法院认为，案涉 1, 132, 964. 2 元款项是被执行人 D 数码公司因资金归集至其股东 H 传媒公司保管的款项，现被执行人 D 数码公司未履行法律文书确定的义务，故法院从其股东 H 传媒公司账户中扣划被执行人 D 数码公司的归集资金 1, 132, 964. 2 元，符合法律规定。

二、国有企业集团资金归集管理的主要法律风险

经检索相关案例可以发现，国有企业集团因资金归集涉诉的情况不在少数，但主要集中在是否因资金归集构成财务混同以及抽逃出资两个问题。在此之外，还有一些资金归集可能涉及的其他法律风险，虽暂未见相关案例，但仍值得注意。下面，本书结合相关法律法规和司法案例，就国有企业集团资金归集管理的主要法律风险梳理与分析如下。

（一）被认定构成财务混同进而承担连带责任的风险

众所周知，《公司法》第 20 条第 3 款确立了“刺破法人面纱”规则：公司股东滥用公司法人独立地位和股东有限责任，逃避债务，严重损害公司债权人利益的，应当对公司债务承担连带责任。按照 2019 年《九民纪要》的观点，前述滥用行为在实践中常见的表现形式包括三种：人格混同、过度支配与控制、资本显著不足。其中，财务混同是认定人格混同、过度支配与控制的重要依据，按照《九民纪要》第 10 条的观点，一旦被认定为财务混同，股东就很可能被认定与公司

① 比如，在“（2017）渝 01 民终 7843 号”一案中显示，虽然某装备集团公司和建工集团公司对下属公司的资金实行归集管理，但其相关财务管理制度和资金管理办法规定，资金集中管理遵循归属不变的原则，不改变成员单位资金权属，不影响成员单位正常资金使用。

构成人格混同。

此外,与"刺破法人面纱"规则相关,针对一人有限责任公司,《公司法》第63条作出了更为严格的规定:一人有限责任公司的股东不能证明公司财产独立于股东自己的财产的,应当对公司债务承担连带责任。

因此,司法实践中,在子企业不能按期足额清偿到期债务时,其债权人就可能以资金归集造成财务混同为由,并结合其他情况,依据上述规则主张子企业所属国有企业集团应对子公司债务承担连带责任,对此类主张,法院的裁判主要分为如下几种情况。

1. 资金归集构成财务混同

在"(2018)粤民申13100号"一案中,法院认为,省建工集团作为其子企业省建总房产公司的主管部门及唯一出资人,通过资金归集收取省建总房产公司的经营性收入并代省建总房产公司支付水电、物业等各项费用,对省建总房产公司的资金实行统一规范管理,虽然这一行为不违反法律和行政法规的规定,但实际上导致了两公司财产混同。

此外,"(2017)晋0781民初19号"一案中,法院认为,被告J集团对其全资子公司L公司的财产独立于J集团负有举证责任,其以资金归集的方式将L公司基本账户内的资金以转款或上划形式转入其账户,导致被告L公司的财产不能独立于股东即被告J集团的财产,故法院对原告要求被告J集团承担连带责任的诉讼请求予以支持。而在"(2020)豫13民终6727号"一案中,对于举证责任问题,法院也持类似观点,并认定构成财务混同。

2. 资金归集不构成财务混同

在"(2019)津民终258号"一案中,法院认为,为规范国有企业集团内部资金管理制度,Z集团规定集团公司财务部资金中心负责对成员单位的资金进行集中管理,并不改变资金的所有权属性,上划资金本质上仍属其子公司Z湖南公司所有。同时,根据相关审计结论,Z湖南公司财产与Z集团的财产分别列支列收,单独核算,资产权属明确,双方往来资金财务记录清晰,不存在与Z集团混合使用银行账户及账簿的情况,故Z湖南公司财产仍具有独立性,其与Z集团不构成混同。此外,在"(2020)京01民终3005号"一案中,法院认为,在没有其他证据的情况下,仅存在资金归集行为并不必然构成财务混同。

3. 特殊案例:同一母子公司是否构成财务混同在不同法院出现不同认定

在"(2020)川01民终8612号"一案中,法院认为,根据2014年度至2016

年度的财务审计报告，J成都工程公司连续3年对J集团的其他应收款期末余额达到2400余万元，虽然J成都工程公司和J集团主张上述款项系资金归集，但该资金归集行为体现了J集团对子公司J成都工程公司的控制和J成都工程公司在财务上的不独立，结合其他有关事实可认定，J集团对J成都工程公司过度支配与控制，故应否认J成都工程公司的人格，由J集团对J成都工程公司的债务承担连带责任。

但是，在“（2020）津民终6号”中，对于相同的两个公司主体且在裁判时间相近的情况下，法院认为，J成都工程公司提交了2014年度至2016年度的财务审计报告等证据，证明J成都工程公司已建立了独立的资金管理制度，且其与J集团之间的往来资金财务记录清晰，不存在与J集团混合使用银行账户及账簿的情况，故不构成财务混同。值得一提的是，该案的裁判文书被J集团提交给稍后审理的“（2020）川01民终8612号”一案的法官参考，但未被采纳。

综合上述三种裁判情况可以看出，法院在资金归集是否构成财务混同的问题上，由于缺乏规范的统一标准，存在较大分歧。但相对可以统一的意见是，从举证责任分配角度出发，原告在初步举证存在资金归集关系后，被告母公司对其与子企业不存在财务混同负有举证责任，这就对国有企业集团的资金规范管理提出了更大的挑战。

对此问题，本书认为，按照《九民纪要》关于“人民法院在个案中否认公司人格的判决的既判力仅仅约束该诉讼的各方当事人，不当然适用于涉及该公司的其他诉讼，不影响公司独立法人资格的存续。如果其他债权人提起公司人格否认诉讼，已生效判决认定的事实可以作为证据使用”的观点，一旦作出否认子公司人格的生效裁判，虽然只能当然约束案件当事人，但其认定的事实可在其他诉讼中作为证据使用，相应的严重影响也不言而喻，故应慎重对待。事实上，母子公司之间直接存在资金往来是较为常见的，资金归集只是一种联系更为紧密的情况，不可一概而论。

首先，就国有企业集团而言，如果资金归集具有相对完善的资金集中管理办法及双方签署的资金管理协议作为依据，在没有证据证明母子公司之间在账簿记载、财务核算、资产权属、财务人员等方面存在混同的情况下，结合《九民纪要》的观点，仅凭母子公司之间存在资金归集关系就认定构成财务混同，进而要求母公司承担责任，显然依据不足，这也与财务混同的内涵和构成条件不相符合。

其次，资金归集管理在实践中可能具有不同的模式，应根据案涉相关资金归集制度、协议以及实践操作的情况,落实资金归集管理与资金所有权、资金支取权等方面的关系,进而判断资金归集管理实质是造成子公司财务被控制或与母公司财务混同,或只是母公司对子公司资金进行的合理监督管理。

最后,退一步而言,即使法院要充分保护子公司的债权人利益,也应保持谨慎,探索是否可以通过资金归集不改变资金归属的思路并以此作为突破口,要求母公司承担有限的补充责任,此问题可参见前文“国有企业集团资金归集的法律性质认定”的论述。

(二)被认定为抽逃出资承担补充责任的风险

从法律风险层面看,即使资金归集未被认定构成财务混同,但资金归集意味着子企业资金的上划,如该等资金包括母公司的出资款,就可能涉嫌抽逃出资。按照最高人民法院《关于适用〈中华人民共和国公司法〉若干问题的规定(三)》第14条第2款的规定,公司债权人请求抽逃出资的股东在抽逃出资本息范围内对公司债务不能清偿的部分承担补充赔偿责任,人民法院应予支持。据此,在子企业不能足额清偿到期债务时,其债权人就可能以资金归集构成抽逃出资为由,要求子企业所属国有企业集团对子公司债务承担补充赔偿责任,对此类主张,法院的裁判主要分为如下两种情况。

1. 以资金归集名义将出资款上划至集团公司构成抽逃出资

在“(2020)津民终6号”一案中,法院认为,J集团在其子公司成都工程公司成立后即将投入的注册资本2000万元转出,并计为成都工程公司的应收款,J集团主张该行为属于资金归集,但该行为违反资本真实原则,严重影响成都工程公司的资产充足状况,降低了成都工程公司的债务偿还能力,对债权人权益构成损害,J集团应在转移出资本息范围内向债权人承担补充赔偿责任。

2. 以资金归集名义将出资款上划至集团公司不构成抽逃出资

在“(2019)苏民终1285号”一案中,法院认为,虽然融投担保公司向融投集团累计转款29,203万元,但从《资金结算管理办法》规定的“资金权属不变、保持相对独立”、对账函内容来看,融投集团在其子公司融投担保公司资金账户独立、分开记账、支取自由的前提下,无基础交易关系的资金往来系模拟商业银行资金归集业务在集团内部开展的资金统一管理,由子公司将资金归集至集团总公司账户;同时,融投集团已提交转账记录证明该公司已向融投担保公司累计转款33,233万元,故债权人主张融投集团出逃出资29,203万元,依据不足。此外，在“（2020）豫民申1040号”一案中，法院也以前述类似理由认定母公司不构成抽逃出资。

值得一提的是，最高人民法院《关于适用〈中华人民共和国公司法〉若干问题的规定（三）》第12条[①]对构成抽逃出资的常见情形进行了列举，但在“（2021）川0107民初783号”一案中法院则提出一个实质判断标准，可资参考：资金归集行为是否构成抽逃出资，不能仅以双方签订的《资金集中管理协议》为依据，母公司是否构成抽逃出资，应结合其行为是否造成子公司的资产实质性减少，且长期占用出资款不予归还损害公司权益综合予以考量。

综上，司法实践在以资金归集名义将出资款上划是否构成抽逃出资问题上，虽然存在分歧，但在最终认定抽逃出资时法院更为谨慎。从上述案例也可以看到，在抗辩思路上，如能证明被归集至母公司的出资款，子公司仍享有支取权，且确实进行了支取，就能相应说明以资金归集名义将出资款上划的行为与母公司占用子公司资金的违法行为存在根本不同，进而证明母公司不构成抽逃出资。

（三）资金归集的其他法律风险

除前述两类主要法律风险外，资金归集还可能引起的其他法律风险如下：

首先，《公司法》第20条第2款规定，公司股东滥用股东权利给公司或者其他股东造成损失的，应当依法承担赔偿责任。实践中，由于资金归集往往是无息的，如未经其他中小股东同意而以类行政化方式直接推行，届时子公司中小股东可能提出异议，进而存在被认定滥用股东权利损害其他股东权利的风险。当然，本书认为，如能证明资金归集不改变资金归属且子公司支取自由，将是相对有效的抗辩理由。

其次，实践中，债权人一般会在融资协议中设定融资资金用途并约定较为严重的违约责任。因此，如子公司以自己名义对外融资后，将融资资金按资金归集管理要求上划至集团公司账户，子公司将面临违反融资协议约定并承担违约责任的风险。

---

① 最高人民法院《关于适用〈中华人民共和国公司法〉若干问题的规定（三）》第12条规定：公司成立后，公司、股东或者公司债权人以相关股东的行为符合下列情形之一且损害公司权益为由，请求认定该股东抽逃出资的，人民法院应予支持：（1）制作虚假财务会计报表虚增利润进行分配；（2）通过虚构债权债务关系将其出资转出；（3）利用关联交易将出资转出；（4）其他未经法定程序将出资抽回的行为。

实务提示

综上分析,国有企业集团开展资金归集虽然具有国家出台的制度依据,但客观上仍面临多种合规法律风险。因此,从防控上述合规法律风险的角度出发,对国有企业集团资金归集管理问题总结如下:

1. 结合相关案例看,国有企业资金归集需做到规范管理。首先,鉴于国有企业集团与其成员单位属于相互独立的公司法人,故资金归集管理需由双方各自制定资金管理办法并进行衔接,同时双方签署资金管理协议并将其作为依据;其次,在不影响资金管理需要的情况下,可选择在资金管理制度和协议中明确资金归集管理不改变成员单位资金权属的原则,国有企业集团作为资金代管方,确保成员单位正常支取资金,双方对资金往来逐笔清晰记录;最后,与之配套,国有企业集团需与其成员单位之间实行独立核算、分开记账、分立账簿,资金账户相互独立、不混用,且各自的财务人员相对独立。

2. 从司法实践看,由于资金归集管理客观上导致了子公司的账户偿债资金减少,一般还会伴随股东用子公司的资金偿还股东的债务,或者将子公司的资金有偿提供给关联公司使用的情况,一些法院基于侧重保护子公司债权人合法权益考量,可能不会过多关注资金归集管理的规范特征,进而直接认定资金归集导致财务混同。因此,国有企业集团在遇到此类诉讼的应对思路上,除举证证明资金归集管理规范而不存在财务混同外,如资金管理制度和协议具有相应条款,还可退而求其次地提出资金归集并未改变资金归属,故国有企业集团仅在归集子公司资金余额范围内对其债务承担有限责任。

3. 国有企业集团在非全资子公司推行资金归集管理时,最好由公司股东会作出决议同意。此外,如需将子公司的融资资金向上归集,在子公司签署的融资协议没有明确许可条款时,应与债权人沟通确定是否可行,以避免违约。

第二节　国有企业对外捐赠

国有企业对外捐赠是履行社会责任的重要方式,同时由于对外捐赠涉及国有资产的处分,因此,既要遵循现代企业内部治理的决策程序,又应当符合国有资产监督管理的要求,国有企业需在合法合规地履行内部决策程序并符合国资监管要求的前提下,通过捐赠的方式在抗击重大疫情、自然灾害和体教卫生、扶贫开发等方面贡献力量。本部分将就国有企业对外捐赠所面临的相关法律问题进行解析。

一、国有企业对外捐赠的社会责任

国有企业作为国有资本出资企业,其性质决定其比一般民营企业更加关注国家的政策目标,在开展生产经营活动中必须兼顾国家利益和社会利益,承担更高标准的社会责任。其中,关注社会公益和慈善事业是国有企业履行社会责任的重要体现,对外捐赠是国有企业承担社会责任的重要方式。

近年来,国有企业捐赠项目数量和数额逐年攀升,呈现出以大额捐赠和积极捐赠为主要特征的新趋势。根据《2018 年度中国慈善捐助报告》①,国有企业全年捐赠 310.90 亿元,占全年总捐赠数的 20%,同比增长 7.25%。在抗击疫情方面,据初步统计,截至 2020 年 1 月 30 日,就有 41 家中央企业通过国务院国资委专用账户向湖北疫情防控一线捐款 10.78 亿元,多家央企还通过其他渠道向湖北直接捐款,捐款总额累计达到 17.57 亿元。此外,全国各地方国有企业也积极捐款捐物,捐赠总规模已达数十亿元,充分反映了国有企业在抗击疫情中的社会责任担当和重要作用。

---

① 《2018 年度中国慈善捐助报告:现金捐助首次突破千亿》,载《人民日报》2019 年 9 月 21 日,https://baijiahao.baidu.com/s? id=1645270902044195567&wfr=spider&for=pc。

二、规范国企对外捐赠的主要规定

不同于民营企业，国有企业对外捐赠涉及国有资产处分，必须符合现行法律法规和国资监管的规定。对此，现梳理见表6-1。

（一）国家层面的规定

表6-1　国企对外捐赠相关国家规定

文件名称	条　　文
《公益事业捐赠法》	第二条　自然人、法人或者其他组织自愿无偿向依法成立的公益性社会团体和公益性非营利的事业单位捐赠财产，用于公益事业的，适用本法。
	第六条　捐赠应当遵守法律、法规，不得违背社会公德，不得损害公共利益和其他公民的合法权益。
	第八条第二款　国家鼓励自然人、法人或者其他组织对公益事业进行捐赠。
	第九条　自然人、法人或者其他组织可以选择符合其捐赠意愿的公益性社会团体和公益性非营利的事业单位进行捐赠。捐赠的财产应当是其有权处分的合法财产。
	第十条　公益性社会团体和公益性非营利的事业单位可以依照本法接受捐赠。本法所称公益性社会团体是指依法成立的，以发展公益事业为宗旨的基金会、慈善组织等社会团体。本法所称公益性非营利的事业单位是指依法成立的，从事公益事业的不以营利为目的的教育机构、科学研究机构、医疗卫生机构、社会公共文化机构、社会公共体育机构和社会福利机构等。
《慈善法》	第四十三条　国有企业实施慈善捐赠应当遵守有关国有资产管理的规定，履行批准和备案程序。
《企业国有资产法》	第三十条　国家出资企业合并、分立、改制、上市，增加或者减少注册资本，发行债券，进行重大投资，为他人提供大额担保，转让重大财产，进行大额捐赠，分配利润，以及解散、申请破产等重大事项，应当遵守法律、行政法规以及企业章程的规定，不得损害出资人和债权人的权益。

续表

文件名称	条　　文
财政部《关于加强企业对外捐赠财务管理的通知》	一、对外捐赠的定义和途径 对外捐赠是指企业自愿无偿将其有权处分的合法财产赠送给合法的受赠人用于与生产经营活动没有直接关系的公益事业的行为。企业对外捐赠应当遵循《中华人民共和国公益事业捐赠法》以及国家其他有关法律、法规的规定，通过依法成立的公益性社会团体和公益性非营利的事业单位或者县级以上人民政府及其组成部门进行。特殊情况下，也可以通过合法的新闻媒体等进行。
	二、对外捐赠的原则和要求 企业对外捐赠一般应当遵循以下原则和要求：（一）自愿无偿。企业对外捐赠后，不得要求受赠方在融资、市场准入、行政许可、占有其他资源等方面创造便利条件，从而导致市场不公平竞争。（二）权责清晰。企业经营者或者其他职工不得将企业拥有的财产以个人名义对外捐赠，企业对外捐赠有权要求受赠人落实自己正当的捐赠意愿。（三）量力而行。企业已经发生亏损或者由于对外捐赠将导致亏损或者影响企业正常生产经营的，除特殊情况以外，一般不能对外捐赠。（四）诚实守信。企业按照内部议事规范审议决定并已经向社会公众或者受赠对象承诺的捐赠，必须诚实履行。
	三、对外捐赠的类型和对象 企业一般可以按照以下类型进行对外捐赠：（一）公益性捐赠，即向教育、科学、文化、卫生医疗、体育事业和环境保护、社会公共设施建设的捐赠。（二）救济性捐赠，即向遭受自然灾害或者国家确认的“老、少、边、穷”等地区以及慈善协会、红十字会、残疾人联合会、青少年基金会等社会团体或者困难的社会弱势群体和个人提供的用于生产、生活救济、救助的捐赠。
	四、对外捐赠的范围 企业可以用于对外捐赠的财产包括现金、库存商品和其他物资。企业生产经营需用的主要固定资产、持有的股权和债权、国家特准储备物资、国家财政拨款、受托代管财产、已设置担保物权的财产、权属关系不清的财产，或者变质、残损、过期报废的商品物资，不得用于对外捐赠。企业对外捐赠的受益人应当为企业外部的单位、社会弱势群体或者个人。对企业内部职工、与企业在经营或者财务方面具有控制与被控制关系的单位，企业不得给予捐赠。
	五、对外捐赠的内部管理程序 企业对外捐赠，应当由经办部门和人员提出捐赠报告，捐赠报告应当包括以下内容：捐赠事由、捐赠对象、捐赠途径、捐赠方式、捐赠责任人、捐赠财产构成及其数额以及捐赠财产交接程序。企业财务部门应当对捐赠方案进行审核，并就捐赠支出对企业财务状况和经营成果的影响进行分析，提出审核意见后，按照企业内部管理制度提交企业董事会或者经理（厂长）办公会审议决定。对于重大的对外捐赠事项，国有及国有控股企业应当提交职工代表大会审议，上报国有资本持有单位备案后实施；公司制企业应当按照《中华人民共和国公司法》以及公司章程等有关规定执行。

续表

文件名称	条　　文
《关于中央企业履行社会责任的指导意见》	（十五）参与社会公益事业。积极参与社区建设，鼓励职工志愿服务社会。热心参与慈善、捐助等社会公益事业，关心支持教育、文化、卫生等公共福利事业。在发生重大自然灾害和突发事件的情况下，积极提供财力、物力和人力等方面的支持和援助。
国务院国有资产监督管理委员会《关于加强中央企业对外捐赠管理有关事项的通知》	一、加强对外捐赠行为规范管理。随着我国公益事业的发展，企业对外捐赠支出的范围和规模不断扩大，各中央企业要加强对外捐赠事项的管理，认真履行社会责任，积极参与救助捐赠活动，规范对外捐赠行为，有效维护股东权益。集团总部应当制定和完善对外捐赠管理制度，对集团所属各级子企业对外捐赠行为实行统一管理，明确对外捐赠事项的管理部门，落实管理责任，规范内部审批程序，细化对外捐赠审核流程；要根据自身经营实力和承受能力，明确规定对外捐赠支出范围，合理确定集团总部及各级子企业对外捐赠支出限额和权限；应将日常对外捐赠支出纳入预算管理体系，细化捐赠项目和规模，严格控制预算外捐赠支出，确保对外捐赠行为规范操作。
	二、规范界定对外捐赠范围。企业对外捐赠范围为：向受灾地区、定点扶贫地区、定点援助地区或者困难的社会弱势群体的救济性捐赠，向教科文卫体事业和环境保护及节能减排等社会公益事业的公益性捐赠，以及社会公共福利事业的其他捐赠等。各中央企业用于对外捐赠的资产应当权属清晰、权责明确，应为企业有权处分的合法财产，包括现金资产和实物资产等，不具处分权的财产或者不合格产品不得用于对外捐赠。中央企业经营者或者其他职工不得将企业拥有的资产以个人名义对外捐赠。除国家有特殊规定的捐赠项目之外，中央企业对外捐赠应当通过依法成立的接受捐赠的慈善机构、其他公益性机构或政府部门进行。对于有关社会机构、团体的摊派性捐赠，企业应当依法拒绝。企业对外捐赠应当诚实守信，严禁各类虚假宣传或许诺行为。
	三、合理确定对外捐赠规模。各中央企业对外捐赠应当充分考虑自身经营规模、盈利能力、负债水平、现金流量等财务承受能力，坚持量力而行原则，合理确定对外捐赠支出规模和标准。中央企业对外捐赠支出规模一般不得超过企业内部制度规定的最高限额；盈利能力大幅下降、负债水平偏高、经营活动现金净流量为负数或者大幅减少的企业，对外捐赠规模应当进行相应压缩；资不抵债、经营亏损或者捐赠行为影响正常生产经营的企业，除特殊情况外，一般不得安排对外捐赠支出。
	四、严格捐赠审批程序。各中央企业应当加强对外捐赠的审批管理，严格内部决策程序，规范审批流程。企业每年安排的对外捐赠预算支出应当经过企业董事会或类似决策机构批准同意。对外捐赠应当由集团总部统一管理，所属各级子企业未经集团总部批准或备案不得擅自对外捐赠。对于内部制度规定限额内并纳入预算范围的对外捐赠事项，企业捐赠管理部门应当在支出发生时逐笔审核，并严格履行内部审批程序；对于

续表

文件名称	条　　文
国务院国有资产监督管理委员会《关于加强中央企业对外捐赠管理有关事项的通知》	因重大自然灾害等紧急情况需要超出预算规定范围的对外捐赠事项，企业应当提交董事会或类似决策机构专题审议，并履行相应预算追加审批程序。
	五、建立备案管理制度。国资委对中央企业对外捐赠事项实行备案管理制度。以下情况应当专项报国资委（评价局）备案，同时抄送派驻本企业监事会：（一）各中央企业应当结合本通知要求，对本企业对外捐赠管理制度进行修订或完善，并于2009年12月31日前报国资委备案。以后年度需要对管理流程、支出限额等关键因素进行调整的，应当对管理制度进行修改完善，并及时报国资委备案。（二）中央企业对外捐赠支出应当纳入企业年度预算管理，并形成专项报告，对全年对外捐赠预算支出项目、支出方案及支出规模等预算安排作出详细说明，并对上年捐赠的实施情况及捐赠预算执行情况进行总结。中央企业对外捐赠预算专项报告随年度财务预算报告报送国资委。（三）中央企业捐赠行为实际发生时捐赠项目超过以下标准的，应当报国资委备案同意后实施：净资产（指集团上年末合并净资产，下同）小于100亿元的企业，捐赠项目超过100万元的；净资产在100亿元至500亿元的企业，捐赠项目超过500万元的；净资产大于500亿元的企业，捐赠项目超过1000万元的。（四）对于突发性重大自然灾害或者其他特殊事项超出预算范围需要紧急安排对外捐赠支出，无论金额大小，中央企业在履行内部决策程序之后，及时逐笔向国资委备案。

（二）四川省及成都市层面的规定

以四川省成都市为例，四川省国资委和成都市国资委分别出台了四川省政府国有资产监督管理委员会《关于加强省属监管企业对外捐赠事项管理的通知》、《成都市市属国有企业对外捐赠事项管理暂行办法》（以下简称《成都市国有企业暂行办法》）、《成都市国资委授权放权清单（2019年版）》（以下简称《成都授权放权清单》）等文件，对省属、市属国有企业对外捐赠事项进行了规制，涵盖内部决策、外部审批、监督管理等方面。由于篇幅所限，此处不再展开。

综上，目前各层面对于国有企业捐赠持肯定和鼓励态度，但基于国有资产管理的特殊要求，在履行程序和审批备案方面仍然有着较强的监管属性。近年来，国有企业积极捐赠，勇于承担社会责任，在重大社会问题及社会突发事件方面的社会影响力随之提升，加之国有企业捐赠在公司自主经营权的范畴之内，国资部门对国企对外自主捐赠方面的监管逐渐松绑，给予了国有企业更多的自主选择和自主决定权。

三、国有企业对外捐赠的合规性要求

国有企业对外捐赠的合规性要求是企业风险控制的重点,涉及企业国有资产的处分,对国家利益和社会公众利益有重大影响,除依法捐赠外,还要严格遵循公司内部治理和国有资产管理的程序和要求。

(一)建立企业捐赠管理制度

建立和规范企业对外捐赠管理制度,构建起“统一管理、预算控制、协调配合、分项报批”的管理模式,是完善公司治理结构和体制机制建设的重要部分,也是高效决策和有效执行的关键前提。

1. 确立对外捐赠总体原则

(1)自愿无偿原则

企业对外捐赠是践行社会公益价值和履行社会责任的无偿行为,不得以获取受赠方所提供的各种利益或要求第三方创造各种便利条件为前提。企业捐赠要充分以自主决策和自愿捐赠为前提,对于有关社会机构、团体的摊派性捐赠,企业应当依法拒绝。

(2)权责明确原则

一方面,各企业用于对外捐赠的资产应当权属清晰、权责明确,应为企业有权处分的合法财产,包括现金资产和实物资产等,企业不具处分权的财产或者不合格产品不得用于对外捐赠。企业也不得将拥有的资产以个人名义对外捐赠,更不得强行要求或变相摊派给个人进行捐赠。另一方面,除国家有特殊规定的捐赠项目之外,企业对外捐赠应当通过依法成立的接受捐赠的公益性社会团体和公益性非营利的事业单位或政府部门进行。企业有权要求受赠人按照公司真实的捐赠意愿,在符合公益目的的前提下使用捐赠物,不能将捐赠财产挪作他用。

(3)量力而行原则

企业对外捐赠应当充分考虑自身经营规模、盈利能力、负债水平、现金流量等财务承受能力,坚持量力而行原则,合理确定对外捐赠支出规模和标准。企业对外捐赠支出规模一般不超过企业内部制度规定的最高限额;盈利能力大幅下降、负债水平偏高、经营活动现金净流量为负数或者大幅减少的企业,对外捐赠规模应当进行相应压缩;资不抵债、经营亏损或者捐赠行为将影响正常生产经营的企业，除特殊情况外，一般不安排对外捐赠支出。

(4)诚实守信原则

企业对外捐赠应当诚实守信，已按照企业内部决策程序审议决定并向社会或受赠对象承诺的捐赠，须诚实履行，同时也要禁止各类虚假宣传或许诺行为，树立良好的企业形象。

2. 组建内部管理职能机构

(1)捐赠日常管理部门

设置捐赠日常管理部门，负责对外捐赠方案的提出，对外捐增项目的组织协调、提起决策审批，公开披露对外捐赠的信息事项以及对外宣传等工作。

(2)财务管理部门

财务管理部门负责对捐赠报告进行预审，并就捐赠支出对企业财务状况和经营成果的影响进行分析，提出审核意见；组织年度对外捐赠预算编制、财务管理、会计核算及捐赠项目的审计监督等工作。

以上部门可由各国有企业根据内部机构组成进行设置，包括综合部门、财务部门、文宣部门及风控部门等，根据部门职责协调配合、统筹安排和具体分工。

3. 完善捐赠财务管理

(1)编制年度捐赠预算

企业对外捐赠支出应当纳入企业年度预算管理，对全年对外捐赠预算支出项目、支出方案及支出规模等预算安排作出详细说明，并对上年捐赠的实施情况及捐赠预算执行情况进行总结。根据《成都市国有企业暂行办法》，成都市属国有企业对外捐赠预算还应当形成专项报告随年度财务预算报告报送市国资委。

(2)确定捐赠总额规模

企业对外捐赠在纳入年度预算管理时，应该根据企业财务状况确定其捐赠总额规模，下设各级子公司的，子公司的捐赠规模纳入上级集团公司总规模中。

(3)规范捐赠支出管理

发生拟捐赠事项时，由负责的职能部门提出捐赠方案，待履行内部决策和外部审批/备案程序后，由财务管理部门按照内部资金管理的相关规定，逐项审核，逐笔拨付和发放。

(4)加强财务监督管理

捐赠事项完成后，由经办部门就捐赠执行情况形成书面报告，财务管理部门建立备查账簿，将捐赠证明、资金拨付凭证、受赠方出具的财政部门统一制式的发票或捐赠财产交接清单等归档。同时,对外捐赠事项应当按照财务会计制度进行财务处理,对于通过公益性社会团体发生的公益性捐赠支出,可按财政部相关规定进行税前扣除。

(二)遵循企业内部决策程序

国有企业对外捐赠系公司资产的无偿转让,影响公司的正常经营运转,也关系国有资产有效利用和监管,要严格地按照企业内部决策程序进行。一般来说,有以下两方面内容。

1. 拟定对外捐赠方案

捐赠方案由负责的职能部门拟定并提出,应当就捐赠事由、捐赠对象、捐赠途径、捐赠方式、捐赠财产及其内容、捐赠程序、捐赠责任人进行说明。同时,经办部门应向企业决策机构提起对外捐赠决策流程,按照公司内部决策制度履行程序。

2. 规范履行内部决策程序

(1)内部决策要求及履行

内部决策要求包括两方面:其一是应在公司章程中确定公司董事会和股东会针对不同的捐赠数额的审批权限,以及需向国资委核准或备案的数额标准。其二是应明确下级公司是否拥有捐赠的自主权及其权限大小,如果下级公司拥有自主权,应当严格规范其数额规模和报批核准程序。其中,《成都市国有企业暂行办法》规定,成都市属国有企业对所属各级子企业的对外捐赠行为实行统一管理,合理确定对外捐赠的权限。成都市属国有企业所属各级子企业未经集团总部批准或备案不得擅自对外捐赠。

企业对外捐赠数额在本年度预算范围内的,应严格按照上述决策要求,根据捐赠方案和捐赠规模及不同决策机构的审批权限履行决策程序。遇有突发性重大自然灾害或其他特殊事项超出预算范围,需要紧急安排对外捐赠的,不论金额大小,要严格控制预算外捐赠支出,企业应当逐笔提交决策机构专题审议,并履行相应预算追加审批程序,如果涉及国资程序的,还应当及时逐笔向国资委履行相应的程序。

(2)上市公司之特殊决策程序

根据2019年《上海证券交易所股票上市规则》(已失效)第9.1条第1款第7项,捐赠属于应当披露的交易范畴。另根据第9.3条的规定,达到下列标准的，除应当及时披露外，还应当提交股东大会审议：（1）交易涉及的资产总额（同时存在账面值和评估值的，以高者为准）占上市公司最近一期经审计总资产的50%以上；（2）交易的成交金额（包括承担的债务和费用）占上市公司最近一期经审计净资产的50%以上，且绝对金额超过5000万元；（3）交易产生的利润占上市公司最近一个会计年度经审计净利润的50%以上，且绝对金额超过500万元；（4）交易标的（如股权）在最近一个会计年度相关的营业收入占上市公司最近一个会计年度经审计营业收入的50%以上，且绝对金额超过5000万元；（5）交易标的（如股权）在最近一个会计年度相关的净利润占上市公司最近一个会计年度经审计净利润的50%以上，且绝对金额超过500万元。上述指标涉及的数据如为负值，取绝对值计算。因此，上市国有企业对外捐赠符合上述规定的，除应当对外披露外，还应当提交股东大会审议履行内部决策程序，与一般的非上市国有企业对外捐赠决策程序要求存在较大的差异。

（三）严格履行国资审批及备案要求

目前各地对于国有企业的国资审批及备案要求尚未统一。根据《成都市国有企业暂行办法》及《成都授权放权清单》的规定，成都市属国有企业对外捐赠事项已下放其按照资产规模由董事会自行决定后需报成都市国资委备案，但无须履行国资委审批程序。

对于其他地区国企对外捐赠决策审批事宜，建议如下：

首先，要严格履行国资程序。不同地区国资委对于国有企业对外捐赠的直接规定存在差异，主要集中在核准和备案两种方式上。通过研究各地区国资程序，目前大部分采用备案制，即企业事先将该年捐赠规模纳入年度预算范围内，报送至国资委，国资委将一定金额规模的捐赠决策权限直接授权给公司董事会或其他决策机构，公司在履行完毕内部决策程序后向国资委进行专项备案。采用核准制的，如新疆维吾尔自治区人民政府国有资产管理委员会则规定对外捐赠单笔金额或年度捐赠总规模达到相应标准的，就须报国资委进行核准。无论采取核准或备案制，都需要按照当地国资管理要求履行程序，准备和报送以下基本材料：（1）对外捐赠报告或请示，并列明捐赠事由、捐赠对象、捐赠途径、捐赠资产类型和捐赠金额等；（2）内部决策程序决议，包括总经理办公会决议、董事会决议或股东会决议等；（3）已超过年度财务预算的，还需报送追加预算的申请及材料；（4）当地国资委要求的其他材料。

其次,要做好与国资委的沟通衔接工作。一方面国有企业要事先征求国资委对于企业进行捐赠的意见,获知本地其他国有企业捐赠的情况,并取得国资委支持,有利于后续顺利履行国资程序。另一方面要与国资委及时沟通当地政策法规的新要求,关注国资监管程序的新变化。

(四)加强执行监督工作

加强对外捐赠工作执行情况的监督检查,有助于提升企业内部落实捐赠工作的执行力度,又有利于消除捐赠不透明的负面影响,增强国有企业的社会影响力。

1. 进行信息公开

国有企业应注重捐赠事项公开的重要性,从三个层次进行信息公开:首先,明确应当公开的信息内容,包括决策主体、捐赠规定、捐赠数额、受赠对象、捐赠的支出情况等,涉及支出事项的,还应当附有相应的支付凭证和账目明细;其次,应当公开从决策到下发再到分发的全过程及每个环节的信息;最后,畅通信息公开渠道,国有企业可以通过企业门户网站、信息公开服务平台等拓宽公开覆盖面,及时向社会公众公开和披露捐赠相关信息。

2. 落实检查监督

(1)持续跟进捐赠项目

国有企业应当重视对外捐赠项目实施效果的后续跟踪,有条件的企业,应当组织对重大捐赠项目进行现场检查,督促受益对象实现捐赠的最大效益。企业捐赠经办部门应该形成捐赠项目专项报告,对捐赠项目实施情况和预算执行情况进行总结和备案,做好备查工作。

(2)专项检查捐赠工作

各国有企业应当加强对外捐赠工作的专项检查工作,定期组织审计部门、检查部门对本企业的对外捐赠事项进行监督检查。对于未按规定而擅自进行捐赠的,视情节予以处分。对在捐赠工作中存在营私舞弊、滥用职权、转移国有资产等违法违纪行为的,应当依法处理。

国资监管部门有权对企业捐赠管理情况进行抽查或进行专项审计,对企业捐赠制度不健全、未按规定程序决策、未及时向国资监管部门报备等不规范行为,督促企业及时整改;对在对外捐赠过程中存在违法违规行为的,依法依规追究有关人员的责任。

第七章

国有企业对外担保与出借资金主要合规风险防控

第一节 国有企业对外提供担保

一、基本情况

国有企业为他人提供担保属于或有负债，虽然涉及债务金额往往较大，但担保责任未被触发时对担保人一般并无实质影响，有时未受到足够重视。然而，一旦债务人不能按期清偿债务进而触发实际承担担保责任的条件，就意味着国有企业作为担保人在承担担保责任后还将面临难以追偿到位的风险，不仅可能造成企业国有资产流失，还可能在关联企业之间发生风险的交叉传染，进而对国有企业乃至集团企业的再融资与持续经营能力造成严重不利影响。此外，与其他交易合同相比，担保合同具有较强的隐蔽性，更难以发现与监督管理，其风险与不利影响十分大，故任何性质的企业均十分重视担保管理，国有企业自然也不例外。

因此，国有企业为他人提供担保历来是国资监管与审计监督的重点。一方面，2016 年出台的国务院办公厅《关于建立国有企业违规经营投资责任追究制度的意见》明确将违规担保列入严厉追责的负面行为清单。另一方面，《九民纪要》、《民法典》和最高人民法院《关于适用〈中华人民共和国民法典〉有关担保制度的解释》相继出台后，公司对外担保的规则有了变化与完善，进而对实践中如何做好对外担保风险管理也提出了新的挑战。

基于以上情况，本部分将结合实务经验，并根据国资监管和担保相关法律法规就国有企业提供担保的主要法律实务问题进行梳理分析，以供参考。

二、国有企业提供担保的国资监管

（一）国有企业提供担保的国资监管现状

国有企业作为市场主体，现并无明确规定禁止其为他人提供担保，但因其国资属性，为他人担保还需受国资监管约束，本书进行了如下梳理。

除《企业国有资产法》第 30 条、第 32 条、第 45 条等就国家出资企业对外担保的决策程序有原则性规定外,不同于可适用全国各级国有企业的 32 号令文件,在国有企业担保领域,全国并无统一的国资规定,其主要监管依据是中央和地方各级政府或国资管理部门出台的针对本级所属国有企业的担保管理规定。

第一,从内容体例上看,既有专门的担保管理规定如《广州市市属国有企业担保管理办法(试行)》《天津市市管企业担保事项管理办法》,也有与其他事项共同规范的规定如《玄武区区属国有企业融资和对外担保及借款管理办法》,其规定的细致程度差异较大。

第二,从时间上看,《山东省省管国有企业担保管理暂行办法》早在 2005 年就已出台,其他地方也陆续出台相关规定,并无相对集中同步出台的情况。这一现象,也造成了各地在国有企业担保管理上存在规则不一、口径相对不同的结果,一些地方甚至可能还没有出台针对本级所属国有企业的担保管理规定。尽管如此,由于防范国有资产流失的责任与目标是一致的,在对国有企业担保的国资监管原则与精神上,各地仍有一定共通的地方,如国有企业原则上不能为没有产权关系的主体提供担保以及对参股企业应按比例提供担保。

第三,国家层面虽无适用于全国各级国有企业的专门担保管理规定,但在国有企业提供担保的决策程序、责任追究和管理原则等方面,国家仍有相关国资文件作出规定。除前文已提到的国务院办公厅《关于建立国有企业违规经营投资责任追究制度的意见》外,《关于进一步推进国有企业贯彻落实“三重一大”决策制度的意见》(中办发〔2010〕17 号)就将国有企业的担保项目列入“重大项目安排事项”范围,要求履行“三重一大”决策程序。此外,《关于加强地方国有企业债务风险管控工作的指导意见》(国资发财评规〔2021〕18 号)也提出指导意见:“严格对外担保管理,对有产权关系的企业按股比提供担保,原则上不对无产权关系的企业提供担保,严控企业相互担保等捆绑式融资行为,防止债务风险交叉传导。”可见,前述这一各地共通的原则也得到了国务院国资委的认可。

(二)国资监管对国有企业提供担保的要求

本书经梳理《关于加强中央企业融资担保管理工作的通知》《山东省省管国有企业担保管理暂行办法》《广州市市属国有企业担保管理办法(试行)》《天津

市市管企业担保事项管理办法》等近20个各级担保管理国资规定，就国资监管对国有企业提供担保的要求进行了总结，在本书看来，这些具体的要求实际上就是央地国资监管部门针对其认为的国有企业提供担保的主要法律风险提出的风控措施，具有较强的参考价值。

1.纳入监管的主体范围

从担保管理国资规定看，大多数地方将监管的主体范围明确为国家出资企业及其所属各级全资、控股及实际控制企业，这与32号令规定的监管主体范围基本一致。事实上，从国资监管立法实践而言，并非所有国资监管规定都会明确适用主体范围不仅包括国家出资企业，还包括其所属各级子企业，只有在特定监管事项十分重大时才会有相应表述，足见国资监管对国有企业提供担保管理的重视。

2.可提供担保的主体条件

纳入监管的国有企业为他人提供担保应量力而行，以避免对企业持续经营能力造成重大不利影响，故需满足一定条件方可作为担保人提供担保，且为避免风险集中，也需控制单笔担保额度。同时，国有企业集团对管理的下属公司具有管控责任，故需在合并报表范围内对担保规模进行统筹管理与控制。

比如，《广州市市属国有企业担保管理办法（试行）》第4条要求担保人应当符合下列条件：（1）具备《担保法》规定的担保资格；（2）企业经营情况、财务状况良好，具有代为清偿债务的能力；（3）担保总额累计不高于本企业上一年度经审计合并净资产的50%（含）；（4）对同一个被担保人提供的累计担保余额不高于本企业上一年度经审计合并净资产的30%（含）；（5）单笔担保额不高于本企业上一年度经审计合并净资产的10%（含）。此外，安徽省、河南省、山东省、天津市等地的担保管理国资规定也对担保人或担保总额、单笔担保额提出了相应要求。

3.纳入监管的担保行为范围

首先，就担保方式而言，在担保管理国资规定中，一般会将原《担保法》、原《物权法》所规定的保证、抵押、质押、留置、定金纳入监管的担保行为范围，这五类也是法律认可的典型担保。但是，2021年1月1日颁布施行的《民法典》原则上认可了非典型担保，包括让与担保在内的担保形式也具有法律效力，同时在实践中也早已出现差额补足、兜底承诺等具有担保作用的形式，本书认为，按照实质重于形式的监管原则，需纳入监管的担保行为范围还应明确进一步扩大，杜绝“打擦边球”，以避免风险失控。对此，《关于加强中央企业融资担保管理工作的通知》（国资发财评规〔2021〕75 号）作出了及时回应，其列举纳入监管的担保行为包括“一般保证、连带责任保证、抵押、质押等，也包括出具有担保效力的共同借款合同、差额补足承诺、安慰承诺等支持性函件的隐性担保”。

其次，从担保管理国资规定对担保的定义与管理要求，以及担保风控的必要性看，纳入监管的担保行为应是为他人提供担保而非为自己提供担保。对此，《温州市市属国有企业担保管理办法》就明确提出，为自身融资行为进行的担保不属于该办法适用范围。

再次，并非国有企业所有为他人提供担保的行为均需纳入监管，如《关于加强中央企业融资担保管理工作的通知》（国资发财评规〔2021〕75 号）就将“中央企业主业含担保的金融子企业开展的担保以及房地产企业为购房人按揭贷款提供的阶段性担保”作为例外。此外，《兰州市市属国有企业担保管理办法（试行）》提出“专业担保公司的担保业务及按揭销售中涉及的担保等具有日常经营性质的担保行为”不属于该办法适用范围，《广州市市属国有企业担保管理办法（试行）》《厦门市国有企业担保管理暂行办法》等也有类似规定。本书认为，前述规定的实质是认为，基于主营业务需要而开展的担保行为不属于国资监管范围，这也是在资产租赁等其他国资监管领域常用的一项合理做法。

最后，需要注意的是，如国有企业拟以持有的上市公司股份为他人提供质押担保，还需遵守财政部《关于上市公司国有股质押有关问题的通知》的规定。

4. 可担保的对象范围与条件

首先，从担保的对象范围看，多数担保管理国资规定未经国资监管部门特别批准，不得为自然人或非法人机构提供担保，并将国有企业为他人担保区分为“对内担保”和“对外担保”：前者是指国家出资企业与所属企业以及所属企业（指各级全资、控股与实际控制企业，下同）之间的担保，后者是指国家出资企业及所属企业对参股企业、无产权关系企业提供担保的行为，但也有一些地方仅将为无产权关系的企业提供担保列为“对外担保”。前述分类的意义在于便于分类监管：第一，国有企业“对内担保”一般是允许的；第二，国有企业“对外担保”原则上是禁止的，不过很多地方也未绝对禁止，而是规定存在特殊情况并经国资监管部门批准后可以提供，但究竟何种“特殊情况”可特批，大多未明确规定。不过，原《成都市市属国有企业投融资及借款和担保监督管理办法》和《深圳市龙华区区属国有企业融资与担保管理暂行办法》分别提出，市政府研究确定的项目和受区国资委的委托承担担保任务的可以例外。结合实践经验看，本书认为，基于担保行为的重大风险属性：第一，除本级政府基于招商引资或其他合理因素考量提出要求外，原则上国有企业应不得对无产权关系的企业提供担保；第二，如将为未纳入合并报表的参股企业提供担保也列入“对外担保”，则可在按持股比例提供担保的情况下允许提供。

其次，即使被担保人属于前述规定的对象，一些担保管理国资规定对被担保人还提出了正面条件和负面条件清单，并要求拟提供担保的国有企业事前应严格审查被担保人的情况是否符合规定。比如，《关于加强中央企业融资担保管理工作的通知》要求“不得对进入重组或破产清算程序、资不抵债、连续三年及以上亏损且经营净现金流为负等不具备持续经营能力的子企业或参股企业提供担保”，《广州市市属国有企业担保管理办法（试行）》要求被担保人应具备“无挤占挪用贷款资金、无逃废银行债务等不良信用记录”“经审计确定的最近1个会计年度资产负债率原则上不高于70%（含）”等条件。

最后，一些担保管理国资规定还要求担保所对应的投资、融资或其他项目需满足一定的条件。比如，《广州市市属国有企业担保管理办法（试行）》要求，被担保的项目应当符合下列条件：“（一）符合国家、省和本市有关产业政策要求；（二）符合市属国有经济布局战略性调整要求；（三）符合被担保人主业方向；（四）不属于任何形式的委托理财、投资股票、期货、期权等高风险的投资项目（被担保人主业为投资理财的除外）。”此外，《深圳市龙华区区属国有企业融资与担保管理暂行办法》、河南省政府国资委《关于改进和加强省属企业担保管理工作的意见》等也对被担保项目提出类似要求。

5. 提供担保的比例限制

前文已述，国有企业对控股、参股的子企业提供担保应以持股比例为限是各地的基本共识，这一原则确立的核心理由是坚持同股同权、同股同责。但是，这一原则也不是绝对的，因为按持股比例担保在实践中可能面临操作障碍：

首先，由于股东资信能力有差距，债权人尤其是银行可能并不接受股东按持股比例提供担保，但下属子企业融资又势在必行，针对这种情况，《广州市市属国有企业担保管理办法（试行）》《贵州省国资委监管企业担保管理办法》《兰州市市属国有企业担保管理办法（试行）》等一些地方的担保管理国资监管规定提出，经国资监管部门或国家出资企业特别批准的，国有企业也可以提供超比例担保。当然，这种特殊情况下，国有企业应要求其他股东同时为国有股东提供适当的反担保，以落实同股同权、同股同责。

其次，由于国资监管规定只能约束国有股东，并不能约束子企业的其他非国有股东，尤其是在子企业系国有控股的情况下，如没有事先书面约定，中小股东并无动力和义务按持股比例同步提供担保。因此，实践中很可能会遇到其他股东不配合的困境，其直接后果就是子企业的融资、投资或交易等担保项目无法落地，影响子企业正常经营发展。对此，《贵州省国资委监管企业担保管理办法》提出："监管企业及所属企业与其他投资人合作新设企业时，应当在合作协议或公司章程中，按照同股同权、同股同责的要求，对各股东为新设企业提供融资担保支持的方式和原则进行约定。"因此，本书认为，在投资协议或公司章程将股东按持股比例提供担保规定为股东的义务，是国有股东落实国资监管规定，并保障子企业正常经营发展的必要措施。

6. 提供担保时是否要求反担保

国有企业为债务人提供担保，是否应要求债务人提供反担保？对此，一些地方有明确的担保管理国资规定，但做法有所差异。

第一种做法也是目前主流的做法，即仅要求"对外担保"时必须要求被担保人提供反担保，如《北京市国有文化企业担保管理暂行办法》《福建省人民政府国有资产监督管理委员会所出资企业担保事项管理暂行办法》《兰州市市属国有企业担保管理办法（试行）》等。

第二种做法是不论"对内担保""对外担保"，如《贵州省国资委监管企业担保管理办法》要求"除为自身担保外，为被担保人提供担保的，应要求被担保人以其财产提供相应的反担保"。

第三种做法是区分对待，如《广州市市属国有企业担保管理办法（试行）》第 18 条规定"被担保人为市国资委监管企业或市国资委监管企业出资的各级全资、控股企业的，担保人可要求被担保人提供合法、有效的反担保。其他被担保人应当提供合法、有效的反担保"。

值得注意的是，在反担保的方式上，一方面，《兰州市市属国有企业担保管理办法（试行）》特别提出，国有企业提供非保证方式（如抵押、质押）对外担保的，不得接受保证方式反担保。另一方面，即使国资监管规定没有明确要求，本书认为，反担保方式的实际增信效果也应是审查重点，对仅有保证形式的反担保需谨慎接受，可考虑要求非保证方式的反担保或要求被担保人委托银行、专业担保公司等提供反担保。

综上，本书认为，从风险管控角度出发，“对外担保”当然应要求提供反担保，但“对内担保”却无必要进行强制要求，这是因为，“对内担保”虽然因涉及被担保人属于非全资子公司的情况，可根据股权结构、担保规模、风险大小等实际情况确定是否要求提供反担保，但向全资子公司提供担保时并无必要要求提供反担保，故广州市国资委的做法更为可取。

7. 提供担保的收费

除专业担保公司外，作为一般市场主体的国有企业为他人提供担保是否收费？对此，仅有个别担保管理国资规定有所明确，如《广州市市属国有企业担保管理办法（试行）》第 11 条规定“担保人应当向被担保人收取担保费，根据实际需要可参照市场化费率收取”。据此，广州市市属国有企业无论是“对内担保”还是“对外担保”均要收取担保费。再如，《关于加强中央企业融资担保管理工作的通知》（国资发财评规〔2021〕75 号）则要求“中央企业应当制定和完善集团统一的融资担保管理制度，明确集团本部及各级子企业融资担保权限和限额、融资担保费率水平”。实际上，这也是要求收取一定的担保费用。结合笔者实践经验，在本级国资管理部门没有出台明确规定的情况下，国有企业“对内担保”时向被担保人收取担保费用也是存在的。

综上，从公平交易和实操角度出发，经批准后对无产权关系的企业提供担保原则上应收取担保费用，对其他情形可不作强制要求。此外，还需注意的是，经营融资担保业务按《融资担保公司监督管理条例》规定需持牌经营，而经营非融资担保业务并无持牌要求，如国有企业频率较高的为融资提供担保并收取担保费用，存在被认定违规的风险，故需与地方金融监督管理部门沟通监管口径。

8. 担保的批准与权限

首先，就国资程序而言，前文已述，国有企业提供担保属于“三重一大”事项，应按“三重一大”程序进行集体决策，具体如何集体决策应以公司章程和相关议事规则等确定。

其次，就国资决策权限而言，多数担保管理国资规定基本保持一致：国家出资企业及其所属企业的“对内担保”事项由国家出资企业决定，“对外担保”则应逐级报国资监管部门批准。同时，对于超比例提供担保、向境外企业提供担保等特殊行为，一般也应逐级报国资监管部门批准。值得注意的是，《企业国有资产法》第 32 条规定，为他人提供大额担保，国有独资企业由企业负责人集体讨论决定，国有独资公司由董事会决定。由此可见，担保管理国资规定是对国有独资企业、公司的担保权限进行了更严格的限制,从实操而言,也应以担保管理国资规定为准。

最后,在当前国有企业简政放权改革背景下,很多国家出资企业将一些重大事项的国资决策权限下发至所属企业,但就国有企业提供担保事项而言,一些地方的担保管理国资规定明确提出国家出资企业不得就担保事项决策向下放权,如《山西省省属企业担保管理暂行办法》、河南省政府国资委《关于改进和加强省属企业担保管理工作的意见》、《嘉定区国有企业担保管理办法》等,体现了国资部门对担保事项监管的高度谨慎性。

三、国有企业提供担保的效力与决策审批

对于一般公司主体而言,决策审批程序对其提供的担保效力的影响,在《九民纪要》已有较为完善的认定规则,这里不再赘述,现主要就国有企业面临的几个问题分析如下。

(一)提供担保应由公司股东会还是董事会作出决议

从国务院办公厅《关于建立国有企业违规经营投资责任追究制度的意见》和国有企业合规管理要求来说,国有企业提供担保既要遵守国资监管规定,也要遵守一般法律法规。在按担保管理国资规定履行批准程序后,从《公司法》角度出发还应履行何种决策程序?这是参照《九民纪要》认定企业提供担保效力的关键。对此,《公司法》第16条第1款、第2款规定:(1)公司向其他企业投资或者为他人提供担保,依照公司章程的规定,由董事会或者股东会、股东大会决议;(2)公司为公司股东或者实际控制人提供担保的,必须经股东会或者股东大会决议。由此可见,对于第一种情况如何操作自无疑义,但在第二种情况下,实践中一些国有企业的公司章程可能没有明确规定应由公司股东会还是董事会决议,此时该如何处理?本书认为,鉴于股东会是公司最高权力机构,故此时层报至股东会决议为宜。

(二)国有企业未按国资监管规定履行批准程序是否影响担保效力

理论上,在具有相应股东会或董事会决议的情况下,国有企业仅未按国资监管规定履行报批程序是否影响担保效力?本书认为不影响,理由如下:

首先,《民法典》第502条第1款、第2款规定,依法成立的合同,自成立时

生效;依照法律、行政法规的规定,合同应当办理批准等手续的,依照其规定。从目前看,现行法律、行政法规层面仅《企业国有资产法》第 32 条、第 45 条对国有独资企业、国有独资公司提供担保的决策程序有明确规定,但均未规定担保需批准后方生效。在“(2017)最高法民申 370 号”一案中,法院认为,法律并未规定国有独资公司对外担保必须经过国有资产管理机构的审批程序,同时也未有法律明确规定国有独资公司签订对外担保合同必须经过批准方能生效,故国有独资公司对外担保合同不属于必须经过审批方可生效的合同。因此,本书倾向于认为,按国资监管规定履行批准程序不是国有企业担保合同的生效条件。

其次,《民法典》第 153 条第 1 款规定,违反法律、行政法规的强制性规定的民事法律行为无效,但该强制性规定不导致该民事法律行为无效的除外。本书认为,由于《企业国有资产法》并未明确规定违规担保无效,且公司对外担保已有《公司法》、最高人民法院《关于适用〈中华人民共和国民法典〉有关担保制度的解释》、《九民纪要》构建的较为完善的担保效力认定体系进行管理,足以保护包括国有股东的合法权益,不宜再以此为由认定无效。同时,《企业国有资产法》以外的担保管理国资规定,其位阶均低于行政法规,也无法作为认定担保无效的依据。因此,本书倾向于认为,仅未按国资监管规定履行批准程序不会导致国有企业担保合同无效。

(三)国有企业提供担保被认定无效是否就没有责任

对内而言,如国有企业违规提供担保导致担保无效,相关人员将被追责,但对外来说,担保无效是不是意味着作为担保人的国有企业就不再承担任何责任,反而是好事?对此,最高人民法院《关于适用〈中华人民共和国民法典〉有关担保制度的解释》第 17 条第 1 款第 1 项、第 2 项规定:“主合同有效而第三人提供的担保合同无效,人民法院应当区分不同情形确定担保人的赔偿责任:(一)债权人与担保人均有过错的,担保人承担的赔偿责任不应超过债务人不能清偿部分的二分之一;(二)担保人有过错而债权人无过错的,担保人对债务人不能清偿的部分承担赔偿责任。”由此可以看出,加强对国有企业提供担保的决策程序管理,不仅是国资合规的要求,也是避免承担法律责任的要求,不可存侥幸心理。

实务提示

国有企业为他人提供担保在日常经营和投融资等方面具有一定必要性,故不可避免。但提供担保具有重大风险,不仅可能造成企业国有资产损失,还可能在关联企业之间发生风险的交叉传染,进而对国有企业乃至集团企业的再融资与持续经营能力造成严重不利影响。

目前,全国没有统一的担保管理国资规定,在各地规定不一的情况下,国有企业在制定内部担保管理制度和实践中对担保事项进行管理时,除需遵守本级担保管理国资规定外,其实还可以参考借鉴其他地方的有益规定,以进一步提高企业担保风险管理水平。在此基础上,按制度规定履行相关程序,坚持量力而行原则,既要在合并报表范围内做好融资担保预算计划与统筹管理工作,也要在具体担保事项上严格审查与审慎接受被担保对象,做好反担保、保后管理等风控管理措施,方能有效防控与降低国有企业提供担保的风险。

第二节　国有企业对外出借资金

对于国有企业投资设立的新公司，在其自身的资质和信用尚未获得市场认可的阶段，一般很难通过向金融机构借款、发行债券等市场化外部融资渠道获得资金，而国有股东借款就成为这些公司获取资金的主要来源。此外，为推进重大招商引资项目或处理历史遗留问题，基于解决特定资金需求，一些地方政府可能会安排国有平台公司提供必要的资金支持。那么，在国有企业出借资金过程中，有哪些法律注意事项，需要防范哪些法律风险呢？本部分将结合实践，对相关规定和风险进行梳理与分析。

一、国有企业借款对象的限制

目前国家层面并未出台法律法规禁止国有企业对外借款，但部分地方政府或国资监管部门对借款对象作出了禁止性、限制性的规定。

成都市人民政府《成都市属国有企业融资及担保监督管理办法》第 23 条明确规定，市属企业不得向自然人、无股权关系的非法人组织、境外无股权关系的企业借款；不得向连续 3 年及以上亏损且经营现金流为负等不具备持续经营能力的子企业、控股企业和参股企业提供借款；不得开展名为贸易实为对外提供资金的业务。除市政府研究确定的项目外，不得向无股权关系的法人借款。

南京市国有资产监督管理委员会《关于规范市属国有企业借款管理若干问题的通知》中亦规定，市属集团及其所属子企业不得借款给无产权关系的企业或自然人，不得为公司董事、监事、高级管理人员或者其近亲属所有或者实际控制的企业提供借款，不得借款给无控制权的投资企业。

芜湖市人民政府办公室《关于进一步加强国有企业对外借款和担保的管理规定》规定，国有企业不得借款给无产权关系的企业或自然人（下级政府或管委会国有企业除外）；不得借款给无控制权的投资企业；不得为公司董事、监事、高级管理人员或者其近亲属所有或者实际控制的企业提供借款；不得假借经营活动名义为其他企业、自然人提供融资,也不得通过合作贸易、代理业务等形式为其他企业、自然人垫付资金。

基于风险控制和合理性考虑,禁止国有企业向自然人提供借款已基本成为各地政府的共识,部分地方政府将非法人单位或者境外企业亦排除在借款对象范围内。对于法人单位的借款,各地政府均要求限定在有产权关系的范围内,对于没有产权关系的法人借款,一些地方规定明确禁止,一些地方则要求需是市政府确定的项目或者需要履行更严格的审批程序。此外,关于国有企业对所投资企业的借款,各地原则上要求必须存在控制权关系,部分地方政府即使允许对参股企业借款,也要求按持股比例进行。

二、国有企业出借资金的来源

非金融类的国有企业对外提供借款的行为属于受最高人民法院《关于审理民间借贷案件适用法律若干问题的规定》(以下简称《民间借贷若干问题规定》)规范的民间借贷行为。《民间借贷若干问题规定》第13条规定,具有以下情形之一的,人民法院应当认定民间借贷合同无效:(1)套取金融机构贷款转贷的;(2)以向其他营利法人借贷、向本单位职工集资,或者以向公众非法吸收存款等方式取得的资金转贷的;(3)未依法取得放贷资格的出借人,以营利为目的向社会不特定对象提供借款的;(4)出借人事先知道或者应当知道借款人借款用于违法犯罪活动仍然提供借款的;(5)违反法律、行政法规强制性规定的;(6)违背公序良俗的。从上述规定可知,国有企业出借的资金不得来源于套取的金融机构贷款、第三方企业借贷资金、本单位职工集资或非法集资所得。

以一个因出借资金来源问题引发的国企追责案为例。国有全资的A公司与一家民营企业B公司2016年11月合资设立了项目公司,A公司占股35%,B公司占股65%,拟合作开发一楼盘。2016年12月,因项目公司开发需要,A公司与B公司按持股比例分别向项目公司提供借款3500万元、6500万元,年利率均为16%。2017年10月,项目公司顺利预售后,销售情况良好,但B公司利用对项目公司的控制权,指示项目公司不按约定还款,经多次协商无果后,A公司遂于2018年3月起诉项目公司。庭审中,项目公司主张,A公司提供的3500万元借款资金系来源于其股东借款(年利率8%),故借款合同无效,项目公司仅需要归还本金,而无须支付利息。经法院审理后查明,A公司提供的3500万元借款资金确来源于其股东的借款(年利率8%),按照2015年《民间借贷若干问题规定》,属于“套取金融机构信贷资金又高利转贷给借款人,且借款人事先知道或者应当知道”的情形。最终法院判决借款合同无效,项目公司返还本金3500万元,结合双方过错因素,酌情要求项目公司按同期银行贷款利率支付利息。由于A公司操作不当,前端风险防控不严,造成重大利息损失,A公司主要领导、投资部门相关负责人被上级部门作出降薪和警告处分。

在该案例中,A公司作为国有股东向参股公司提供借款时,完全符合国资管理的规定,遵循了按持股比例提供借款的国资监管要求。但其未注意到的是,《民间借贷若干问题规定》出台后,虽然企业法人之间为生产、经营需要订立的民间借贷合同原则上有效,但仍然明确规定了包括转贷在内的多种无效情形的例外,该国有企业忽视了该问题,最终借款合同被判决无效,给公司造成重大利息损失。本案中,A公司只注重程序上的规定,忽视了决策的经济行为实体上的合法性。

另外,相比于2015年的《民间借贷若干问题规定》,2020年修订后的《民间借贷若干问题规定》删除了“高利转贷”“借款人知道”两个要件,对套取金融机构借款转贷行为的认定进一步趋严,那么国有股东以自身信用从银行取得的贷款能不能转借给子公司或参股公司呢?本书认为虽然该现象普遍存在,但在最高人民法院印发《关于进一步加强金融审判工作的若干意见》(已被修改)的通知中提及应遏制国有企业的贷款通道业务,防范无金融资质的国有企业变相从事金融业务,在《民间借贷若干问题规定》进一步修订后,若银行在发放贷款中未明确其他主体使用的额度、用途,国有股东将金融机构借款转借他人即存在被认定为无效的风险。

三、国有企业出借资金的利息约定

根据《民法典》第680条第2款、第3款规定:“借款合同对支付利息没有约定的,视为没有利息。借款合同对支付利息约定不明确,当事人不能达成补充协议的,按照当地或者当事人的交易方式、交易习惯、市场利率等因素确定利息;自然人之间借款的,视为没有利息。”

如前文所述,非金融类的国有企业出借资金属于民间借贷。《民间借贷若干问题规定》第25条第1款规定:“出借人请求借款人按照合同约定利率支付利息的,人民法院应予支持,但是双方约定的利率超过合同成立时一年期贷款市场报价利率四倍的除外。”因此,国有企业出借资金受法律保护的利率上限是一年期 LPR 的 4 倍。

那么,是不是只要在上述限定内的利率就没有风险呢?本书认为,除遵守民间借贷的基本利率要求外,在借款合同中设定具体利率时,还需注意出借双方的股东性质。比如,出借方有民营成分,而借入方为国有独资或国有全资,如约定的利率过低则可能损害了出借方民营股东的利益,存在股东侵权风险。反过来,出借方为国有独资或国有全资,而借入方有民营成分,如果约定的利率过低则可能存在利益输送问题,存在国有资产流失的嫌疑。因此,部分地方对国有企业借款的利率设置了下限,例如,《威海市市管国有企业借款管理办法》第 9 条规定,市管国有企业及其实际控制企业出借资金利率不得低于其所有带息负债资金利率中的最高值。

鉴于上述情况,国有企业出借资金在约定利率时,建议在法定利率上限范围内,以自身融资成本为参考依据,同时对借款期限、借款人资信情况、担保措施等综合确定。

四、国有企业出借资金的其他法律问题

(一)关于出借方决策程序问题

从各地规定看,集团内部企业之间的资金拆借一般交由国家出资企业董事会作出决定,对于特殊情况下向没有产权关系的企业借款,一般要求由国资委或当地政府批准。尽管有上述审批规定,但出借方本身的内部程序亦不能忽视,特别是涉及出借方本身属于国有控股(存在民营小股东)的情况。对这类出借企业,首先要严格按照公司章程的规定履行董事会、股东会的决策流程。另外,如果借入方是国有股东的关联方,则本次借款构成关联交易,建议执行关联交易的回避表决程序。

(二)关于按出资比例借款问题

如上文所述,对于国有企业向子公司出借资金,部分地方规定只能向有控股关系的子公司借款,部分地方(如成都市)允许向不纳入合并报表范围内的参股企业提供借款,但要求以“出资比例为限”。那么,如果出现子公司其他股东无法按比例匹配资金出借给子公司,该如何处理呢?本书认为,基于当地国资管理规定,在该合资公司成立时,应当在合资协议或章程中明确规定,如公司因资金问题需向股东借款融资,各股东应按出资比例给予资金支持。针对特殊情

况下，有股东无法向公司匹配对应借款的，基于公平原则，除合资公司提供正常的担保措施外，该未提供借款的股东亦需按其持股比例为其他股东的借款提供担保（如股权质押）。

（三）关于出借资金的用途问题

《民法典》第 673 条规定，"借款人未按照约定的借款用途使用借款的，贷款人可以停止发放借款、提前收回借款或者解除合同"。《民间借贷若干问题规定》第 13 条规定："具有下列情形之一的，人民法院应当认定民间借贷合同无效：……（四）出借人事先知道或者应当知道借款人借款用于违法犯罪活动仍然提供借款的；（五）违反法律、行政法规强制性规定的；（六）违背公序良俗的。"因此，为实现借款目的和控制法律风险，国有企业提供借款时，需要提前约定借款用途，明确借入方不得用于违法犯罪活动或违反法律、行政法规强制性规定及公序良俗，同时借款用途需要符合当地国资委的相关规定。

（四）关于出借资金的债转股问题

《公司注册资本登记管理规定》（已失效）第 7 条规定："债权人可以将其依法享有的对在中国境内设立的公司的债权，转为公司股权。转为公司股权的债权应当符合下列情形之一：（一）债权人已经履行债权所对应的合同义务，且不违反法律、行政法规、国务院决定或者公司章程的禁止性规定……债权转为公司股权的，公司应当增加注册资本。"根据上述规定，国有企业对外借款所形成的债权，在满足相应条件的情况下能够转为公司股权。在进行债转股时应当履行以下程序：(1) 对该笔股东借款形成的债权进行评估作价；(2) 经国家出资企业审议决策；(3) 增资扩股经债务人合法有效的股东会决议通过；(4) 及时办理工商登记变更，以取得股东权利外观公示效力。另外，需提示的是，按照 32 号令的相关规定，国有企业的债转股属于可以采取非公开协议增资的情形，因此无须履行进场挂牌交易程序。

实务提示

国有企业对外借款属于比较常见的经济行为，但在借款过程中仍有诸多法律注意事项，包括借款对象、资金来源、借款利息、决策程序、借款用途等。在此过程中，无论是作为出借方还是借入方，国有企业都应注意相关风险的防控，特别是注意不要因只注重决策审批的程序合规，忽略了经济行为的实质合规，从而造成经济损失或被追究法律责任。

第八章

国有企业招投标主要合规风险防控

国有企业招标项目周期长、程序复杂、金额较大、专业性强，历来是合规与廉政风险较高的领域。2016年出台的国务院办公厅《关于建立国有企业违规经营投资责任追究制度的意见》，明确将“未按照规定进行招标或未执行招标结果”“擅自变更工程设计、建设内容”“项目管理混乱，致使建设严重拖期、成本明显高于同类项目”等行为列入负面清单进行追责。现结合相关实践经验，就国有企业招标常见的重要实务问题探析如下：

一、关于国有企业依法必须招标的范围

国有企业依法必须招标的范围是一个基础性问题，也是一个老生常谈的问题。其中，《招标投标法》第3条是关于国有企业必须招标的项目范围的原则性规定，具体范围应参照《必须招标的工程项目规定》（以下简称16号令）、《必须招标的基础设施和公用事业项目范围规定》（以下简称843号文）。但是，由于前述规定存在一些表述具有歧义或不清晰的地方，实践中曾经对某些情况是否属于必须招标的范围存在争议。

但随着国家发展和改革委员会办公厅《关于进一步做好〈必须招标的工程项目规定〉和〈必须招标的基础设施和公用事业项目范围规定〉实施工作的通知》（以下简称770号通知）等新规的出台，相关范围和标准进一步得到厘清，同时结合国家发展和改革委员会在其官网选登的问答，本书认为以往实践中较为突出的争议问题基本已得到解决，现择要梳理如下。

首先，关于国有企业的范围与资金占控股或者主导地位的项目如何认定。16号令第2条规定：“全部或者部分使用国有资金投资或者国家融资的项目包括：……（二）使用国有企业事业单位资金，并且该资金占控股或者主导地位的项目。”结合国家发展和改革委员会在其官网选登的问答，前述第2项“国有企业”包括国有控股企业。同时，按照770号通知的规定，前述第2项中“占控股或者主导地位”的认定，应参照《公司法》第216条关于控股股东和实际控制人的理解执行；国有企业事业单位通过投资关系、协议或者其他安排，能够实际支配项目建设的，也属于占控股或者主导地位。此外，项目中国有资金的比例，应当按照项目资金来源中所有国有资金之和计算。

其次，关于未正面列举的事项是否属于必须招标的范围。《招标投标法实

施条例》第2条第2款规定,与工程建设有关的服务,是指为完成工程所需的勘察、设计、监理等服务。于是就有人提出,勘察、设计、监理以外的工程造价咨询、工程招标代理等工程相关服务达到金额标准的是否需招标?这个问题实际上是对前述条文中的"等"字的理解是列举未尽还是列举后煞尾。对此,770号通知亦作了明确,即没有法律、行政法规或者国务院规定依据的,对16号令第5条第1款第3项中没有明确列举规定的服务事项、843号文第2条中没有明确列举规定的项目,不得强制要求招标。

最后,关于工程总承包如何确定依法必须招标范围的问题,770号通知也作出了明确解释,即工程总承包中施工、货物、服务等各部分的估算价中,只要有一项达到16号令第5条规定相应标准,则整个总承包发包应当招标。

综上,国有企业必须招标的范围应依据前述规定确定,但非法定必须招标范围以外的项目,如项目影响较大或金额较大的,国有企业也可以自愿选择采用招标程序进行采购,或者按照内部采购管理规定的公开(邀请)比选、比价、竞争性谈判等采购程序进行。

需要指出的是,一般认为,除招投标法律法规明确仅适用依法必须招标项目的条款外,国有企业只要自主选择采用招标方式的,就应遵守招投标法律法规。但如采取招标以外的采购方式的,则不需要适用招投标法律法规,而仅需按国有企业内部采购管理规定执行即可。

二、关于国有企业招标项目结算是否应以政府审计结果为依据

实践中,一些国有企业在工程验收合格甚至完成双方结算后,仍以工程尚未经政府审计为由拒绝支付后续工程款,以避免政府审计结果出具后该工程实际付款已超过审计结果的情况。然而,政府审计是有针对性计划并需要一定时间的,且并不可控,一旦久拖不决,就会给承包人带来较大困难,进而不再积极配合发包人完成后续工作,引起了较大争议。

对此问题,2017年全国人大常委会法制工作委员会发布的《对地方性法规中以审计结果作为政府投资建设项目竣工结算依据有关规定的研究意见》认为:"审计法规范的是审计机关与被审计单位之间的行政关系,不是被审计单位与其合同相对方的民事合同关系。审计法的规定不宜直接引申为应当以审计结果作为被审计单位与施工单位进行结算的依据。地方性法规以审计结果作为被审计单位与施工单位进行结算的依据,实质上是以审计决定改变建设工程

合同,扩大了审计决定的法律效力范围。”因此,地方性法规中关于要求以审计结果作为竣工结算依据的规定应当予以清理纠正。在此背景下,各地陆续删除了其地方性法规中的相关条款。那么在上述情况下,国有企业是否还可以在招标文件、工程合同中约定以政府审计结果为竣工结算依据呢?

本书认为,本次清理的对象是地方政府的法规和规范性文件,因为其规定超越了立法权限,但国有企业作为市场主体,具有相应的自主权,有权决定是否在招标文件、工程合同中约定以政府审计为竣工结算依据,而意向投标人、承包人也可以自愿决定是否接受。现对该观点的依据说明如下。

首先,最高人民法院《关于审理建设工程施工合同纠纷案件适用法律问题的解释(一)》第 19 条第 1 款规定:“当事人对建设工程的计价标准或者计价方法有约定的,按照约定结算工程价款。”《保障中小企业款项支付条例》第 11 条规定:“机关、事业单位和国有大型企业不得强制要求以审计机关的审计结果作为结算依据,但合同另有约定或者法律、行政法规另有规定的除外。”因此,当事人之间通过合同约定结算方式是符合规定的。

其次,早在 2001 年的最高人民法院《关于建设工程承包合同案件中双方当事人已确认的工程决算价款与审计部门审计的工程决算价款不一致时如何适用法律问题的电话答复意见》就曾提出,建设工程承包合同案件应以当事人的约定作为法院判决的依据;只有在合同明确约定以审计结论作为结算依据或者合同约定不明确、合同约定无效的情况下,才能将审计结论作为判决的依据。按该意见的精神,当事人之间的约定也是优先适用的。

最后,按照相关司法案例观点看,在工程合同没有明确约定以政府审计结果作为最终竣工结算依据的情况下,国有企业不得以未经政府审计为由,拖延竣工结算和工程款支付,但如果有明确约定,则原则上从其约定。值得一提的是,按照最高人民法院在“(2012)民提字第 205 号”一案的观点,以政府审计结果为竣工结算依据应当明确约定而不能通过推定解释得出,也就是说,究竟是内部审计、社会审计还是政府审计,必须约定清楚,否则,仅约定“以审计为准”不应推定为政府审计。

综上,虽然国有企业可以在招标文件、工程合同中约定以政府审计结果为竣工结算依据,但由于政府审计往往不能及时组织进行并出具结果,且审计进度并非国有企业所能掌控,故政府审计不能及时出具结果不仅可能导致工程付款迟延,还可能导致该工程迟迟不能办理竣工结算,进而可能影响交付使用和权属登记。[①]

三、关于国有企业作为招标人时其子公司能否参与投标

在国有企业集团化、业务多元化背景下，一些国有企业集团内部也可能有具备资质的勘察、设计或施工单位以及工程物资供应商，在实践中就引申出一个问题，即国有企业作为招标人时其子公司（或国有企业集团内部的其他关联公司，下同）能否参与投标？

《招标投标法实施条例》第34条规定："与招标人存在利害关系可能影响招标公正性的法人、其他组织或者个人，不得参加投标……违反前两款规定的，相关投标均无效。"据此，意向投标人如同时具备与招标人"存在利害关系"且"可能影响招标的公正性"两个条件，则不得参加投标，否则投标无效。对此条款，本书解析如下。

首先，在实践中，对于应如何认定存在"利害关系"，目前尚没有统一明确的规定。鉴于母子公司之间以股权为纽带而具有利益关系，故本书倾向于认为母子公司之间存在"利害关系"。

其次，即使下属子公司作为投标人与招标人具有"利害关系"，但还必须满足"可能影响招标公正性"的条件，才会被禁止参加投标或导致投标无效，也就是说投标人与招标人仅存在"利害关系"，不会必然导致投标无效。

最后，国家发展和改革委员会在其官方网站针对"国有企业下属参股子公司能否作为投标人公平参与国有企业组织的招投标工作"的问题答复称："即使投标人与招标人存在某种利害关系，但如果招投标活动依法进行、程序规范，该利害关系并不影响其公正性的，就可以参加投标。"

综上，结合"（2020）黔01民终2159号""（2021）鲁1502民初4758号"等相关案例的法院观点，本书认为，国有企业作为招标人只要按规定程序进行招标活动，并公平对待所有投标人，不存在程序违规并影响招标公正性的情况，招标人的下属子公司就有权参加投标，且其投标有效。

然而，按照前述分析，国有企业下属子公司虽然可以依法参与投标，但结合

① 《建设工程价款结算暂行办法》（财建〔2004〕369号）第21条规定："工程竣工后，发、承包双方应及时办清工程竣工结算，否则，工程不得交付使用，有关部门不予办理权属登记。"国务院办公厅《关于促进建筑业持续健康发展的意见》（国办发〔2017〕19号）也重申，未完成竣工结算的项目，有关部门不予办理产权登记。

实践来看，如该下属子公司最终中标的，很可能立即引起其他投标人或利害关系人的质疑或投诉，甚至可能严重影响招标项目的进度。因此，如国有企业的工程项目可能有下属子公司参与投标，应重点关注本次招标程序的公正性、合规性，公平对待全体（意向）投标人，不得与子公司就该项目私下进行前期实质性沟通，并完善招标文件的投诉处理程序，以应对可能出现的投诉。

四、关于国有企业经招标程序签署的合同变更实质性内容的认定

基于建设工程的复杂性，经招投标程序签署的合同在履行过程中可能会发生很多情况，进而有必要通过变更协议的方式解决。但是，招投标法律法规对经招投标程序签署的合同变更进行了严格限制，即《招标投标法实施条例》第57条第1款规定："招标人和中标人应当依照招标投标法和本条例的规定签订书面合同，合同的标的、价款、质量、履行期限等主要条款应当与招标文件和中标人的投标文件的内容一致。招标人和中标人不得再行订立背离合同实质性内容的其他协议。"此外，最高人民法院《关于审理建设工程施工合同纠纷案件适用法律问题的解释（一）》第2条第1款规定，建设工程施工合同约定的工程范围、建设工期、工程质量、工程价款等实质性内容不得变更。

实践中，对于经招投标程序签署的合同，在何种情形下可以变更，何种情况下不能变更存在较大争议。由于对这个问题的相关探讨与文章已多如牛毛，且短期内也难以有完全的定论，本书提出如下三点参考意见。

首先，原则上应当区分是否为合同实质性内容，进而确定是否可以变更。有观点认为，合同实质性内容不仅包括《招标投标法实施条例》第57条第1款列举的合同的标的、价款、质量、履行期限条款，还应包括《民法典》第470条列举的订立合同应具有的基本条款，进而当然地推出违约责任条款、争议解决条款属于合同实质性内容的结论。本书认为，这种观点下固然不会有合规风险，但值得商榷，如照此意见，由于《民法典》第470条列举的是任何合同所需具备的基本条款，就可能会推出合同实际上基本没有可以修改的条款的结论。本书认为，既然立法机关和司法机关均采取克制的有限列举的方式，说明其也认为合同实质性内容的范围不能无限扩张，否则，与前述招投标法律规定的立法目的明显不符，也会在实践中造成难以解决的困境。

其次，判断招投标法律法规正面列举的合同条款之外的条款是否属于合同实质性内容，应回归到立法目的进行认定，而不是"一刀切"。《招标投标法实施

条例》第57条第1款和最高人民法院《关于审理建设工程施工合同纠纷案件适用法律问题的解释(一)》第2条第1款在正面列举后均有“等”的表述，说明前述条文正面列举的条款之外的条款，也可能属于合同实质性内容。但本书认为，该标准不能无限扩大而应具体问题具体分析，主要应考虑变更该条款是否会影响招投标秩序的公平公正，进而损害当时其他(潜在)投标人的利益，是否涉及双方实质性的权利义务且对招标人存在重大不利。举例而言，如招标文件和合同规定工程项目有20%预付款，而合同履行过程中，国有企业因资金紧张与施工单位协商拟降低预付款比例至10%，国有企业为避免发生逾期付款的违约行为是否可以与施工单位变更预付款比例条款？本书认为，该变更对作为招标人的国有企业更为有利，且系双方平等自愿协商确定，对当时的其他(潜在)投标人不存在不利影响，对招投标的公平公正秩序也无损害，故应认定可以变更。如双方拟协商提高预付款比例，则应认定不得变更。

最后，即使是合同实质性条款的内容，在出现充分合理的客观情形下，也应允许变更，但目前并无国家层面的依据，有待后续立法解决。最高人民法院《关于审理建设工程施工合同纠纷案件适用法律问题的解释(一)》第23条规定，对于依法不属于必须招标的建设工程进行招标后，发包人与承包人因客观情况发生了在招标投标时难以预见的变化而另行订立的建设工程施工合同有效。既然最高人民法院在这里特别强调仅适用依法不属于必须招标的建设工程，则依法必须招标的建设工程显然不适用前述规定。但本书认为，作出该等区分过于谨慎，因为不论是否为依法必须招投标的项目，只要采用招投标程序，都应适用招投标法律法规，既然认为“因客观情况发生了在招标投标时难以预见的变化”足以作为另行签署合同的依据，且不会对招投标的公平公正秩序造成重大损害，为什么又不能适用依法必须招标的建设工程呢？

四川省高级人民法院《关于审理建设工程施工合同纠纷案件若干疑难问题的解答》(川高法民一〔2015〕3号)就曾提出：“建设工程施工合同履行过程中，因设计变更、建设工程规划调整等非双方当事人原因，且无需重新进行招投标并备案的，当事人通过签订补充协议、会谈纪要等形式对工程价款、计价方式、工程期限、工程质量标准等合同内容进行合理变更或补充的，不应认定为与经过备案的中标合同‘实质性内容不一致’，当事人主张以该变更或补充内容结算工程价款的，应予支持。”为了满足实践中国有企业项目管理的合理需要，本书建议，未来立法或司法解释可以明确，无论是否为依法必须招标的项目，只要能够证明具有充分合理的客观原因且调整合同有较大必要的，即使是合同实质性条款的内容也应允许变更。

五、关于国有企业承接总承包工程后对外采购达到金额标准是否必须招标

实践中，一些国有企业作为承包人承接工程项目后，需要对外采购工程物资或依法进行工程分包，在其金额达到规定标准的情况下，对这类情况是否属于必须招标的项目范围存在困惑。

《招标投标法实施条例》第29条第1款规定，招标人可以依法对工程以及与工程建设有关的货物、服务全部或者部分实行总承包招标。以暂估价形式包括在总承包范围内的工程、货物、服务属于依法必须进行招标的项目范围且达到国家规定规模标准的，应当依法进行招标。此外，国务院办公厅《关于促进建筑业持续健康发展的意见》（国办发〔2017〕19号）规定，除以暂估价形式包括在工程总承包范围内且依法必须进行招标的项目外，工程总承包单位可以直接发包总承包合同中涵盖的其他专业业务。

国家发展和改革委员会曾在其官方网站对招标投标行业中的疑难问题进行了集中答复，答复内容亦涉及此问题，并与上述相关规定一致，即国有工程总承包单位可以采用直接发包的方式进行分包，但以暂估价形式包括在总承包范围内的工程、货物、服务分包时，属于依法必须进行招标的项目范围且达到国家规定规模标准的，应当依法招标。

综上，除以暂估价形式包括在工程总承包范围内且依法必须进行招标的项目外，国有企业作为工程总承包单位，即使达到规定金额标准，也不必须采用招标的方式进行采购，具体采用何种采购方式应以国有企业内部采购管理规定为准。

第九章

国有企业劳动人事主要合规风险防控

第一节　国有企业日常劳动人事管理

改革开放以来，针对国有企业劳动用工、人事与分配三项制度改革持续进行，历经多个阶段。2013 年党的十八届三中全会在《关于全面深化改革若干重大问题的决定》中提出，深化国有企业内部管理人员能上能下、员工能进能出、收入能增能减的制度改革。之后，在中共中央、国务院《关于深化国有企业改革的指导意见》(中发〔2015〕22 号)对三项制度改革作出具体部署并吹响深化三项制度改革号角后，中央与地方又陆续分别出台了新一轮国有企业劳动用工、人事与分配制度改革的指导意见。

总结而言，新一轮三项制度改革的关键在于建立完善并落实“干部能上能下、员工能进能出、收入能增能减”的机制，进而建立与社会主义市场经济相适应，与国有企业功能定位相配套的市场化用人用工和收入分配体系，实现“能者上、平者让、庸者下”，提高国有企业人员的积极性和活力。

从劳动法律角度看，三项制度改革涉及劳动合同的签订、履行、解除与终止的全过程以及企业工资分配和人事管理制度，是一项系统工程，不仅面临较为复杂的法律风险，还因涉及职工队伍的稳定与活力的激发，不可不慎。因此，三项制度改革应严格在法律法规和国资监管政策范围内实施，在过程中积极识别、评估相关劳动法律风险并采取合理风控措施，进而争取尽快实现改革目标。可以看到，三项制度改革涉及较广，现就三项制度改革相关劳动实务法律问题进行择要探析，以供参考。

一、关于“干部能上不能下”与调岗降薪

(一)竞聘上岗不成的调岗降薪

解决“干部能上不能下”的问题，主要涉及干部竞聘上岗通道的公平合理设置和与之相关的调岗调薪问题。在三项制度改革大背景下，近期许多国有企业

均在开展竞聘上岗工作,尤其是中层管理人员,竞聘上岗将逐步成为新时期国有企业员工晋升的主要方式。竞聘上岗成功的人员在这个阶段一般不存在问题,但对于竞聘上岗未能成功的人员尤其是竞聘上岗不成功的原管理人员需重新安排,除安排继续在原岗外,还可能涉及调岗调薪的问题。由于对竞聘上岗不成功人员并不能适用《劳动合同法》第 40 条第 1 项、第 2 项规定的法定单方调岗情形,故对作为用人单位的国有企业来说,如操作不当,将面临相应的劳动法律风险。

《劳动合同法》第 35 条第 1 款第 1 句规定:“用人单位与劳动者协商一致,可以变更劳动合同约定的内容。”《就业促进法》第 8 条第 1 款规定:“用人单位依法享有自主用人的权利。”综上,用人单位作为市场主体,有权根据自身生产经营需要而对劳动者的工作岗位进行适当调整,这是行使用工自主权的重要内容。但是,为避免用人单位滥用权利,借此打击报复或变相逼迫劳动者主动离职,用人单位用工自主权的行使也必须在相关法律和政策的框架内,调岗需符合一定条件和范围,具有合理性,否则,员工有权主张调整无效。

岗位一旦调整,薪酬随之进行调整是调岗的应有之义,故关键在于如何依法调岗。由于岗位、薪酬均是劳动合同的基本内容,如要进行变更,按前文所述规定,原则上用人单位需与劳动者协商一致。因此,对于竞聘上岗未能成功的人员进行调岗调薪,用人单位不能简单用行政化通知的方式处理,而应争取获得员工的书面签字认可或直接变更劳动合同。因此,只要员工书面认可,调岗降薪的风险就基本可控,但问题在于调岗尤其是降岗往往伴随着降薪,若员工不认可调岗降薪安排并拒绝签字确认,该如何应对呢?

第一,加强事前防范工作。实践中,一些公司会在劳动合同中约定:“用人单位有权根据自身经营管理需要和员工的表现与能力调整员工的工作岗位。”类似的约定是否合法有效,在司法实践中存在争议。但按“(2016)川 01 民再 119 号”民事判决书的观点,该类条款系双方自愿签署,应为合法有效,双方均应遵守。因此,国有企业可在员工入职签署的劳动合同中增加前述类似条款。同时,国有企业还可在竞聘上岗方案中明确竞聘上岗不成功的员工需接受用人单位的合理岗位调整安排,并要求员工报名竞聘时对竞聘上岗方案予以认可,以实现证明双方事先协商一致的目的。

第二,完善并落实调岗程序。国有企业作为用人单位对于竞聘上岗未成功的员工的调岗安排,结合“人力资源社会保障部、最高人民法院联合发布第一批劳动人事争议典型案例之十四:孙某与某模具公司劳动合同纠纷案”的要求,应遵守必要性、合理性原则,不应存在歧视性、侮辱性,既要结合企业实际经营管理需要,也要适当考虑新岗位与员工个人的能力、与其原工作具有一定匹配性、关联性,其劳动报酬一般不会因调岗大幅下降,并在作出决定之前充分征求员工个人意见,同时对操作过程进行书面留痕。

第三,如员工不认可调岗降薪安排,但本次竞聘上岗是在企业进行大范围机构改革调整的背景下进行的,可按照《劳动合同法》第 40 条第 3 项“劳动合同订立时所依据的客观情况发生重大变化,致使劳动合同无法履行,经用人单位与劳动者协商,未能就变更劳动合同内容达成协议的”的规定,由用人单位提前 30 日以书面形式通知劳动者本人或者额外支付劳动者 1 个月工资后单方解除劳动合同。

第四,如竞聘上岗并不存在前述发生重大变化的客观情况,且员工拒不到新岗位工作如何处理? 本书认为,由于提供劳动是员工的基本义务,用人单位可及时向员工发出到岗通知并告知其继续拒不到岗的后果即按旷工处理,如旷工达到内部考勤制度规定的单方辞退条件,则可按程序进行辞退。

(二)竞聘上岗后无法达到考核目标的调岗降薪

从本次改革的要求看,竞聘上岗成功的员工也并非高枕无忧,国有企业一般会与该等员工签署聘任书、目标责任书或类似协议约定,如后续未能达到考核目标,该等员工也会面临岗位和薪酬调整的问题。该等问题的应对,与前文所述竞聘上岗不成的调岗调薪类似,可资参考。

二、关于“员工能进不能出”与畅通员工退出通道

解决“员工能进不能出”的问题,就是要打破过去国有企业一般不辞退员工而造成的“铁饭碗”现象,对劳动用工实行契约化管理,实现员工能进能出。也就是说,对严重违反企业规章制度或不胜任岗位要求等符合法定辞退条件的员工,国有企业应依法单方解除劳动合同,进而畅通员工退出渠道。但是,《劳动法》《劳动合同法》对用人单位辞退员工规定较严,只有达到法定的解除条件时用人单位方能单方辞退员工,否则,将承担支付双倍经济补偿等法律责任,并可能在企业甚至社会层面造成较大的不良影响。

同时,按最高人民法院《关于审理劳动争议案件适用法律问题的解释

(一)》第 44 条的规定,用人单位在解除劳动合同纠纷中需承担举证责任。因此,如用人单位关于辞退依据与程序的证据不完善,则败诉风险较大。如何正确适用法定解除机制,是畅通员工退出渠道的关键。下面,本部分结合国有企业劳动人事的相关实践,选择常见的解除、终止劳动合同相关问题并就其适用分析如下。

(一)员工在试用期间被证明不符合录用条件的,如何及时依法辞退

在市场化招聘与推广实施劳动合同制的背景下,国有企业应把好“入口关”,也就是说,经适当试用期考核,凡不符合录用条件的员工,应及时依法辞退。按照《劳动合同法》第 39 条第 1 项的规定,员工在试用期间被证明不符合录用条件的,用人单位可以解除劳动合同。结合司法实践看,适用该条需要注意的主要有三点。

第一,如员工试用期将结束时,企业认为需要通过延长试用期以进一步考察员工的,可通过书面方式延长试用期,但应结合劳动合同的期限,合计不得超过《劳动合同法》规定的相应上限。

第二,试用期间并不能随意辞退员工,用人单位必须具有证据充分证明其不符合录用条件。实践中,一些在试用期内的员工表现明显不尽如人意,但国有企业因没有事先明确并告知可操作的录用条件,导致后续难以证明该员工不符合录用条件,或贸然直接辞退,导致承担相应的赔偿责任。因此,国有企业的录用条件(与招聘条件偏重于形式条件不同,录用条件一般包括配合办理入职手续、工作实际表现、身体健康条件以及其他合理的条件)、考核方式与程序需在员工入职前或入职时以书面形式进行明确且保证可操作、可考核验证,并提前告知员工,且要求员工签字确认。然后,在员工入职后,根据考核结果确定其是否符合录用条件。

第三,参考原劳动部办公厅《对〈关于如何确定试用期内不符合录用条件可以解除劳动合同的请示〉的复函》以及相关司法案例观点,若超过试用期,则企业不能以试用期内不符合录用条件为由解除劳动合同。因此,如拟以员工在试用期间不符合录用条件为由将其辞退,辞退通知必须是在试用期届满之前送达员工,而非试用期届满之后,故对试用人员是否符合录用条件的考核需要提前进行,并依据考核结果作出决定。

（二）国有企业劳动合同固定期限的合理设置

在计划经济时代，国有企业的工作曾有“铁饭碗”的说法，劳动合同制推行后，有人又认为《劳动合同法》规定的无固定期限合同是新时期的“铁饭碗”。对此，虽然从法律上看，签订无固定期限劳动合同的员工如存在法定的过错情形或其他无过错情形，作为用人单位的国有企业仍可以依法单方辞退，但在现行劳动法律框架下，无固定期限合同客观上也会让一些无功无过的庸碌员工不合理地长期增加人力成本，不利于改革目标的实现。

从法律上看，一方面，《劳动合同法》第 44 条第 1 项规定，劳动合同期满的，劳动合同终止。另一方面，《劳动合同法》第 14 条第 2 款第 3 项规定，连续订立两次固定期限劳动合同，且劳动者不存在法定特殊除外情形，双方续订劳动合同的，应签署无固定期限合同。因此，如何合理确定前两次固定期限合同的期限尤为重要。

本书认为，该期限既不能过短，也不能太长。如果设置太短，比如现在很多企业实行一年一签，则将很快到签订无固定期限合同的阶段，而这时可能还不能完全考察该员工的能力与耐力，且企业用工需求也将可能出现变化；如果设置太长，则将给企业带来较大的人力成本压力，因为如要辞退就可能会付出更大的经济成本。因此，国有企业需结合自身实际情况和用工特点，合理确定前两次固定期限劳动合同的期限，进而尽量使得最终能签署无固定期限合同的为个人能力与职业道德均符合要求的员工。

（三）辞退不能胜任工作的员工的法律要点

按照《劳动合同法》第 40 条第 2 项的规定，劳动者不能胜任工作，经过培训或者调整工作岗位，仍不能胜任工作的，用人单位可以单方辞退。也就是说，实践中常见的“末位淘汰制”是不可行的，最高人民法院发布的第 18 号指导案例“中兴通讯（杭州）有限责任公司诉王某劳动合同纠纷案”对此态度也十分明确，在此不再赘言。

按前述规定，即使员工被证明不能胜任工作，也必须再给予其机会即培训或调岗，如仍不能胜任工作的，用人单位才能依法进行辞退，并支付经济补偿金。值得注意的是，如果存在《劳动合同法》第 42 条规定的特殊除外情形，也暂不能辞退。

对此,原劳动部办公厅《关于印发〈关于《劳动法》若干条文的说明〉的通知》规定:“不能胜任工作”是指不能按要求完成劳动合同中约定的任务或者同工种、同岗位人员的工作量,用人单位不得故意提高定额标准,使劳动者无法完成。但是,该规定较为模糊,前文已述,用人单位在劳动合同解除纠纷中具有举证责任,故如何有效证明员工“不能胜任工作”是关键。下面,本书就辞退不能胜任工作的员工的法律要点分析如下。

第一,认定员工“不能胜任工作”不能“拍脑袋”,更不能凭个人好恶,必须有合理的依据。因此,除在入职时要求员工签收岗位职责书以明确其基本工作职责外,结合司法实践,绩效考核结果一般可作为“不能胜任工作”的合理依据。因此,可在绩效考核制度中,明确何种绩效分数或绩效等级属于“不胜任工作”。需要注意的是,该等设置应具有合理性,不可“任性”,考核的维度与指标最好是定性与定量结合,具有可操作性。同时,作为判断员工“不能胜任工作”依据的绩效考核等级也不宜是月度、季度这样较短周期的结果,否则将可能导致不被法院认可的后果。此外还需要注意的是,员工不能胜任工作后,如对其培训的,员工参加培训考核结果并不能作为其“仍不能胜任工作”的依据,而应再进行工作绩效考核。

第二,在绩效考评制度中设置员工书面确认与申诉制度,争取获得员工对绩效考核结果的认可。如员工拒绝签字确认绩效考核结果,可通过公司内部公告或工作邮箱、OA 系统发送等留痕方式告知,并给予其申诉期,明确超过申诉期未提出异议的则视为其认可。

第三,为防范员工拒绝书面确认绩效考核结果或不认可进行过培训,并提出异议,用人单位作为负有举证责任的主体,应做好培训、绩效考核的证据固定与保存工作,以备发生纠纷时作为证据使用。这一类的证据包括但不限于作为绩效考核依据的客户投诉记录、部门负责人的评价等底稿资料,以及员工签字确认的培训通知、培训计划与培训费用支付凭证等。

第四,员工不能胜任工作后如对其调岗的,仍需遵循合理性原则,具体要点可参照前文的相应内容。

(四)能否以严重违反劳动纪律为由辞退员工

实践中,国有企业可能会遇到这样的难题,员工出现明显违反劳动纪律、职业道德甚至社会公序良俗的行为,比如出现性骚扰、发表不当言论、与同事斗殴、辱骂公司领导等,给公司造成严重不良影响,但由于企业内部劳动规章制度并未明确将该等行为纳入"严重违反用人单位的规章制度"范畴,也难以归入"严重失职、营私舞弊"的范畴,故不符合《劳动合同法》第39条规定的法定解除条件,进而陷入辞退即可能构成违法解除合同的困境。对此,防范该类问题的关键在于完善内部劳动人事管理制度,并提高可操作性,合理扩大构成"严重违反用人单位的规章制度"范围。

但是,在内部劳动规章制度完善之前,如出现上述问题时,作为用人单位的国有企业是否就完全没有办法呢?对此,《劳动合同法》及其实施条例未给出答案,但按照《劳动法》第3条、第25条的规定,劳动者应遵守劳动纪律和职业道德,劳动者严重违反劳动纪律的,用人单位可以解除劳动合同。据此,劳动者遵守劳动纪律和职业道德是对劳动者最基本的要求,即使在用人单位内部规章制度未作出明确规定,劳动合同中亦未明确约定的情况下,劳动者严重违反劳动纪律的,用人单位仍可行使单方解除权。

当然,前述规定是一个兜底性规定,而且劳动纪律作为一种普遍行为准则具有模糊性,可能存在争议,且劳动纪律不同于内部劳动规章制度,无论是否告知劳动者,劳动者均需要遵守,故从保护劳动者合法权益并避免用人单位滥用该权利角度出发,司法实践中对适用该规定,即是否属于严重违反"劳动纪律"多从严认定。

此外,原劳动部办公厅《关于印发〈关于《劳动法》若干条文的说明〉的通知》规定:"严重违反劳动纪律"的行为可根据《企业职工奖惩条例》和《国营企业辞退违纪职工暂行规定》等有关法规认定。然而,这里引用的两个规定目前均已失效,至多具有参考意义。此外,一些地方也出台了认定指引,如宁波市中级人民法院《关于审理劳动争议案件若干疑难问题的解答(三)》规定:"如劳动者明显违反职业操守等行为确实存在且情节严重的,应当认定用人单位的解除行为合法,但对于'情节严重'的认定,应当从事实、证据及世俗、情理等角度从严把握。"

综上,为保护劳动者合法权益不被用人单位随意侵犯,《劳动合同法》及其实施条例采取有限正面列举的方式规定了用人单位可以员工过错为由单方辞退的情形,而并未设置兜底条款。但是,1995年施行的《劳动法》至今有效,故其第25条的兜底性规定可作为用人单位单方辞退员工的依据,如"(2014)沪二中民三(民)终字第938号"一案。不过,司法实践中对严重违反劳动纪律的认定把握较严,故国有企业务必在法律顾问的专业指导下进行证据收集与性质认定,然后按程序作出决定。

三、关于“收入能增不能减”与实行绩效考核、减少福利

根据国务院《关于改革国有企业工资决定机制的意见》,企业经济效益增长的,当年工资总额增长幅度可在不超过经济效益增长幅度范围内确定;企业经济效益下降的,除受政策调整等非经营性因素影响外,当年工资总额原则上相应下降;国有企业应建立健全以岗位工资为主的基本工资制度,加强全员绩效考核,使职工工资收入与其工作业绩和实际贡献紧密挂钩,切实做到能增能减。此外,一些地方还出台了清理不合规福利的规定,比如成都市人民政府办公厅《关于进一步深化市属国有企业内部劳动人事分配制度改革的指导意见》规定:“加强福利项目和费用管理,严格清理规范工资外收入。社会保险、住房公积金、企业年金、福利费等国家和地方有明确政策规定的,要严格执行相关规定,不得超标列支。企业效益下降的,福利费不得增长。”因此,未来国有企业员工的工资收入将在基本工资的基础上,主要与绩效考核挂钩,且部分福利可能会被削减,在这个改革过程中,必然涉及部分国有企业员工收入降低的问题。

按照《劳动法》第 47 条的规定,用人单位有权根据本单位的生产经营特点和经济效益,依法自主确定本单位的工资分配方式和工资水平。但是,具体到每个员工,按照《劳动合同法》第 35 条第 1 款规定:“用人单位与劳动者协商一致,可以变更劳动合同约定的内容……”因此,如用人单位违规单方降低员工工资,劳动行政部门责令限期补足,逾期不支付的,按应付金额 50% 以上 100% 以下的标准向劳动者加付赔偿金。同时,员工还有权以用人单位未足额发放工资为由单方辞职并要求支付经济补偿金。因此,面对上述法律风险,国有企业解决“收入能增不能减”问题的过程中不可不慎。

(一)实行绩效考核的法律要点

按照国资监管要求,本次收入改革的核心之一是让国有企业员工的收入与其工作业绩和实际贡献挂钩,这就意味着要打破过去“吃大锅饭”的局面,国有企业员工只要表现不佳、不能达到考核目标,其收入就会相应减少。显然,与此相关的制度设计就是绩效考核,这也是包括国有企业在内的市场化主体适用的越来越多的模式。除制定程序在本部分其他地方已有解析外,现就绩效考核相

关法律要点分析如下：

首先，绩效考核必须要指标化、量化，并具有合理性，避免出现维度设置相关性不强、评分主观性过强、目标责任苛刻等问题，进而可能导致绩效考核结果不被劳动仲裁机构和法院支持。

其次，在绩效考核实施过程中，应注重作出考核评分依据资料的收集与保存，并要求员工对绩效考核的一些关键过程性资料尤其是考核结果签字确认。这是因为按最高人民法院《关于审理劳动争议案件适用法律问题的解释(一)》第44条的规定，减少劳动报酬纠纷中应由用人单位举证，如举证不能则用人单位承担不利后果。

最后，在绩效考核结果运用上，与绩效工资挂钩的前提是需在劳动合同或企业内部工资管理制度中明确工资构成，即基本工资+绩效工资，并说明绩效考核与绩效工资发放的对应关系与具体计算方式。当然，绩效考核结果还有其他作用，可参见本部分“辞退不能胜任工作的员工的法律要点”的论述。

(二)国有企业减少福利的法律要点

前文已述，国有企业应按国资监管规定清理福利，这就可能降低员工福利标准，那么是否涉及劳动合同变更，进而也需与员工协商一致方能实施？要回答这个问题，就需要先搞清楚福利与工资的范围与界限。

国家统计局《关于工资总额组成的规定》第4条规定：“工资总额由下列六个部分组成：(一)计时工资；(二)计件工资；(三)奖金；(四)津贴和补贴；(五)加班加点工资；(六)特殊情况下支付的工资。”由此可以看出，该规定并未直接将福利纳入工资范围，但其第4项规定的津贴和补贴在实践中也常常被称为福利，甚至社保、住房公积金以及假期等也在广义上被认为是员工福利，但工资与福利二者在法律上并不相同：

首先，《劳动合同法》第17条规定劳动合同基本条款时，将劳动报酬即工资与福利并列。

其次，《关于印发〈关于贯彻执行《中华人民共和国劳动法》若干问题的意见〉的通知》第53条规定，用人单位支付给劳动者个人的社会保险福利费用，如丧葬抚恤救济费、生活困难补助费、计划生育补贴等不属于工资范围。

最后，参考税法的相关规定，如国家税务总局《关于企业工资薪金及职工福利费扣除问题的通知》也规定职工的工资薪金不包括职工福利费、职工教育经费、工会经费等。

综上,从货币支付的角度出发,工资与福利不同,故降低福利不一定就是降低工资,但具体是否需要与员工协商或履行其他民主程序,需分类考虑。

第一,如该等福利明确写入了劳动合同,则国有企业作为用人单位要降低或取消该福利,涉及变更劳动合同,需与员工协商一致。当然,该等情形在实践中较少出现,福利一般只是在劳动合同中进行的较为笼统的约定。

第二,如该等福利没有写入劳动合同,无论是否在国有企业内部制定的规章管理制度中写入,国有企业作为用人单位要降低或取消该福利,都将涉及直接变更涉及劳动者切身利益的规章制度或者重大事项,故应按《劳动合同法》第4条第2款规定履行“经职工代表大会或者全体职工讨论,提出方案和意见,与工会或者职工代表平等协商确定”的程序,并在决定作出后进行公示或告知员工。

值得注意的是,如该等福利虽没有被写入劳动合同,但实际上长期与工资一并按时固定发放,也可能被认定属于国家统计局《关于工资总额组成的规定》第4条第4项规定的津贴和补贴,进而也被认定为工资。对此,国有企业可在劳动合同或内部工资管理制度中参照前述规定对工资范围进行明确的合理界定,以避免本属于福利的金额被认定为工资。

四、关于国有企业劳动人事改革管理制度的制定与适用

(一)国有企业制定劳动人事改革管理制度的法律程序要点

按照《劳动合同法》第4条的规定,用人单位在制定、修改或者决定直接涉及劳动者切身利益的规章制度或者重大事项时,应当经职工代表大会或者全体职工讨论,提出方案和意见,与工会或者职工代表平等协商确定,并在决定作出后进行公示或者告知劳动者。

实践中,个别国有企业基于工作效率或其他因素考虑,对严格履行前述民主程序存在一定的不理解,但从司法案例来看,如未履行前述民主程序,按主流司法观点和最高人民法院《关于审理劳动争议案件适用法律问题的解释(一)》第50条规定,将面临该制度不能作为处分员工依据的法律风险。比如,“(2017)津01民终5820号”民事判决书认为:“煜百年公司未提供证据证明员工手册经过职工代表大会讨论并进行公示。煜百年公司依据未通过民主程序制定且未进行公示的员工手册与李某伟解除劳动合同,属违法解除。”而

“(2016)鄂01民终6399号”民事判决书更是直接指出：“用人单位制订的规章制度没有遵循法定的程序，则对劳动者没有约束力。”

值得注意的是，也有个别司法观点对此有所松动，比如“(2020)苏05民终3456号”民事判决书认为：“对于未经民主程序制定的规章制度只是形式上的瑕疵，关键仍要看规章制度是否符合法律、法规的内容，是否存在明显不合理的情形，是否向劳动者公示或者告知。”该观点在国有企业应对此类纠纷时具有一定参考价值。

综上，由于本次三项制度改革均涉及劳动者切身利益，结合相关规定和主流司法观点，从防控法律风险角度出发，国有企业应就改革方案以及为执行改革方案而制定、修改的劳动人事管理制度履行前述规定程序。值得一提的是，在履行征求意见、公示和告知程序时，务必采取证据留痕措施，比如在征求意见时，既可通过现场会议并签到的方式，也可通过工作邮箱、OA系统群发或者在公司内部公示征求意见的方式。

(二)国有企业的劳动人事改革管理制度能否直接适用于子公司

经过新一轮的国企整合工作，国有领域形成了一个个国有大型集团，而国有大型集团的制度建设往往是自上而下的，一般由国有大型集团制定某管理制度并明确适用集团本部及子公司，下属子公司要么直接参照适用集团的制度，要么在后续结合自身实际并参照集团的相应管理制度制定自身的规定，而这个过程中可能存在时滞，在本次改革时也必然会面临类似问题。那么，国有大型集团的子公司在自身没有制定管理制度的情况下，是否可以直接适用集团的劳动人事改革管理制度对员工进行管理与奖惩呢？这个问题在司法实践中存在争议，现归纳如下。

首先，主流司法观点认为这是不可以的，如“(2019)川01民终11105号”民事判决书认为，子公司鸿富锦公司具有独立法人资格，应当依照法律规定制定本公司员工的劳动规章制度，但其并未制定；子公司鸿富锦公司据以解除与孟某劳动合同关系的《集团员工违纪处理管理规定》并非该公司制定，而是其母公司即集团公司制定的，故其解除缺乏依据，构成违法解除劳动合同。

其次，在履行了《劳动合同法》第4条规定的民主程序的特殊情形下，也存在认定子公司可以适用母公司的劳动人事管理规定对员工进行处分的个别案例，比如“(2018)粤民申7323号”民事裁定书认为：“《员工手册》虽然系顺汽集团公司制定,但顺汽公司作为顺汽集团公司独资设立的下级子公司,在未另行单独制定规章制度的情况下,沿用上级集团公司的规章制度符合集团企业内部的惯常做法,亦不违反法律法规的强制性规定。《员工手册》经民主程序制定公示并在陈某入职时已向其送达告知,故可在顺汽公司与陈某的劳动关系中予以使用。”本书认为,该类特殊判决的逻辑在于,在履行民主程序尤其是事先告知员工的前提下,应尊重集团企业的惯例,避免子公司因没有制定劳动规章制度就无法管理员工的情况发生,故应认可子公司引用集团公司制度对员工进行管理,以实现劳动者合法权益保护与用人单位合理劳动管理权的平衡。

综上,由于国有大型集团与其子公司均为独立的法人主体,其关系不同于总分公司,结合主流的司法观点,为防控相应的劳动法律风险,在本次三项制度改革过程中,国有大型集团的下属子公司应及时结合自身实际并参照母公司的相应劳动人事改革管理制度按规定程序制定自身的规定,以避免发生争议与纠纷。

第二节 国有企业对高管的免职管理

一、基本情况

作为本轮国有企业深化改革纲领性文件的中共中央、国务院《关于深化国有企业改革的指导意见》(中发〔2015〕22号)提出,在国有企业推行职业经理人制度,实行内部培养和外部引进相结合,并对国有企业经理层成员进行任期制和契约化管理,严格任期管理和目标考核。该举措旨在深化改革国有企业干部管理机制,在引入与培养高水平经营管理人才的同时,实行企业目标管理,并打破过去国有企业领导干部"能上不能下"的弊端。在此背景下,国有企业开始"动真格",解聘不合格、不达标的高级管理人员已逐渐成为常态而不再鲜见。但是,由此造成的争议纠纷也逐渐出现。

实践中,无论是否签署劳动合同,高级管理人员除与国有企业具有聘任关系外,由于其一般专职服务于履职的国有企业并在该企业领酬,受该企业规章制度约束,故大多与国有企业同时具有(事实)劳动关系,受《劳动合同法》规制与保护。[①] 那么,国有企业应如何免去高级管理人员职务?免去职务后其劳动合同是否同时解除或终止?如何准确认识并妥善应对前述相关问题,是合规推进任期制与目标责任制并畅通国有企业领导干部退出通道的关键。对此,本书结合法律服务经验和相关案例探析如下,以供参考。

二、相关实务问题分析

国有企业高级管理人员具有国有企业领导干部、(副)总经理以及劳动者等

① 在"(2018)苏民申4017号"一案中,法院认为,受公司董事会聘任的经理级管理人员与公司间形成的系委任关系(委托合同关系)而非劳动关系,双方之间的权利义务应依《公司法》及双方之间的聘用合同调整,而非适用《劳动合同法》调整。本书认为,该观点将高级管理人员排除在劳动法律法规的保护范围之外,既不利于高级管理人员合法权益的保护,也与现行劳动法律规定和主流司法观点不符,故公司与高级管理人员成立的委任关系不应排斥劳动关系的存在。

多重身份属性，分别适用国资监管政策文件、《公司法》和《劳动合同法》，故国有企业在免除高级管理人员职务和解除或终止与之的劳动合同时，也需相应考量前述规定。

（一）从国资管理和《公司法》角度如何免去高级管理人员职务

首先，从程序上而言，一般是有权的国资监管部门或上级单位按干部人事管理和“三重一大”的制度对高级管理人员作出免职决定后，由高级管理人员履职的企业按《公司法》和公司章程作出决议进行贯彻，并办理必要的工商变更登记手续。司法实践中，法院一般也会重点关注免职程序的合规性。

其次，从实体上而言，免去国有企业高级管理人员职务的原因是多种的，既可能是正常调任，也可能是因高级管理人员考核不达标、存在违规违纪情形，或者其他原因，但不存在法定强制的理由。其中，按《公司法》相关规定，公司董事会有权决定聘任和解聘总经理，并根据经理的提名决定聘任或者解聘公司副经理、财务负责人。据此，结合主流司法观点，公司与高级管理人员属于委任关系，公司具有任意解聘权，故国有企业可按《公司法》和公司章程规定的程序作出决定直接免去高级管理人员职务，而不需要说明理由，法院一般也不实质审查免职的理由。比如，在“（2017）粤民申6163、6164号”一案中，法院认为，曾某主张Z公司无故解聘其副总经理职务并克扣其岗位工资，并以此为由主张经济补偿金和补足工资等，但Z公司作为国有企业，其必须执行上级主管部门党委会议的决议，如曾某对解聘其副总经理的职务有异议，应通过正常的组织关系或渠道解决。

最后，值得注意的是，国有企业当前对高级管理人员实行契约化管理，一般会与高级管理人员签署聘任合同，约定将根据目标考核结果兑现绩效与奖励，升降职务乃至解聘。在此情况下，国有企业的任意解聘权可能会受到聘任合同限制，如没有证据证明发生聘任合同约定的解聘情形而径行对高级管理人员免职，存在被认定为违约并承担赔偿责任的风险。比如，在“（2018）苏民申4017号”一案中，法院认为，Y公司于2015年7月15日解除与顾某之间的聘用协议，并不符合聘用协议中3年未能完成董事会制定的目标收入的约定，故Y公司解聘顾某，应就该行为导致顾某的损失即被提前解聘的预期工资差额承担赔偿责任。据此，国有企业实行契约化管理，如约定不慎，反而将增大自身风险。

（二）从《劳动合同法》角度如何解除或终止与高级管理人员的劳动合同

虽然司法实践中许多法院已提出高级管理人员与其他员工的工作方式、议价能力、管理模式等并不相同，故在一些特殊情况下其劳动保护应有所不同，但现行《劳动法》《劳动合同法》仍未明确将公司高级管理人员与高级管理人员以外的员工进行区别立法。因此，与公司建立劳动关系的高级管理人员理论上也受到《劳动法》《劳动合同法》的同等保护，对事关劳动者重大权益的劳动合同解除、终止适用条件与程序上，也是如此。众所周知，《劳动合同法》对用人单位单方解除劳动合同的条件和终止劳动合同适用严格的法定原则，即无法律法规明确规定的条件，用人单位不得单方解除或终止劳动合同。

（三）将高级管理人员免职时其劳动合同是否同时解除

如前文分析，现行劳动法律法规对企业将高级管理人员免职后其劳动合同的解除问题并无明确规定。那么，企业将高级管理人员免职的同时其劳动合同是否同时解除，司法实践中存在一定争议。

1. 将高级管理人员免职并不导致其劳动合同同时解除

一部分法院认为，免去高级管理人员职务与解除劳动合同分别受《公司法》和《劳动合同法》规制，企业将高级管理人员免职并不必然导致劳动合同解除。比如，“（2015）沪二中民三（民）终字第 747 号”一案中，法院认为，公司基于《劳动法》享有的解雇权与其基于《公司法》享有的对高级管理人员的解聘权虽有牵连，但并不冲突。董事会依《公司法》聘用或解聘高级管理人员应视为其对相关岗位的人事安排，是企业经营自主权的体现，但要以高级管理人员严重失职、严重违反规章制度为由作出解除劳动合同决定，应举证证明方可。此外，在“（2017）粤民申 6163、6164 号”“（2020）赣 02 民终 146 号”等案件中，案涉国有企业高级管理人员虽被免去职务，但其劳动合同也未被认定同时解除。

2. 将高级管理人员免职的同时其劳动合同解除

另一部分法院认为，高级管理人员与其他普通员工不同，其与公司建立劳动关系的基础是基于《公司法》下的聘任关系，不能完全按普通员工的逻辑认定其劳动合同的解除。比如，在“（2015）海南二中民一终字第 1091 号”一案中，丁某主张 Y 市城市建设投资有限公司违法解除劳动合同，但法院认为，Y 市人民政府于 2009 年 5 月 19 日发布通知任命丁某为 Y 市城市建设投资有限公司副总经理，后于2013年4月1日发布通知解聘其职务，丁某与Y市城市建设投资有限公司劳动关系存续期间应自2009年5月19日起至2013年4月1日止。不过，该案判决文书对2013年4月1日这个节点究竟是解除还是终止劳动合同并未明确，也未提出令人信服的依据和说理。

此外，在"(2020)最高法民再50号"一案中，法院认为，孙某为W公司董事长、法定代表人，与公司建立了事实劳动关系，但在2018年2月，W公司免除了孙某董事长、法定代表人职务，且未再安排孙某从事其他工作，孙某与W公司形成事实劳动关系的基础已经丧失，事实劳动关系应相应解除，以防止公司因经营发展需要而无理由解除董事、法定代表人职务的同时，不得不背负沉重的、难以摆脱的劳动合同负担。虽然该案的孙某系董事长而非高级管理人员，但其逻辑类似，可资参考。

综上，认定高级管理人员免职的同时其劳动合同相应解除虽然存在一定的合理性，但从现行劳动法律法规看缺乏明确依据，并非司法主流观点，这类相关案例可作为国有企业事后应对劳动仲裁、诉讼的参考，但在事前处理类似问题上需更加谨慎。

(四)将高级管理人员免职后的劳动关系如何处理

前文已述，按现行劳动法律规定，将高级管理人员免职一般并不导致其劳动合同同时解除，如高级管理人员在被免职的同时存在用人单位可单方解除或终止劳动合同的情形，国有企业作为用人单位自无困扰，但此时如并不存在用人单位可单方解除或终止劳动合同的情形，国有企业下一步该如何处理？司法实践中有如下典型情况可资参考。

1. 高级管理人员被免职后"长期两不找"的，视为协商解除劳动合同

在"(2020)赣02民终146号"一案中，法院认为，李某自2017年5月31日被解聘副经理职务后，虽然T公司未安排其工作确有不当，但李某在较长一段时间内也未向T公司表达工作要求，可以推定李某以此方式表达了解除双方劳动关系的意愿。同样，T公司长期未安排李某工作，并向李某寄送了解除劳动合同通知书，故根据李某被解聘后双方的行为表现，可认定本案劳动关系的解除系协商解除，T公司应按规定支付经济补偿金。

2. 高级管理人员被免职且劳动合同期限届满后继续工作的，可随时终止劳动关系

在“（2010）粤高法审监民提字第82号”一案中，法院认为，根据2008年最高人民法院《关于审理劳动争议案件适用法律若干问题的解释》（已失效）第16条第1款的规定，劳动合同期满后，劳动者仍在原用人单位工作，一方提出终止劳动关系的，人民法院应当支持。本案陈某于1996年7月1日与X公司签订劳动合同，2001年4月30日期满后，双方一直未就续订劳动合同达成一致，故X公司于2002年单方解除与陈某的劳动关系没有违反法律规定。对于此案，有如下三点需注意。

首先，前述最高人民法院《关于审理劳动争议案件适用法律若干问题的解释》虽然现已废止，但其第16条已被现行最高人民法院《关于审理劳动争议案件适用法律问题的解释（一）》第34条吸纳，故仍可适用。

其次，《劳动合同法》第14条第3款规定，用人单位自用工之日起满1年不与劳动者订立书面劳动合同的，视为用人单位与劳动者已订立无固定期限劳动合同。因此，如国有企业在被免职的高级管理人员的劳动合同期限届满后1年内未与之续订的，应视为双方已订立无固定期限劳动合同，如“（2019）川民申2974号”一案的法院就持此观点。在此情况下，国有企业不能再直接引用最高人民法院《关于审理劳动争议案件适用法律问题的解释（一）》第34条提出终止劳动关系。

最后，根据《劳动合同法》第14条、第82条的规定，已建立劳动关系，未同时订立书面劳动合同的，用人单位应当自用工之日起1个月内订立书面劳动合同，否则，应当向劳动者每月支付2倍的工资。对此，在“（2020）川01民终10512号”一案中，法院认为，最高人民法院《关于审理劳动争议案件适用法律若干问题的解释》（已失效）第16条并没有免除在此情形下用人单位根据《劳动合同法》第10条规定的与劳动者签订书面劳动合同的法定义务。因此，如国有企业作为用人单位在被免职的高级管理人员的劳动合同期限届满1个月后才行使随时终止权，将面临支付双倍工资的法律风险。

3. 如暂无依据单方解除或终止劳动合同，可对高级管理人员合理调岗调薪

在“（2017）粤民申6163、6164号”一案中，法院认为，Z公司作为国有企业，在解聘曾某的副总经理职务后，根据公司实际情况和曾某的工作经历将其工作岗位调整为风控部副经理并重新核发其绩效工资并无不当。据此，国有企业虽然有权将高级管理人员免职，但高级管理人员同时为公司员工，如暂无依据单方解除或终止劳动合同，可对高级管理人员调岗调薪，岗位安排上可调整为经营管理层外的中基层岗位，且宜将公司经营需要与被免职的高级管理人员个人经验、能力结合考虑，确保调整相对具有合理性。

值得注意的是，如高级管理人员还兼任中层管理职务时，需谨慎调岗。比如，在“（2020）桂12民终795号”一案中，R公司聘任赵某为公司副总经理兼办公室主任，但之后R公司免去赵某的公司副总经理兼办公室主任职务，并将赵某调整到城区中队任库房管理员。对此，法院认为，R公司没有为赵某提供《劳动合同书》约定的劳动条件（继续任命赵某为公司高层管理人员），并在没有与赵某协商一致的情况下调整其担任城区中队库房管理员，构成违法。对于此案，本书认为，其裁判值得商榷，赵某受聘担任副总经理、办公室主任两个职务，应分别考量。

首先，公司基于《公司法》对高级管理人员享有的解聘权，与基于《劳动合同法》原则上应与劳动者协商一致才能变更劳动合同内容的义务之间应有合理平衡，在公司已免去其高级管理人员职务后，如不允许公司单方合理调岗，不仅将实质剥夺公司对高级管理人员的自主解聘权，还可能造成公司与劳动者形成僵局，故应允许公司对免职的高级管理人员单方合理调岗调薪，也有利于实现国有企业领导干部“能上能下”的改革目标。

其次，如高级管理人员还兼任公司高级管理人员以外的其他中基层职务如办公室主任，则该等职务的调整适用劳动法律法规，如未与劳动者协商一致或不存在其他规定用人单位可单方调岗的情形，用人单位不得随意调整。

实务提示

在国有企业对经营管理层实行任期制、契约化管理和打破领导干部“能上不能下”的改革背景下，由于高级管理人员具有多重身份属性，在对其免职和解除、终止劳动关系等方面存在较大法律风险。为防范前述法律风险并做到合规管理，最终顺利完成改革任务，需注意如下：

首先，对高级管理人员实行契约制的，既要签署聘任合同，也要及时签署劳动合同，并合理设置聘用合同解聘条款，避免公司的无因解聘权受限。

其次，按程序将高级管理人员免职的同时，需谨慎直接解除或终止劳动合同，应根据是否存在法定的用人单位可单方解除或终止劳动合同的情形，分不同情况处理，以避免被认定违法解除或终止劳动合同。

最后，如将高级管理人员免职后暂不存在法定的用人单位可单方解除或终止劳动合同的情形，可对其调岗调薪。其中，为提高调岗调薪的合理性与可操作性，可在劳动合同、聘用合同中均事先明确约定公司在将高级管理人员免职后有权如何调岗调薪。

附　录

国有企业常用国资法律规定和常用法律文书模板汇编

附录一　国有企业常用国资法律规定摘录

一、国有企业投融资类

（一）《中央企业投资监督管理办法》（国务院国有资产监督管理委员会令第34号）

第九条　国资委根据国家有关规定和监管要求，建立发布中央企业投资项目负面清单，设定禁止类和特别监管类投资项目，实行分类监管。列入负面清单禁止类的投资项目，中央企业一律不得投资；列入负面清单特别监管类的投资项目，中央企业应报国资委履行出资人审核把关程序；负面清单之外的投资项目，由中央企业按照企业发展战略和规划自主决策。中央企业投资项目负面清单的内容保持相对稳定，并适时动态调整。

中央企业应当在国资委发布的中央企业投资项目负面清单基础上，结合企业实际，制定本企业更为严格、具体的投资项目负面清单。

第十一条　中央企业应当按照企业发展战略和规划编制年度投资计划，并与企业年度财务预算相衔接，年度投资规模应与合理的资产负债水平相适应。企业的投资活动应当纳入年度投资计划，未纳入年度投资计划的投资项目原则上不得投资，确需追加投资项目的应调整年度投资计划。

第十二条　中央企业应当于每年3月10日前将经董事会审议通过的年度投资计划报送国资委。年度投资计划主要包括以下内容：

（一）投资主要方向和目的；

（二）投资规模及资产负债率水平；

（三）投资结构分析；

（四）投资资金来源；

（五）重大投资项目情况。

第十三条　国资委依据中央企业投资项目负面清单、企业发展战略和规划,从中央企业投资方向、投资规模、投资结构和投资能力等方面,对中央企业年度投资计划进行备案管理。对存在问题的企业年度投资计划,国资委在收到年度投资计划报告(含调整计划)后的20个工作日内,向有关企业反馈书面意见。企业应根据国资委意见对年度投资计划作出修改。

进入国资委债务风险管控“特别监管企业”名单的中央企业,其年度投资计划需经国资委审批后方可实施。

第十四条 列入中央企业投资项目负面清单特别监管类的投资项目,中央企业应在履行完企业内部决策程序后、实施前向国资委报送以下材料:

(一)开展项目投资的报告;

(二)企业有关决策文件;

(三)投资项目可研报告(尽职调查)等相关文件;

(四)投资项目风险防控报告;

(五)其他必要的材料。

国资委依据相关法律、法规和国有资产监管规定,从投资项目实施的必要性、对企业经营发展的影响程度、企业投资风险承受能力等方面履行出资人审核把关程序,并对有异议的项目在收到相关材料后20个工作日内向企业反馈书面意见。国资委认为有必要时,可委托第三方咨询机构对投资项目进行论证。

第十五条 中央企业应当根据企业发展战略和规划,按照国资委确认的各企业主业、非主业投资比例及新兴产业投资方向,选择、确定投资项目,做好项目融资、投资、管理、退出全过程的研究论证。对于新投资项目,应当深入进行技术、市场、财务和法律等方面的可行性研究与论证,其中股权投资项目应开展必要的尽职调查,并按要求履行资产评估或估值程序。

第十六条 中央企业应当明确投资决策机制,对投资决策实行统一管理,向下授权投资决策的企业管理层级原则上不超过两级。各级投资决策机构对投资项目做出决策,应当形成决策文件,所有参与决策的人员均应在决策文件上签字背书,所发表意见应记录存档。

(二)《关于加强中央企业资金管理有关事项的补充通知》(国资厅发评价〔2012〕45号)

(三)《关于加强中央企业融资担保管理工作的通知》(国资发财评规〔2021〕75号)

五、严格控制超股比融资担保。中央企业应当严格按照持股比例对子企业和参股企业提供担保。严禁对参股企业超股比担保。对子企业确需超股比担保的，需报集团董事会审批，同时，对超股比担保额应由小股东或第三方通过抵押、质押等方式提供足额且有变现价值的反担保。对所控股上市公司、少数股东含有员工持股计划或股权基金的企业提供超股比担保且无法取得反担保的，经集团董事会审批后，在符合融资担保监管等相关规定的前提下，采取向被担保人依据代偿风险程度收取合理担保费用等方式防范代偿风险。

二、国有资产交易与无偿划转类

（一）《企业国有资产产权登记管理办法》（中华人民共和国国务院令第192号）

第一条　为了加强企业国有资产产权登记管理，健全国有资产基础管理制度，防止国有资产流失，制定本办法。

第二条　本办法所称企业国有资产产权登记（以下简称产权登记），是指国有资产管理部门代表政府对占有国有资产的各类企业的资产、负债、所有者权益等产权状况进行登记，依法确认产权归属关系的行为。

第三条　国有企业、国有独资公司、持有国家股权的单位以及以其他形式占有国有资产的企业（以下统称企业），应当依照本办法的规定办理产权登记。

第四条　企业产权归属关系不清楚或者发生产权纠纷的，可以申请暂缓办理产权登记。

企业应当在经批准的暂缓办理产权登记期限内，将产权界定清楚、产权纠纷处理完毕，并及时办理产权登记。

第五条　县级以上各级人民政府国有资产管理部门，按照产权归属关系办理产权登记。

国有资产管理部门根据工作需要，可以按照产权归属关系委托政府有关部门或者机构办理产权登记。

第六条　产权登记分为占有产权登记、变动产权登记和注销产权登记。

（二）《企业国有资产交易监督管理办法》（国务院国有资产监督管理委员会、中华人民共和国财政部令第32号）

第一章　总　　则

第二条　企业国有资产交易应当遵守国家法律法规和政策规定，有利于国有经济布局和结构调整优化，充分发挥市场配置资源作用，遵循等价有偿和公开公平公正的原则，在依法设立的产权交易机构中公开进行，国家法律法规另有规定的从其规定。

第三条 本办法所称企业国有资产交易行为包括：

（一）履行出资人职责的机构、国有及国有控股企业、国有实际控制企业转让其对企业各种形式出资所形成权益的行为（以下称企业产权转让）；

（二）国有及国有控股企业、国有实际控制企业增加资本的行为（以下称企业增资），政府以增加资本金方式对国家出资企业的投入除外；

（三）国有及国有控股企业、国有实际控制企业的重大资产转让行为（以下称企业资产转让）。

第四条 本办法所称国有及国有控股企业、国有实际控制企业包括：

（一）政府部门、机构、事业单位出资设立的国有独资企业（公司），以及上述单位、企业直接或间接合计持股为100%的国有全资企业；

（二）本条第（一）款所列单位、企业单独或共同出资，合计拥有产（股）权比例超过50%，且其中之一为最大股东的企业；

（三）本条第（一）、（二）款所列企业对外出资，拥有股权比例超过50%的各级子企业；

（四）政府部门、机构、事业单位、单一国有及国有控股企业直接或间接持股比例未超过50%，但为第一大股东，并且通过股东协议、公司章程、董事会决议或者其他协议安排能够对其实际支配的企业。

第五条 企业国有资产交易标的应当权属清晰，不存在法律法规禁止或限制交易的情形。已设定担保物权的国有资产交易，应当符合《中华人民共和国物权法》、《中华人民共和国担保法》等有关法律法规规定。涉及政府社会公共管理事项的，应当依法报政府有关部门审核。

第二章　企业产权转让

第七条 国资监管机构负责审核国家出资企业的产权转让事项。其中，因产权转让致使国家不再拥有所出资企业控股权的，须由国资监管机构报本级人民政府批准。

第八条 国家出资企业应当制定其子企业产权转让管理制度，确定审批管理权限。其中，对主业处于关系国家安全、国民经济命脉的重要行业和关键领域，主要承担重大专项任务子企业的产权转让，须由国家出资企业报同级国资监管机构批准。

转让方为多家国有股东共同持股的企业，由其中持股比例最大的国有股东负责履行相关批准程序；各国有股东持股比例相同的，由相关股东协商后确定其中一家股东负责履行相关批准程序。

第九条　产权转让应当由转让方按照企业章程和企业内部管理制度进行决策，形成书面决议。国有控股和国有实际控制企业中国有股东委派的股东代表，应当按照本办法规定和委派单位的指示发表意见、行使表决权，并将履职情况和结果及时报告委派单位。

第十条　转让方应当按照企业发展战略做好产权转让的可行性研究和方案论证。产权转让涉及职工安置事项的，安置方案应当经职工代表大会或职工大会审议通过；涉及债权债务处置事项的，应当符合国家相关法律法规的规定。

第十一条　产权转让事项经批准后，由转让方委托会计师事务所对转让标的企业进行审计。涉及参股权转让不宜单独进行专项审计的，转让方应当取得转让标的企业最近一期年度审计报告。

第十二条　对按照有关法律法规要求必须进行资产评估的产权转让事项，转让方应当委托具有相应资质的评估机构对转让标的进行资产评估，产权转让价格应以经核准或备案的评估结果为基础确定。

第十三条　产权转让原则上通过产权市场公开进行。转让方可以根据企业实际情况和工作进度安排，采取信息预披露和正式披露相结合的方式，通过产权交易机构网站分阶段对外披露产权转让信息，公开征集受让方。其中正式披露信息时间不得少于20个工作日。

因产权转让导致转让标的企业的实际控制权发生转移的，转让方应当在转让行为获批后10个工作日内，通过产权交易机构进行信息预披露，时间不得少于20个工作日。

第十四条　产权转让原则上不得针对受让方设置资格条件，确需设置的，不得有明确指向性或违反公平竞争原则，所设资格条件相关内容应当在信息披露前报同级国资监管机构备案，国资监管机构在5个工作日内未反馈意见的视为同意。

第十七条　产权转让项目首次正式信息披露的转让底价，不得低于经核准或备案的转让标的的评估结果。

第十八条 信息披露期满未征集到意向受让方的,可以延期或在降低转让底价、变更受让条件后重新进行信息披露。

降低转让底价或变更受让条件后重新披露信息的,披露时间不得少于20个工作日。新的转让底价低于评估结果的90%时,应当经转让行为批准单位书面同意。

第十九条 转让项目自首次正式披露信息之日起超过12个月未征集到合格受让方的,应当重新履行审计、资产评估以及信息披露等产权转让工作程序。

第二十条 在正式披露信息期间,转让方不得变更产权转让公告中公布的内容,由于非转让方原因或其他不可抗力因素导致可能对转让标的价值判断造成影响的,转让方应当及时调整补充披露信息内容,并相应延长信息披露时间。

第二十一条 产权交易机构负责意向受让方的登记工作,对意向受让方是否符合受让条件提出意见并反馈转让方。产权交易机构与转让方意见不一致的,由转让行为批准单位决定意向受让方是否符合受让条件。

第二十二条 产权转让信息披露期满、产生符合条件的意向受让方的,按照披露的竞价方式组织竞价。竞价可以采取拍卖、招投标、网络竞价以及其他竞价方式,且不得违反国家法律法规的规定。

第二十三条 受让方确定后,转让方与受让方应当签订产权交易合同,交易双方不得以交易期间企业经营性损益等理由对已达成的交易条件和交易价格进行调整。

第二十四条 产权转让导致国有股东持有上市公司股份间接转让的,应当同时遵守上市公司国有股权管理以及证券监管相关规定。

第二十五条 企业产权转让涉及交易主体资格审查、反垄断审查、特许经营权、国有划拨土地使用权、探矿权和采矿权等政府审批事项的,按照相关规定执行。

第二十六条 受让方为境外投资者的,应当符合外商投资产业指导目录和负面清单管理要求,以及外商投资安全审查有关规定。

第二十七条 交易价款应当以人民币计价,通过产权交易机构以货币进行结算。因特殊情况不能通过产权交易机构结算的,转让方应当向产权交易机构提供转让行为批准单位的书面意见以及受让方付款凭证。

第二十八条 交易价款原则上应当自合同生效之日起5个工作日内一次付清。

金额较大、一次付清确有困难的，可以采取分期付款方式。采用分期付款方式的，首期付款不得低于总价款的30%，并在合同生效之日起5个工作日内支付；其余款项应当提供转让方认可的合法有效担保，并按同期银行贷款利率支付延期付款期间的利息，付款期限不得超过1年。

第二十九条　产权交易合同生效后，产权交易机构应当将交易结果通过交易机构网站对外公告，公告内容包括交易标的名称、转让标的评估结果、转让底价、交易价格，公告期不少于5个工作日。

第三十条　产权交易合同生效，并且受让方按照合同约定支付交易价款后，产权交易机构应当及时为交易双方出具交易凭证。

第三十一条　以下情形的产权转让可以采取非公开协议转让方式：

（一）涉及主业处于关系国家安全、国民经济命脉的重要行业和关键领域企业的重组整合，对受让方有特殊要求，企业产权需要在国有及国有控股企业之间转让的，经国资监管机构批准，可以采取非公开协议转让方式；

（二）同一国家出资企业及其各级控股企业或实际控制企业之间因实施内部重组整合进行产权转让的，经该国家出资企业审议决策，可以采取非公开协议转让方式。

第三十二条　采取非公开协议转让方式转让企业产权，转让价格不得低于经核准或备案的评估结果。

以下情形按照《中华人民共和国公司法》、企业章程履行决策程序后，转让价格可以资产评估报告或最近一期审计报告确认的净资产值为基础确定，且不得低于经评估或审计的净资产值：

（一）同一国家出资企业内部实施重组整合，转让方和受让方为该国家出资企业及其直接或间接全资拥有的子企业；

（二）同一国有控股企业或国有实际控制企业内部实施重组整合，转让方和受让方为该国有控股企业或国有实际控制企业及其直接、间接全资拥有的子企业。

第三章　企业增资

第三十四条　国资监管机构负责审核国家出资企业的增资行为。其中，因增资致使国家不再拥有所出资企业控股权的，须由国资监管机构报本级人民政府批准。

第三十五条 国家出资企业决定其子企业的增资行为。其中,对主业处于关系国家安全、国民经济命脉的重要行业和关键领域,主要承担重大专项任务的子企业的增资行为,须由国家出资企业报同级国资监管机构批准。

增资企业为多家国有股东共同持股的企业,由其中持股比例最大的国有股东负责履行相关批准程序;各国有股东持股比例相同的,由相关股东协商后确定其中一家股东负责履行相关批准程序。

第三十六条 企业增资应当符合国家出资企业的发展战略,做好可行性研究,制定增资方案,明确募集资金金额、用途、投资方应具备的条件、选择标准和遴选方式等。增资后企业的股东数量须符合国家相关法律法规的规定。

第三十七条 企业增资应当由增资企业按照企业章程和内部管理制度进行决策,形成书面决议。国有控股、国有实际控制企业中国有股东委派的股东代表,应当按照本办法规定和委派单位的指示发表意见、行使表决权,并将履职情况和结果及时报告委派单位。

第三十八条 企业增资在完成决策批准程序后,应当由增资企业委托具有相应资质的中介机构开展审计和资产评估。

以下情形按照《中华人民共和国公司法》、企业章程履行决策程序后,可以依据评估报告或最近一期审计报告确定企业资本及股权比例:

(一)增资企业原股东同比例增资的;

(二)履行出资人职责的机构对国家出资企业增资的;

(三)国有控股或国有实际控制企业对其独资子企业增资的;

(四)增资企业和投资方均为国有独资或国有全资企业的。

第三十九条 企业增资通过产权交易机构网站对外披露信息公开征集投资方,时间不得少于40个工作日。

第四十条 企业增资涉及上市公司实际控制人发生变更的,应当同时遵守上市公司国有股权管理以及证券监管相关规定。

第四十一条 产权交易机构接受增资企业的委托提供项目推介服务,负责意向投资方的登记工作,协助企业开展投资方资格审查。

第四十二条 通过资格审查的意向投资方数量较多时,可以采用竞价、竞争性谈判、综合评议等方式进行多轮次遴选。产权交易机构负责统一接收意向投资方的投标和报价文件,协助企业开展投资方遴选有关工作。企业董事会或股东会以资产评估结果为基础,结合意向投资方的条件和报价等因素审议选定投资方。

第四十三条　投资方以非货币资产出资的，应当经增资企业董事会或股东会审议同意，并委托具有相应资质的评估机构进行评估，确认投资方的出资金额。

第四十四条　增资协议签订并生效后，产权交易机构应当出具交易凭证，通过交易机构网站对外公告结果，公告内容包括投资方名称、投资金额、持股比例等，公告期不少于5个工作日。

第四十五条　以下情形经同级国资监管机构批准，可以采取非公开协议方式进行增资：

（一）因国有资本布局结构调整需要，由特定的国有及国有控股企业或国有实际控制企业参与增资；

（二）因国家出资企业与特定投资方建立战略合作伙伴或利益共同体需要，由该投资方参与国家出资企业或其子企业增资。

第四十六条　以下情形经国家出资企业审议决策，可以采取非公开协议方式进行增资：

（一）国家出资企业直接或指定其控股、实际控制的其他子企业参与增资；

（二）企业债权转为股权；

（三）企业原股东增资。

第四十七条　国资监管机构批准、国家出资企业审议决策采取非公开协议方式的企业增资行为时，应当审核下列文件：

（一）增资的有关决议文件；

（二）增资方案；

（三）采取非公开协议方式增资的必要性以及投资方情况；

（四）增资企业审计报告、资产评估报告及其核准或备案文件。其中属于第三十八条（一）、（二）、（三）、（四）款情形的，可以仅提供企业审计报告；

（五）增资协议；

（六）增资企业的国家出资企业产权登记表（证）；

（七）增资行为的法律意见书；

（八）其他必要的文件。

第四章　企业资产转让

第四十八条　企业一定金额以上的生产设备、房产、在建工程以及土地使用权、债权、知识产权等资产对外转让,应当按照企业内部管理制度履行相应决策程序后,在产权交易机构公开进行。涉及国家出资企业内部或特定行业的资产转让,确需在国有及国有控股、国有实际控制企业之间非公开转让的,由转让方逐级报国家出资企业审核批准。

第四十九条 国家出资企业负责制定本企业不同类型资产转让行为的内部管理制度,明确责任部门、管理权限、决策程序、工作流程,对其中应当在产权交易机构公开转让的资产种类、金额标准等作出具体规定,并报同级国资监管机构备案。

第五十条 转让方应当根据转让标的情况合理确定转让底价和转让信息公告期:

(一)转让底价高于100万元、低于1000万元的资产转让项目,信息公告期应不少于10个工作日;

(二)转让底价高于1000万元的资产转让项目,信息公告期应不少于20个工作日。

企业资产转让的具体工作流程参照本办法关于企业产权转让的规定执行。

第五十一条 除国家法律法规或相关规定另有要求的外,资产转让不得对受让方设置资格条件。

第五十二条 资产转让价款原则上一次性付清。

(三)《上市公司国有股权监督管理办法》(国务院国有资产监督管理委员会、中华人民共和国财政部、中国证券监督管理委员会令第36号)

(四)《关于企业国有资产交易流转有关事项的通知》(国资发产权规〔2022〕39号)

一、涉及政府或国有资产监督管理机构主导推动的国有资本布局优化和结构调整,以及专业化重组等重大事项,企业产权在不同的国家出资企业及其控股企业之间转让,且对受让方有特殊要求的,可以采取协议方式进行。

二、主业处于关系国家安全、国民经济命脉的重要行业和关键领域,主要承担重大专项任务的子企业,不得因产权转让、企业增资失去国有资本控股地位。国家出资企业内部重组整合中涉及该类企业时,以下情形可由国家出资企业审核批准:

(一)企业产权在国家出资企业及其控股子企业之间转让的。

（二）国家出资企业直接或指定其控股子企业参与增资的。

（三）企业原股东同比例增资的。

其他情形由国家出资企业报同级国有资产监督管理机构批准。

三、国家出资企业及其子企业通过发行基础设施 REITs 盘活存量资产，应当做好可行性分析，合理确定交易价格，对后续运营管理责任和风险防范作出安排，涉及国有产权非公开协议转让按规定报同级国有资产监督管理机构批准。

四、采取非公开协议方式转让企业产权，转让方、受让方均为国有独资或全资企业的，按照《中华人民共和国公司法》、企业章程履行决策程序后，转让价格可以资产评估报告或最近一期审计报告确认的净资产值为基础确定。

五、国有控股、实际控制企业内部实施重组整合，经国家出资企业批准，该国有控股、实际控制企业与其直接、间接全资拥有的子企业之间，或其直接、间接全资拥有的子企业之间，可比照国有产权无偿划转管理相关规定划转所持企业产权。

六、企业增资可采取信息预披露和正式披露相结合的方式，通过产权交易机构网站分阶段对外披露增资信息，合计披露时间不少于 40 个工作日，其中正式披露时间不少于 20 个工作日。信息预披露应当包括但不限于企业基本情况、产权结构、近 3 年审计报告中的主要财务指标、拟募集资金金额等内容。

七、产权转让可在产权直接持有单位、企业增资可在标的企业履行内部决策程序后进行信息预披露，涉及需要履行最终批准程序的，应当进行相应提示。

八、产权转让、资产转让项目信息披露期满未征集到意向受让方，仅调整转让底价后重新披露信息的，产权转让披露时间不少于 10 个工作日，资产转让披露时间不少于 5 个工作日。

九、产权转让、企业增资导致国家出资企业及其子企业失去标的企业实际控制权的，交易完成后标的企业不得继续使用国家出资企业及其子企业的字号、经营资质和特许经营权等无形资产，不得继续以国家出资企业子企业名义开展经营活动。上述要求应当在信息披露中作为交易条件予以明确，并在交易合同中对工商变更、字号变更等安排作出相应约定。

（五）国务院国有资产监督管理委员会《关于印发〈企业国有产权无偿划转管理暂行办法〉的通知》（国资发产权〔2005〕239 号）

第二条　本办法所称企业国有产权无偿划转，是指企业国有产权在政府机构、事业单位、国有独资企业、国有独资公司之间的无偿转移。

国有独资公司作为划入或划出一方的,应当符合《中华人民共和国公司法》的有关规定。

第三条 各级人民政府授权其国有资产监督管理机构(以下简称国资监管机构)履行出资人职责的企业(以下统称所出资企业)及其各级子企业国有产权无偿划转适用本办法。

股份有限公司国有股无偿划转,按国家有关规定执行。

第五条 被划转企业国有产权的权属应当清晰。权属关系不明确或存在权属纠纷的企业国有产权不得进行无偿划转。被设置为担保物权的企业国有产权无偿划转,应当符合《中华人民共和国担保法》的有关规定。有限责任公司国有股权的划转,还应当遵循《中华人民共和国公司法》的有关规定。

第九条 划转双方应当组织被划转企业按照有关规定开展审计或清产核资,以中介机构出具的审计报告或经划出方国资监管机构批准的清产核资结果作为企业国有产权无偿划转的依据。

第十条 划转双方协商一致后,应当签订企业国有产权无偿划转协议。划转协议应当包括下列主要内容:

(一)划入划出双方的名称与住所;

(二)被划转企业的基本情况;

(三)被划转企业国有产权数额及划转基准日;

(四)被划转企业涉及的职工分流安置方案;

(五)被划转企业涉及的债权、债务(包括拖欠职工债务)以及或有负债的处理方案;

(六)划转双方的违约责任;

(七)纠纷的解决方式;

(八)协议生效条件;

(九)划转双方认为必要的其他条款。

无偿划转事项按照本办法规定程序批准后,划转协议生效。划转协议生效以前,划转双方不得履行或者部分履行。

第十一条 划转双方应当依据相关批复文件及划转协议,进行账务调整,按规定办理产权登记等手续。

第三章　企业国有产权无偿划转的批准

第十二条　企业国有产权在同一国资监管机构所出资企业之间无偿划转的，由所出资企业共同报国资监管机构批准。

企业国有产权在不同国资监管机构所出资企业之间无偿划转的，依据划转双方的产权归属关系，由所出资企业分别报同级国资监管机构批准。

第十三条　实施政企分开的企业，其国有产权无偿划转所出资企业或其子企业持有的，由同级国资监管机构和主管部门分别批准。

第十四条　下级政府国资监管机构所出资企业国有产权无偿划转上级政府国资监管机构所出资企业或其子企业持有的，由下级政府和上级政府国资监管机构分别批准。

第十五条　企业国有产权在所出资企业内部无偿划转的，由所出资企业批准并抄报同级国资监管机构。

第十六条　批准企业国有产权无偿划转事项，应当审查下列书面材料：

（一）无偿划转的申请文件；

（二）总经理办公会议或董事会有关无偿划转的决议；

（三）划转双方及被划转企业的产权登记证；

（四）无偿划转的可行性论证报告；

（五）划转双方签订的无偿划转协议；

（六）中介机构出具的被划转企业划转基准日的审计报告或同级国资监管机构清产核资结果批复文件；

（七）划出方债务处置方案；

（八）被划转企业职代会通过的职工分流安置方案；

（九）其他有关文件。

第十七条　企业国有产权无偿划转事项经批准后，划出方和划入方调整产权划转比例或者划转协议有重大变化的，应当按照规定程序重新报批。

第十八条　有下列情况之一的，不得实施无偿划转：

（一）被划转企业主业不符合划入方主业及发展规划的；

（二）中介机构对被划转企业划转基准日的财务报告出具否定意见、无法表示意见或保留意见的审计报告的；

（三）无偿划转涉及的职工分流安置事项未经被划转企业的职工代表大会

审议通过的；

（四）被划转企业或有负债未有妥善解决方案的；

（五）划出方债务未有妥善处置方案的。

（六）《关于促进企业国有产权流转有关事项的通知》（国资发产权〔2014〕95号）

（七）《关于进一步明确非上市股份有限公司国有股权管理有关事项的通知》（国资厅产权〔2018〕760号）

（八）《企业国有资产评估管理暂行办法》（国务院国有资产监督管理委员会令第12号）

第一章　总　　则

第四条　企业国有资产评估项目实行核准制和备案制。

经各级人民政府批准经济行为的事项涉及的资产评估项目，分别由其国有资产监督管理机构负责核准。

经国务院国有资产监督管理机构批准经济行为的事项涉及的资产评估项目，由国务院国有资产监督管理机构负责备案；经国务院国有资产监督管理机构所出资企业（以下简称中央企业）及其各级子企业批准经济行为的事项涉及的资产评估项目，由中央企业负责备案。

地方国有资产监督管理机构及其所出资企业的资产评估项目备案管理工作的职责分工，由地方国有资产监督管理机构根据各地实际情况自行规定。

第二章　资产评估

第六条　企业有下列行为之一的，应当对相关资产进行评估：

（一）整体或者部分改建为有限责任公司或者股份有限公司；

（二）以非货币资产对外投资；

（三）合并、分立、破产、解散；

（四）非上市公司国有股东股权比例变动；

（五）产权转让；

（六）资产转让、置换；

（七）整体资产或者部分资产租赁给非国有单位；

（八）以非货币资产偿还债务；

（九）资产涉讼；

（十）收购非国有单位的资产；

（十一）接受非国有单位以非货币资产出资；

（十二）接受非国有单位以非货币资产抵债；

（十三）法律、行政法规规定的其他需要进行资产评估的事项。

第七条　企业有下列行为之一的，可以不对相关国有资产进行评估：

（一）经各级人民政府或其国有资产监督管理机构批准，对企业整体或者部分资产实施无偿划转；

（二）国有独资企业与其下属独资企业（事业单位）之间或其下属独资企业（事业单位）之间的合并、资产（产权）置换和无偿划转。

第二十一条　经核准或备案的资产评估结果使用有效期为自评估基准日起1年。

第二十二条　企业进行与资产评估相应的经济行为时，应当以经核准或备案的资产评估结果为作价参考依据；当交易价格低于评估结果的90%时，应当暂停交易，在获得原经济行为批准机构同意后方可继续交易。

三、国有企业治理与风控合规类

（一）《关于进一步推进国有企业贯彻落实“三重一大”决策制度的意见》（中办发〔2010〕17号）

二、“三重一大”事项的主要范围

（三）重大决策事项，是指依照《中华人民共和国公司法》、《中华人民共和国全民所有制工业企业法》、《中华人民共和国企业国有资产法》、《中华人民共和国商业银行法》、《中华人民共和国证券法》、《中华人民共和国保险法》以及其他有关法律法规和党内法规规定的应当由股东大会（股东会）、董事会、未设董事会的经理班子、职工代表大会和党委（党组）决定的事项。主要包括企业贯彻执行党和国家的路线方针政策、法律法规和上级重要决定的重大措施，企业发展战略、破产、改制、兼并重组、资产调整、产权转让、对外投资、利益调配、机构调整等方面的重大决策，企业党的建设和安全稳定的重大决策，以及其他重大决策事项。

(四)重要人事任免事项,是指企业直接管理的领导人员以及其他经营管理人员的职务调整事项。主要包括企业中层以上经营管理人员和下属企业、单位领导班子成员的任免、聘用、解除聘用和后备人选的确定,向控股和参股企业委派股东代表,推荐董事会、监事会成员和经理、财务负责人,以及其他重要人事任免事项。

(五)重大项目安排事项,是指对企业资产规模、资本结构、盈利能力以及生产装备、技术状况等产生重要影响的项目的设立和安排。主要包括年度投资计划,融资、担保项目,期权、期货等金融衍生业务,重要设备和技术引进,采购大宗物资和购买服务,重大工程建设项目,以及其他重大项目安排事项。

(六)大额度资金运作事项,是指超过由企业或者履行国有资产出资人职责的机构所规定的企业领导人员有权调动、使用的资金限额的资金调动和使用。主要包括年度预算内大额度资金调动和使用,超预算的资金调动和使用,对外大额捐赠、赞助,以及其他大额度资金运作事项。

三、"三重一大"事项决策的基本程序

(七)"三重一大"事项提交会议集体决策前应当认真调查研究,经过必要的研究论证程序,充分吸收各方面意见。重大投资和工程建设项目,应当事先充分听取有关专家的意见。重要人事任免,应当事先征求国有企业和履行国有资产出资人职责机构的纪检监察机构的意见。研究决定企业改制以及经营管理方面的重大问题、涉及职工切身利益的重大事项、制定重要的规章制度,应当听取企业工会的意见,并通过职工代表大会或者其他形式听取职工群众的意见和建议。

(八)决策事项应当提前告知所有参与决策人员,并为所有参与决策人员提供相关材料。必要时,可事先听取反馈意见。

(九)党委(党组)、董事会、未设董事会的经理班子应当以会议的形式,对职责权限内的"三重一大"事项作出集体决策。不得以个别征求意见等方式作出决策。紧急情况下由个人或少数人临时决定的,应在事后及时向党委(党组)、董事会或未设董事会的经理班子报告;临时决定人应当对决策情况负责,党委(党组)、董事会或未设董事会的经理班子应当在事后按程序予以追认。经董事会授权,经理班子决策"三重一大"事项的,按照本意见执行。

(十三)董事会、未设董事会的经理班子研究"三重一大"事项时,应事先与党委(党组)沟通,听取党委(党组)的意见。进入董事会、未设董事会的经理班子的党委(党组)成员,应当贯彻党组织的意见或决定。企业党组织要团结带领全体党员和广大职工群众,推动决策的实施,并对实施中发现的与党和国家方针政策、法律法规不符或脱离实际的情况及时提出意见,如得不到纠正,应当向上级反映。

(二)国务院办公厅《关于进一步完善国有企业法人治理结构的指导意见》(国办发〔2017〕36号)

(三)《中央企业合规管理办法》(国务院国有资产监督管理委员会令第42号)

第二条　本办法适用于国务院国有资产监督管理委员会(以下简称国资委)根据国务院授权履行出资人职责的中央企业。

第三条　本办法所称合规,是指企业经营管理行为和员工履职行为符合国家法律法规、监管规定、行业准则和国际条约、规则,以及公司章程、相关规章制度等要求。

本办法所称合规风险,是指企业及其员工在经营管理过程中因违规行为引发法律责任、造成经济或者声誉损失以及其他负面影响的可能性。

本办法所称合规管理,是指企业以有效防控合规风险为目的,以提升依法合规经营管理水平为导向,以企业经营管理行为和员工履职行为为对象,开展的包括建立合规制度、完善运行机制、培育合规文化、强化监督问责等有组织、有计划的管理活动。

第十二条　中央企业应当结合实际设立首席合规官,不新增领导岗位和职数,由总法律顾问兼任,对企业主要负责人负责,领导合规管理部门组织开展相关工作,指导所属单位加强合规管理。

第十三条　中央企业业务及职能部门承担合规管理主体责任,主要履行以下职责:

(一)建立健全本部门业务合规管理制度和流程,开展合规风险识别评估,编制风险清单和应对预案。

(二)定期梳理重点岗位合规风险,将合规要求纳入岗位职责。

(三)负责本部门经营管理行为的合规审查。

(四)及时报告合规风险,组织或者配合开展应对处置。

(五)组织或者配合开展违规问题调查和整改。

中央企业应当在业务及职能部门设置合规管理员,由业务骨干担任,接受合规管理部门业务指导和培训。

第十六条 中央企业应当建立健全合规管理制度,根据适用范围、效力层级等,构建分级分类的合规管理制度体系。

第十七条 中央企业应当制定合规管理基本制度,明确总体目标、机构职责、运行机制、考核评价、监督问责等内容。

第十八条 中央企业应当针对反垄断、反商业贿赂、生态环保、安全生产、劳动用工、税务管理、数据保护等重点领域,以及合规风险较高的业务,制定合规管理具体制度或者专项指南。

中央企业应当针对涉外业务重要领域,根据所在国家(地区)法律法规等,结合实际制定专项合规管理制度。

第十九条 中央企业应当根据法律法规、监管政策等变化情况,及时对规章制度进行修订完善,对执行落实情况进行检查。

第二十条 中央企业应当建立合规风险识别评估预警机制,全面梳理经营管理活动中的合规风险,建立并定期更新合规风险数据库,对风险发生的可能性、影响程度、潜在后果等进行分析,对典型性、普遍性或者可能产生严重后果的风险及时预警。

第二十一条 中央企业应当将合规审查作为必经程序嵌入经营管理流程,重大决策事项的合规审查意见应当由首席合规官签字,对决策事项的合规性提出明确意见。业务及职能部门、合规管理部门依据职责权限完善审查标准、流程、重点等,定期对审查情况开展后评估。

第二十二条 中央企业发生合规风险,相关业务及职能部门应当及时采取应对措施,并按照规定向合规管理部门报告。

中央企业因违规行为引发重大法律纠纷案件、重大行政处罚、刑事案件,或者被国际组织制裁等重大合规风险事件,造成或者可能造成企业重大资产损失或者严重不良影响的,应当由首席合规官牵头,合规管理部门统筹协调,相关部门协同配合,及时采取措施妥善应对。

中央企业发生重大合规风险事件,应当按照相关规定及时向国资委报告。

第二十三条 中央企业应当建立违规问题整改机制,通过健全规章制度、优化业务流程等,堵塞管理漏洞,提升依法合规经营管理水平。

第二十四条 中央企业应当设立违规举报平台,公布举报电话、邮箱或者信箱,相关部门按照职责权限受理违规举报,并就举报问题进行调查和处理,对造成资产损失或者严重不良后果的,移交责任追究部门;对涉嫌违纪违法的,按照规定移交纪检监察等相关部门或者机构。

中央企业应当对举报人的身份和举报事项严格保密,对举报属实的举报人可以给予适当奖励。任何单位和个人不得以任何形式对举报人进行打击报复。

(四)国务院办公厅《关于建立国有企业违规经营投资责任追究制度的意见》(国办发〔2016〕63号)

二、责任追究范围

国有企业经营管理有关人员违反国家法律法规和企业内部管理规定,未履行或未正确履行职责致使发生下列情形造成国有资产损失以及其他严重不良后果的,应当追究责任:

(一)集团管控方面。所属子企业发生重大违纪违法问题,造成重大资产损失,影响其持续经营能力或造成严重不良后果;未履行或未正确履行职责致使集团发生较大资产损失,对生产经营、财务状况产生重大影响;对集团重大风险隐患、内控缺陷等问题失察,或虽发现但没有及时报告、处理,造成重大风险等。

(二)购销管理方面。未按照规定订立、履行合同,未履行或未正确履行职责致使合同标的价格明显不公允;交易行为虚假或违规开展"空转"贸易;利用关联交易输送利益;未按照规定进行招标或未执行招标结果;违反规定提供赊销信用、资质、担保(含抵押、质押等)或预付款项,利用业务预付或物资交易等方式变相融资或投资;违规开展商品期货、期权等衍生业务;未按规定对应收款项及时追索或采取有效保全措施等。

(三)工程承包建设方面。未按规定对合同标的进行调查论证,未经授权或超越授权投标,中标价格严重低于成本,造成企业资产损失;违反规定擅自签订或变更合同,合同约定未经严格审查,存在重大疏漏;工程物资未按规定招标;违反规定转包、分包;工程组织管理混乱,致使工程质量不达标,工程成本严重超支;违反合同约定超计价、超进度付款等。

(四)转让产权、上市公司股权和资产方面。未按规定履行决策和审批程序或超越授权范围转让;财务审计和资产评估违反相关规定;组织提供和披露虚假信息,操纵中介机构出具虚假财务审计、资产评估鉴证结果;未按相关规定执行回避制度,造成资产损失;违反相关规定和公开公平交易原则,低价转让企业产权、上市公司股权和资产等。

(五)固定资产投资方面。未按规定进行可行性研究或风险分析;项目概算未经严格审查,严重偏离实际;未按规定履行决策和审批程序擅自投资,造成资产损失;购建项目未按规定招标,干预或操纵招标;外部环境发生重大变化,未按规定及时调整投资方案并采取止损措施;擅自变更工程设计、建设内容;项目管理混乱,致使建设严重拖期、成本明显高于同类项目等。

(六)投资并购方面。投资并购未按规定开展尽职调查,或尽职调查未进行风险分析等,存在重大疏漏;财务审计、资产评估或估值违反相关规定,或投资并购过程中授意、指使中介机构或有关单位出具虚假报告;未按规定履行决策和审批程序,决策未充分考虑重大风险因素,未制定风险防范预案;违规以各种形式为其他合资合作方提供垫资,或通过高溢价并购等手段向关联方输送利益;投资合同、协议及标的企业公司章程中国有权益保护条款缺失,对标的企业管理失控;投资参股后未行使股东权利,发生重大变化未及时采取止损措施;违反合同约定提前支付并购价款等。

(七)改组改制方面。未按规定履行决策和审批程序;未按规定组织开展清产核资、财务审计和资产评估;故意转移、隐匿国有资产或向中介机构提供虚假信息,操纵中介机构出具虚假清产核资、财务审计与资产评估鉴证结果;将国有资产以明显不公允低价折股、出售或无偿分给其他单位或个人;在发展混合所有制经济、实施员工持股计划等改组改制过程中变相套取、私分国有股权;未按规定收取国有资产转让价款;改制后的公司章程中国有权益保护条款缺失等。

(八)资金管理方面。违反决策和审批程序或超越权限批准资金支出;设立“小金库”;违规集资、发行股票(债券)、捐赠、担保、委托理财、拆借资金或开立信用证、办理银行票据;虚列支出套取资金;违规以个人名义留存资金、收支结算、开立银行账户;违规超发、滥发职工薪酬福利;因财务内控缺失,发生侵占、盗取、欺诈等。

(九)风险管理方面。内控及风险管理制度缺失,内控流程存在重大缺陷或内部控制执行不力;对经营投资重大风险未能及时分析、识别、评估、预警和应对;对企业规章制度、经济合同和重要决策的法律审核不到位;过度负债危及企业持续经营,恶意逃废金融债务;瞒报、漏报重大风险及风险损失事件,指使编制虚假财务报告,企业账实严重不符等。

(十)其他违反规定,应当追究责任的情形。

四、国有企业劳动人事类

(一)国务院《关于改革国有企业工资决定机制的意见》(国发〔2018〕16号)

一、总体要求

(二)基本原则。

——坚持建立中国特色现代国有企业制度改革方向。坚持所有权和经营权相分离,进一步确立国有企业的市场主体地位,发挥企业党委(党组)领导作用,依法落实董事会的工资分配管理权,完善既符合企业一般规律又体现国有企业特点的工资分配机制,促进国有企业持续健康发展。

——坚持效益导向与维护公平相统一。国有企业工资分配要切实做到既有激励又有约束、既讲效率又讲公平。坚持按劳分配原则,健全国有企业职工工资与经济效益同向联动、能增能减的机制,在经济效益增长和劳动生产率提高的同时实现劳动报酬同步提高。统筹处理好不同行业、不同企业和企业内部不同职工之间的工资分配关系,调节过高收入。

——坚持市场决定与政府监管相结合。充分发挥市场在国有企业工资分配中的决定性作用,实现职工工资水平与劳动力市场价位相适应、与增强企业市场竞争力相匹配。更好发挥政府对国有企业工资分配的宏观指导和调控作用,改进和加强事前引导和事后监督,规范工资分配秩序。

——坚持分类分级管理。根据不同国有企业功能性质定位、行业特点和法人治理结构完善程度,实行工资总额分类管理。按照企业国有资产产权隶属关系,健全工资分配分级监管体制,落实各级政府职能部门和履行出资人职责机构(或其他企业主管部门,下同)的分级监管责任。

二、改革工资总额决定机制

(三)改革工资总额确定办法。按照国家工资收入分配宏观政策要求,根据企业发展战略和薪酬策略、年度生产经营目标和经济效益,综合考虑劳动生产率提高和人工成本投入产出率、职工工资水平市场对标等情况,结合政府职能部门发布的工资指导线,合理确定年度工资总额。

(四)完善工资与效益联动机制。企业经济效益增长的,当年工资总额增长幅度可在不超过经济效益增长幅度范围内确定。其中,当年劳动生产率未提高、上年人工成本投入产出率低于行业平均水平或者上年职工平均工资明显高于全国城镇单位就业人员平均工资的,当年工资总额增长幅度应低于同期经济效益增长幅度;对主业不处于充分竞争行业和领域的企业,上年职工平均工资达到政府职能部门规定的调控水平及以上的,当年工资总额增长幅度应低于同期经济效益增长幅度,且职工平均工资增长幅度不得超过政府职能部门规定的工资增长调控目标。

企业经济效益下降的,除受政策调整等非经营性因素影响外,当年工资总额原则上相应下降。其中,当年劳动生产率未下降、上年人工成本投入产出率明显优于行业平均水平或者上年职工平均工资明显低于全国城镇单位就业人员平均工资的,当年工资总额可适当少降。

企业未实现国有资产保值增值的,工资总额不得增长,或者适度下降。

企业按照工资与效益联动机制确定工资总额,原则上增人不增工资总额、减人不减工资总额,但发生兼并重组、新设企业或机构等情况的,可以合理增加或者减少工资总额。

三、改革工资总额管理方式

(六)全面实行工资总额预算管理。工资总额预算方案由国有企业自主编制,按规定履行内部决策程序后,根据企业功能性质定位、行业特点并结合法人治理结构完善程度,分别报履行出资人职责机构备案或核准后执行。

对主业处于充分竞争行业和领域的商业类国有企业,工资总额预算原则上实行备案制。其中,未建立规范董事会、法人治理结构不完善、内控机制不健全的企业,经履行出资人职责机构认定,其工资总额预算应实行核准制。

对其他国有企业,工资总额预算原则上实行核准制。其中,已建立规范董事会、法人治理结构完善、内控机制健全的企业,经履行出资人职责机构同意,其工资总额预算可实行备案制。

四、完善企业内部工资分配管理

(九)完善企业内部工资总额管理制度。国有企业在经备案或核准的工资总额预算内,依法依规自主决定内部工资分配。企业应建立健全内部工资总额管理办法,根据所属企业功能性质定位、行业特点和生产经营等情况,指导所属企业科学编制工资总额预算方案,逐级落实预算执行责任,建立预算执行情况动态监控机制,确保实现工资总额预算目标。企业集团应合理确定总部工资总额预算,其职工平均工资增长幅度原则上应低于本企业全部职工平均工资增长幅度。

（十）深化企业内部分配制度改革。国有企业应建立健全以岗位工资为主的基本工资制度，以岗位价值为依据，以业绩为导向，参照劳动力市场工资价位并结合企业经济效益，通过集体协商等形式合理确定不同岗位的工资水平，向关键岗位、生产一线岗位和紧缺急需的高层次、高技能人才倾斜，合理拉开工资分配差距，调整不合理过高收入。加强全员绩效考核，使职工工资收入与其工作业绩和实际贡献紧密挂钩，切实做到能增能减。

（二）《中央企业工资总额管理办法》（国务院国有资产监督管理委员会令第39号）

附录二　国有企业常用法律文书参考模板*

一、国有产权非公开转让协议

股权转让协议书

本《股权转让协议书》（以下简称本协议）由以下双方于【　】年【　】月【　】日在【　】共同签署：

甲方：　　　　（以下简称转让方）
注册地址：
法定代表人：

乙方：　　　　（以下简称受让方）
注册地址：
法定代表人：

鉴于：

1.【　】（以下简称目标公司）为一家依中国法律设立并依法有效存续的有限公司，注册资本【　】万元。转让方为目标公司的股东，持有目标公司【　】万元的出资额，占目标公司注册资本【　】%的股权；

2.转让方拟将其所持前述股权按照国资监管规定，通过非公开协议方式转让给受让方，受让方同意按本协议约定受让转让方拟转让的部分股权。

为了明确甲、乙双方在本次股权转让中的权利义务，经平等友好协商，达

* 该附录模板均为笔者团队制作，仅供参考。——编者注

成协议如下：

第一条　股权转让标的

1.1　本协议转让的标的为转让方持有目标公司【　】万元的出资额，占目标公司【　】%的股权及由此衍生的所有权益（以下简称标的股权）。

1.2　受让方同意按照本协议的约定受让转让方所持目标公司的【　】%股权。

第二条　股权转让价格及其支付

2.1　定价原则：

根据目标公司的《股东全部权益价值评估报告书》（文号【　】），截至基准日即【　】年【　】月【　】日，目标公司净资产为【　】万元，其评估价值为人民币【　】万元。经协商，双方同意本次股权转让价格定为【　】元/1 元注册资本（人民币）。

2.2　转让价款：

受让方受让转让方持有目标公司【　】万元的出资额，占目标公司【　】%的股权，即标的股权的转让总价款为人民币【　】万元。

2.3　受让方受让标的股权的转让价款在本协议生效后 5 个工作日内由受让方向转让方一次性支付，转让方收款账户信息如下：

开户行：

账户名称：

账号：

第三条　期间损益与股权交割

3.1　双方同意，自受让方支付的股权转让款项全额到账后【　】个工作日内，转让方应促使目标公司办理完毕股东变更的工商登记。同时，受让方付清股权转让款之日为股权交割日。

3.2　为完成本协议项下标的股权转让所涉及的工商变更登记，双方应配合提供相关的工商变更登记资料，并保证所提供资料的真实、准确、完整。

3.3　自股权交割日起，转让方在所转让股权的范围内对转让标的享有的权利、承担的义务，转由受让方享有和承担。

3.4　评估基准日至股权交割日即过渡期间，标的股权对应的损益由受让方享有和承担。

第四条　双方的陈述和保证

4.1　转让方的陈述与保证:

(1)其是根据中华人民共和国法律依法成立并存续的公司法人;其签署并履行本协议在其权利之中,不违反对其有约束力或有影响的法律或合同的任何限制。

(2)其对标的股权具有合法、完整的所有权,已获得有效的占有、使用、收益及处分权,有权签署本协议并转让标的股权;标的股权不存在委托持股、信托安排。

(3)转让方所持目标公司的股权不存在司法冻结或为任何其他第三方设定质押、抵押或其他会致使其无法将标的股权转让给受让方或使受让方行使所有权受到限制的情形。

(4)标的股权不会因中国法律或第三人的权利主张而被没收或扣押,未被查封、冻结或设置担保权利,亦不存在其他法律纠纷。

(5)转让方签订和履行本协议系真实意思表示,没有违背转让方签订的对其具有法律约束力的协议或其他文件,不存在与转让方已经向任何其他第三方所作出的任何陈述、声明、承诺或保证等相冲突之情形,也不存在任何第三方对转让标的提出优先购买权等。

(6)转让方标的股权对应的出资额已经缴足,不存在任何抽逃的情形,符合中国法律要求,没有虚报或抽逃注册资本的情况。

(7)转让方签署和履行本协议不会违反适用的法律和其他相关法规,并获得了必要的授权与批准;为实现本协议目的,转让方应适时签署其他相关且必要的文件,以履行有关工商变更登记手续。

4.2　受让方的陈述与保证:

(1)其是根据中华人民共和国法律依法成立并存续的公司法人;其签署并履行本协议在其权利之中,不违反对其有约束力或有影响的法律或合同的任何限制。

(2)受让方签署和履行本协议不会违反适用的法律和其他相关法规,并获得了必要的授权与批准;为实现本协议目的,受让方应适时签署其他相关且必要的文件,以履行有关工商变更登记手续。

第五条　税费

涉及本次股权转让的税金由双方依法承担。双方因本次股权转让而产生的任何费用，包括银行费用、中介机构费用等由发生该费用的一方承担。

第六条　违约责任

6.1　本协议任何一方违反本协议约定，给另一方造成损失的，守约方有权要求违约方赔偿违约行为给守约方造成的全部损失。本协议项下任何一方因违反本协议所规定的有关义务、所作出的承诺、声明和保证，即视为该方违约。因违约方的违约行为而使本协议不能全部履行、不能部分履行或不能及时履行，并由此给其他方造成损失的（包括为避免损失而支出的合理费用），该违约方应承担赔偿责任。

6.2　如因转让方原因导致未能按时办理完成工商变更登记的，经受让方书面催告后10个工作日内，仍未完成办理的，自逾期之日起，每延迟一日应按股权转让对价的万分之三向受让方支付违约金，逾期超过30个工作日的，受让方有权解除本协议。

6.3　如受让方未按时支付股权转让款的，经转让方书面催告后10个工作日内仍未付清的，自逾期之日起，每延迟一日应按股权转让对价的万分之三向转让方支付违约金，逾期超过30个工作日的，转让方有权解除本协议。

6.4　在任何情形下，本协议的终止不影响双方根据本条的约定主张权利。

第七条　本协议的生效、变更、解除和终止

7.1　本协议自双方签字盖章之日起成立，经【　】国资监管部门批准后生效，其对本协议双方均具有法律约束力。

7.2　本协议的变更或补充应由双方协商一致后以书面形式作出。

7.3　经双方协商一致，本协议可以书面形式解除或终止；本协议的解除或终止，不影响双方根据中国法律及本协议签署前已发生的事实向另一方主张权利，以及根据中国法律及本协议的约定向另一方主张违约责任。

第八条　法律适用及争议解决

8.1　本协议的签订、效力、履行、解释和争议的解决均适用中国法律。

8.2　凡因本协议所发生的或与本协议有关的任何争议，双方应以友好协商方式解决；若协商未能解决，任何一方均有权将争议依法提交目标公司住所所在地的人民法院裁决。

第九条 通知

9.1 双方现确认以下联系电话、电子邮箱、通讯地址等为各自有效的联系方式和送达地址;如有变更,需提前3个工作日书面通知另一方,如果未及时通知仍视为有效,并由未及时履行通知义务一方承担由此造成的损失及相应法律后果。

转让方:

地址:【 】

联系人:【 】

E-Mail:【 】

电话:【 】

传真:【 】

受让方:

地址:【 】

联系人:【 】

E-Mail:【 】

电话:【 】

传真:【 】

9.2 本协议履行过程中,一方或人民法院所有的通知、文件等,按第9.1款约定的联系信息发出并达到以下条件即视为已送达:(1)以邮寄方式发出的,除因不可抗力事由导致收件人未实际签收的,自寄出之日起第3个工作日视为送达。(2)以电子邮件、短信的方式发出的,发件人一方系统显示成功发送视为已送达。

第十条 其他

10.1 非经本协议双方事先书面同意,任何一方均不得向本协议双方以外的其他方转让本协议项下的任何权利或义务。

10.2 如果本协议的任何或部分条款被法院或任何对本协议有司法管辖权的机关认定为无效或失效,不影响其他部分的效力;本协议双方应根据签署本协议时双方确认的总原则继续履行本协议,无效或失效的条款由最能反映双方签署本协议时的真实意图的有效条款所替代。

10.3　本协议各条款的标题仅为方便查阅之用，不构成对本协议任何条款的解释。

10.4　本协议所称“中国法律”，是指中国现行有效的法律、法规、行政规章或其他具有普遍法律约束力的规范性文件，包括其不时修改、修正、补充、解释或重新制定后的文件。

10.5　本协议以中文书写，一式【　】份，签署双方各持【　】份，其余由目标公司留存或用于工商登记机关备案，各份具有同等法律效力。

10.6　本协议未尽事宜，双方经协商后可签订补充协议。

转让方：
代表：

受让方：
代表：

二、国有企业非公开增资协议

【　】公司增资扩股协议

本协议于【　】年【　】月【　】日由下列各方在【　】签署：

甲方：
住所地：
法定代表人：

乙方：
住所地：
法定代表人：

目标公司:【　】公司(以下简称丙方)

住所地:

法定代表人:

鉴于:

1.【　】公司系依法成立并存续的公司法人,本次增资扩股前公司的注册资本为人民币【　】万元,拟将公司注册资本增加人民币【　】万元,增资后公司注册资本总计为人民币【　】万元。

2.【　】公司系依法成立并存续的公司法人,是本次增资扩股的目标公司丙方的股东。

3.【　】公司系依法成立并存续的公司法人,为本次增资扩股的投资方。

甲、乙、丙三方根据《中华人民共和国公司法》《中华人民共和国民法典》等有关法律法规的规定,遵循平等、自愿、公平、诚实信用的原则,协商一致,订立本协议,以资遵守。

第一条　定义与解释

1.1　除非上下文另有规定,下述措辞在本协议中应有以下意义:

1.1.1　"原股东"是指【　】公司;

1.1.2　"投资方"是指【　】公司;

1.1.3　"本次增资扩股"是指目标公司本次增加注册资本人民币【　】万元、引入投资方的行为;

1.1.4　"基准日"是指本次增资扩股的审计基准日和资产评估基准日,并系本次增资扩股定价的基准日,具体是指【　】年【　】月【　】日;

1.1.5　"交割日"是指目标公司将乙方列入股东名册并向乙方出具出资证明书,办理完毕本次增资扩股的股权变更工商登记手续之日;

1.1.6　"本协议生效日"是指各方签署本协议之日。

1.2　除非本协议上下文作出另行约定,应按照下述方式解释本协议内容:

1.2.1　标题仅为方便引用之用,不应影响本协议解释;

1.2.2　凡提及某条、某款、附件时,均指本协议的某条、某款、附件;

1.2.3　凡提及某文件时,包括对该文件所作的任何修改、补充、替换或更新,但不包括任何违反本协议的修改、补充、替换或更新;

1.2.4　凡提及任何文件的一方时，均包括该方的继承人和经许可的受让人；

1.2.5　凡提及各方，均指本协议的甲、乙、丙三方；

1.2.6　凡提及法律、法规或其相关条款时，不仅包括其解释、修订或增补内容，还包括旨在取代该等法律法规而发布的相关法律法规。

第二条　增资方式

2.1　增加的注册资本

目标公司注册资本从人民币【　】万元增加至人民币【　】万元，本次增加的注册资本额为人民币【　】万元，由乙方认缴。

2.2　增资价格

2.2.1　本次增资扩股定价依据为【　】评估公司出具的“【　】”《XX 评估报告》，截至基准日即【　】年【　】月【　】日，目标公司净资产评估价值为人民币【　】元。

2.2.2　经双方协商一致，本次增资扩股的定价为人民币【　】元/1 元注册资本，乙方认缴本次目标公司增加的【　】元注册资本额。

本次增资扩股交割完成后，目标公司的股权结构如下表所示：

股东	出资额（万元）	出资比例	出资方式
甲方			
乙方			
合计			—

2.3　乙方应于本协议生效后【　】个工作日内将增资款【　】元汇入目标公司指定的账户。

第三条　税费承担

3.1　本次增资扩股中有关目标公司增资审计、评估、法律服务、工商变更登记等费用由目标公司承担。

3.2　除另有约定外，各方应按照中华人民共和国现行有效的法律、法规、规章及其他规范性文件的规定，各自承担因本协议的签署和履行而产生的应由其缴纳和支付的税款和费用。

第四条 交割

4.1 自本协议生效之日起至交割日为过渡期。在过渡期内,甲方与丙方保证目标公司正常经营,维持各项重要合同的继续履行。

4.2 自评估基准日至交割日期间目标公司的损益按各股东的持股比例承担和享有。

4.3 乙方缴付增资款后【 】个工作日内,甲方应促使目标公司将乙方列入股东名册,向乙方出具出资证明书,并在工商登记部门办理完毕本次增资扩股涉及的股权变更工商登记手续,同时乙方予以配合。

4.4 自目标公司将乙方列入股东名册并向乙方出具出资证明书,且办理完毕本次增资扩股的股权变更工商登记手续之日为交割日。自交割日起,乙方成为目标公司股东,根据法律和公司章程享有作为目标公司股东的权利,承担作为目标公司股东的义务。

第五条 增资后法人治理结构安排

经协商一致,甲乙双方就目标公司在增资后的法人治理结构,安排如下:

5.1 股东会

5.1.1 目标公司股东会由全体股东组成,为公司的最高权力机构,按法律和公司章程行使职权;

5.1.2 股东会对于修改公司章程、增加或减少注册资本、分立、合并、解散或变更公司形式等事项作出的决议,必须经代表三分之二以上表决权的股东同意通过,其他一般事项经代表二分之一以上表决权的股东同意通过。

5.2 董事会

5.2.1 目标公司设董事会,由【 】名董事组成,其中甲方提名【 】名董事,乙方提名【 】名董事,由目标公司股东会选举确定;1名职工监事,由目标公司职工通过职工代表大会、职工大会或者其他形式民主选举产生。

5.2.2 董事会设董事长,同时作为目标公司的法定代表人,由【 】方指定的董事担任。

5.2.3 董事会决议的表决,实行一人一票;董事会作出决议,普通事项必须经全体董事过半数通过,重大事项必须经全体董事同意,其中重大事项范围以公司章程规定为准。

5.3　监事会

5.3.1　目标公司设监事会,由3名监事组成,其中:甲方与乙方各提名1名监事,并由目标公司股东会选举确定;职工监事1名,由目标公司职工通过职工代表大会、职工大会或者其他形式民主选举产生;

5.3.2　监事会设监事会主席1名,由【　】方提名并经股东会选举确定的监事作为候选人,全体监事过半数选举确定;

5.3.3　监事会决议的表决,实行一人一票;监事会作出决议,必须经全体监事过半数通过。

5.4　经营管理层

5.4.1　目标公司设总经理一名,由董事长提名,董事会聘任;

5.4.2　目标公司设副总经理【　】名,甲方推荐【　】名,乙方推荐【　】名,经总经理提名,董事会聘任;设财务负责人一名,由【　】方推荐,经总经理提名,董事会聘任。

5.5　交割完成后,各方同意按本协议修改目标公司章程中有关前述法人治理机构安排的内容。

第六条　股权转让

交割完成后,目标公司股东持有的股权转让需遵守如下规则:

6.1　股东之间可以相互转让其全部出资或者部分出资。

6.2　股东向目标公司股东以外的人转让出资,必须经其他股东过半数同意。股东应就其出资转让事项书面通知其他股东征求意见,其他股东自接到书面通知之日起满30日未答复的,视为同意转让。其他过半数的股东不同意转让的,不同意转让的股东应当购买该转让的出资;符合转让条件后30日不购买的,视为同意转让。经其他股东同意转让的股权,在同等条件下,其他股东有优先购买权,但应在收到通知后30日内提出购买请求,逾期未提出的,视为放弃优先购买权。两个以上股东主张行使优先购买权的,协商确定各自的购买比例;协商不成的,按照转让时各自的出资比例行使优先购买权。

6.3　目标公司股东根据国有资产相关规定对其持有的出资进行无偿划转的,不受本条前述约定的限制。

6.4　股东转让出资后,目标公司应注销原股东的出资证明书,向新股东签发出资证明书,并相应修改公司章程和股东名册中有关股东及其出资额的记载，并应向公司登记机关办理变更登记手续。

第七条　声明与保证

7.1　甲方声明与保证：

7.1.1　目标公司是依照中华人民共和国法律依法设立并存续的独立公司法人，并具有所需的权利和授权拥有和经营其所属的财产，从事其营业执照或组织章程中描述的业务，不存在被吊销营业执照、责令关闭或者被撤销的情形；

7.1.2　采取必要的行动，协助办理完成本协议下所有的变更登记手续。

7.2　乙方声明与保证：

7.2.1　按本协议约定用于作价出资的土地使用权系乙方合法取得，权属清晰，不存在任何权属争议和瑕疵，也不存在抵押、查封或者其他任何权利负担；

7.2.2　按法律、目标公司章程和本协议约定承担目标公司股东的全部义务。

7.3　甲乙丙三方共同声明与保证：

7.3.1　各方拥有订立和履行该协议所需的权利，并保证本协议能够具有法律约束力。

7.3.2　各方签订和履行该协议均系真实意思表示，履行了一切必须的决策或审批手续，并已经获得一切必须的授权，在本协议上签字的代表有权或已经获得授权签署本协议。

7.3.3　各方提供的所有文件和信息均是真实、完整、合法有效的，不存在故意的隐瞒与遗漏。

7.3.4　各方订立和履行本协议将不会造成各方和目标公司违反：中华人民共和国法律、法规和政府主管部门的有关规定；各方和目标公司的公司章程或其他有关的组织性文件；各方以及目标公司订立的对其本身或其资产有约束力的任何重要协议和合同。如有违反的情况，各方已经在本协议生效前获得该协议和合同之他方的同意、许可或放弃。

7.3.5　本协议所述由各方作出的声明、保证及承诺在所有方面均是真实的和准确的，并没有任何误导、虚假的情形。

第八条　保密义务

8.1　各方应对本协议内容以及根据本协议获得的其他方的信息、资料、

数据、技术秘密、商业秘密等保密信息承担严格的保密义务,包括:

8.1.1 接受保密信息的一方(以下简称信息接受方)应当采取适当的保密措施防范保密信息的泄露;

8.1.2 未经提供保密信息的一方(以下简称信息提供方)事先书面同意,在任何时候不得向本协议外的其他方泄露上述事项。

8.2 具有以下情形之一的,不视为违反保密义务:

8.2.1 信息接受方向其关联方或者聘请的律师、会计等中介机构人员有必要的披露,但前述主体应承担与信息接受方同等的保密义务;

8.2.2 信息接受方应政府部门、人民法院等有权机关要求披露;

8.2.3 信息接受方依据法律法规公开或者披露的。

8.3 保密期限自本协议签署之日起至保密信息合法公开或者信息提供方书面通知解除保密义务之日止,且保密义务不因本协议的终止而终止。

第九条 协议的解除

9.1 经甲、乙、丙三方协商一致,可书面解除本协议。

9.2 除非具有法律规定或本协议约定之情形,任何一方不得单方解除本协议。

第十条 违约责任

10.1 本协议项下任何一方因违反本协议所规定的有关义务、所作出的承诺、声明和保证,即视为该方违约;守约方有权要求违约方赔偿其违约行为给守约方造成的全部损失(包括公证费、鉴定费、评估费、律师费、诉讼费等)。

10.2 因乙方原因未按期完成出资义务,经书面催告后15个工作日仍未完成的,甲方、丙方有权解除本协议,并要求乙方按增资款的10%支付违约金。

10.3 因甲方、丙方原因未按期办理完成本次增资扩股的交割手续,经书面催告后15个工作日仍未完成的,乙方有权解除本协议,并要求甲方按增资款的10%支付违约金。

第十一条 通知

11.1 甲、乙、丙三方现确认以下联系电话、电子邮箱、通讯地址等为各自有效的联系方式和送达地址;如有变更,需提前3个工作日书面通知其他方,如果未及时通知仍视为有效,并由未及时履行通知义务一方承担由此造成的损失及相应的法律后果。

甲方联系人：【　　　】；联系电话：【　　　　】；电子邮箱：【　　　　】；通讯地址：【　　　　　　　　】。

乙方联系人：【　　　】；联系电话：【　　　　】；电子邮箱：【　　　　】；通讯地址：【　　　　　　　　】。

丙方联系人：【　　　】；联系电话：【　　　　】；电子邮箱：【　　　　】；通讯地址：【　　　　　　　　】。

11.2　本协议履行过程中，一方或人民法院所有的通知、文件等，按11.1款约定的联系信息发出并达到以下条件即视为已送达：

11.2.1　以邮寄方式发出的，除因不可抗力事由导致收件人未实际签收的，自寄出之日起第3个工作日视为送达。

11.2.2　以电子邮件、短信的方式发出的，发件人一方系统显示成功发送视为已送达。

第十二条　法律适用和争议解决

12.1　本协议的订立、执行、效力及解释均适用中华人民共和国法律。

12.2　凡因履行本协议所发生的或与本协议有关的一切争议或纠纷，各方应首先通过友好协商方式解决；协商不成的，可向原告所在地有管辖权的法院提起诉讼。

12.3　除各方有争议的部分外，各方应继续履行本协议的其他部分。

第十三条　协议的修改、补充

13.1　本协议及其附件是一个不可分割的完整协议，除经本协议当事人书面签署加以修改、补充外，不允许任何一方以任何形式修改、补充。本协议的任何补充或修改需经各方协商一致并作成书面补充协议，补充协议是本协议的组成部分，与本协议具有同等法律效力。

第十四条　协议生效及其他

14.1　本协议由甲、乙、丙三方签字盖章后生效。

14.2　本协议一式捌份，协议各方各持贰份，剩余的用于办理相关登记手续。

（以下无正文，为签署页）

甲方(盖章):
法定代表人或授权代表(签字):

乙方(盖章):
法定代表人或授权代表(签字):

丙方(盖章):
法定代表人或授权代表(签字):

三、国有产权无偿划转协议

国有产权无偿划转协议

本协议由以下双方于________年____月____日在【　】签署:

甲方:【　】公司
住所:

乙方:【　】公司
住所:

其中,甲方称为"划出方",乙方称为"划入方",甲、乙方合称为"双方",单称为"一方"。

鉴于:

1. 划出方为一家依照中华人民共和国法律成立并有效存续的有限责任公司,划出方持有【　】公司100%的股权(对应出资额:【　】万元);

2. 划入方为一家依照中华人民共和国法律成立并有效存续的有限责任公司;

3. 经友好协商,划出方同意按本协议规定的条件及方式将其持有的【　】公司【　】%股权无偿划转给划入方,划入方同意按本协议规定的条件及方式受让协议股权("无偿划转")。

据此,双方立约如下:

一、划转标的基本情况

【　】公司为一家依照中华人民共和国法律成立并有效存续的有限责任公司,公司注册资本为人民币【　　】万元,公司经营范围为【　　】。

二、无偿划转基准日

划出方同意将协议股权按照账面价值【　】万元无偿划转给划入方,划转基准日为【　】。

三、交割日

无偿划转的交割日为被划转标的股权完成相应的权利变更登记手续之日。

四、划出方的权利与义务

1. 按本协议的约定向划入方划转其持有的协议股权;

2. 向划入方提供为完成本次无偿划转所需要的应由划出方提供的各种资料和文件并签署为完成本次无偿划转所必须的各项文件;

3. 相关法律、法规以及本协议规定的应由划出方履行的其他权利与义务。

五、划入方的权利与义务

1. 向划出方提供为完成本次无偿划转所需要的应由划入方提供的各种资料和文件并签署为完成本次无偿划转所必须的各项文件;

2. 相关法律、法规以及本协议规定的应由划入方履行的其他义务。

六、协议的生效

本协议经双方签字、盖章,并经【　　　】批准后生效。

七、税费

因协议股权的无偿划转所发生的各种税费由协议双方依照有关法律法规的规定各自承担。

八、双方的陈述与保证

1. 协议双方分别保证其自身为依中国法律注册并合法存续的公司,具有签署本协议和享有本协议规定各项权利、履行本协议规定各项义务的合法资格,并将按诚实信用的原则执行本协议。

2. 本协议双方分别保证依本协议所作的全部保证、承诺是连续的、不可撤销的，不受任何争议、法律程序及上级单位的指令的影响，也不受双方是否破产、有无清偿能力、地位或名称转变以及发生其他变化的影响。本协议双方的继承人、代理人、接管人对本协议双方各自在此所作的保证、承诺以及按本协议规定应履行的义务负有连续的义务和责任。

3. 划出方在此特向划入方作出如下声明、保证与承诺：

3.1 划出方保证协议股权为划出方合法拥有的股权，划出方有完全、有效的处分权，协议股权上未设置任何质权或者其他担保权，并不会因无偿划转使划入方受到其他方的指控或遭受实质的损害，否则划出方无条件地承担由此引起的所有经济和法律责任；

3.2 划出方保证其划转协议股权的行为已取得所有必需的同意、批准。

4. 划入方在此特向划出方作出如下声明、保证与承诺：

4.1 划入方将积极配合划出方，依法妥善办理无偿划转所需的各项手续，并履行本协议约定的划入方全部义务；

4.2 划入方保证其取得协议股权的行为已取得所有必需的同意、批准。

5. 协议双方同意，上述声明、保证与承诺在本协议规定的无偿划转行为完成后继续有效。

九、违约及索赔

由于本协议一方向另一方所作陈述、保证有不完整、不真实、不准确，或一方不履行本协议项下的义务，造成本协议不能履行或不能完全履行时，违约方应赔偿守约方遭受的实际损失。

十、被划转股权涉及的债权债务、或有负债的处置方案以及职工安置问题

本次无偿划转后，【 】公司债权债务、或有负债由其继续承担与享有。本次无偿划转不涉及人员分流和职工安置问题。

十一、不可抗力

由于不可抗力（包括地震、台风、水灾、火灾、战争以及政府行政性干涉行为）及情势变更的影响，致使本协议不能履行或不能完全履行时，遇有上述不可抗力事故的一方，应立即将事故情况以电报或书面形式通知另一方，并应在7天内提供事故详情及协议不能履行或者部分不能履行，或者需要延期履行的理由的有效证明。按照事故对履行协议的影响程度，由双方协商决定是否解除协议，或者部分免除履行协议的责任，或者延期履行协议。

十二、协议的变更和解除

发生任何下列情况之一时,双方可变更或解除本协议:

1. 由于不可抗力致使本协议无法履行;

2. 由于一方违约,使协议履行成为不必要;

3. 经当事人双方书面协商一致同意变更或解除本协议的情况;

4. 其他法律法规规定的可以变更或解除本协议的情况。

十三、保密

本协议所有条款及本次无偿划转所涉及的所有资料均为保密资料,双方所有参与此项工作的人员都负有保密义务,任何一方不得以作为或不作为的方式,使双方参与此项工作的人员及有权知情的人员以外的第三方知晓其内容。

十四、适用法律

本协议的订立、履行、解释以及与本协议有关的一切事宜均适用中华人民共和国法律。

十五、争议的解决

凡因本协议引起的或与本协议有关的任何争议,由双方协商解决。协商不成时,任何一方均有权提交甲方住所地有管辖权的人民法院依法裁决。

十六、其他

本协议一式陆份,双方各持贰份,其余为报批使用,每份具有同等法律效力。

(以下无正文)

甲方:

代表:

乙方:

代表:

四、国有企业合资新设协议

出资人协议

本协议于【　】年【　】月【　】日由下列各方在【　】签署：

甲方：【　】公司
住所地：
法定代表人：

乙方：【　】公司
住所地：
法定代表人：

甲乙双方根据《中华人民共和国公司法》《中华人民共和国民法典》等有关法律法规的规定，遵循平等、自愿、公平、诚实信用的原则，就共同出资设立新公司事宜协商一致，订立本协议，以资遵守。

第一条　定义与解释

1.1　除非上下文另有规定，下述措辞在本协议中应有以下意义：

1.1.1　“甲方”是指【　】公司；

1.1.2　“乙方”是指【　】公司；

1.1.3　“本协议生效日”是指各方签署本协议之日；

1.1.4　“合资公司”是指本次甲乙双方共同出资设立的公司。

1.2　除非本协议上下文作出另行约定，应按照下述方式解释本协议内容：

1.2.1　标题仅为方便引用之用，不应影响本协议解释；

1.2.2　凡提及某条、某款、附件时，均指本协议的某条、某款、附件；

1.2.3　凡提及某文件时，包括对该文件所作的任何修改、补充、替换或更新，但不包括任何违反本协议的修改、补充、替换或更新；

1.2.4　凡提及任何文件的一方时，包括该方的继承人和经许可的受让人；

1.2.5　凡提及各方，均指本协议的甲乙双方；

1.2.6　凡提及法律、法规或其相关条款时,不仅包括其解释、修订或增补内容,还包括旨在取代该等法律法规而发布的相关法律法规。

第二条　合资公司的设立

2.1　合资公司名称:【　】(暂定名,最终以工商登记注册的名称为准)。

2.2　合资公司注册地点:【　】。

2.3　合资公司的经营范围:【　】。

2.4　合资公司的注册资本为人民币【　】万元,甲乙双方认缴出资额、出资比例、出资方式、出资时间如下表所示:

股东名称	认缴出资额(万元)	出资比例	出资方式	出资时间
合计				

第三条　设立登记与税费承担

3.1　双方同意,由【　】方具体负责合资公司的设立登记的相关工作。

3.2　本次有关合资公司工商设立登记等费用由合资公司承担。

3.3　除另有约定外,各方应按照中华人民共和国现行有效的法律、法规、规章及其他规范性文件的规定各自承担因本协议的签署和履行而产生的应由其缴纳和支付的税款和费用。

3.4　非因本协议任何一方违约导致合资公司最终不能设立时,因合资公司筹备所产生的费用按双方的认缴出资比例进行分摊。

第四条　股东名册与出资证明书

4.1　合资公司登记注册后,应制备股东名册,并向股东签发出资证明书。出资证明书应载明合资公司名称、成立日期、注册资本、股东的姓名或者名称、缴纳的出资额和出资日期、出资证明书编号和核发日期。出资证明书由合资公司盖章,一式两份,股东和合资公司各持一份。

第五条　合资公司法人治理结构安排

经协商一致,甲乙双方就合资公司的法人治理结构,安排如下:

5.1　股东会

5.1.1　合资公司股东会由全体股东组成,为公司的最高权力机构,按法

律和公司章程行使职权;

5.1.2　股东会对于修改公司章程、增加或减少注册资本、分立、合并、解散或变更公司形式等事项作出的决议,必须经代表三分之二以上表决权的股东同意通过,其他一般事项经代表二分之一以上表决权的股东同意通过。

5.2　董事会

5.2.1　合资公司设董事会,由【　】名董事组成,其中甲方提名【　】名董事,乙方提名【　】名董事,由合资公司股东会选举确定;1名职工监事,由合资公司职工通过职工代表大会、职工大会或者其他形式民主选举产生。

5.2.2　董事会设董事长,同时作为合资公司的法定代表人,由【　】方指定的董事担任。

5.2.3　董事会决议的表决,实行一人一票;董事会作出决议,普通事项必须经全体董事过半数通过,重大事项必须经全体董事同意,其中重大事项范围以公司章程规定为准。

5.3　监事会

5.3.1　合资公司设监事会,由3名监事组成,其中:甲方与乙方各提名1名监事,并由合资公司股东会选举确定;职工监事1名,由合资公司职工通过职工代表大会、职工大会或者其他形式民主选举产生;

5.3.2　监事会设监事会主席1名,由【　】方提名并经股东会选举确定的监事作为候选人,全体监事过半数选举确定;

5.3.3　监事会决议的表决,实行一人一票;监事会作出决议,必须经全体监事过半数通过。

5.4　经营管理层

5.4.1　合资公司设总经理1名,由董事长提名,董事会聘任;

5.4.2　合资公司设副总经理【　】名,甲方推荐【　】名,乙方推荐【　】名,经总经理提名,董事会聘任;设财务负责人1名,由【　】方推荐,经总经理提名,董事会聘任。

5.5　各方同意按本协议在合资公司章程中规定有关前述法人治理机构安排的内容。

第六条　股权转让

合资公司股东持有的股权转让需遵守如下规则:

6.1　股东之间可以相互转让其全部出资或者部分出资。

6.2　股东向合资公司股东以外的人转让出资,必须经其他股东过半数同意。股东应就其出资转让事项书面通知其他股东征求意见,其他股东自接到书面通知之日起满30日未答复的,视为同意转让。其他过半数的股东不同意转让的,不同意转让的股东应当购买该转让的出资;符合转让条件后30日不购买的,视为同意转让。经其他股东同意转让的股权,在同等条件下,其他股东有优先购买权,但应在收到通知后30日内提出购买请求,逾期未提出的,视为放弃优先购买权。两个以上股东主张行使优先购买权的,协商确定各自的购买比例;协商不成的,按照转让时各自的出资比例行使优先购买权。

6.3　合资公司股东根据国有资产相关规定对其持有的出资进行无偿划转的,不受本条前述约定的限制。

6.4　股东转让出资后,合资公司应注销原股东的出资证明书,向新股东签发出资证明书,并相应修改公司章程和股东名册中有关股东及其出资额的记载,并应向公司登记机关办理变更登记手续。

第七条　声明与保证

7.1　甲方声明与保证:

7.1.1　甲方是依照中华人民共和国法律依法设立并存续的独立公司法人;

7.1.2　按法律、合资公司章程和本协议约定承担合资公司股东的全部义务。

7.2　乙方声明与保证:

7.2.1　乙方是依照中华人民共和国法律依法设立并存续的独立公司法人;

7.2.2　按本协议约定用于作价出资的土地使用权系乙方合法取得,权属清晰,不存在任何权属争议和瑕疵,也不存在抵押、查封或者其他任何权利负担;

7.2.3　按法律、合资公司章程和本协议约定承担合资公司股东的全部义务。

7.3　甲乙双方共同声明与保证:

7.3.1　各方拥有订立和履行本协议所需的权利,并保证本协议能够具有法律约束力。

7.3.2　各方签订和履行本协议均系真实意思表示，履行了一切必须的决策或审批手续，并已经获得一切必须的授权，在本协议上签字的代表有权或已经获得授权签署本协议。

7.3.3　各方提供的所有文件和信息均是真实、完整、合法有效的，不存在故意的隐瞒与遗漏。

7.3.4　各方订立和履行本协议将不会造成各方违反：中华人民共和国法律、法规和政府主管部门的有关规定；各方订立的对其本身或其资产有约束力的任何重要协议和合同。如有违反的情况，各方已经在本协议生效前获得该协议和合同之他方的同意、许可或放弃。

7.3.5　本协议所述由各方作出的声明、保证及承诺在所有方面均是真实的和准确的，并没有任何误导、虚假的情形。

第八条　保密义务

8.1　各方应对本协议内容以及根据本协议获得的另一方的信息、资料、数据、技术秘密、商业秘密等保密信息承担严格的保密义务，包括：

8.1.1　接受保密信息的一方（以下简称信息接受方）应当采取适当的保密措施防范保密信息的泄露；

8.1.2　未经提供保密信息的一方（以下简称信息提供方）事先书面同意，在任何时候不得向本协议外的另一方泄露上述事项。

8.2　具有以下情形之一的，不视为违反保密义务：

8.2.1　信息接受方向其关联方或者聘请的律师、会计等中介机构人员有必要的披露，但前述主体应承担与信息接受方同等的保密义务；

8.2.2　信息接受方应政府部门、人民法院等有权机关要求披露；

8.2.3　信息接受方依据法律法规公开或者披露的。

8.3　保密期限自本协议签署之日起至保密信息合法公开或者信息提供方书面通知解除保密义务之日止，且保密义务不因本协议的终止而终止。

第九条　协议的解除

9.1　经甲乙双方协商一致，可书面解除本协议。

9.2　除非具有法律规定或本协议约定之情形，任何一方不得单方解除本协议。

第十条　违约责任

10.1　本协议项下任何一方因违反本协议所规定的有关义务、所作出的承诺、声明和保证,即视为该方违约;守约方有权要求违约方赔偿其违约行为给守约方造成的全部损失(包括公证费、鉴定费、评估费、律师费、诉讼费等)。

10.2　任一方未能按期足额实缴出资的,按应缴而未缴出资的万分之三/日向其他方支付违约金;经书面催告后15个工作日仍未支付到位的,违约方的表决权、人员提名权等股东权利自动暂停行使,同时其他方还有权要求违约方按合资公司注册资本的10%支付违约金,并解除本协议。

10.3　若因一方违约导致合资公司最终未能设立的,由违约方承担合资公司筹备期间发生的一切费用。

第十一条　不可抗力

11.1　不可抗力事件,是指本协议任何一方在签署本协议时不能合理预见、对其发生和后果不能避免也不能克服的事件(包括但不限于地震、火灾、洪水等自然现象或战争)。

11.2　遇有不可抗力的一方,应在事件发生之日起3个工作日内,将事件的发生情况以书面形式通知另一方,并应在事件发生后20个工作日内,向另一方提供不可抗力的详情,以及不能履行、或者部分不能履行、或者需要延期履行理由的有效证明。按其对本协议的影响程度,本协议各方可协商决定是否(部分)解除本协议或者延期履行本协议。如果自不可抗力发生之日起60个工作日内不能协商一致,任何一方有权终止本协议或相关条款,由此给本协议另一方造成的损失,任何一方不承担赔偿责任。

11.3　任何一方由于不可抗力且自身无过错造成部分不能或者全部不能履行本协议项下的义务将不视为违约,但应在条件允许的情况下采取一切必要的补偿措施,以减少因不可抗力造成的损失和不良后果。

第十二条　通知

12.1　甲乙双方现确认以下联系电话、电子邮箱、通讯地址等为各自有效的联系方式和送达地址;如有变更,需提前3个工作日书面通知另一方,如果未及时通知仍视为有效,并由未及时履行通知义务一方承担由此造成的损失及相应的法律后果。

12.1.1　甲方联系人:【　　　　】;联系电话:【　　　　】;电子邮箱:

【　　　　】;通讯地址:【　　　　　　　　　　　　　　　　】。

12.1.2　乙方联系人:【　　　　】;联系电话:【　　　　】;电子邮箱:【　　　　】;通讯地址:【　　　　　　　　　　　　　　　　】。

12.2　本协议履行过程中,一方或人民法院所有的通知、文件等,按第12.1款约定的联系信息发出并达到以下条件即视为已送达:

12.2.1　以邮寄方式发出的,除因不可抗力事由导致收件人未实际签收的,自寄出之日起第3个工作日视为送达。

12.2.2　以电子邮件、短信的方式发出的,发件人一方系统显示成功发送视为已送达。

第十三条　法律适用和争议解决

13.1　本协议的订立、执行、效力及解释均适用中华人民共和国法律。

13.2　凡因履行本协议所发生的或与本协议有关的一切争议或纠纷,各方应通过友好协商方式解决;协商不成的,可向原告所在地有管辖权的法院提起诉讼。

13.3　除各方有争议的部分外,各方应继续履行本协议的其他部分。

第十四条　协议的修改、补充

14.1　本协议及其附件是一个不可分割的完整协议,除经本协议当事人书面签署加以修改、补充外,不允许任何一方以任何形式修改、补充。本协议的任何补充或修改需经各方协商一致并做成书面补充协议,补充协议是本协议的组成部分,与本协议具有同等法律效力。

第十五条　协议生效及其他

15.1　本协议由甲乙双方签字或盖章后生效。

15.2　本协议一式陆份,甲乙双方各持贰份,剩余的用于办理相关登记手续。

(以下无正文,为签署页)

甲方(盖章):

法定代表人或授权代表(签字):

乙方(盖章):

法定代表人或授权代表(签字):

五、国有企业股权投资协议

【　】公司

之

股权转让和增资扩股协议

【　】年【　】月

本协议由以下各方在【　】签订:

甲方/投资方:【　】公司

以下统称乙方或股权转让方:
乙方1/标的公司实际控制人:【　】,身份证号:【　】
乙方2:【　】,身份证号:【　】
乙方3:【　】,身份证号:【　】

标的公司(丙方):【　】公司
以下统称丁方:
丁方1:【　】
丁方2:【　】
丁方3:【　】
以上各方单称为“一方”,合称为“各方”。

鉴于:

1.【　】公司(以下简称标的公司)是一家依据中华人民共和国法律成立并合法存续的有限公司,注册地【　】,现登记注册资本为人民币【　】万元。

2. 甲方拟通过对标的公司增资并受让乙方股权的方式进行投资(以下简称本次投资),本次投资完成后,甲方将持有标的公司【　】%的股权。

3. 乙方、丁方作为标的公司现有股东均同意甲方的本次投资,并放弃对本次投资涉及的股权转让、增资享有的任何法律法规或合同赋予的优先权利。

为明确各方当事人的权利义务，根据《中华人民共和国民法典》《中华人民共和国公司法》等有关法律法规的规定，各方在平等自愿的基础上经协商就本次投资事宜达成一致，并签订本协议，以资共同信守。

第一条　定义

1.1　除非本协议另有所指，下列词语具有以下含义：

标的公司	指【　】公司。
本协议	指【　】公司之股权转让和增资扩股协议及相关附件。
本次投资	指投资方对标的公司增资并受让乙方部分股权的行为。
标的股权	指投资方拟从乙方受让的目标公司【　】股权，对应注册资本为【　】万元。
工作日	指除星期六、星期日及中华人民共和国政府规定的法定节假日以外的时间。
中国	指中华人民共和国，仅为本协议之目的，不包括香港特别行政区、澳门特别行政区及台湾地区。
元	指中华人民共和国法定货币人民币元。
尽职调查	指基于本次投资之目的，由投资方委派专业人士对标的公司在财务、法律等相关方面进行的调查。
净利润	指标的公司经由投资方认可的具有证券从业资格的会计师事务所审计的归属于母公司所有者合并净利润（扣除少数股东权益以后的净利润，如公司发生非经常性损益，该值为报表合并净利润扣除非经常性损益前后孰低数）。
净资产	指公司经由投资方认可的具有证券从业资格的会计师事务所审计的合并净资产。
评估基准日	指甲方委托第三方机构对标的公司进行评估设定的基准日，即【　】年【　】月【　】日。
投资交割日	指本次投资涉及的股权转让、增资在市场监督管理部门完成变更登记，且标的公司向投资方交付相应出资证明书、更新后的股东名册副本之日。
过渡期	指评估基准日至本次投资交割日的期间。
投资价款	指本次投资涉及的股权转让款、增资款之和。
上市	指依法首次公开发行股票并上市。
权利负担	指任何担保权益、质押、抵押、留置（包括但不限于税收优先权、撤销权和代位权）、租赁、许可、债务负担、优先安排、限制性承诺、条件或任何种类的限制，包括但不限于对使用、表决、转让、收益或对其他行使所有权任何权益的任何限制。

续表

重大不利影响	指标的公司的业务、资产、财产、财务或其他状况、经营或业绩或者前景方面所受到的任何实质性影响或所发生的任何实质性变化(如财产被设置权利限制,或被采取查封、冻结、扣押等司法措施),且该等影响或变化单独地或共同地对标的公司或标的股权的价值造成、或经合理推断有可能造成实质性不利影响或负面影响。

1.2　除上下文另有规定外,本协议所使用的有关“本协议的”“本协议中”“本协议内”“本协议项下”,以及其他具有类似含义的词语,是指包括本协议全部组成部分的合同整体,而不是指本协议的任何特定部分或条款。

1.3　本协议各条款的标题仅为方便而设,不得被视为等同于该条款所包括的全部内容,或被用来解释该等条款或本协议。

第二条　股权转让和增资

2.1　标的股权与作价

2.1.1　本次转让的股权是乙方持有的目标公司【　】%股权,对应认缴注册资本为【　】万元,现均已实缴到位。

2.1.2　根据《××资产评估报告》(【　】号)(以下简称《资产评估报告》),标的公司净资产评估价值为【　】元,标的股权对应评估价值为【　】元。在以上评估结果基础上,甲乙双方经协商确定标的股权的转让价格为【　】万元。

2.1.3　本次标的股权转让的具体情况如下表所示:

股权转让方	本次转让的股权比例	对应注册资本额	对应股权转让价格
合计			

2.2　对标的公司增资与作价

2.2.1　根据《资产评估报告》，标的公司净资产评估价值为【　】元。在以上评估结果基础上，甲乙双方经协商确定本次增资价格每1元注册资本为【　】元。

2.2.2　标的公司注册资本本次由【　】万元变更为【　】万元，即增加注册资本【　】万元。本协议各方同意，由投资方单独认缴本次拟增加的注册资本，标的公司现有股东乙方、丁方均放弃优先认缴权。

投资方向标的公司支付的增资款为【　】万元，其中增资款中的【　】万元作为标的公司新增注册资本，其余【　】万元计入标的公司资本公积金。

2.3　本次投资交割日后的标的公司股权结构如下表所示：

股东名称/姓名	认缴出资额	持股比例	对应注册资本额
合计			

2.4　投资价款的支付

2.4.1　甲方应在本协议生效后15个工作日内支付投资价款的50%，具体如下：

(1)股权转让价款按第2.1.3款约定的各自“对应股权转让价格”的50%分别向【　】指定的账户支付。

(2)增资价款向标的公司指定的账户支付。

2.4.2　甲方应自本次投资交割日起10个工作日内支付投资价款的50%，支付方式与第2.4.1款约定相同。

2.5　各方同意，除甲方书面同意外，甲方支付的增资款仅可用于标的公司：(1)解决公司资金流动性问题；(2)【　】。

第三条　本次投资的交割与过渡期损益

3.1　甲方按第2.4.1款约定支付投资价款50%之后20个工作日内，乙方、丙方应负责在市场监督管理部门办理完成本次投资所涉的股权转让、增资变更登记手续，并向投资方出具出资证明书、更新后的股东名册副本。

前述手续完成之日为本次投资交割日,自该日起,甲方就本次投资取得的标的公司股权享有相应的股东权利,并承担相应的股东义务。

3.2　本次投资交割日后,各方应按本协议和公司章程的规定及时对标的公司董事、监事和相关高级管理人员办理变更、登记手续。

3.3　为完成本协议项下标的股权转让、增资所涉及的变更登记手续,各方均应积极配合,并提供相关的工商变更登记资料,包括按照市场监督管理部门要求签署用于办理股权变更登记的协议等法律文件,前述协议、文件如与本协议不一致的,应以本协议为准。

3.4　办理本次投资涉及的变更登记或备案手续所需费用由标的公司承担。

3.5　评估基准日至本次投资交割日即过渡期间标的公司的损益由各股东按投资交割日后的持股比例享有和承担。

第四条　本次投资交割后标的公司治理与安排

4.1　各方同意,本次投资交割后,标的公司依据法律法规和本协议约定设股东会、董事会、监事会和经营管理层。

4.2　股东会

公司股东会由全体股东组成,股东会是公司的最高权力机构,决定公司的重大事项,该重大事项包括如下:

(1)决定公司的经营方针和投资计划;

(2)选举和更换非由职工代表担任的董事、监事,决定有关董事、监事的报酬事项;

(3)审议批准董事会的报告;

(4)审议批准监事会的报告;

(5)审议批准公司的年度财务预算方案、决算方案;

(6)审议批准公司的利润分配方案和弥补亏损方案;

(7)对公司增加或者减少注册资本作出决议;

(8)对发行公司债券作出决议;

(9)对公司合并、分立、解散、清算、终止、破产或者变更公司形式作出决议;

(10)修改公司章程和制定股东会、董事会议事规则;

(11)决定公司的对外担保、对外借款；

(12)对公司聘用、解聘会计师事务所作出决议；

(13)审议法律法规或公司章程规定应当由股东会决定的其他事项。

出席股东会的股东必须超过全体股东表决权的二分之一方能召开股东会会议。股东会会议，由股东按照实缴出资比例行使表决权，除上述第1款第(5)(6)(7)(9)(10)(11)项规定的事项须经代表公司三分之二以上表决权股东表决通过外，其他事项经代表公司过半数表决权股东表决通过。

4.3　董事会

4.3.1　公司董事会由【　】名董事组成，其中【　】方提名【　】名董事，【　】方提名【　】名董事，由股东会选举确定。董事会设董事长、副董事长各1名，其中董事长由【　】方提名的董事担任，副董事长由【　】方提名的董事担任。

4.3.2　公司董事会对股东会负责，依法行使下列职权：

(1)召集股东会会议，并向股东会报告工作；

(2)执行股东会的决议；

(3)决定公司的经营计划和投资方案；

(4)制订公司的年度财务预算方案、决算方案；

(5)制订公司的利润分配方案和弥补亏损方案；

(6)制订公司增加或者减少注册资本方案；

(7)制订发行公司债券的方案；

(8)制订公司合并、分立、解散、终止、破产、对外设立公司或者变更公司形式的方案；

(9)决定公司内部管理机构的设置和对外设立分支机构；

(10)决定聘任或者解聘公司经理及其报酬事项，并根据总经理的提名决定聘任或者解聘公司副总经理、财务负责人及其报酬事项；

(11)制定公司的基本管理制度(包括关联交易管理、印章管理、人力资源、合同管理、财务资金管理以及采购管理、资产管理等基本制度)；

(12)决定公司与其关联方的关联交易(关联方的定义按照法律和《企业会计准则第36号——关联方披露》关于“关联人”的定义进行界定，下同)；

(13)公司章程规定和股东会授权的其他事项。

以上事项按本协议应授权经营管理层决策的,从其规定。

4.3.3 公司董事会会议至少【 】名董事出席方可举行。董事会决议的表决,实行一人一票。董事会对普通事项作出的决议,必须经全体董事过半数通过;对重大事项作出的决议,必须经全体董事三分之二以上通过。重大事项具体范围包括:【 】。

4.4 监事会

4.4.1 公司设监事会,由【 】名监事组成,其中:【 】方、【 】方各提名1名监事,并由标的公司股东会选举确定;设职工监事1名,由标的公司职工通过职工代表大会、职工大会或者其他形式民主选举产生。

4.4.2 监事会设监事会主席1名,由【 】方提名并经股东会选举确定的监事作为候选人,全体监事过半数选举确定。

4.5 经营管理层

4.5.1 标的公司设总经理1名,为公司法定代表人,由市场化选聘,董事会聘任;设副总经理【 】名,经总经理提名,董事会聘任;设财务总监和董事会秘书(属于高级管理人员)各1名,经总经理提名,董事会聘任。

4.5.2 总经理根据公司章程和董事会的授权行使相应职权,其中董事会应向公司总经理授权的经营决策事项清单见本协议附件,甲方同意并应支持董事会作出前述授权决议。

4.6 公司党组织

公司设立党总支,设党总支书记1名,公司党总支书记由标的公司在本协议签署时的现任书记担任,设党支部委员【 】名,共同组成党支部委员会。

4.7 有关各方同意并保证,其提名的标的公司董事、监事和高级管理人员的任职资格均应当符合相关法律法规的规定,不应具有对公司后续上市构成障碍的情形,并应督促其勤勉尽责的履职。

当任何一方提名并任职的董事、监事和高级管理人员辞职或被解除职务时,由提名该名董事、监事和高级管理人员的一方继续提名继任人选,各方并应保证在相关股东会、董事会上投票赞成该等人士担任公司董事、监事和高级管理人员。

4.8 各方同意,在本协议签订生效后,将积极配合与支持将本协议相关内容纳入标的公司章程。

4.9　各方同意，在不违反法律法规及上市规则的强制性规定的情况下，标的公司进行股份制改造后应维持上述治理安排及授权。

第五条　保证和承诺

5.1　乙方、丙方的保证与承诺

5.1.1　其是根据中华人民共和国法律具有民事权利能力与行为能力的合伙企业、公司或自然人。

5.1.2　其签署并履行本协议在其权利之中，不违反对其有约束力或有影响的法律法规或合同的限制。

5.1.3　签订和履行本协议系真实意思表示，没有违背签订的对其具有法律约束力的协议，也不存在与乙方已经向任何其他第三方所作出的任何陈述、声明、承诺或保证等相冲突之情形。

5.1.4　本协议签署后，不得擅自转移标的公司的资产、证照等事项。

5.1.5　其已就与本次投资有关的，按甲方要求进行了充分、详尽、及时的披露，没有重大遗漏、误导和虚构，并保证提供资料、信息的真实性、准确性和完整性。

5.2　除已向甲方另行披露的情况外，乙方、丙方向甲方进一步保证与承诺

5.2.1　标的公司没有虚报或抽逃注册资本的情况。

5.2.2　标的公司是依法设立及依法完成历次变更，设立及历次变更均已完备地取得必需的所有许可、同意和批准，且该等许可、同意和批准持续有效（相关证书明确载明许可到期日的除外）。

5.2.3　标的公司严格按照成立和变更文件所规定的经营范围和法律的规定开展业务及经营活动。标的公司所有开展经营活动所需要的在中华人民共和国法律规定下的证照、批准、许可都已经依法申请并获得，并且所有的这些许可都是有效存续的。

5.2.4　标的公司对所属的资产具有合法、完整的所有权，已获得有效的占有、使用、收益及处分权，不存在司法冻结，不存在为任何其他第三方设定质押、抵押或其他权利限制的情形。

5.2.5　标的公司自成立以来不存在重大违法违规行为。

5.2.6　标的公司合法取得、持有资产，不存在争议纠纷，未设置任何权利

负担。

5.2.7 标的公司不存在未了结的对外借款和对外担保。

5.2.8 标的公司不存在未了结的诉讼、仲裁、行政处罚。

5.3 除已向甲方另行披露的情况外,乙方作为股权转让方的保证与承诺

5.3.1 对标的股权具有合法、完整的所有权,标的股权不存在委托持股、信托安排,也不存在权属争议,其有权签署本协议并转让标的股权;

5.3.2 标的股权不存在被司法冻结或为任何其他第三方设定质押或其他会致使其无法将标的股权转让给甲方的情形。

5.4 甲方的保证与承诺

5.4.1 甲方是按照中华人民共和国法律合法注册、有效存续的有限责任公司。

5.4.2 甲方签署并履行本协议:

(1)在甲方权利和营业范围之中,不违反对其有约束力或有影响的法律法规或合同的限制;

(2)不违反对甲方有约束力或有影响的法律或合同的限制;

(3)投资资金来源合法,且用途不违反其所需遵守的法律法规和相关协议;

(4)签订和履行本协议系真实意思表示,没有违背签订的对其具有法律约束力的协议,也不存在与已经向任何其他第三方所作出的任何陈述、声明、承诺或保证等相冲突之情形。

第六条 违约责任

6.1 任何一方违反或未全面履行其在本协议项下陈述、保证、承诺或义务,均构成违约,其他方均有权要求违约方赔偿其遭受的损失。

6.2 违约方应对因违约而导致的其他守约方的损失包括损害、责任、索赔和发生的其他合理费用(含其为维权发生的合理费用,如律师费、诉讼费、公告费、鉴定费、保全费等)承担赔偿责任,但此类损失不包括:(1)因本协议的履行引起的任何间接的或偶然的损失。(2)评估基准日之后,标的公司在正常经营活动中所发生的损失。(3)乙方、丙方已向甲方如实披露的标的股权、标的公司相关事项所产生的损失。

6.3 如因乙方、丙方原因导致未在约定期限内完成本次投资的交割手续

的,按投资价款的万分之五/日向甲方支付违约金。

6.4 如甲方未在约定期限内付款,按应付而未付投资价款的万分之五/日向相应收款方支付违约金,且办理本次投资交割手续的期限自动顺延。

6.5 因任何一方违约导致本协议被解除的,该违约方应按投资价款的10%向非违约方支付违约金。

6.6 本协议被解除或终止后,不影响守约方要求违约方支付违约金和赔偿损失的权利。

第七条 协议的解除和终止

7.1 如有以下任何情形之一发生时,甲方有权解除本协议:

7.1.1 除乙方、丙方根据本协议已向甲方披露的事件或情形外,在本协议签署日之前还存在其他任何对标的公司产生重大不利影响的事件或情形,而该等事件或情形未能在甲方书面通知后20个工作日内消除或被纠正;

7.1.2 因乙方、丙方原因导致未在约定期限内完成本次投资的交割手续,且逾期超过20个工作日仍未完成的;

7.1.3 乙方、丙方违反本协议的其他义务,或者其在本协议所作出的保证或承诺不真实、不准确、不正确、不完整或具有误导性或者存在违反保证或承诺的行为,且未在收到甲方书面通知后20个工作日内予以消除或纠正的。

7.2 如有以下任何情形之一发生时,乙方、丙方有权解除本协议:

7.2.1 甲方逾期未支付(足额)投资价款,超过20个工作日的;

7.2.2 甲方违反本协议的其他义务,或者其在本协议所作出的保证或承诺不真实、不准确、不正确、不完整或具有误导性或者存在违反保证或承诺的行为,甲方未在收到书面通知后20个工作日内予以纠正。

7.3 发生下列情形之一时,本协议终止:

7.3.1 各方协商一致决定终止履行本协议的;

7.3.2 本协议任何一方依法或依约单方解除本协议的;

7.3.3 法律、行政法规规定的其他情形。

第八条 争议解决

8.1 本协议的效力、解释及履行均适用中华人民共和国法律。

8.2 本协议各方当事人因本协议发生的任何争议,均应首先通过友好协商的方式解决,协商不成的,任何一方可向甲方所在地人民法院起诉。

第九条　通知

9.1　本协议的任何一方或人民法院在发送本协议项下或与本协议有关的通知时,可按附件二所述联系方式进行,并应采用书面形式。

9.2　本协议项下的任何通知,如果用专人送达,则收件人签收后即被视为已经送达;如果采用快递寄出,则在向收件人的地址寄送后3个工作日即被视为已经送达;如采用电子邮箱或短信送达的,则自发件人系统显示成功发送之日视为已经送达。

9.3　若任何一方的联系方式发生变化(以下简称变动方),变动方应提前3个工作日通知其他方。变动方未按约定及时通知的,应承担由此造成的损失。其他方在接到书面通知之前已经按照原联系方式发送的任何书面文件不受影响。

第十条　保密义务

10.1　本协议每一方应对其他各方在任何时候或为了本协议的洽谈或为了经营标的公司而对其披露的任何保密数据和资料以及本协议内容(以下统称保密信息)承担保密义务,包括不得擅自向本协议以外的主体披露,并采取适当合理的措施防止泄密。

10.2　本协议生效后,除非事先得到披露方的书面同意,否则无论本协议项下本次投资是否完成,亦无论本协议是否被终止、解除、撤销、认定为无效或履行完毕,各方均应持续承担保密义务,直至该等保密信息被合法公开。

10.3　如本协议任何一方因下列原因披露保密信息,不受第10.1条的限制:(1)向本协议一方及该方聘请的财务顾问、会计师、律师等顾问机构披露;(2)因遵循法律法规的强制性规定而披露;(3)因有权国家主管部门及证券监管单位的要求而披露。

第十一条　其他

11.1　除非有关各方另有约定,涉及本次投资的费用,包括谈判费用、中介机构费用等由发生该费用的一方承担,各方因本次投资而产生的税款由法定义务人承担。

11.2　除本协议另有特殊约定外,非经本协议各方协商一致并达成书面协议,任何一方不得转让其在本协议或本协议项下全部和/或部分的权利义务。

11.3　本协议自各方签字或盖章之日起生效。

11.4　本协议一式【　】份,各方各执贰份,其他由标的公司保存以备用,具有同等法律效力。

附件一:对标的公司经营管理层的授权清单

附件二:本协议各方联系信息表

(以下无正文)

(本页无正文,为《【　】公司之股权转让和增资扩股协议》签署页)

本协议各方签署:

甲方/投资方:

法定代表人或授权代表:

签署日期:

以下统称乙方或股权转让方:

乙方1/标的公司实际控制人:

乙方2:

乙方3:

标的公司(丙方):

法定代表人或授权代表:

以下统称丁方:

丁方1:

法定代表人或授权代表:

丁方2:

法定代表人或授权代表:

丁方3:
法定代表人或授权代表:

六、国有企业有限责任公司章程(不设董事会)

【　】公司
公 司 章 程

第一章 总　则

第一条 公司宗旨:通过有限责任公司组织形式,由股东共同出资,筹集资本金,建立新的经营机制,为振兴经济作出贡献。依照《中华人民共和国公司法》规定,制定本公司章程。

第二条 公司名称:【　】公司(以下简称公司)。

第三条 公司住所:【　】。

第四条 公司由两个股东共同出资设立。股东以其认缴出资额为限对公司承担责任;公司以其全部资产对公司的债务承担责任。公司享有由股东投资形成的全部法人财产权,依法享有民事权利,承担民事责任,具有公司法人资格。

第五条 经营范围:【　】。

第六条 公司营业执照签发之日,为本公司成立之日;营业期限:永久。

第二章 注 册 资 本

第七条 公司注册资本为【　】万元人民币。

第八条 股东名称、出资额、出资时间、出资比例、出资方式一览表。

股东名称	认缴出资额(万元)	出资时间	出资比例	出资方式
合计				

第九条 公司登记注册后，应向股东签发出资证明书。出资证明书应载明公司名称、公司成立日期、公司注册资本、股东的姓名或者名称、缴纳的出资额和出资日期、出资证明书的编号和核发日期。

出资证明书由公司盖章。出资证明书一式两份，股东和公司各持一份。出资证明书遗失，应立即向公司申报注销，经公司执行董事审核同意予以补发。

第十条 公司应当设置股东名册，记载股东的姓名、住所、出资额及出资证明书编号。

第三章 股东的权利、义务和转让出资的条件

第十一条 股东作为出资者按投入公司的资本额，享有资产收益、重大决策和选择管理者等权利，并承担相应的义务。

第十二条 股东的权利：

（一）出席股东会，并根据实缴出资比例享有表决权；

（二）查阅公司会计账簿；

（三）选举公司执行董事或监事；

（四）按实缴出资比例分取红利；

（五）公司新增资本时，股东可按实缴出资比例优先认缴出资；

（六）查阅、复制公司章程、股东会决议、执行董事决定、监事决定以及财务会计报告；

（七）公司终止后，依法分取公司剩余财产；

（八）法律、法规及公司章程赋予的其他权利。

第十三条 股东义务：

（一）按期足额缴纳所认缴的出资；

（二）依其所认缴的出资额承担公司债务；

（三）办理工商登记注册后，不得抽回出资（通过法律程序批准同意者除外）；

（四）遵守公司章程规定的各项条款；

（五）法律、法规及公司章程规定的其他义务。

第十四条 股权转让：

(一)股东之间可以相互转让其全部出资或者部分股权。

(二)股东向股东以外的人转让股权的,必须经其他股东过半数同意。股东应就其股权转让事项书面通知其他股东征求同意,其他股东自接到书面通知之日起满三十日未答复的,视为同意转让。其他股东半数以上不同意的,不同意转让的股东应当购买该转让的股权;不购买的,视为同意转让。

经股东同意转让的股权,在同等条件下,其他股东对该出资有优先购买权,但应在收到通知后三十日内提出购买请求,逾期未提出的,视为放弃优先购买权。两个以上股东主张行使优先购买权的,协商确定各自的购买比例;协商不成的,按照转让时各自的出资比例行使优先购买权。

(三)国有企业股东根据国有资产相关规定对其持有的股权进行无偿划转的,不受本条前述规定的限制。

(四)股东依法转让其股权后,公司应当注销原股东的出资证明。由公司将受让人的姓名或者名称、住所以及受让的出资额记载于股东名册,并相应修改公司章程。

第四章　公司的机构及高级管理人员的资格和义务

第十五条　为保障公司生产经营活动的顺利、正常开展,公司设立股东会、执行董事和监事,负责公司生产经营活动的预测、决策和组织领导、协调、监督等工作。

同时,根据《中国共产党章程》规定,公司设立党的组织,开展党的活动;公司党组织是公司法人治理结构的有机组成部分。

第十六条　公司设总经理、业务部、财务部等具体办理机构,分别负责处理公司在开展生产经营活动中的各项日常具体事务。

第十七条　执行董事、监事、高级管理人员应遵守公司章程、《中华人民共和国公司法》和国家其他有关法规的规定。

第十八条　公司研究决定有关职工工资、福利、安全生产以及劳动保护、劳动保险等涉及职工切身利益的问题,应当事先听取公司工会和职工的意见。

第十九条　公司应当将直接涉及劳动者切身利益的规章制度和重大事项决定公示,或者告知劳动者。

第二十条　有下列情形之一的人员,不得担任公司执行董事、监事、高级管理人员：

（一）无民事行为能力或者限制民事行为能力者；

（二）因犯有贪污、贿赂、侵占财产、挪用财产罪或者破坏社会经济秩序罪被判处刑罚，执行期满未逾五年，或者因犯罪被剥夺政治权利，执行期满未逾五年者；

（三）担任因经营不善破产清算公司（企业）的董事或者厂长、总经理，并对该公司（企业）破产负有个人责任的，自该公司（企业）破产清算完结之日起未逾三年者；

（四）担任因违法被吊销营业执照的公司（企业）的法定代表人，并负有个人责任的，自该公司（企业）被吊销营业执照之日起未逾三年者；

（五）个人所负数额较大的债务到期未清者。

公司违反前款规定选举执行董事、监事或者聘任高级管理人员的，该选举或者聘任无效。

第二十一条　国家公务员不得兼任公司的执行董事、监事、高级管理人员。

第二十二条　执行董事、监事、高级管理人员应当遵守公司章程，忠实履行职责，维护公司利益，不得利用在公司的地位和职权为自己谋取私利。执行董事、监事、高级管理人员不得利用职权收受贿赂或者其他非法收入，不得侵占公司的财产。

第二十三条　执行董事、高级管理人员不得从事损害本公司利益的活动。执行董事、高级管理人员不得有下列行为：

（一）挪用公司资金；

（二）将公司资金以其个人名义或者以其他个人名义开立账户储存，亦不得将公司的资金以个人名义向外单位投资；

（三）违反公司章程的规定，未经股东会同意，将公司资金借贷给他人或者以公司财产为他人提供担保；

（四）违反公司章程的规定或者未经股东会同意，与本公司订立合同或者进行交易；

（五）未经股东会同意，利用职务便利为自己或者他人谋取属于公司的商业机会，自营或者为他人经营与所任职公司同类或相近的业务；

(六)接受他人与公司交易的佣金归为己有;

(七)擅自披露公司秘密;

(八)违反对公司忠实义务的其他行为。

第二十四条 公司执行董事、高级管理人员因违反第二十三条规定所得的收入应当归公司所有。

第五章 股东会

第二十五条 公司设股东会,股东会由公司全体股东组成,为公司的最高权力机构。首次股东会由出资最多的股东召集主持,以后股东会由执行董事召集和主持。

第二十六条 股东会行使以下职权:

(一)决定公司的经营方针和投资计划,以及经营计划和投资方案;

(二)选举和更换执行董事、监事,决定有关执行董事、监事的报酬事项;

(三)审议批准执行董事的报告;

(四)审议批准监事的报告;

(五)审议批准公司的年度财务预算方案、决算方案;

(六)审议批准公司的利润分配方案和弥补亏损方案;

(七)对公司增加或者减少注册资本作出决议;

(八)对发行公司债券作出决议;

(九)对公司合并、分立、解散、清算或者变更公司形式作出决议;

(十)制定、修改公司章程、股东会议事规则、总经理办公会议事规则;

(十一)就对外提供担保、借款事项作出决议;

(十二)根据【 】推荐,决定聘任或者解聘公司总经理及其报酬事项;根据本章程规定的股东推荐,决定聘任副总经理及其报酬事项;

(十三)决定聘用或解聘承办公司审计业务的会计师事务所;

(十四)法律和公司章程规定的其他职权。

第二十七条 股东会分定期会议和临时会议。定期会议每一年召开一次,代表十分之一以上表决权的股东、执行董事或者监事可以提议召开临时会议。

召开股东会会议,应于会议召开十五日前书面通知全体股东和列席人员。

会议通知需载明会议的地点、日期、议题及有关事项，但特殊情况下，全体股东同意后，提前三日通知即可召开股东会会议。

第二十八条　股东会会议一般以现场会议形式召开，但经会议主持人同意，可采用视频、电话、传真、邮寄、电子邮件表决等通讯方式召开，股东通过上述方式参加股东会视为出席，但审议涉及本章程第二十六条第（七）（九）（十）项时，不得采取通讯表决方式。

以通讯方式召开的，应在会议通知明确所采取的具体通讯方式、通讯表决的程序和截止时间等必要内容，并应通过多种手段保障各股东了解审议事项的基本情况，并充分沟通。

以通讯方式召开的，以在会议通知规定时间召开的视频、电话会议中发表意见的股东或规定期限内通过传真、电子邮件、邮寄等方式收到的有效表决票计算出席会议的股东及其所代表的有表决权的数额，并统计表决结果。如股东未按规定时间参加视频、电话会议或者公司在按规定期限未收到其有效表决票的，视为其未参会并放弃在该次股东会会议的表决权。如股东在规定时间参加了现场或视频、电话会议，但未发表明确表决意见的，视为其参会并同意相应的审议事项。

第二十九条　股东会会议由执行董事召集与主持。执行董事不能履行职务或者不履行职务的，由监事召集和主持。监事不召集和主持的，代表十分之一以上表决权的股东可以自行召集和主持。

第三十条　股东会会议必须经代表二分之一以上表决权的股东出席方可举行。股东会会议应对所议事项作出决议。

对本章程第二十六条【　　】等重大事项作出决议，必须经代表全部股东表决权的股东通过，其他一般事项经代表二分之一以上表决权的股东同意通过。

对第二十六条所列事项股东以书面形式一致表示同意的，可以不召开股东会会议，直接作出决议，并由全体股东在决议文件上盖章。

股东可以委托代理人出席股东会，代理人应当向股东会提交股东签署的授权委托书，并在授权范围内行使表决权。如授权委托书未载明行使表决权的指示，视为该股东代理人有权按照自己的意愿行使表决权。

第三十一条　股东会应对所议事项作成会议记录，出席会议的股东应在会议记录上签名,会议记录作为公司档案材料长期保存。

第六章　执行董事、总经理、监事

第三十二条　公司不设董事会,设一名执行董事,由【　】提名,公司股东会选举确定。

第三十三条　执行董事同时作为公司的法定代表人。

第三十四条　执行董事对股东会负责,行使以下权利:

(一)召集股东会会议,并向股东会报告工作;

(二)执行股东会的决议;

(三)报请股东会决定公司的经营计划和投资方案;

(四)制订公司的年度财务预算方案、决算方案;

(五)制订公司的利润分配方案和弥补亏损方案;

(六)制订公司增加或减少注册资本、合并、分立以及解散清算、变更公司形式的方案;

(七)制订发行公司债券的方案;

(八)根据本章程规定的股东推荐和提名,报请股东会决定聘任总经理、副总经理及其报酬事项;

(九)制订公司的章程修改方案、股东会议事规则、总经理办公会议事规则;

(十)股东会授予的其他职权。

第三十五条　执行董事作出决定,应采取书面形式。

第三十六条　公司设总经理一名,由执行董事兼任。公司设副总经理【　】名,【　】推荐【　】名,【　】推荐【　】名,由执行董事报请股东会决定聘任。总经理及副总经理的任期为三年,可以连选连任。

第三十七条　总经理对执行董事负责,负责公司日常经营管理工作,行使以下职权:

(一)主持公司的日常经营管理工作,组织实施执行董事决定;

(二)拟订公司的经营计划和投资方案;

(三)组织实施公司年度经营计划和投资方案;

(四)决定公司内部管理机构设置;

（五）决定公司基本管理制度；

（六）拟订总经理办公会议事规则；

（七）制定公司的具体规章；

（八）根据本章程规定的股东推荐，提请执行董事聘任或者解聘公司财务部长；

（九）决定聘任或者解聘除应由股东会、执行董事聘任或者解聘以外的负责管理人员；

（十）公司章程和执行董事授予的其他职权。

第三十八条　公司不设监事会，设一名监事，由【　】提名，公司股东会选举确定。

第三十九条　监事的任期为每届三年，可连选连任；公司的董事、高级管理人员不得兼任监事。

第四十条　监事行使如下职权：

（一）检查公司财务；

（二）对执行董事、高级管理人员执行公司职务的行为进行监督，对违反法律、行政法规、公司章程或者股东会决议的执行董事、高级管理人员提出罢免的建议；

（三）当执行董事和高级管理人员的行为损害公司的利益时，要求执行董事和高级管理人员予以纠正；

（四）提议召开临时股东会会议，在执行董事不履行本章程规定的召集和主持股东会会议职责时召集和主持股东会会议；

（五）向股东会会议提出提案；

（六）依照《公司法》的规定，对执行董事、高级管理人员提起诉讼；

（七）法律、法规和本章程规定的其他职权。

第七章　财务、会计

第四十一条　公司依照法律、行政法规和国家财政行政主管部门的规定建立本公司的财务、会计制度。

第四十二条　公司在每一会计年度终了时制作财务会计报表，按国家和有关部门的规定进行审计并出具审计报告，送交各股东。

公司的会计年度为公历每年的一月一日至当年的十二月三十一日;公司最后一个会计年度应自公司终止当年的一月一日起到公司终止当日止。

第四十三条 公司分配每年税后利润时,提取利润的百分之十列入法定公积金,公司法定公积金累计额超过公司注册资本百分之五十时可不再提取。公司的公积金用于弥补以前年度公司的亏损、扩大公司生产经营或者转为增加公司资本。但是,资本公积金不得用于弥补公司的亏损。

公司在从税后利润中提取法定公积金后,经股东会决议,可提取任意公积金。

第四十四条 公司弥补亏损和提取公积金后所余税后利润,按照股东实缴出资比例进行分配。

第四十五条 法定公积金转为资本时,所留存的该项公积金不得少于转增前公司注册资本的百分之二十五。

第四十六条 公司除法定会计账册外,不得另立会计账册。会计账册、报表及各种凭证应按财政部有关规定装订成册归档,作为重要的档案资料妥善保管。

第八章 合并、分立和变更注册资本

第四十七条 公司合并或分立,由公司的股东会作出决议;按《公司法》的要求签订协议,清算资产、编制资产负债表及财产清单,通知债权人并公告,依法办理有关手续。

第四十八条 公司合并、分立、减少注册资本时,应编制资产负债表及财产清单。公司应当自作出合并分立决议之日起十日内通知债权人,并于三十日内在报纸上公告。债权人自接到通知书之日起三十日内,未接到通知书的自公告之日起四十五日内,有权要求公司清偿债务或提供相应担保。公司分立前的债权债务由分立后的公司承担连带责任。

第四十九条 公司合并或者分立,登记事项发生变更的,应当依法向公司登记机关办理变更登记;公司解散的,应当依法办理公司注销登记;公司增加或减少注册资本,应当依法向公司登记机关办理变更登记。

第九章 破产、解散、终止和清算

第五十条 公司因《公司法》第一百八十条所列第一、二、四、五项规定而解散时，应当在解散事由出现之日起十五日内成立清算组，开始清算。逾期不成立清算组进行清算的，债权人可以申请人民法院指定有关人员组成清算组进行清算。

公司清算组应当自成立之日起十日内通告债权人，并于六十日内在报纸上公告。债权人应当自接到通知书之日起三十日内，未接到通知书的自公告之日起四十五日内，向清算组申报债权。

公司财产在分别支付清算费用、职工的工资、社会保险费用和法定补偿金，交纳所欠税款，清偿公司债务后的剩余资产，按照股东的出资比例分配。

公司清算结束后，公司应当依法向公司登记机关申请注销公司登记。

第十章　党的组织

第五十一条　根据《中国共产党章程》的规定，公司设立中国共产党的组织，将党组织的机构设置、职责分工、工作任务纳入企业的管理体制、管理制度、管理规范，在企业开展党的活动，推动党的建设。

公司为党组织的活动提供必要条件，并按照相关规定保障党组织活动场所和活动经费。

第五十二条　公司党的工作总体要求是：坚持和加强党的全面领导，坚持党要管党、全面从严治党，在公司改革发展中坚持党的建设同步谋划、党的组织及工作机构同步设置、党组织负责人及党务工作人员同步配备、党的工作同步开展，严格落实管党治党责任和新时代党的建设总要求，全面推进党的政治建设、思想建设、组织建设、作风建设、纪律建设，把制度建设贯穿其中，深入推进反腐败斗争，不断提升党的建设质量，为公司改革发展稳定提供坚强的政治、思想、组织领导。

第五十三条　公司党组织根据《中国共产党章程》等党内法规履行职责。

（一）保证监督党和国家方针政策在公司的贯彻执行，贯彻落实上级党组织重要工作安排。

（二）坚持党管干部原则与经营管理层依法行使用人权相结合。党组织会同经营管理层对拟任人选进行考察，集体研究提出意见建议。

（三）发挥领导作用，把方向、管大局、保落实，依照规定讨论和决定公司重大事项。

(四)承担全面从严治党主体责任。领导公司党的建设、宣传与思想政治工作、统战工作、精神文明建设、企业文化建设、维稳信访、离退休、共青团等群团工作。领导党风廉政建设,支持纪检组织切实履行监督责任。

第十一章　工　　会

第五十四条　公司按照国家有关法律和《中华人民共和国工会法》设立工会。工会独立自主地开展工作,公司应支持工会的工作。公司劳动用工制度严格按照《劳动法》《劳动合同法》执行。

第十二章　附　　则

第五十五条　公司章程的解释权属于公司股东会。

第五十六条　公司章程经全体股东盖章后生效。本章程自生效之日起,即成为规范公司的组织与行为、公司与股东之间权利义务关系的具有法律约束力的文件。

第五十七条　经股东会提议公司可以修改章程,经股东会决议同意后,由公司法定代表人签署并报公司登记机关备案。

第五十八条　本公司章程中“以上”“达到”均含本数;“超过”“过半数”不含本数。

第五十九条　公司章程与国家法律、行政法规、国务院决定等有抵触的,以国家法律、行政法规、国务院决定等为准。(以下无正文)

全体股东盖章:

【　】年【　】月【　】日

七、国有企业有限责任公司章程（设董事会）

【　】公司

公 司 章 程

第一章　总　　则

第一条　公司宗旨：通过有限责任公司组织形式，由股东共同出资，筹集资本金，建立新的经营机制，为振兴经济作出贡献。依照《中华人民共和国公司法》和《中华人民共和国公司登记管理条例》的规定，制定本公司章程。

第二条　公司名称：【　】公司（以下简称公司）。

第三条　公司住所：【　】。

第四条　公司由两个股东共同出资设立。股东以其认缴出资额为限对公司承担责任；公司以其全部资产对公司的债务承担责任。公司享有由股东投资形成的全部法人财产权，依法享有民事权利，承担民事责任，具有公司法人资格。

第五条　经营范围：【　】。

第六条　公司营业执照签发之日，为本公司成立之日；营业期限：永久。

第二章　注 册 资 本

第七条　公司注册资本为【　】万元人民币。

第八条　股东名称、出资额、出资时间、出资比例、出资方式一览表。

股东名称	认缴出资额（万元）	出资时间	出资比例	出资方式
合计				

第九条　公司登记注册后，应向股东签发出资证明书。出资证明书应载明公司名称、公司成立日期、公司注册资本、股东的姓名或者名称、缴纳的出资额和出资日期、出资证明书的编号和核发日期。

出资证明书由公司盖章。出资证明书一式两份,股东和公司各持一份。出资证明书遗失,应立即向公司申报注销,经公司董事会审核同意予以补发。

第十条 公司应当设置股东名册,记载股东的姓名、住所、出资额及出资证明书编号。

第三章 股东的权利、义务和转让出资的条件

第十一条 股东作为出资者按投入公司的资本额,享有资产收益、重大决策和选择管理者等权利,并承担相应的义务。

第十二条 股东的权利:

(一)出席股东会,并根据实缴出资比例享有表决权;

(二)查阅公司会计账簿;

(三)选举公司董事或监事;

(四)按实缴出资比例分取红利;

(五)公司新增资本时,股东可按实缴出资比例优先认缴出资;

(六)查阅、复制公司章程、股东会决议、董事会决议、监事会决议以及财务会计报告;

(七)公司终止后,依法分取公司剩余财产;

(八)法律、法规及公司章程赋予的其他权利。

第十三条 股东义务:

(一)按期足额缴纳所认缴的出资;

(二)依其所认缴的出资额承担公司债务;

(三)办理工商登记注册后,不得抽回出资(通过法律程序批准同意者除外);

(四)遵守公司章程规定的各项条款;

(五)法律、法规及公司章程规定的其他义务。

第十四条 股权转让:

(一)股东之间可以相互转让其全部出资或者部分股权。

(二)股东向股东以外的人转让股权的,必须经其他股东过半数同意。股东应就其股权转让事项书面通知其他股东征求同意,其他股东自接到书面通知之日起满30日未答复的,视为同意转让。其他股东半数以上不同意的,不

同意转让的股东应当购买该转让的股权；不购买的，视为同意转让。

经股东同意转让的股权，在同等条件下，其他股东对该出资有优先购买权，但应在收到通知后30日内提出购买请求，逾期未提出的，视为放弃优先购买权。两个以上股东主张行使优先购买权的，协商确定各自的购买比例；协商不成的，按照转让时各自的出资比例行使优先购买权。

（三）国有股东根据国有资产相关规定对其持有的股权进行无偿划转的，不受本条前述规定的限制。

（四）股东依法转让其股权后，公司应当注销原股东的出资证明。由公司将受让人的姓名或者名称、住所以及受让的出资额记载于股东名册，并相应修改公司章程。

第四章　公司的机构及高级管理人员的资格和义务

第十五条　为保障公司生产经营活动的顺利、正常开展，公司设立股东会、董事会和监事会，负责公司生产经营活动的预测、决策和组织领导、协调、监督等工作。

同时，根据《中国共产党章程》的规定，公司设立党的组织，开展党的活动；公司党组织是公司法人治理结构的有机组成部分。

第十六条　公司设总经理、业务部、财务部等具体办理机构，分别负责处理公司在开展生产经营活动中的各项日常具体事务。

第十七条　董事、监事、高级管理人员应遵守公司章程、《中华人民共和国公司法》和国家其他有关法规的规定。

第十八条　公司研究决定有关职工工资、福利、安全生产以及劳动保护、劳动保险等涉及职工切身利益的问题，应当事先听取公司工会和职工的意见。

第十九条　公司应当将直接涉及劳动者切身利益的规章制度和重大事项决定公示，或者告知劳动者。

第二十条　有下列情形之一的人员，不得担任公司董事、监事、高级管理人员：

（一）无民事行为能力或者限制民事行为能力者；

（二）因犯有贪污、贿赂、侵占财产、挪用财产罪或者破坏社会经济秩序罪被判处刑罚，执行期满未逾五年，或者因犯罪被剥夺政治权利，执行期满未逾五年者；

（三）担任因经营不善破产清算公司（企业）的董事或者厂长、总经理，并对该公司（企业）破产负有个人责任的，自该公司（企业）破产清算完结之日起未逾三年者；

（四）担任因违法被吊销营业执照的公司（企业）的法定代表人，并负有个人责任的，自该公司（企业）被吊销营业执照之日起未逾三年者；

（五）个人所负数额较大的债务到期未清者。

公司违反前款规定选举董事、监事或者聘任高级管理人员的，该选举或者聘任无效。

第二十一条 国家公务员不得兼任公司的董事、监事、高级管理人员。

第二十二条 董事、监事、高级管理人员应当遵守公司章程，忠实履行职责，维护公司利益，不得利用在公司的地位和职权为自己谋取私利。董事、监事、高级管理人员不得利用职权收受贿赂或者其他非法收入，不得侵占公司的财产。

第二十三条 董事、高级管理人员不得从事损害本公司利益的活动。董事、高级管理人员不得有下列行为：

（一）挪用公司资金；

（二）将公司资金以其个人名义或者以其他个人名义开立账户储存，亦不得将公司的资金以个人名义向外单位投资；

（三）违反公司章程的规定，未经股东会同意，将公司资金借贷给他人或者以公司财产为他人提供担保；

（四）违反公司章程的规定或者未经股东会同意，与本公司订立合同或者进行交易；

（五）未经股东会同意，利用职务便利为自己或者他人谋取属于公司的商业机会，自营或者为他人经营与所任职公司同类或相近的业务；

（六）接受他人与公司交易的佣金归为己有；

（七）擅自披露公司秘密；

（八）违反对公司忠实义务的其他行为。

第二十四条 公司董事、高级管理人员因违反第二十三条规定所得的收入应当归公司所有。

第五章　股　东　会

第二十五条　公司设股东会，股东会由公司全体股东组成，股东会为公司的最高权力机构。首次股东会由出资最多的股东召集主持，以后股东会由董事会召集，董事长主持。

第二十六条　股东会行使以下职权：

（一）决定公司的经营方针和投资计划；

（二）选举和更换非由职工代表担任的董事、监事，决定有关董事、监事的报酬事项；

（三）审议批准董事会的报告；

（四）审议批准监事会的报告；

（五）审议批准公司的年度财务预算方案、决算方案；

（六）审议批准公司的利润分配方案和弥补亏损方案；

（七）对公司增加或者减少注册资本作出决议；

（八）对发行公司债券作出决议；

（九）对公司合并、分立、解散、清算或者变更公司形式作出决议；

（十）制定、修改公司章程、股东会议事规则、董事会议事规则；

（十一）对向公司股东或者实际控制人提供担保作出决议；

（十二）决定聘用或解聘承办公司审计业务的会计师事务所；

（十三）法律和公司章程规定的其他职权。

第二十七条　股东会分定期会议和临时会议。定期会议每一年召开一次，代表十分之一以上表决权的股东、三分之一以上的董事或者监事会可以提议召开临时会议。

召开股东会会议，应于会议召开15日前书面通知全体股东和列席人员。会议通知需载明会议的地点、日期、议题及有关事项，但特殊情况下，全体股东同意后，提前3日通知即可召开股东会会议。

第二十八条　股东会会议一般以现场会议形式召开，但经会议主持人同意，可采用视频、电话、传真、邮寄、电子邮件表决等通讯方式召开，股东通过上述方式参加股东会视为出席，但审议涉及本章程第二十六条第（七）（九）（十）项时，不得采取通讯表决方式。

以通讯方式召开的,应在会议通知明确所采取的具体通讯方式、通讯表决的程序和截止时间等必要内容,并应通过多种手段保障各股东了解审议事项的基本情况,并充分沟通。

以通讯方式召开的,以在会议通知规定时间召开的视频、电话会议中发表意见的股东或规定期限内通过传真、电子邮件、邮寄等方式收到的有效表决票计算出席会议的股东及其所代表的有表决权的数额,并统计表决结果。如股东未按规定时间参加视频、电话会议或者公司在规定期限未收到其有效表决票的,视为其未参会并放弃在该次股东会会议的表决权。如股东在规定时间参加了现场或视频、电话会议,但未发表明确表决意见的,视为其参会并同意相应的审议事项。

第二十九条 股东会会议由董事会召集,董事长主持。董事长不能履行职务或者不履行职务的,由半数以上董事共同推举一名董事主持。董事会不能履行召集股东会会议职责的,由监事会召集和主持。监事会不召集和主持的,代表十分之一以上表决权的股东可以自行召集和主持。

第三十条 股东会会议必须经代表二分之一以上表决权的股东出席方可举行。股东会会议应对所议事项作出决议。对于修改公司章程、增加或减少注册资本、分立、合并、解散或变更公司形式等事项作出的决议,必须经代表全部股东表决权的股东通过。其他一般事项经代表二分之一以上表决权的股东同意通过。

对第二十六条所列事项股东以书面形式一致表示同意的,可以不召开股东会会议,直接作出决议,并由全体股东在决议文件上盖章。

股东可以委托代理人出席股东会,代理人应当向股东会提交股东签署的授权委托书,并在授权范围内行使表决权。如授权委托书未载明行使表决权的指示,视为该股东代理人有权按照自己的意愿行使表决权。

第三十一条 股东会应对所议事项作成会议记录,出席会议的股东应在会议记录上签名,会议记录作为公司档案材料长期保存。

第六章 董事会、总经理、监事会

第三十二条 公司设董事会,董事会是公司的执行机构,由【 】名董事组成,其中【 】提名【 】名董事,【 】提名【 】名董事,由公司股东会选举确定；一名职工监事，由公司职工通过职工代表大会、职工大会或者其他形式民主选举产生。董事的任期为三年，任期届满后可以连选连任。

第三十三条　董事会设董事长一人，同时作为公司的法定代表人，由【　】指定的董事担任。

公司董事长行使下列职权：

（一）召集、主持董事会会议，主持股东会会议；

（二）组织实施、督促、检查董事会决议的执行；

（三）股东会授予和本章程规定的其他职权。

第三十四条　董事会对股东会负责，行使以下权利：

（一）召集股东会会议，并向股东会报告工作；

（二）执行股东会的决议；

（三）决定公司的经营计划和投资方案；

（四）制订公司年度财务预算方案、决算方案；

（五）制订公司的利润分配方案和弥补亏损方案；

（六）制订公司增加或减少注册资本、合并、分立以及解散清算、变更公司形式的方案；

（七）制订发行公司债券的方案；

（八）决定公司内部管理机构的设置；

（九）根据【　】提名决定聘任或者解聘公司总经理及其报酬事项；根据本章程规定的股东推荐、经总经理提名，决定聘任或者解聘公司副总经理、财务负责人及其报酬事项；

（十）制定公司的章程修改方案、董事会议事规则；

（十一）决定公司的基本管理制度和总经理办公室议事规则；

（十二）股东会授予的其他职权。

第三十五条　董事会会议分为定期董事会会议和临时董事会会议。董事会每【　】召开一次定期会议，经【　】名及以上董事提议或董事长认为必要时可以召开临时董事会。召开董事会会议，应于会议召开3日前书面通知全体董事和列席人员。

董事会会议由董事长召集和主持；董事长不能履行职务或者不履行职务的，由半数以上董事共同推举一名董事召集和主持。董事会会议应有过半数的董事出席方可举行。

第三十六条 董事会决议的表决，实行一人一票。董事会作出会议决议应经全体董事过半数表决通过。董事会应当对所议事项的决定做成会议记录，出席会议的董事应当在会议记录上签名。

董事可以书面委托其他董事出席董事会，代为出席会议的董事应当在授权范围内行使董事的权利。

第三十七条 公司设总经理一名，由董事长提名，董事会聘任。公司设副总经理【 】名，【 】推荐【 】名，【 】推荐【 】名，经总经理提名，董事会聘任。公司设财务负责人一名，由【 】推荐，经总经理提名，董事会聘任。总经理及副总经理、财务负责人的任期为三年，可以连选连任。

总经理对董事会负责，负责公司日常经营管理工作，行使以下职权：

（一）主持公司的日常经营管理工作，组织实施董事会决议；

（二）组织实施公司年度经营计划和投资方案；

（三）拟订公司内部管理机构设置的方案；

（四）拟订公司的基本管理制度；

（五）制定公司的具体规章；

（六）提请董事会聘任或者解聘公司副总经理、财务负责人；

（七）决定聘任或者解聘除应由董事会聘任或者解聘以外的负责管理人员；

（八）公司章程和董事会授予的其他职权。

总经理应列席董事会会议。

第三十八条 公司设监事会，由三名监事组成，【 】和【 】各提名一名监事，由公司股东会选举确定，剩余职工监事一名，由公司职工代表大会或职工大会民主选举产生。

监事的任期为每届三年，可连选连任；公司的董事、高级管理人员不得兼任监事。公司监事会设监事会主席一名，由【 】方提名并经股东会选举确定的监事为候选人，由全体监事过半数选举产生。

监事会会议应有过半数监事出席方可举行；监事会决议的表决，实行一人一票；监事会作出决议，必须经全体监事过半数通过。

第三十九条 监事会行使如下职权：

（一）检查公司财务；

（二）对董事、高级管理人员执行公司职务的行为进行监督，对违反法律、行政法规、公司章程或者股东会决议的董事、高级管理人员提出罢免的建议；

（三）当董事和高级管理人员的行为损害公司的利益时，要求董事和高级管理人员予以纠正；

（四）提议召开临时股东会会议，在董事会不履行本章程规定的召集和主持股东会会议职责时召集和主持股东会会议；

（五）向股东会会议提出提案；

（六）依照《公司法》的规定，对董事、高级管理人员提起诉讼；

（七）法律、法规和本章程规定的其他职权。

第七章　财务、会计

第四十条　公司依照法律、行政法规和国家财政行政主管部门的规定建立本公司的财务、会计制度。

第四十一条　公司在每一会计年度终了时制作财务会计报表，按国家和有关部门的规定进行审计并出具审计报告，送交各股东。

公司的会计年度为公历每年的1月1日至当年的12月31日；公司最后一个会计年度应自公司终止当年的1月1日起到公司终止当日止。

第四十二条　公司分配每年税后利润时，提取利润的10%列入法定公积金，公司法定公积金累计额超过公司注册资本50%时可不再提取。公司的公积金用于弥补以前年度公司的亏损、扩大公司生产经营或者转为增加公司资本。但是，资本公积金不得用于弥补公司的亏损。

公司在从税后利润中提取法定公积金后，经股东会决议，可提取任意公积金。

第四十三条　公司弥补亏损和提取公积金后所余税后利润，按照股东实缴出资比例进行分配。

第四十四条　法定公积金转为资本时，所留存的该项公积金不得少于转增前公司注册资本的25%。

第四十五条　公司除法定会计账册外，不得另立会计账册。会计账册、报表及各种凭证应按财政部有关规定装订成册归档，作为重要的档案资料妥善保管。

第八章 合并、分立和变更注册资本

第四十六条 公司合并或分立,由公司的股东会作出决议;按《公司法》的要求签订协议,清算资产、编制资产负债表及财产清单,通知债权人并公告,依法办理有关手续。

第四十七条 公司合并、分立、减少注册资本时,应编制资产负债表及财产清单。公司应当自作出合并分立决议之日起10日内通知债权人,并于30日内在报纸上公告。债权人自接到通知书之日起30日内,未接到通知书的自公告之日起45日内,有权要求公司清偿债务或提供相应担保。公司分立前的债权债务由分立后的公司承担连带责任。

第四十八条 公司合并或者分立,登记事项发生变更的,应当依法向公司登记机关办理变更登记;公司解散的,应当依法办理公司注销登记;公司增加或减少注册资本,应当依法向公司登记机关办理变更登记。

第九章 破产、解散、终止和清算

第四十九条 公司因《公司法》第一百八十条所列第一、二、四、五项规定而解散时,应当在解散事由出现之日起15日内成立清算组,开始清算。逾期不成立清算组进行清算的,债权人可以申请人民法院指定有关人员组成清算组进行清算。

公司清算组应当自成立之日起10日内通告债权人,并于60日内在报纸上公告。债权人应当自接到通知书之日起30日内,未接到通知书的自公告之日起45日内,向清算组申报债权。

公司财产在分别支付清算费用、职工的工资、社会保险费用和法定补偿金,交纳所欠税款,清偿公司债务后的剩余资产,按照股东的出资比例分配。

公司清算结束后,公司应当依法向公司登记机关申请注销公司登记。

第十章 党的组织

第五十条 根据《中国共产党章程》的规定,公司设立中国共产党的组织,将党组织的机构设置、职责分工、工作任务纳入企业的管理体制、管理制度、管理规范,在企业开展党的活动,推动党的建设。

公司为党组织的活动提供必要条件，并按照相关规定保障党组织活动场所和活动经费。

第五十一条 公司党的工作总体要求是：坚持和加强党的全面领导，坚持党要管党、全面从严治党，在公司改革发展中坚持党的建设同步谋划、党的组织及工作机构同步设置、党组织负责人及党务工作人员同步配备、党的工作同步开展，严格落实管党治党责任和新时代党的建设总要求，全面推进党的政治建设、思想建设、组织建设、作风建设、纪律建设，把制度建设贯穿其中，深入推进反腐败斗争，不断提升党的建设质量，为公司改革发展稳定提供坚强的政治、思想、组织领导。

第五十二条 公司党组织根据《中国共产党章程》等党内法规履行职责。

（一）保证监督党和国家方针政策在公司的贯彻执行，贯彻落实上级党组织重要工作安排。

（二）坚持党管干部原则与董事会依法选择经营管理者以及经营管理者依法行使用人权相结合。党组织会同董事会对拟任人选进行考察，集体研究提出意见建议。

（三）发挥领导作用，把方向、管大局、保落实，依照规定讨论和决定公司重大事项。

（四）承担全面从严治党主体责任。领导公司党的建设、宣传与思想政治工作、统战工作、精神文明建设、企业文化建设、维稳信访、离退休、共青团等群团工作。领导党风廉政建设，支持纪检组织切实履行监督责任。

第十一章 工　　会

第五十三条 公司按照国家有关法律和《中华人民共和国工会法》设立工会。工会独立自主地开展工作，公司应支持工会的工作。公司劳动用工制度严格按照《劳动法》《劳动合同法》执行。

第十二章 附　　则

第五十四条 公司章程的解释权属于公司股东会。

第五十五条 公司章程经全体股东盖章后生效。本章程自生效之日起即成为规范公司的组织与行为、公司与股东之间权利义务关系的具有法律约束力的文件。

第五十六条 经股东会提议公司可以修改章程,经股东会决议同意后,由公司法定代表人签署并报公司登记机关备案。

第五十七条 本公司章程中“以上”“达到”均含本数;“超过”“过半数”不含本数。

第五十八条 公司章程与国家法律、行政法规、国务院决定等有抵触的,以国家法律、行政法规、国务院决定等为准。(以下无正文)

全体股东盖章:

【 】年【 】月【 】日